高等学校医疗保险专业第二轮系列教材

医疗保险基金管理

第 2 版

主 编 毛 瑛 吴 涛

科学出版社

北 京

内 容 简 介

本教材是第 2 版，是"高等学校医疗保险专业第二轮系列教材"之一，立足《中华人民共和国国民经济和社会发展第十四个五年规划和 2035 年远景目标纲要》实际，借鉴国内外医疗保险基金管理的前沿理论、方法、研究和实践成果，探索医疗保险基金管理与政府、市场的关系，着重介绍医疗保险基金管理的基本框架、基本原理、法律法规、技术与方法以及国内外医疗保险基金管理的新发展，在教材体系和总体结构上，既注重内容的新颖性和系统性，又注重结构上的完整性，并反映国内外医疗保险基金管理的最新发展动态；全面、系统地反映我国医疗保险基金管理改革与发展，力求为我国医疗保险基金管理提供较为系统的理论分析基础和决策分析基础。

本教材可供高等医药院校的医疗保险、劳动与社会保障、公共事业管理、预防医学及保险等专业的本科生、研究生使用，也可为相关政府、医疗保障局、医疗保险经办机构、医疗保险基金监管机构以及医疗保险业务相关机构的人员提供管理决策参考。

图书在版编目（CIP）数据

医疗保险基金管理 / 毛瑛，吴涛主编. —2 版. —北京：科学出版社，2023.3
高等学校医疗保险专业第二轮系列教材

ISBN 978-7-03-075124-9

Ⅰ. ①医… Ⅱ. ①毛… ②吴… Ⅲ. ①医疗保险-基金管理-中国-高等学校-教材 Ⅳ. ①F842.684

中国国家版本馆 CIP 数据核字（2023）第 041252 号

责任编辑：郭海燕 李 媛／责任校对：王晓茜
责任印制：赵 博／封面设计：陈 敬

科 学 出 版 社 出版
北京东黄城根北街 16 号
邮政编码：100717
http://www.sciencep.com
天津市新科印刷有限公司印刷
科学出版社发行 各地新华书店经销
*
2015 年 6 月第 一 版 开本：787×1092 1/16
2023 年 3 月第 二 版 印张：16 1/2
2024 年 6 月第三次印刷 字数：460 000
定价：79.00 元
（如有印装质量问题，我社负责调换）

高等学校医疗保险专业第二轮系列教材编写委员会

主 任 委 员 林闽钢（教育部高等学校公共管理类专业教学指导委员会委员、
中国社会保障学会副会长、南京大学教授）

副主任委员 申曙光（中国社会保障学会副会长兼医疗保障专业委员会主任委
员、中山大学教授）

杨翠迎（教育部高等学校公共管理类专业教学指导委员会委员、
上海财经大学教授）

总 主 编 周绿林

副总主编 李绍华 毛 瑛 姚东明 黑启明 王 冬 周尚成

总 编 委（以姓氏笔画为序）

于贞杰（潍坊医学院）	于彩霞（内蒙古医科大学）
马蔚姝（天津中医药大学）	王 冬（南方医科大学）
王 玖（滨州医学院）	王 昕（中国医科大学）
王前强（广西医科大学）	毛 瑛（西安交通大学）
白 丽（齐齐哈尔医学院）	吕国营（中南财经政法大学）
刘维蓉（贵州中医药大学）	苏宝利（山东第一医科大学）
李绍华（安徽医科大学）	李跃平（福建医科大学）
杨 风（桂林医学院）	吴 涛（锦州医科大学）
何 梅（昆明医科大学）	余军华（湖北经济学院）
张 晓（东南大学）	陈曼莉（湖北中医药大学）
欧阳静（陕西中医药大学）	金 浪（福建中医药大学）
周良荣（湖南中医药大学）	周尚成（广州中医药大学）
周晓媛（四川大学）	周绿林（江苏大学）
赵 军（湖北医药学院）	赵成文（西南医科大学）
姚东明（江西中医药大学）	姚 俊（南京医科大学）
倪 飞（安徽中医药大学）	高广颖（首都医科大学）
陶四海（华北理工大学）	彭美华（成都中医药大学）
覃朝晖（徐州医科大学）	黑启明（海南医学院）
焦明丽（哈尔滨医科大学）	熊季霞（南京中医药大学）

秘 书 张心洁（江苏大学）

《医疗保险基金管理》（第2版）编委会

主　编　毛　瑛　吴　涛

副主编　焦明丽　崔　健　闻　岚　李小芃

编　者（以姓氏笔画为序）

王廷贵　锦州医科大学

毛　瑛　西安交通大学

丛　亮　锦州医科大学

朱晓宇　广西医科大学

刘锦林　西北工业大学

李小芃　安徽医科大学

吴　涛　锦州医科大学

张　扬　安徽中医药大学

张　磊　江苏大学

周　一　广西医科大学

单凌寒　哈尔滨医科大学

闻　岚　内蒙古医科大学

高子捷　西南医科大学

崔　健　华北理工大学

康　正　哈尔滨医科大学

焦明丽　哈尔滨医科大学

曾理斌　广东医科大学

薛清元　内蒙古医科大学

总　序

自1995年"两江"（镇江市和九江市）医改试点启动以来，我国医疗保障制度建设取得长足发展，实现了历史性跨越。截至2021年年底，基本医疗保险覆盖13.6亿人，95%以上的国民有了基本医疗保障，全民医保体系初步形成。国际劳工组织盛赞中国社会保障取得的巨大成就，在《世界社会保障报告（2017—2019）》指出，中国是实现养老保险和医疗保险快速扩面最成功的国家。2020年《中共中央 国务院关于深化医疗保障制度改革的意见》提出"到2030年，全面建成以基本医疗保险为主体，医疗救助为托底，补充医疗保险、商业健康保险、慈善捐赠、医疗互助共同发展的医疗保障制度体系"。

为适应医疗保险事业的发展，我国医疗保险人才培养也走过了20多年历程。目前全国已有40多所高校在公共事业管理、劳动与社会保障等相关专业中培养医疗保险人才。令人欣喜的是，2020年2月教育部印发的《关于公布2019年度普通高等学校本科专业备案和审批结果的通知》，决定增设备案医疗保险本科专业，充分体现了政府和社会对医疗保险专业建设的重视和认同。

教材是学校教育教学、推进立德树人的关键要素，教材建设也是专业建设中最基本的教学条件建设内容之一，教材质量直接体现高等教育和科学研究的发展水平，也直接影响本科教学的质量。在新文科建设背景下，紧密结合一流专业和一流课程建设，需要符合新时代发展要求的高水平教材。

为适应新时代医疗保险专业人才培养和高等医疗保险教育的需要，体现最新的教学改革成果，2014年5月"中国医疗保险教育论坛"理事会发起编写高等学校医疗保险专业第一轮系列教材（简称第一轮系列教材）。第一轮系列教材出版后，受到了教材使用高校和社会读者的广泛好评。随着时间的推移，近年来公共管理理论和方法有了新的进展，国内外医疗保障改革发生了巨大变化。为此理事会决定启动编写第二轮系列教材并成立了"高等学校医疗保险专业第二轮系列教材编写委员会"，特邀林闽钢（教育部高等学校公共管理类专业教学指导委员会委员、中国社会保障学会副会长、南京大学教授）担任主任委员，申曙光（中国社会保障学会副会长兼医疗保障专业委员会主任委员、中山大学教授）、杨翠迎（教育部高等学校公共管理类专业教学指导委员会委员、上海财经大学教授）担任副主任委员。

此后在全国范围内进行了主编、副主编、编者的申报遴选工作。2020年11月，在江西中医药大学隆重召开"高等学校医疗保险专业第二轮系列教材主编、副主编聘任暨全体编委会议"。编委会要求教材编写时应遵循"三基"（基本理论、基本知识、基本技能）要求，以必需和够用为度，体现现代教育思想，反映学科建设和医改发展最新成果，把第二轮系列教材编成有特色、有创新、有深度、有影响力的精品教材。教材编写过程中，适逢党的二十大胜利召开，为此，编委会要求推进党的二十大精神进教材、进课堂，落实立德树人根本任务，努力践行社会主义核心价值观。

第二轮系列教材体系沿袭第一轮系列教材确定的12门专业基础课和专业课教材，其编写是在第一轮系列教材基础上吸收了国内外医疗保险最新理论研究与改革实践成果，是全国40余所高校从事医疗保险专业教育工作者的集体智慧。第二轮系列教材的编写出版，希冀为提升新时代我国医疗保险专业人才培养质量与专业学科建设水平发挥积极作用。

"中国医疗保险教育论坛"理事会
高等学校医疗保险专业第二轮系列教材编写委员会
2023年1月10日

前　言

《中华人民共和国国民经济和社会发展第十四个五年规划和 2035 年远景目标纲要》，将全面推进健康中国建设作为一个章节，在该章节中规划了健全全民医疗保险制度，主要任务是：健全基本医疗保险稳定可持续筹资和待遇调整机制，完善医疗保险缴费参保政策，实行医疗保障待遇清单制度。做实基本医疗保险市级统筹，推动省级统筹。完善基本医疗保险门诊共济保障机制，健全重大疾病医疗保险和救助制度。完善医疗保险目录动态调整机制。推行以按病种付费为主的多元复合式医疗保险支付方式。这些"十四五"的改革目标，都与医疗保险基金的保障供给紧密相关。党的十八大、十九大、二十大都把社会保障体系建设摆在更加突出的位置，对我国社会保障体系建设作出顶层设计，推动我国社会保障体系建设进入快车道。整合城乡居民基本医疗保险制度，全面实施城乡居民大病保险，组建国家医疗保障局。截至 2021 年年底，我国基本医疗保险覆盖 13.6 亿人，基本养老保险覆盖 10.3 亿人，是世界上规模最大的社会保障体系。这为人民创造美好生活奠定了坚实基础，为"十四五"健全社会保障制度、巩固脱贫攻坚成果提供了坚强支撑，为如期全面建成小康社会、实现第一个百年奋斗目标提供了有利条件。

医疗保险基金运营、管理、监督是医疗保险制度可持续发展的基石。基本医疗保障制度建立以来，覆盖范围不断扩大，保障水平稳步提升，对维护人民群众健康权益、缓解因病致贫、推动医药卫生体制改革发挥了积极作用。特别是在抗击新冠疫情过程中，及时出台有关政策，把新冠诊疗救治纳入医疗保险基金支付范围并预付部分资金，确保患者不因费用问题影响就医、收治医院不因支付政策影响救治，体现了我国社会主义制度的优越性。但也要看到，受监管制度体系不健全、激励约束机制不完善等因素制约，医疗保险基金使用效率不高，欺诈骗保问题普发频发，基金监管形势较为严峻。党中央、国务院高度重视医疗保险基金安全，如何管好人民群众的"看病钱"、"救命钱"，全面提升医疗保险治理能力，深度净化制度运行环境，严守基金安全红线，推进医疗保险基金监管制度体系改革，国务院颁布了《医疗保障基金使用监督管理条例》（中华人民共和国国务院令第 735 号）。教材《医疗保险基金管理》修订，具有十分重要的现实意义。

《医疗保险基金管理》立足于我国全面推进健康中国建设"健康融万策"、深化医疗保障制度改革实际，在第 1 版基础上增加了医疗保险基金管理法律制度、医疗保险基金管理信息系统建设，以及 DRGs、DIP 等医疗保险支付方式改革等相关内容，力求理论与实践相结合，更加突出教材的前沿性、理论性和实用性。本书由毛瑛、吴涛主编，各章编者分别为：毛瑛负责第一章、第十三章、第十五章；吴涛、丛亮负责第二章、第十四章；康正、张扬负责第三章；李小芡负责第四章；吴涛、王廷贵负责第五章；周一、朱晓宇负责第六章；张磊、薛清元负责第七章；崔健负责第八章；高子捷、曾理斌负责第九章；单凌寒、焦明丽负责第十章；闻岚负责第十一章；刘锦林负责第十二章。

本教材语言力求通俗易懂，部分配有案例、拓展阅读和思考题便于自学。本教材既可作为医疗保险专业的本科生、研究生教材，也可作为医疗保障部门及医疗保险基金管理相关领域干部的培训教材。本教材尽可能提供较详细的参考文献目录，在书末列出了与本教材有关的主要参考文献。此外，本教材书末列出了常用英汉词汇，便于读者检索学习。

对参加本教材编写的各位编者，以及西安交通大学公共政策与管理学院的博士何荣鑫、宁伟、鲁永博、柳锦楠、谢涛、张宁，硕士缪祥虎、于泽孺等同学，在本书编写出版过程中给予的支持和帮助、提出的宝贵意见均表示衷心的感谢！

毛　瑛

2023 年 1 月

目　录

第一章 绪 论

内容提要

医疗保险基金（本章所讲的医疗保险基金主要指社会医疗保险基金）的有效平衡运行是维持社会医疗保险制度正常运转和可持续发展的一个重要方面，医疗保险基金的筹集、补偿与管理是社会医疗保险可持续发展的基础和物质保障。本章将介绍医疗保险基金管理的对象和主要目的，总结医疗保险基金管理的主要内容和方法，并提出学习医疗保险基金管理的意义与相关要求。

一、医疗保险基金管理的对象与主要目的

基本医疗保险基金是我国社会保险制度运行的基础。医疗保险基金的有效管理，不仅涉及我国医疗保险资源配置有效性问题，而且直接影响到广大人民群众基本医疗保障需求，关系到基本医疗保险制度的公信力。不断增强基本医疗保险基金共济和保障能力，完善基本医疗保险基金管理体制和机制，提高基本医疗保险基金的使用效率，是我国基本医疗保险制度可持续发展的必然要求。

医疗保险基金管理是社会医疗保险事业建立和健康运作的基础。它是实现医疗保险的基本目标，维持医疗保险制度正常运行的重要保障。医疗保险基金管理主要以医疗保险基金的征缴、预算管理、支付、投资运营、监督管理等为研究对象，并从这些方面入手，进行全面规划和系统管理。因此，医疗保险基金管理是医疗保险制度运行的中心环节，是广大患者的"活命钱"。医疗保险基金管理还包括对医疗保险基金的筹集、支付和使用等环节进行计划、组织、协调、控制、监督，是一项综合性的管理工作，涉及多方经济利益管理的调整与平衡。因此，医疗保险基金管理对确保医疗保险制度的具体实施，保障参保人员基本医疗需求，维护医疗保险制度可持续发展以及医疗保险基金的安全平衡运行都具有重要的意义。

通过医疗保险基金安全、完整、高效的运行管理，以实现医疗保险制度正常运行和可持续性发展的目标，并借此进一步促进社会经济的发展。

（一）保证医疗保险制度正常运行

医疗保险基金管理的首要任务是有效的基金管理，首要前提就是基金的安全运营问题。随着基金累计结余的积累，怎样有效管理规模巨大的基金余额，增强对医疗保险制度的认同，都有至关重要的意义。医疗保险基金管理的范畴包括基金征缴的规章制度、费用偿付的业务规程、供需方监管与风险监控、对医疗保险机构监督机制等多个方面。加快推进基本医疗保障制度建设，将全体城乡居民纳入基本医疗保障制度，逐步提高基本医疗保障水平，是深化医药卫生体制改革的重要内容。按照以收定支、收支平衡、略有结余的原则，管好、用好基本医疗保险基金，对保障参保人员的基本医疗权益，减轻人民群众医药费用负担有着十分重要的现实意义。"十四五"时期是经济社会的高质量发展时期。《中华人民共和国国民经济和社会发展第十四个五年规划和 2035 年远景目标纲要》明确了以高质量发展为主题，以深化供给侧结构性改革为主线，以满足人民日益增长的美好生活需要为根本目的的发展方略，将增进民生福祉作为经济社会发展的主要目标之一，着力推进国家治理体系和治理能力现代化，实现经济行稳致远、社会安定和谐，为全面建设社会主义现代化国家

开好局、起好步。公平适度的待遇保障机制、稳健可持续的筹资运行机制、管用高效的医疗保险支付机制、严密有力的基金监管机制都建立在科学有效的医疗保险基金管理基础之上,提升医疗保险基金管理能力是推进我国医疗保障治理体系和治理能力现代化的主要内容,亦是我国建立覆盖全民、统筹城乡、公平统一、可持续的多层次社会保障体系中不可或缺的一部分。

(二)保证医疗保险制度可持续性发展

医疗保险基金管理对于医疗保险基金乃至医疗保险制度的有效运行都起着至关重要的作用。不仅如此,安全有效的医疗保险基金管理对医疗保险制度可持续性发展也发挥着重要的作用。

医疗保险制度的可持续性需要协调供、需、保三方的利益。而医疗保险制度与其他各类保障制度的根本区别和特殊效应就在于责任(费用)分担机制。如果没有医疗费用分担机制,或是个人分担比例太小,医疗服务提供方和患者就不会有合理、规范、有效的医疗行为和就医行为,以及控制、节约医药费用的压力和动力。国际经验表明,个人医疗费用自付比例低于20%~25%,患者的节约费用意识就会明显减弱,不合理的诊疗、用药等行为就会明显增多。因此,医疗保险的报销比例并不是越高越好,一定要适度,避免掉进"福利陷阱";引入第三方付费制度,因为信息不对称,医疗服务提供方有着绝对的话语权,而单个的参保患者只能处于弱势地位,这种特殊性决定了医疗机构不可能自发形成对医疗行为监督制约和对医疗费用有效控制的机制,必然导致过度检查、过度医疗等不合理现象的普遍发生,医疗费用的大幅增长不可能得到根本遏制。

因此,只有通过安全、完整、高效的医疗保险基金管理,把握好统筹机制、分担机制、第三方付费制度及其相互关系,坚持按客观规律办事,才能确保制度的健康协调可持续发展,才能保障民众健康需求、促进经济平稳发展、推动社会和谐进步。

二、医疗保险基金管理的主要内容

医疗保险基金管理主要内容包括医疗保险基金管理内涵和外延、医疗保障基金管理法律制度、医疗保险基金与政府和市场的关系、医疗保险基金筹集管理、医疗保险基金给付管理、医疗保险基金投资管理、医疗保险基金风险管理、医疗保险基金监督管理、医疗保险基金管理方法、医疗保险基金精算、医疗保险基金管理信息系统,通过对外国的医疗保险基金管理模式进行分析和比较,并结合我国医疗保险基金管理的发展情况,提出我国的医疗保险基金管理发展与改革的相关措施和未来发展方向。

(一)医疗保险基金管理内涵和外延

要深入理解医疗保险基金管理,要对医疗保险基金和医疗保险基金管理的概念进行界定,还要认识到医疗保险基金管理以收定支、收支平衡、略有结余的原则。不同类型的医疗保险基金管理的模式,依据政府在医疗保险基金管理中的地位和作用程度可以分成政府直接管理医疗保险基金、政府与社会公共组织共同管理和医疗保险基金的自治管理三种类型。

(二)医疗保障基金管理法律制度

医疗保险基金监管作为医疗保障的关键领域,其法律制度的建设与构建是厘定医疗保险基金运行各环节沉疴已久问题的重要途径。我国的医疗保障法律制度相对落后,法律层次较低、各地区相关规定差异性较大,缺乏统一的、明确的管理依据。为此,建立健全我国医疗保险基金管理法律制度是必要的,这既是贯彻落实依法治国、依法行政的必然要求,也是医疗保障制度可持续发展的重要保障。

（三）医疗保险基金与政府的关系

维护公民的生命健康权是政府最基本的责任，介入医疗保险制度是政府责任在卫生领域的集中体现，政府对医疗保险基金管理作用主要体现在管理职能上。医疗保险基金与国家财政的资源配置、收入分配、经济稳定和发展三大职能密不可分，也与政府财政收入、支出、赤字之间互为影响，政府财政制度是医疗保险基金运行的经济基础，而医疗保险基金则是政府财政政策的重要工具。

（四）医疗保险基金与市场的关系

政府与市场一直是经济学永恒的话题，在医疗保险基金市场上也是如此。通过结合政府与市场在经济社会保障领域中的功能和作用，主要分析市场在医疗保险基金管理中的功能和作用，并进一步分析金融市场与医疗保险基金之间的相互关系和作用。

（五）医疗保险基金筹集管理

医疗保险基金的筹集是医疗保险制度运行的重要保障，通过对医疗保险基金筹集的内涵、意义、相关影响因素、应遵循的原则的认识，进一步了解基金的来源、构成、筹集方式与积累模式，并从筹集对象、方式、标准、程序等方面介绍了我国现行的城镇职工基本医疗保险、城乡居民基本医疗保险的基金筹集情况。

（六）医疗保险基金给付管理

医疗保险基金的给付是医疗保险基金管理的重要一环，通过对医疗保险基金给付的内涵、原则和作用进行阐释，分析了医疗保险基金给付的模式与分类，在此基础上详细描述了针对医疗服务需方与供方不同的支付方式，通过比较国内外医疗保险基金给付方式的改革，阐明了我国未来给付方式改革的方向。

（七）医疗保险基金投资管理

社会医疗保险基金的投资运营是指社会医疗保险基金管理机构或受其委托的机构，用社会医疗保险基金购买特定的金融资产或实际资产，以使社会医疗保险机构能在一定时期获得适当预期收益的资金运营行为。社会医疗保险基金投资运营要遵循安全性、收益性、流动性的原则，对社会医疗保险基金进行投资运营，有利于基金的保值增值，以减轻国家、企业和个人负担，最终促进经济的发展。

社会医疗保险基金的投资工具主要包括银行存款、债券、股票、基金、不动产。选择适当的投资工具，并对其进行投资组合，是社会医疗保险基金投资成败的关键。通过对美国、新加坡、日本、瑞典的社会医疗保险基金投资运营进行比较，分析我国社会医疗保险基金在保值增值、基金的存储以及投资运营机构的选择和审查等方面存在的关键问题。

（八）医疗保险基金风险管理

医疗保险基金在运行过程中，涉及筹集、运营和使用等多个环节，同时也涉及基金管理者、参保人、医疗机构和药品经销商等多个利益主体，多环节与多利益主体交织在一起，由于环节之间需要磨合、衔接和制衡，各利益主体价值取向、行为方式等非同向、非对等，由此必然导致风险的产生，这是客观、正常而无法回避的现象。这一风险是在医疗保险基金的运行过程中，运行过程及其结果与预期目的之间存在的负面差异。该负面差异会给医疗保险基金所涉理性主体带来权益损害，为此，我们需要根据医疗保险基金的特点去识别风险、评估风险、防范和化解风险。

（九）医疗保险基金监督管理

医疗保险基金监督管理是对基金运行全过程所进行的安全性、合规性、效益性、流动性活动以及内部控制体系、机制建设等实施监控、审核、分析和评价的活动，其意义在于维护参保人员的合法权益，确保医疗保险基金的安全完整，健全医疗保险运行机制。监管体系由法律体系、行政体系和工作体系组成。监管措施包括查询、记录、复制、证据封存、调查询问、责令改正等。目前我国医疗保险基金监管存在监管机构力量仍然薄弱，信息化建设还不够完善，医疗保险基金监管制度尚未建立，医疗保险个人账户基金监管工作亟待加强的问题。

（十）医疗保险基金管理方法

医疗保险基金会计与财务管理是医疗保险基金管理的重要一环。医疗保险基金管理机构要严格执行医疗保险基金财务、会计制度，加强对基金收入户、支出户及财政专户的管理，按时足额将收入户基金划入财政专户，并认真做好医疗保险基金核算，确保基金管理运作的顺利畅通。

（十一）医疗保险基金精算

在社会医疗保险中，需要对医疗保险相关指标和医疗保险基金的收支状况进行分析，以此作为社会保障部门决策的依据。医疗保险的对象是人的疾病，衡量疾病发生风险的指标是发病率，它是一定时期内某一群体疾病发生数占人群总数的百分比。显然发病率越高，医疗保险赔付的就越多。疾病的发生具有极大的不确定性和非均匀性，使得医疗保险精算中对风险的测定不像寿险那样借助一套标准的计算方法来实现。因此，需要借助医药补偿比、保险因子、增加系数等社会医疗保险指标使得医疗保险基金的精算更加有效。

（十二）医疗保险基金管理信息系统

医疗保险基金管理信息系统是为实现对医疗保险基金经办、运营管理，由政府主导，技术部门或企业承建，供各级医疗保险经办、医疗保险基金运营机构完成管理工作的信息系统。我国的医疗保险基金管理信息系统已具有社会保障信息系统的管理基础，并逐渐形成了统一高效、互联互通和安全稳定的系统管理原则。在新的时期，医疗保险基金管理信息系统应面向医疗保险治理的现实问题发展改革，进一步发挥经办管理、基金监管和公共服务职能。

（十三）医疗保险基金管理模式国际比较

一个国家实行何种医疗保险基金管理模式，主要取决于该国的社会经济制度、经济文化发展水平，以及卫生组织和卫生服务的历史传统等因素。在百余年的发展与演变过程中，尽管国家制度不同，但各国政府都十分重视医疗保险制度的建立和完善，也探索出各有特色、与本国经济发展和卫生事业相适应的医疗保险基金管理模式。通过对英国、美国、德国、新加坡和日本的医疗保险基金管理模式进行分析和比较，为我国的医疗保险基金管理发展提供了宝贵的、重要的借鉴。

（十四）我国医疗保险基金管理改革与发展

我国社会医疗保险体系包括城镇职工基本医疗保险和城乡居民基本医疗保险。通过了解我国医疗保险基金管理的历史和改革后的发展进程，明确当前医疗保险基金管理中存在的问题，并且针对存在的问题确定应该采取的改革措施以及我国医疗保险基金管理今后可能的走向。

三、医疗保险基金管理的分析方法

医疗保险基金管理的分析涉及政治、经济、管理、社会、财政、金融等诸多领域。例如，从经济学的视角分析医疗保险基金管理中效率与公平的权衡，从社会学的视角分析道德风险、供方诱导需求等社会行为机理，从金融学视角分析医疗保险基金风险控制，从管理学视角分析并试图实现优质高效医疗保险基金支付方式等。可见，医疗保险基金管理是一门交叉科学，也是当前社会各界关注的热点研究领域，因此医疗保险基金管理应当高度重视分析方法。科学合理的分析方法更有利于透过医疗保险基金管理所呈现出来的复杂表象，揭示出其中的本质规律，以利于指导医疗保险基金管理实践。

（一）理论与实践相结合的分析方法

社会实践既是理论的来源，又是检验理论正确与否的唯一标准。医疗保险基金管理的制度、模式、技术方法是否正确与适用，还得依靠医疗保险基金管理实践的检验。因此，理论与实践相结合的方法是研究医疗保险基金管理的首要方法。运用这一方法研究的具体要求是：第一，作为对医疗保险基金管理实践的抽象与概括的理论，必须重新回到实践过程中去，为实践服务，并接受实践的检验；第二，对医疗保险基金管理的研究和探讨要从中国社会主义市场经济制度的实质与特征出发，并以中国自己的医疗保险事业为立足点；第三，必须开展广泛深入的社会调查，不仅要了解国外医疗保险基金管理的制度、模式以及成功的经验和失败的教训，而且还要学习和研究商业保险管理，借鉴其中的方法和技术，这些都是对医疗保险基金管理的一般原理和原则的反映，具有普遍适用性，应该通过学习和借鉴不断丰富自己的医疗保险基金管理理论。

（二）跨学科分析方法

医疗保险基金管理研究是涉及政治、经济、管理、社会、财政、金融等诸多学科的研究领域。由此决定了以任何单一学科和方法研究医疗保险基金管理的局限性。只有通过多学科的知识结构和研究方法的综合运用，才能更好地揭示医疗保险基金管理的内在规律性。医疗保险基金管理过程中，更多地涉及现代金融学、保险学、社会保险学、精算学、财政学、投资学等知识领域，并且医疗保险基金管理的能力与国家经济发展密切相关；医疗保险基金投资运营受一国资本市场完善程度的制约；医疗保险基金与资本市场的互动，医疗保险基金入市的约束条件及其监管能力同保险市场和金融市场的发展不可分割，构成非常复杂的社会系统工程。因此，医疗保险基金管理研究离不开多学科知识的综合运用。

（三）定量与定性相结合的分析方法

医疗保险基金管理的一系列理论与实务问题，通过定性研究对少量样本进行深入、细致的分析，可对研究问题进行更深层次的探索；但定性研究具有代表性差、主观性强等局限性，因此，还需要从数量方面揭示医疗保险基金管理的规律。客观事物的本质规律往往蕴藏在一定的数量当中，离开数据分析，就无法弄清事物的本质。在医疗保险基金管理中，由于涉及基金收支平衡的问题，最重要的量的方法就是医疗保险基金精算的相关方法。精算法就是对医疗保险相关指标和医疗保险基金的收支状况进行分析，以此作为社会保障部门决策的依据。另外，医疗保险基金管理还涉及对参保人等主体的行为的影响、对金融体系的影响，这些分析都必须基于一定的数量分析方法和计量分析方法。

四、医疗保险基金管理的学习意义与要求

对医疗保险基金管理的学习内容包括，首先，界定医疗保险基金管理的内涵，明确医疗保险基金与政府、市场的关系。其次，在此基础上，进一步了解医疗保险基金管理的不同方面，比如，医疗保险基金的筹集管理、医疗保险基金的给付管理、医疗保险基金的投资管理和医疗保险基金的风险管理。与此同时，掌握医疗保险基金管理的会计与财务管理方法和精算方法。最后，通过与国外的医疗保险基金管理模式进行分析和比较，并结合我国医疗保险基金管理的发展情况进行具体分析。通过以上内容的学习，加深对于医疗保险基金管理的概念、基础理论、流程、技术方法和模式的认识和理解，得出对于我国医疗保险基金管理发展与改革的相关措施和未来发展方向的见解，为今后参与医疗保险基金管理相关研究打下坚实基础。

要想熟练掌握医疗保险基金管理的内容，除了学好本教材的内容外，需要从以下方面入手。

（一）结合不同学科知识，加大阅读量

由于医疗保险基金管理研究是涉及政治、经济、管理、社会、财政、金融等诸多学科的研究领域。因此，在学习教材的基础上，不但要多阅读有关医疗保险基金管理的资料，而且要多学习、了解与医疗保险基金管理研究领域相关的不同学科知识。借此不断丰富自身理论知识，使自己对医疗保险基金管理有更加全面而深入的了解。

（二）加强对量的方法的掌握

客观事物的本质规律往往蕴藏在一定的数量当中，离开数据分析，就无法弄清事物的本质。而医疗保险基金管理中精算法等量的方法相对较为复杂，因此，需要加强数理知识的学习。

（三）理论与实践相结合

社会实践既是理论的来源，又是检验理论正确与否的唯一标准。医疗保险基金管理的制度、模式、技术方法是否正确与适用，还得依靠医疗保险基金管理实践的检验。因此，在掌握理论知识的同时，还要不断地将理论与时事和实践经验结合起来，才能认识并发掘医疗保险基金管理的本质规律。

1. 医疗保险基金管理的对象包含哪些？
2. 医疗保险基金管理对于基本医疗保险运行有何作用？
3. 请思考医疗保险基金管理的主要内容，以及如何实现基金管理目的。

（毛　瑛）

第一章案例及拓展阅读

第二章 医疗保险基金管理概述

内容提要

医疗保险基金是用于偿付合同规定范围之内参保人员因疾病、伤残及生育等全部或部分医疗费用的专项资金。它的有效平衡运行是维持社会医疗保险制度正常运转和可持续发展的一个重要方面。医疗保险基金的科学管理和高效使用，不仅涉及我国医疗保险资源配置的有效性问题，而且直接影响到广大人民群众接受基本医疗服务的数量和质量，事关基本医疗保险制度的运行。我国的基本医疗保险制度能否达到设计目标，与健全有效的资金管理、稳定可靠的资金来源、严格规范的支出紧密相关。本章主要阐述医疗保险基金的含义与特征、医疗保险基金的来源与作用、医疗保险基金的种类与功能、医疗保险基金管理的原则及医疗保险基金管理的模式与内容。

第一节 医疗保险基金概述

一、医疗保险基金的含义与特征

（一）医疗保险基金的含义

一般来说，医疗保险可以分为商业健康保险和社会医疗保险，所以医疗保险基金也分为商业健康保险基金和社会医疗保险基金。若无特殊说明，本章所讲的医疗保险基金都是指社会医疗保险基金。

所谓医疗保险基金是指通过法律或合同的形式，由参加医疗保险的企事业单位、机关团体或个人在事先确定的比例下，缴纳规定数额的医疗保险费汇集而成的一种专项资金，是国家为保障参保人在患病期间的基本医疗，由医疗保险经办机构按国家有关规定，在特定的统筹地区内，按一定的比例向劳动者所在单位及劳动者本人征缴的保险费，以及以政府财政拨款的形式集中起来的，有专门机构管理的专款专用的财务资源。因此，医疗保险基金是为具体实施医疗保险制度而特意建立起来、国家为了给社会成员提供基本医疗保障的一项资金。医疗保险基金的有效运营与管理是保障参保人员基本医疗需求，维护医疗保险制度可持续发展的物质基础，对于社会稳定、经济发展具有重要意义。医疗保险基金并没有一个明确的概念，由于涉及的内容较为复杂，只能进行一个笼统的概括性介绍。理解医疗保险基金的含义，应该注意以下几点。

（1）医疗保险基金的筹集和管理带有强制性，不以营利为目的。医疗保险基金是由医疗保险机构经营管理的，主要用于偿付合同规定范围之内参保人员因疾病、伤残及生育等产生的医疗费用。

（2）医疗保险基金是以法律的形式向参保单位或劳动者个人征集的医疗保险费。医疗保险是由国家立法，通过强制性社会保险原则和方法筹集医疗资金，保证人们平等地获得适当医疗服务的一种制度。在保险关系中，一方为保险机构，另一方为参保人。参保人必须按法律或合同条款规定向保险机构缴纳一定数量的医疗保险费，才能享有相应的医疗保险待遇。医疗保险基金是由无数个被保险的单位或个人缴纳的医疗保险费汇集而成的一种货币资金。

（3）医疗保险基金是医疗保险中的重要组成部分，相比于其他形式的基金，医疗保险基金的存在形式及使用途径具有其特殊性。

（4）社会医疗保险基金是由医疗保险经办机构组织经营和管理的，用于偿付参保对象基本医疗费用的基金。经办机构是医疗保险基金的组织和经营管理者，并执行费用偿付职能。其偿付水平应符合医疗保险合同规定的范围。

（5）医疗保险基金具有现收现付的性质，以社会保障为主，其利润不进行分配和资本转化。

（6）社会医疗保险基金的筹集与医疗费用的偿付均采用货币的形式。

（7）医疗保险基金不是一笔投资基金，而是一种出现人身伤害事故时的保险基金，这个基金不能由个人承担，必须是国家规定的医疗保险机构或组织才能够进行管理。

（二）医疗保险基金的特征

医疗保险基金对于人们的生活有着极大的风险承担作用，一旦人体出现正常伤患，医疗承保机构就需要按照保险合同来对投保人进行一定的资金补助。医疗保险基金是医疗保险制度得以正常运行的基本保证，关系着医疗保险制度目标的实现、公民的切身利益、国家的稳定以及社会发展的大局。医疗保险基金具有如下特征。

1. 筹集具有强制性和广泛性

一方面，医疗保险基金是依法强制筹集的，并严格按照法律的规定管理和使用。企业和个人都不能违反法律的规定。所有参保对象都应按期足额缴纳医疗保险费，拒缴、欠缴都属违规甚至违法行为。医疗保险基金是老百姓的"养命钱"，直接关系劳动者的切身利益，在基金的管理和使用方面也要严格按照有关的法律法规运行。

另一方面，医疗保险基金是社会保险基金中的重要组成部分。它影响的人数广、涉及的领域宽，它贴近民众、紧系民众。同时，医疗保险基金涉及大量的资金流转，涉及广大老百姓的切身利益，涉及政府、企业、个人和不同群体之间的责任分担和利益调整。任何人面对疾病风险都是难以回避的，因此我们可以说医疗保险是社会保险中覆盖面最广、最普遍的保险。

2. 互济性

互济是医疗保险的一个重要特点。医疗保险基金只用于少数参保人患病时进行诊断治疗的费用偿付，对医疗保险而言，每个人发生风险的概率大不相同，但在基金筹集时并不考虑这种差异，而是按统一标准筹集。这样就会出现每个人享受的医疗保险待遇不一定等于其对医疗保险基金贡献的情况，这就是医疗保险基金互济性的体现。对整体而言，是多数人共济少数人，年轻人共济老年人，健康的共济患病的，病少、病轻的共济病多、病重的；对个体而言，年轻时、无病时帮助别人，年老时、有病时被人帮助。人们之所以需要医疗保险，也就是因为它能分摊损失、互助共济，避免因重大疾病带来的经济风险，从而实现社会安定的目的。

3. 医疗保险基金的给付具有社会化的特点

社会劳动者如果只是依靠个人的力量或依靠企业的力量去抵御疾病风险是远远不够的。医疗保险制度使社会劳动者的医疗保障社会化，个人、企业间互助共济，有助于增强抵御疾病风险的能力，最重要的是可以把企业从繁杂的医疗保障管理事务中解脱出来，变企业行为为社会行为，因此，医疗保险基金实行社会化发放，充分体现医疗保障社会化的特点。

4. 公益福利性

医疗保险基金的使用有很强的方向性。用于医疗方面的费用，必须切实保证患者治病而不会移作他用。医疗保险制度在基金筹集上，由国家、集体和个人合理分担，职工个人也要适当负担，这既有利于增强费用意识，实行自我控制，又体现了医疗保险的公益性，取之于民、用之于民，使个人从集体互助中得到健康补偿，使人们从国家经济保障中感受到社会的人文关怀。国家或企业为职工缴纳大部分的医疗保险费，使医疗保险基金的福利性也得到了体现。

5. 医疗保险基金运行的自我平衡

医疗保险基金是实现医疗保险目标的物质基础，其运行只有实现收支平衡，才能确保既满足劳动者基本医疗消费，又不为国家或企业的财政和劳动者本人增加负担，从而促进社会的稳定和经济的发展。医疗保险是针对疾病风险设立的一项制度。疾病是每个人在生存过程中必然要遭遇、不可避免的风险，具有普遍性、损失性、不确定性等特点。作为疾病风险的分担机制，医疗保险会补偿公民遭遇疾病风险时的经济费用损失。然而，医疗保险基金作为老百姓的"养命钱"，其筹集的资金具有有限性，这也决定了支付的有限性。因此，收支平衡是必然的选择。

6. 医疗保险基金筹集的区别性

由于疾病的发生是随机的、不可预见的，医疗保障提供的给付也只能是短期性、经常性的，不会像养老保险、生育保险那样具有长期性和可预见性，或者是一次性的社会保险费用支付，因此医疗保障在财务处理方式上与其他社会保障有所不同。例如，一般说来，医疗保险基金多以短期内收支平衡原则为主要原则进行筹集，该筹资模式为现收现付制，即通过以支定收，使医疗保障收入和支出在年度内大体平衡的筹资模式。

7. 医疗保险基金的支出时间和数额具有不确定性

疾病本身就多种多样，变化多端，再加之医疗服务市场是一个卖方市场，具有很强的专业性，医疗机构希望患者多花费，患者因有第三方付费，通常不太考虑费用多少，主要以治好病为目的。

二、医疗保险基金的来源与作用

（一）医疗保险基金的来源

国际上的医疗卫生服务资金筹措方式主要包括四种：以税收为基础（tax-based）、以保险费为基础（premium-based）、储蓄账户（saving account）及自费模式（direct payment or out-of-pocket）。而我国现行医疗卫生体系的筹资主要有三个来源：一是政府财政直接支付，包括政府卫生管理、政府对卫生服务机构的投资及政府直接承担部分群体或所有人的医疗费用；二是私人部门直接支付，包括个人直接支付和商业健康保险支付；三是公共医疗保障基金支付，公共医疗保障基金将个人缴费、部门缴费和财政补贴汇聚在一起，用于基金参保成员的医疗开支。

我国于 1998 年正式建立了城镇职工基本医疗保险制度，2003 年开始在全国推广新型农村合作医疗制度，2007 年开始试点城镇居民基本医疗保险制度，这三项制度形成的统筹基金构成了我国公共医疗保障基金的主体。

1998 年《国务院关于建立城镇职工基本医疗保险制度的决定》中规定：基本医疗保险费由用人单位和职工共同缴纳。用人单位缴费率应控制在职工工资总额的 6%左右，职工缴费率一般为本人工资收入的 2%。随着经济发展，用人单位和职工缴费率可作相应调整。另外，要建立基本医疗保险统筹基金和个人账户。基本医疗保险基金由统筹基金和个人账户构成。职工个人缴纳的基本医疗保险费，全部计入个人账户。用人单位缴纳的基本医疗保险费分为两部分，一部分用于建立统筹基金，一部分划入个人账户。划入个人账户的比例一般为用人单位缴费的 30%左右，具体比例由统筹地区根据个人账户的支付范围和职工年龄等因素确定。统筹基金和个人账户要划定各自的支付范围，分别核算，不得互相挤占。要确定统筹基金的起付标准和最高支付限额，起付标准原则上控制在当地职工年平均工资的 10%左右，最高支付限额原则上控制在当地职工年平均工资的 4 倍左右。起付标准以下的医疗费用，从个人账户中支付或由个人自付。起付标准以上、最高支付限额以下的医疗费用，主要从统筹基金中支付，个人也要负担一定比例。超过最高支付限额的医疗费用，可以通过商业医疗保险等途径解决。统筹基金的具体起付标准、最高支付限额以及在起付标准以上和最高支付限额以下医疗费用的个人负担比例，由统筹地区根据以收定支、收支平衡的原则确定。在参加基本医疗保险的基础上，作为过渡措施，允许建立企业补充医疗保险。企业补充医疗保险费在工资总额 4%以内的部分，从职工福利费中列支，福利费不足列支的部分，经同级财政部门核准后列入成本。国有企业下岗职工的基本医疗保险费，包括单位缴费和个人缴费，均由再就业服务中心按照当地上年度职工平均工资的 60%为基数缴纳。

2003 年《关于建立新型农村合作医疗制度的意见》规定：新型农村合作医疗制度实行个人缴费、集体扶持和政府资助相结合的筹资机制。农民个人每年的缴费标准不应低于 10 元，经济条件好的地区可相应提高缴费标准。乡镇企业职工（不含以农民家庭为单位参加新型农村合作医疗的人员）是否参加新型农村合作医疗由县级人民政府确定。有条件的乡村集体经济组织应对本地新型农村合作医疗制度给予适当扶持。但集体出资部分不得向农民摊派。鼓励社会团体和个人资助新型农村合作医疗制度。地方财政每年对参加新型农村合作医疗农民的资助不低于人均 10 元，具体补助标准和分级负担比例由省级人民政府确定。经济较发达的东部地区，地方各级财政可适当增加投入。从2003 年起，中央财政每年通过专项转移支付对中西部地区除市区以外的参加新型农村合作医疗的农民按人均 10 元安排补助资金。

2007 年《国务院关于开展城镇居民基本医疗保险试点的指导意见》中规定：城镇居民基本医疗保险以家庭缴费为主，政府给予适当补助。参保居民按规定缴纳基本医疗保险费，享受相应的医疗保险待遇，有条件的用人单位可以对职工家属参保缴费给予补助。国家对个人缴费和单位补助资金制定税收鼓励政策。对试点城市的参保居民，政府每年按不低于人均 40 元给予补助，其中，中央财政从 2007 年起每年通过专项转移支付，对中西部地区按人均 20 元给予补助。在此基础上，对属于低保对象的或重度残疾的学生和儿童参保所需的家庭缴费部分，政府原则上每年再按不低于人均10 元给予补助，其中，中央财政对中西部地区按人均 5 元给予补助；对其他低保对象、丧失劳动能力的重度残疾人、低收入家庭 60 周岁以上的老年人等困难居民参保所需家庭缴费部分，政府每年再按不低于人均 60 元给予补助，其中，中央财政对中西部地区按人均 30 元给予补助。中央财政对东部地区参照新型农村合作医疗的补助办法给予适当补助。财政补助的具体方案由财政部门商劳动保障、民政等部门研究确定，补助经费要纳入各级政府的财政预算。

2009 年 3 月 17 日中共中央、国务院发布《中共中央国务院关于深化医药卫生体制改革的意见》，我国开始了新一轮医药卫生体制改革，城镇职工基本医疗保险、城镇居民基本医疗保险、新型农村合作医疗和城乡医疗救助共同组成基本医疗保障体系，分别覆盖城镇就业人口、城镇非就业人口、农村人口和城乡困难人群。建立国家、单位、家庭和个人责任明确、分担合理的多渠道筹资机制，实现社会互助共济。其中城镇职工基本医疗保险的筹资来自用人单位和个人的缴费，城镇居民基本医疗保险和新型农村合作医疗（以下简称"新农合"）的筹资来自个人缴费和政府补贴。

2012 年 3 月 14 日，国务院印发《"十二五"期间深化医药卫生体制改革规划暨实施方案》，提出到 2015 年，城镇居民基本医疗保险和新农合政府补助标准提高到每人每年 360 元以上，个人缴费水平相应提高，探索建立与经济发展水平相适应的筹资机制。城镇职工基本医疗保险、城镇居民基本医疗保险、新农合政策范围内住院费用支付比例均达到 75%左右，明显缩小与实际住院费用支付比例之间的差距；进一步提高最高支付限额。城镇居民基本医疗保险和新农合门诊统筹覆盖所有统筹地区，支付比例提高到 50%以上；稳步推进城镇职工基本医疗保险门诊统筹。

2016 年 1 月 12 日，国务院印发《国务院关于整合城乡居民基本医疗保险制度的意见》，整合城镇居民基本医疗保险和新型农村合作医疗两项制度，建立统一的城乡居民基本医疗保险制度。意见指出：按照基金收支平衡的原则，统筹城乡居民医疗保险与大病保险保障需求，合理确定城乡统一的筹资标准。现有城镇居民医疗保险和新农合个人缴费标准差距较大的地区，可采取差别缴费的办法，利用 2～3 年时间逐步过渡。整合后的实际人均筹资和个人缴费不得低于现有水平。同时，逐步建立个人缴费标准与城乡居民人均可支配收入相衔接的机制。合理划分政府与个人的筹资责任，在提高政府补助标准的同时，适当提高个人缴费比重。

2016 年 8 月 5 日，国务院印发《国务院关于实施支持农业转移人口市民化若干财政政策的通知》，建立健全支持农业转移人口市民化的财政政策体系，将持有居住证人口纳入基本公共服务保障范围，支持创新城乡基本医疗保险管理制度，创造条件加快实现基本公共服务常住人口全覆盖。对持居住证参保的，个人按当地居民相同标准缴费，各级财政按当地居民相同标准给予补助。居住证持有人选择参加城镇居民医疗保险，按城镇居民相同标准缴费，各级财政按照参保城镇居民相同标准给予补助，加快实现基本医疗保险参保人跨制度、跨地区转移接续。

为贯彻党的十九大关于"完善统一的城乡居民基本医疗保险制度和大病保险制度"的决策部署，2019 年 5 月 13 日，国家医疗保障局与财政部联合印发的《关于做好 2019 年城乡居民基本医疗保障工作的通知》中进一步提高了城乡居民医疗保险和大病保险筹资标准：2019 年城乡居民医保人均财政补助标准新增 30 元，达到每人每年不低于 520 元，新增财政补助一半用于提高大病保险保障能力（在 2018 年人均筹资标准上增加 15 元）；个人缴费同步新增 30 元，达到每人每年 250 元。中央财政对各省、自治区、直辖市、计划单列市实行分档补助。省级财政完善省级及以下财政分担办法，地方各级财政要按规定足额安排财政补助资金。

2020 年 2 月 25 日，为深入贯彻党的十九大关于全面建立中国特色医疗保障制度的决策部署，着力解决医疗保障发展不平衡不充分的问题，中共中央、国务院发布《关于深化医疗保障制度改革的意见》。意见指出：坚持和完善覆盖全民、依法参加的基本医疗保险制度和政策体系，职工和城乡居民分类保障，待遇与缴费挂钩，基金分别建账、分账核算。逐步将门诊医疗费用纳入基本医疗保险统筹基金支付范围，改革职工基本医疗保险个人账户，建立健全门诊共济保障机制。在中央决策部署下，国务院办公厅于 2021 年 4 月 22 日发布《关于建立健全职工基本医疗保险门诊共济保障机制的指导意见》：建立完善职工医保普通门诊费用统筹保障机制，逐步将多发病、常见病的普通门诊费用纳入统筹基金支付范围。并提出同步完善城乡居民基本医疗保险门诊统筹，并逐步提高保障水平。

医疗保险基金的来源主要有：行政机关由各级财政安排；财政供给的事业单位由各级财政视财政补助及事业收入情况安排，其他事业单位在事业收入或经营收入中提取的医疗基金中列支；企业在职工福利费中开支；进入再就业服务中心的企业下岗职工的基本医疗保险费，包括单位缴费和个人缴费，均由再就业服务中心按统筹地区上一年度职工社会平均工资的 60% 为基数缴纳；挂编、请长假、未进入再就业服务中心、停薪留职等人员的医疗保险费由原单位代收代缴等（图 2-1）。

（二）医疗保险基金的作用

1. 增强抵御疾病带来的经济风险的能力，保证社会的安定

医疗保险基金是指在社会劳动者因疾病、非工伤或生育需要治疗时，由社会提供必需的服务和物质保障的制度，通常以法律或合同的形式向参保人预先收取保险费，建立医疗保险基金。被保险人发生医疗费用时，给予一定的补偿，达到风险共担、补偿损失的目的，将集中在个人或家庭小单位的风险分散到所有参加保险的成员中。

医疗保险是最有效的抵御疾病经济负担的工具。人的一生不可避免地会罹患各种疾病，而患病则不可避免地需要支付医疗费用和药品费用，使疾病带来的经济风险不可避免。社会医疗保险基金的建立无疑可以有效地抵御这些风险，医疗保险制度在一定程度上改变了医疗卫生服务供需双方的地位，通过保险使医疗服务市场上的供需双方在资源配置中的地位发生改变，从而实现抵御疾病经济风险的作用。

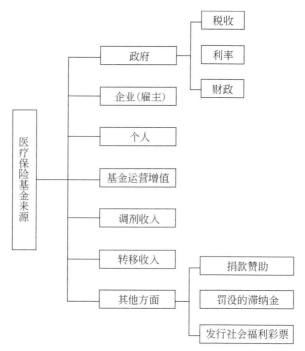

图 2-1　医疗保险基金来源

2. 医疗保险基金是医疗保险制度的物质基础

医疗保险基金是医疗保险制度运行的物质基础和根本保障,关系到国民是否可以接受基本的、必要的医疗服务,对医疗保险制度的实施至关重要。我国 2020 年全年基本医疗保险基金（含生育保险）总收入、总支出分别为 24 638.61 亿元和 20 949.26 亿元,年末基本医疗保险（含生育保险）累计结存 31 373.38 亿元。医疗保险制度的建立和可持续性运行,是通过社会医疗保险基金制度的贯彻落实而实现的,任何一个医疗保障制度,如果不能足额筹集到覆盖人口因医疗服务发生所需的支付基金,该制度的保障功能便无从谈起。如果医疗保险基金的运营出现严重的问题,参保者不但得不到基本医疗服务的保证,也很有可能因为看不起病而陷入生存困境,不利于经济的发展和社会的进步。

3. 筹集医疗保险基金是提高医疗保险保障能力的需求

医疗保险的保障能力主要表现为保障范围多广和保障水平如何。实现这两方面的关键就在于筹集多少医疗保险基金。改革开放以后,1998 年建立了城镇职工基本医疗保险制度,2003 年和 2007 年分别试点建立了新型农村合作医疗制度和城镇居民基本医疗保险制度,医疗保险的保障范围越来越广。截至 2020 年年底,全口径基本医疗保险参保人数达 13.61 亿人,参保覆盖面稳定在 95%以上。其中参加职工基本医疗保险人数约 3.44 亿人,比上年同期增加 1498 万人,增幅 4.6%;在参加职工基本医疗保险人数中,在职职工约 2.54 亿人,退休职工 9025 万人,分别比上年末增加 1174 万人和 324 万人。参加城乡居民基本医疗保险人数 10.16 亿人,比上年减少 806 万人,降幅 0.8%。我国基本医疗保险经过 23 年改革与发展,奠定了良好的群众基础和工作基础。同时,国家适当提高中央政府投入占基本医疗保险总费用的比重,随着经济社会发展,逐步增加投入,逐步提高国家保障能力。

4. 社会医疗保险基金的筹集是合理负担社会保险费的需要

医疗保险基金的筹集过程实质上就是分摊医疗保险费的过程。按照共同负担的原则,建立叠加式保险费筹措机制。建立国家为全体国民提供基础保险费、个人和用人单位缴纳基本保险费、个人和用人单位选择补充保险费、地方政府属地提供补助保险费、中央和地方政府共同提供救济保险费，各类保险费相叠加、职工保险费在居民保险费基础上叠加的基本医疗保险费筹措机制，让每个中国人都拥有基本医疗账户，都享有基本医疗保障。

5. 社会医疗保险基金是提高贫困人口医疗保障受益水平的坚实保障

医疗保险作用的核心机制是其风险共担作用，通过避免在需要医疗服务时的付费，来保证医疗服务对人们、尤其是贫困人口的可及性。2018 年起中央财政连续三年通过医疗救助资金渠道安排补助资金，用于提高深度贫困地区农村贫困人口医疗保障水平，加强医疗救助托底保障。省级财政持续加大对深度贫困地区倾斜力度，按照规定足额安排医疗保险补助资金，增加对城乡医疗救助的投入。我国近年来立足基本医疗保险、大病保险、医疗救助现有制度功能，坚持普惠政策与特惠措施相结合，统筹医疗保障扶贫整体设计，合理统筹使用医疗保险基金和医疗服务资源，充分发挥综合保障合力。2020 年累计资助 7837.2 万贫困人口参加基本医疗保险，资助参保缴费支出 140.2 亿元，人均资助 178.9 元，参保率稳定在 99.9%以上。各项医疗保险扶贫政策累计惠及贫困人口就医 1.8 亿人次，减轻贫困人口医疗费用负担 1188.3 亿元。中央财政投入医疗救助补助资金 260 亿元，比 2019 年增长 6%，另外安排 40 亿元补助资金专门用于提高"三区三州"等深度贫困地区农村贫困人口医疗保障水平，安排 15 亿元特殊转移支付医疗救助补助资金。

总之，医疗保险是社会保险体系的重要组成部分，它与其他社会保险既有联系又有区别。医疗保险保障公民的身体健康，与养老、失业、工伤、生育等其他保险一起，共同对劳动者的生、老、病、死、残起着保障作用。

三、医疗保险基金的种类与功能

（一）医疗保险基金的种类

按照是否以营利为目的，医疗保险基金划分为社会医疗保险基金和商业医疗保险基金。社会医疗保险基金具有非营利性、强制性，保险费形成保险基金，基金结余以基金形式聚集；商业医疗保险基金具有营利性、非强制性，保险费未全部形成保险基金，利润可转化为企业资本。

以基金的功能为依据，医疗保险基金包括基本医疗保险基金、地方补充医疗保险基金和生育医疗保险基金。基本医疗保险基金由统筹基金和个人账户组成，统筹基金由大病统筹基金社区门诊统筹基金和调剂金组成。

2012 年 8 月，国务院六部委发布《关于开展城乡居民大病保险工作的指导意见》，指出从城镇居民基本医疗保险基金、新型农村合作医疗基金中划出一定比例或额度作为大病保险资金。城镇居民基本医疗保险和新型农村合作医疗基金有结余的地区，利用结余筹集大病保险资金；结余不足或没有结余的地区，在城镇居民基本医疗保险、新型农村合作医疗年度提高筹资时统筹解决资金来源，逐步完善城镇居民基本医疗保险、新型农村合作医疗多渠道筹资机制。

以基金来源为依据，医疗保险基金一般可分为个人医疗账户基金、企业医疗调剂金（暂由企业管理支付，最终并入社会统筹医疗基金）、社会统筹医疗基金三部分。基金主要来自于用人单位和职工个人缴纳的医疗保险费，还有国家投入，体现了国家、用人单位和劳动者个人三方对医疗保险成本的分摊。

1. 个人账户基金

个人账户基金由两部分组成：一是从企业提取的医疗保险费中按在职职工和退休人员的年龄或工龄分档记入个人账户的部分（一般不低于企业提取医疗保险费的 50%）；二是在职职工个人缴纳的医疗保险费。个人账户的本金和利息归个人所有，可以结转使用和依法继承。个人账户基金主要用于在职职工和退休人员患病时按规定应支付医疗费。个人账户基金暂由企业代为管理，逐步过渡到由社会管理。

2. 企业调剂金

企业提取的医疗保险费的 30%左右，作为企业的医疗调剂金。由企业调剂使用。

3. 社会统筹基金

企业提取的医疗保险费的 20%左右，作为社会统筹基金，交由社会劳动保险事业机构统一管理，调剂使用。由于我国的社会医疗保险制度实施的是地区统筹管理，因此，在各地的具体实施中，依据各自的具体政策与管理办法，很多地区医疗保险基金的构成还包括大额医疗费用互助基金和风险储备金。大额医疗费用互助基金是按照一定比例支付城镇职工基本医疗保险参保人员在一个累积年度内超出一定数额的门诊、急诊医疗费用和超出基本医疗保险统筹基金的最高支付限额（不包括起付线以下及其他按规定应由个人负担部分）的医疗费用。大额医疗费用互助基金通常由单位和个人共同缴纳，具体缴纳和支付标准、办法依据各自实际情况存在一定差异。风险储备金则是从社会医疗保险统筹基金中计提一部分比例，主要用于应对职工基本医疗保险统筹基金、大病医疗救助基金支付风险；发生重大传染病疫情、群体性不明原因疾病及重大自然灾害等不可预测情况时，弥补按政策规定应由职工基本医疗保险统筹基金、大病医疗救助基金支付的有关医疗费用缺口。同样，各地关于计提比例与管理支付方法根据自己实际情况而会有所不同。

（二）医疗保险基金的功能

医疗保险是社会生活稳定、有序的重要保证，尤其作为国家机关和部门所从事的医疗保险工作更大程度上是一种宏观调控的手段，医疗保险的发展有利于和谐社会的建设。而医疗保险基金是医疗保险制度实现其社会政策目标的物质基础，因此，医疗保险基金的功能是由医疗保险制度的社会目标所决定的。医疗保险基金具有以下功能。

1. 保障功能

这是医疗保险基金最基本的功能，通过国家、集体和个人的基金积累，保障公民遭遇到与疾病相关的风险时最基本的医疗需求，如医疗保险基金所提供的医药费补贴和医疗服务，有助于患病和受伤的劳动者早日恢复健康，重返工作岗位，使他们不至被社会发展的进程所抛弃。

2. 互济功能

集众多社会上分散的小额资金，建立数额庞大的医疗保险基金，由国家统筹规划，协调安排基金的支出，使个别社会成员遭遇或可能遭遇的严重风险被全体社会成员分担，以降低风险程度。

3. 稳定社会功能

在任何国度、任何现实社会，都有自然灾害和意外事故，有贫困和弱势群体，如果社会制度安排有缺陷，问题解决不及时、不妥当，会成为社会的一种不安定因素。由于医疗保险基金的存在，当个人遭遇疾病风险，其个人和家庭生活可能陷入困境时，国家和社会得以向医疗保险参保人给付相应的款项，帮助他们渡过难关，使他们有基本的医疗保障，从而减少社会不稳定因素，实现社会安定。

4. 促进经济发展功能

疾病风险具有不确定性，每个人都有遭遇风险的可能，医疗保险基金通过稳定社会促进经济发展。医疗保险基金的存在保障了社会成员的基本医疗需求，避免了一部分社会成员因疾病陷入困境而产生社会对抗的现象，降低了社会风险，缓和了社会矛盾，从而为经济发展创造了稳定的社会环境。

5. 促进社会文明功能

医疗保险制度是一种社会互助机制，通过多种渠道筹集医疗保险基金，体现了社会成员互相帮助的精神，体现了敬老爱幼、扶贫济困、友爱互助的精神，体现了个人利益与社会利益、眼前利益与长远利益之间的协调关系，这对于增强社会成员的责任感具有积极的意义。因此，医疗保险基金具有促进社会文明进步的功能。

第二节　医疗保险基金管理的原则与意义

一、医疗保险基金管理的内涵与原则

（一）医疗保险基金管理的内涵

从广义上讲，医疗保险基金管理是指为实现医疗保障目标和保证制度稳定运行，对医疗保险基金的运行条件、管理模式、基金收支、投资营运、监督途径等进行全面规划和系统管理的总称。它是广大患者的"养命钱"。因此，对医疗保险基金的管理，即收缴、支付、使用、运营都应制度化、规范化。

从狭义上讲，医疗保险基金管理是指对医疗保险基金的筹集、支付和使用等环节进行计划、组织、协调、控制、监督等工作的总称。医疗保险基金的管理是一项综合性的管理工作，涉及多方经济利益管理的调整与平衡。一般来讲，它包括基金的筹集支付、分配使用核算、审计给付监督管理及基金保值增值等方面。

医疗保险基金费用管理是医疗保险费用支出管理的一项重要手段，通过科学的载体工具（计算机系统、IC卡等），对参保人员发生的医疗费用实行有效的监督和调控，以最大限度实现医疗保险保障基本医疗的目的。与一般基金管理相比，医疗保险基金管理具有以下特点。

1. 社会政策性

作为一项社会公共政策，医疗保险制度的实施以实现既定的公共政策目标为己任，无论是基金管理模式的选择、运行机制的确定，还是监督管理的实施，都要围绕实现国家社会政策目标这一核心来进行。一般的基金管理，多数以实现经济目标为宗旨，即围绕促进经济增长来实施基金管理。而医疗保险基金管理始终把服务于社会公共政策目标放在首位。

2. 法律规范性

医疗保险制度的实施必须以法律为依据。这就决定了医疗保险基金管理的全过程都应置于国家法律法规的保护和监控之下，体现出了鲜明的依法管理特征。无论采用怎样的管理模式，医疗保险基金都要依法征集、依法给付，对于医疗保险基金的监督管理，也必须依法进行。只有这样，医疗保险基金才能担负起保障社会成员基本医疗的社会责任，才能实现国家的社会政策目标。

3. 长期性

区别于一般的社会公共政策，医疗保险制度具有长期性。医疗保险基金管理要把基金的长期安全、制度的永久持续放在极其重要的地位。如果基金管理不善，则医疗保险制度难以为继，社会成员的基本医疗需求得不到保障，社会公共政策目标就无法实现，甚至影响社会稳定。因此，安全与可持续的观念贯穿于医疗保险基金管理的每一个细节。

4. 综合性

社会保障基金管理综合性不仅体现在医疗保险基金管理所运用的知识和技术方面，更多地体现于医疗保险基金管理所处的地位。医疗保险基金管理既体现经济政策又体现社会政策，既联系企事业单位、千家万户，又与政府财政密切关联。在基金管理实施过程中，要与有关部门相互配合、相互支持。

5. 公平性

合理的管理与控制医疗保险费用，使同一个统筹地区内的参加医疗保险的所有人员享受医疗保险的待遇都是公平、平等的，并且要能确保所有的医疗机构都能在公平的原则下为每一个参保人提供优质的基本医疗服务。

6. 平衡性

对医疗保险费用进行管理与控制主要是为了更加合理地、有效地支付医疗保险费用。只有医疗保险基金的收支状况达到平衡，才能更好地建立和完善医疗保险制度，并维持其长远有效的发展。

7. 科学性

使管理手段科学化是实现医疗保险费用管理与控制最基本的保证。医疗保险作为所有社会保险项目中最不易掌控的一个项目，其具有最广阔的人群覆盖面、敏感的个人利益、烦琐复杂的数据处理，如果不采用科学、有效的管理手段，要想达到合理控制医疗费用的目的则是非常艰难的。因此，信息化的管理技术在医疗保险费用的管理与控制中起着非常重要的作用。

（二）医疗保险基金管理的目标与原则

医疗保险基金关系着投保人群的健康权益、社会劳动力的健康延续，关系着国民的公共利益、国家的稳定和社会发展的大局，对医疗保险基金的管理要以确保基金安全为最高目标。

确保基金安全的内涵包括：①确保基金的完整与安全，杜绝基金被侵蚀；②确保基金能够满足给付的需要，避免发生支付危机；③防止基金贬值，实现基金保值；④保持高效率，堵塞浪费。

医疗保险基金作为一种社会保险基金，其使用的直接目的就是保障全体参保职工的医疗卫生需求，追求自身的平衡。因此，根据上述目标，医疗保险基金管理需要遵循如下原则。

1. 依法管理，保障规范运行

医疗保险是我国社会保险制度的重要组成部分，其管理也必须遵循社会保险基金管理的原则。法制化原则是基金管理遵循的首要原则，它要求凡是法定范围内的社会成员，都必须无条件地参加社会医疗保险并按规定履行缴费义务。社会医疗保险的缴费标准和医疗保险待遇的给付标准等，都由国家和统筹地区的政策法规统一规定，劳动者个人作为被保险人一方，对于是否参加医疗保险及享受怎样的医疗保险待遇等，均无权自由选择与更改。医疗保险是一项难度很大、政策性很强的工作，它涉及广大保险对象的切身利益，还直接影响改革、发展和稳定的大局。因此，医疗保险工作必须坚持国家的有关法律、法规和政策、方针，依法管理。

2. 专款专用

我国在 1998 年制定的《国务院关于建立城镇职工基本医疗保险制度的决定》中，明确规定了："基本医疗保险基金纳入财政专户管理，专款专用，不得挤占挪用。社会保险经办机构负责基本医疗保险基金的筹集、管理和支付，并要建立健全预决算制度、财务会计制度和内部审计制度。社会保险经办机构的事业经费不得从基金中提取，各级财政预算解决。"《国务院关于建立城镇职工基本医疗保险制度的决定》还对医疗保险基金的银行计息方法，各级劳动保障与财政部门对基本医疗保险基金的监督管理办法进行了详细规定。

医疗保险基金只能用于职工的基本医疗保障，除了这种特定用途外，任何地区、部门、单位和个人均不得挤占或挪用，更不能用于弥补政府的财政赤字，因为这些都是对保险对象合法权益的侵害，属违法行为。必须严格执行医疗保险基金的收支手续和责任制度。坚决制止挪用医疗保险基金的现象，坚决杜绝基金运行中的浪费现象，严格防止冒领医疗保险待遇。

3. 医疗保险基金要纳入财政专户，实行收支分离

医疗保险基金纳入财政专户，实行收支两条线管理，能够建立有效的部门间相互制约机制，有利于保证基金的安全。医疗保险基金的筹集、支付、运营等各个环节都在劳动保障部门、财政部门和金融部门的监控下，形成了三者之间相互协作、相互约束的局面，有利于建立起完善有效的相互制约机制。医疗保险基金纳入财政专户管理，与养老保险、失业保险等基金管理的办法一致，有利

于各项社会保险基金的统一管理。

医疗保险基金的征收系统与支出系统应当保持分离，既可以是两个部门分别承担征收与支出的职能，也可以是一个部门中的两个独立系统。这样做不仅是为了保证效率，而且也是为了基金的安全。

4. 预算管理

预算管理作为一种分配稀有资源的活动，需要在各类潜在的支出目标之间做出选择。医疗保险基金管理应综合考虑影响医疗保险基金收支的各种因素，积极探索运用预算管理的办法，将基金收支预算与医疗保险费用结算有机结合，合理把握基金收支规模，做到统筹兼顾、保障有力、收支平衡、留有余地。

无论是财政性社会保障基金，还是社会保险基金或其他社会保障基金，均需要根据既定的社会保障制度及其目标与标准来筹集和使用基金，从而需要编制年度与中、长期收支预算。

5. 坚持"以收定支、收支平衡、略有结余"的原则

医疗保险基金筹集以后，如何管理使用对于医疗保险制度的正常运行和持续健康发展及社会劳动者的切身利益都有重大的影响。因此需正确处理好其收、支、余几方面的平衡关系。医疗保险基金的使用必须量入为出，否则医疗保险制度随时可能陷入入不敷出的困境中，整个制度也将难以正常运行，甚至垮台。所以，国家要通过各种政策和调控手段来达到基金的收支平衡，避免赤字和过多盈余引起的利益矛盾与管理的低效率。首先，应该加强收缴管理，执行规定程序，保证基金来源的稳定性。其次，根据实际收缴规模和比例，调整预先做出的支出计划，加强医疗保险基金的支出管理，既要保障实现基本医疗覆盖医疗保险范围，又要量入为出、合理有效地使用医疗基金，做到保险基金不发生赤字，略有节余。

6. 医疗保险基金要与其他社会保险基金统一管理、分账核算

根据国务院颁布的《社会保险费征缴暂行条例》的规定，社会保险费实现养老保险、医疗保险、失业保险的"二三费合征"，由税务机关或是社会保险经办机构对三项社会保险费集中统一征收。财政部于1996年11月颁布的《职工医疗保险基金财务制度》要求社会保险基金要实行统一管理，按险种分别建账分账核算，专款专用，自求平衡，不得相互挤占和调剂。基金实行统一管理，具体就是机构、人员、财务管理要求、财务政策、财务报告的编制等方面的统一。但由于各项社会保险基金分属不同险种，其保险的原则与方针、管理与协调、权利与义务、范围与标准、资金来源与运用等环节不尽相同，国家对各项社会保险基金管理的具体要求和规定也不尽一致。

7. 医疗保险基金管理要与行政管理分开

医疗保险行政管理主要是制定有关的政策法规和工作程序，并对医疗保险事业进行规划、调控监督等。医疗保险业务则由医疗保险经办机构负责，包括基金的筹集、运营、给付等内容。医疗保险经办机构作为政府授权的非营利性事业单位，受政府委托，根据政府颁布的有关法规，依法独立行使职能，负责医疗保险工作的正常运转。

8. 统筹基金与个人账户要分别核算和使用，各自平衡，不得互相挤占

统筹基金和个人账户要严格界定各自的支付范围和责任，分别核算，不得互相挤占。个人账户主要用于支付小额医疗费用和门诊院外医药费用，而社会统筹基金主要用于支付大额费用或规定范围内的住院费用。各地要根据本地基本医疗保险基金的筹资水平、当地的经济状况等，科学合理地确定统筹基金的起付标准和最高支付限额。起付标准原则上控制在当地职工年平均工资的10%左右，最高支付限额原则上控制在当地职工年平均工资的4倍左右。起付标准以下的医疗费用，从个人账户支出或由个人支付；起付标准以上、最高支付限额以下的医疗费用，主要从统筹基金中支付，个人也要承担一定的比例。医疗保险统筹基金和个人账户基金各自平衡，不得互相挤占。统筹基金要加强支出管理，做到不出现赤字，有结余。个人账户的全部资金（本金和利息）归职工个人所有，可以结转和继承，但只能专款专用，不得提取现金或挪作他用。

二、医疗保险基金管理的意义

近年来，我国政府高度重视社会保险基金的管理，先后颁布了一系列的政策法规，都对社会保险基金的收、支、运营、监督等内控环节做出了严格而明确的规定。1999 年，财政部制定了《社会保险基金财务制度》、《社会保险基金会计制度》，规定了基金的预算原则、基金的筹资渠道、基金的支付方式、基金的结余管理，明确了社会保险经办机构的核算制度等内容。1999 年，财政部印发了《社会保障基金财政专户管理暂行办法》、《社会保障基金财政专户会计核算暂行办法》，进一步规范了社会保障基金财政专户管理，保证了专户内社会保障资金的安全与完整，规范了各级财政部门社会保障基金财政专户的核算和管理工作。2001 年，财政部、劳动和社会保障部发布了《全国社会保障基金投资管理暂行办法》，明确了基金运作机构和投资原则，进一步规范了全国社会保障基金投资行为。2001 年，劳动和社会保障部制定了《社会保险基金行政监督办法》，目的在于保障社会保险基金的安全，规范和加强社会保险基金监督管理等。2009 年，人力资源和社会保障部等下发《关于进一步加强社会保险基金专项治理工作的通知》（人社部发〔2009〕51 号），要求全面检查社会保险基金征缴支付、运营、管理情况，以更好地维护基金安全完整，解决了目前保险基金中存在的政策不完善、管理不规范、监督不到位等问题和现象。2009 年 3 月 17 日，根据《中共中央国务院关于深化医药卫生体制改革的意见》（中发〔2009〕6 号）和《国务院关于印发医药卫生体制改革近期重点实施方案（2009—2011 年）的通知》（国发〔2009〕12 号）的要求，为进一步加强基本医疗保险基金管理，提高基金使用效率，人力资源和社会保障部与财政部联合发出《关于进一步加强基本医疗保险基金管理的指导意见》，意见中提到要充分认识加强基本医疗保险基金管理的重要性和紧迫性。2010 年，国务院颁布了《关于试行社会保险基金预算的意见》，该意见进一步明确了基金预算编制的原则、范围、方法、执行等内容，意味着在我国全面试行社会保险基金预算政策的开始。2014 年，新修订的《中华人民共和国预算法》将医疗保险正式纳入政府预算体系。这一举措更强调了医疗保险基金预算的重要性。2016 年 12 月，财政部、人社部、国家卫计委等三部委联合发布《关于加强基本医疗保险基金预算管理发挥医疗保险基金控费作用的意见》，强调加强医疗保险基金预算管理，各统筹地区要严格按照"以收定支、收支平衡、略有结余"的原则编制基金的收支预算。该意见自 2017 年 1 月 1 日起施行，标志着在全国范围内建立医疗保险基金预算制度从简单到全面，充分体现国家高度重视医疗保险基金完整安全性，发挥医疗保险基金预算管理作用。针对医疗保障基金使用主体多、链条长、风险点多、监管难度大、欺诈骗保问题持续高发等问题，国家医疗保障局制定《医疗保障基金使用监督管理条例》，该条例于 2021 年 5 月 1 日正式实施。该条例是我国医疗保障领域的第一部行政法规，在规范医疗保险基金使用管理以及医疗保险法治化进程中具有里程碑意义。

医疗保险基金安全、完整、高效的运行管理，与社会保障制度息息相关、密不可分。近年来，虽然医疗保险基金发展势头强劲，但由于各地经济发展不平衡、经办机构管理模式不一、管理水平良莠不齐、政府监督管理不力等问题的存在，出现了基金收不抵支、基金累计结余过大、保值增值效率不高、挪用医疗保险基金等现象。因此提高医疗保险经办机构工作水平，加强医疗保险基金的管控，实现医疗保险基金保值增值，保障人民群众利益和促进社会和谐稳定都尤为重要。

1. 保证医疗保险制度正常运行

医疗保险基金管理的首要任务是有效的基金管理，首要前提就是基金的安全运营问题。随着基金累计结余的积累，怎样有效管理规模巨大的基金余额、增强对医疗保险制度的认同，有着至关重要的意义。医疗保险基金管理的范畴包括基金征缴的规章制度、费用偿付的业务规程、供需方监督管理与风险监控、对医疗保险机构监督机制等多个方面。加快推进基本医疗保障制度建设，将全体城乡居民纳入基本医疗保障制度，逐步提高基本医疗保障水平，是深化医药卫生体制改革的重要内容。按照"以收定支、收支平衡、略有结余"的原则，管好、用好基本医疗保险基金，对保障参保人员的基本医疗权益，减轻人民群众医药费用负担有着十分重要的现实意义。我国在"十三五"时期取得了全面建成小康社会的决定性成就，建成世界上规模最大的社会保障体系，基本医疗保险覆盖超过 13 亿人。"十四五"时期要健全覆盖全民、统筹城乡、公平统一、可持续的多层次社会保障体系。推进社会保险转移接续，健全基本医疗保险筹资和待遇调整机制。推动基本医疗保险省级统筹，健全重大疾病医疗保险和救助制度，落实异地就医结算，稳步建立长期护理保险制度。医疗保险制度建设要以"民生为本、公平至上"为主线，以增强制度的公平性为主题，以巩固完善"全民医保"为主要任务，以建设公正和谐医疗保险、维护国民健康权益为目标，促进社会公平正义和谐稳定。

2. 保证医疗保险制度可持续发展

实现医疗保险制度可持续发展，是深化改革的必然要求，是推进制度建设题中应有之义，也是我们孜孜以求的目标。只有坚持按客观规律办事，坚持医疗保险基本方针，巩固和完善相应的体制机制，才能实现制度的可持续发展。制度可持续性必须是供、需、保三方利益协调。医疗保险制度与其他各类保障制度的根本区别和特殊效应就在于责任（费用）分担机制。如果没有医疗费用分担机制，或是个人分担比例太小，医疗服务提供方和患者就不会有合理、规范、有效的医疗行为和就医行为，以及控制、节约医药费用的压力和动力。国际经验表明，个人医疗费用自付比例低于20%～25%，患者的节约费用意识就会明显减弱，不合理的诊疗用药等行为就会明显增多。因此，医疗保险的报销比例并不是越高越好，一定要适度，避免掉进"福利陷阱"；引入第三方付费制度，因为信息不对称，医疗服务提供方有着绝对的话语权，而单个的参保患者只能处于弱势地位，这种特殊性决定了医疗机构不可能自发形成对医疗行为监督制约和对医疗费用有效控制的机制，必然导致过度检查、过度医疗等不合理现象的普遍发生，医疗费用的大幅增长不可能得到根本遏制。第三方（医疗保险经办机构）代表全体参保人员的利益，以团购优势和相应的话语权与医疗服务提供方进行谈判，从而改变医疗服务提供者"一方独大、患者个体势单力薄"的格局，制约不合理的医疗行为，控制医疗费用不合理增长，并尽可能地寻求和维护各方的利益平衡统筹机制、分担机制，第三方付费制度是医疗保险最基本的制度构件、内在机制和发展逻辑。只有把握好这"三大支柱"及其相互关系，坚持按医疗保险客观规律办事，才能确保制度的健康协调可持续发展，才能保障民众健康需求，促进经济平稳发展，推动社会和谐进步。

3. 减轻政府负担

只有保障基金的安全完整才有利于社会保险制度的健康运行；只有实现基金的保值增值，才有利于减轻政府的负担；只有重视基金的投资运营，才有利于经济的发展和金融市场的完善。各国随着保障民生水平的不断提高，造成待遇水平逐年攀升、费用负担急剧增长、收不抵支现象频频出现，必须通过提高基金征缴基数、征缴率或财政补贴弥补基金赤字，势必导致企业或财政负担。若医疗保险基金的保值增值得到有效管理，既可以降低征缴基数、征缴率，又可以减轻财政压力，具有非常重要的政策意义。

社会保障制度是社会劳动力再生产顺利进行的重要保证，而社会保障基金则使这种保障得以落实。社会成员因疾病、伤残、失业而失去正常的劳动收入，会使劳动力再生产过程陷入不正常状态。由于社会保障基金的存在，社会成员在遇到上述风险事故时，可获得必要的经济帮助，使劳动力得以恢复，使劳动力再生产得以正常进行。例如，社会医疗保险基金所提供的医药费补贴和医疗服务，有助于患病和受伤的劳动者早日恢复健康，重返工作岗位。

4. 促进社会经济发展

社会保险基金作为实现社会政策目标的经济基础，对其征缴、投资运营、保值增值和支付全过程的有效管理，具有非常重要的意义。随着我国医疗保险基金规模日益扩大，医疗保险基金储蓄总量不断增加，通过有效的投资运营，实现较高的投资回报，促进社会经济增长，达到经济较快发展。医疗保险基金中往往有相当一部分是积累性质的，它并不需要立即支出。这些积累起来的基金对经济发展是十分重要的。运用好基金，不仅对社会保障事业本身十分重要，而且对经济的发展也会起到巨大的推动作用。

首先，医疗保险基金的筹集和给付，缩小了社会成员的收入差距，保障了社会成员的基本生活，避免了一部分社会成员因生活陷入困境而产生社会对抗的现象，降低了社会风险，缓和了社会矛盾，从而为经济发展创造了稳定的社会环境。其次，医疗保险基金对经济发展具有调节作用。利用社会保障杠杆，可以把一部分消费基金转化为社会保障基金，从而推迟消费要求对市场的压力，抑制消费基金的膨胀；而在经济萧条时，社会保障基金转化为消费基金，有利于增加消费，促进经济发展。此外，社会保障机制有利于劳动力资源的优化配置，促进劳动者身心健康，帮助劳动者提高劳动技能，从而促进经济发展。一方面医疗保险解除了劳动者的后顾之忧，使其安心工作，从而可以提高劳动生产率，促进生产的发展；另一方面也保证了劳动者的身心健康，保证了劳动力的正常再生产。

第三节　医疗保险基金管理的模式与内容

一、医疗保险基金管理的体制与模式

（一）医疗保险基金的管理体制

政府作为社会保障制度的主导者，是社会保障基金最重要的管理者，但由于社会保障基金结构复杂，因此，考虑效率这一因素，由民间组织来参与管理是必要的。由于医疗保险基金是社会保障基金的重要组成部分，所以，依据政府在医疗保险基金管理中的地位和作用程度，医疗保险基金管理的体制分为以下几种。

1. 政府直接管理

政府是医疗保险制度最重要的责任主体，需要直接出面管理医疗保险基金，它通常通过政府财政部门、医疗保险主管部门等来行使管理职责，并将财政性医疗保险资金和医疗保险基金的收支管理作为重点。政府对医疗保险基金管理的方式与内容主要有如下几个方面。

（1）预算管理。政府预算管理是医疗保险基金管理中最为重要的组成部分，预算管理涉及的分配与选择，受到国家特定时期经济、政治和社会发展要求及国家整体资源和国民承受能力的影响与制约。医疗保险基金管理应综合考虑影响医疗保险基金收支的各种因素，积极探索运用预算管理的办法，将基金收支预算与医疗保险费用结算有机结合，将宏观刚性预算与微观弹性决算有机结合，合理把握基金收支规模，做到统筹兼顾、保障有力、收支平衡、留有余地。

（2）财务监督。政府财政部门、审计部门与社会保障主管部门对医疗保险基金的运行全过程都实行财务监督，确保基金的安全运行。这种管理主要通过日常监督与定期或不定期审计来实施。

（3）投资管制。对于可供运营的医疗保险基金，为减少投资风险，政府通常对此类基金的投资实行较为严格的管理，包括制定相应的规则，严格挑选优质的投资机构，对投资过程进行严密监控等。

在政府直接管理的体制下，政府不仅要负责制定社会医疗保险的政策和法令，对社会医疗保险实施的范围与对象，享受保险的基本条件，资金来源，待遇支付标准与支付方式，有关方面（主要是国家单位和个人）的责任、义务、权利等做出具体规定外，还要负责社会医疗保险的具体管理，一般是由国家医疗保险主管部门和财政部承担管理基金的职责，卫生部门直接参与医疗保健服务的计划、管理与提供。

2. 政府与社会公共组织共同管理

实行社会医疗保险的国家，其医疗保险基金的管理组织区别于医疗保障的行政主管部门，同时也不同于以营利为目的的商业组织，而是由专门的医疗保险基金管理机构进行管理。这类机构往往是政府所属的事业机构或者由政府委托或批准的民间组织机构，它（们）作为政府授权的非营利性的机构，根据国家关于医疗保障的方针政策及政府颁布的有关法律、法规、制度等，独立行使职能，负责医疗保险基金的筹集运营给付等管理工作。

3. 医疗保险基金的自治管理

一些国家成立由雇主代表、工会代表等组成的协会。这种协会负责医疗保险基金的管理，政府部门只起一般监督作用或委托已有社会团体管理医疗保险基金等，都是政府直接管理之外的社会保障管理方式。

自治管理，意味着虽然政府通过立法确立了其向国民提供基本医疗保障的责任，但是医疗保险的具体运行和管理并不是由政府的行政机关来执行，而是由各医疗保险基金机构及协会来管理。医疗保险的自治管理，实际上是政府对社会组织的一种分权。相对于国家行政机关而言，医疗保险的自治管理使其更加接近被保险人，进而更能够获得参保对象的参保能力、保障需求及就医行为等信息，有利于提高管理和服务的有效性。同时，自治管理所具有的灵活性相对于易于僵化的法制体系而言能够更好地应对人口老龄化、疾病模式转型及科技发展等对医疗保险制度的挑战。

德国在其工业化过程中，最早创立了社会医疗保险制度。其所采用的自治性、多元保险人的组织结构是社会医疗保险体系和管理运行机制的基础，它不仅影响了德国其他社会保险项目的组织结构设计，还通过政策扩散效应对其他国家社会医疗保险制度的建设和发展产生了重要的影响。

德国法定医疗保险以国家法律监督下的自治管理、统一制度下的多元保险机构为基本组织原则，一个多世纪以来运转平稳而有效。社会自治，意味着医疗保险的运营和管理不是由政府行政机关执行，而由医疗保险基金机构（及其协会）进行自主管理，政府仅仅扮演规制者和监督者的角色。

在德国社会医疗保障制度中，各类各种层次的协会、联合会具有特别重要的作用。它们一方面是各自成员利益的代表；另一方面也要接受国家的委托以完成国家调节的任务，如医疗保险公司和签约医生联合会就承担着由法律所赋予的诸多任务。这些机构一般采用公法社团或者私法社团的形式，其以间接、分散的方式完成国家管理的任务，由于它们只是间接地实现国家管理的任务，因而，在面对国家管理任务的时候享有一定程度的自治权力，特别是具有组织协会活动的自治权力。

4. 我国医疗保险基金管理

现阶段，我国医疗保险基金管理体制是国家财政总监督下按照分类负责原则确立的部门分管体制。

行使医疗保险基金管理职能的主要有民政部、劳动和社会保障部、财政部、卫生部等政府职能部门，此外一些半官方机构、民间团体在自己的职责范围内行使着对一些基金的管理权。

民政部管理着多项财政性社会保障基金，包括救灾救济资金、国家福利资金、优抚安置资金等，各级民政部门既是行政管理职能部门，又是分配上述资金的部门，但在资金的调度方面，多数情况下需要同级政府的财政部门共同签署。

劳动和社会保障部管理着包括养老、医疗、失业、工伤、生育保险等基金在内各项社会保险基金，该部设置有专门的保险管理局（中心）作为基金管理组织，还专门设置了基金监察组织。

财政部直接管理着部分财政性保障基金，同时参与管理社会保险基金及民政部门管理的社会保障基金，该部门从中央到地方设置了专司社会保障财务的组织，其职责是对财政性社会保障基金进行预算，对社会保险基金通过设置财政专户进行直接监察。

此外，卫生部门管理着公共卫生基金。全国社会保障基金理事会作为中央社会保障（储备性）基金的管理机构，承担着对这一基金的直接管理职责。但它又不是一个完全独立的基金管理机构，凡是这一基金用于社会保障支出时，它服从财政部、劳动和社会保障部的指令；而在这一基金进行投资运营时，则承担着直接的管理职责。

（二）医疗保险基金管理的模式

1. 按国家的政治体制和文化传统分类

世界上各个国家的政治体制和文化传统不同，因此，医疗保险基金的管理方式也有所不同，具体如下。

（1）国家预算型医疗保险基金的管理方法。对于政府举办的医疗保障，主要由政府管理基金，一般是由政府的国家医疗保障主管部门和财政部承担，卫生部门直接参与医疗保健服务的计划、管理与提供。在这种筹资模式下，对医疗保险基金进行高度集中管理。而对于那些作为补充和调节作用的私立医疗保险则不纳入国家计划，只是政府在税收方面给了一定的优惠。例如，英国为了提高公立医疗机构的服务效率，曾经采用引进市场竞争机制的做法，允许地方卫生局利用预算资金购买服务效率高的私立医疗保险服务。这种管理方式的优点是有利于政府进行宏观调控，计划性强，可以合理使用经费。

（2）社会保险型医疗保险基金的管理方法。这一管理方法的主要特点是多方筹资，共同管理。在许多实行社会医疗保险的国家，其医疗保险基金的管理组织都区别于医疗保障的行政主管部门，同时也不同于以营利为目的商业组织，而是由专门的医疗保险基金管理机构进行管理，这类机构往往是政府所属的事业机构或者由政府委托或批准的民间组织机构，它（们）作为政府授权的非营利性的机构，根据国家关于医疗保障的方针、政策及政府颁布的有关法律、法规、制度等独立行使职能，负责医疗保险基金的筹集、运营、给付等管理工作。例如，北欧等福利国家，政府担负大部分医疗保险费用，故管理权力主要集中于政府。那些医疗保险费出资较少的国家，政府较少参与直接管理，而主要由保险组织自行管理。政府的作用在于制定相应的保险政策法规。这种管理模式的优点是能调动各方的积极性，各行其责，有利于促进社会保险业的发展，在医疗消费上具有一定的公平性。

（3）自由企业型医疗保险基金的管理方法。一般是政府很少干预，由各医疗保险机构分散管理，供需双方通过市场竞争机制进行调节，属于商业性医疗保险服务。这一管理模式的优点在于保险机构经营效率较高。缺点是费用上涨迅速，甚至难以控制，且易导致低收入人群得不到基本医疗保障，公平性差。

（4）我国社会医疗保险基金管理方法。目前我国的医疗保险基金的管理制度已经逐渐趋于完善，在市级或县级区级统筹过程中，都能够满足大多数医疗投保人员的意愿。《国务院关于建立城镇职工基本医疗保险制度的决定》明确表明：医疗保险基金的管理模式——"统账结合"是当前社会最合适、最恰当的手段。"统账结合"的管理模式不仅能够控制医疗保险基金的合理使用，还能在一定程度上帮助用户管理好个人账户。①从组织管理上将医疗保险基金的管理与医疗保障行政部门分开；②从财务上加强基金财务管理，实行财政专户、收支两条线管理，以确保基金安全；③从过程上强化基金筹集环节的管理，包括科学合理地确定筹资比例、严格核定缴费基数和选择筹资方式等；④采取多种措施抓好特殊单位、人群的医疗保险基金征缴工作。

2. 按管理的集中程度分类

按照管理的集中程度可以将医疗保障基金的管理分为集中管理、分散管理和相对集中管理三种模式。

（1）集中管理模式。集中管理模式是指所有医疗保险的缴费都交给一个唯一的管理机构去管理，所有的社会医疗费用支出都是从这唯一的机构获取。这个机构可以是政府机构，也可以是非政府机构，通过下设各种附属或分支机构包揽特定制度下的费用征收、基金管理或医疗费用支付的所有业务。有时各类业务也可以交给不同的机构管理，但最关键的是这些机构之间不存在竞争，而是各自垄断的特定业务范围，这种管理模式的突出优点在于能够形成规模，降低管理成本，同时实现大范围的转移支付。其缺点主要有权力集中，特别是监督权和管理权没有分离，很容易产生一些腐败行为；没有竞争机制，管理效率可能不高，收益也一般不高；由于管理机构属于政府或者与政府关系密切，因而容易被政府操纵。

（2）分散管理模式。分散管理模式是指社会医疗保险基金的缴费被交给多个基金管理机构，这些基金管理机构运用社会医疗保险基金进行投资并相互竞争，以保证基金的保值增值，并向参保者支付医疗费用。这种模式的突出优点在于：可以利用市场竞争机制获取比较高的投资回报；同时给予成员比较大的投资选择权，但同时也意味着留给了成员更多的风险；有利于避免腐败、政府操纵等一系列问题。但是，这种模式也存在着一些问题，如管理成本一般较高，委托-代理问题突出，不能实行大范围的转移支付等。

（3）相对集中管理模式。相对集中管理模式实际上是前两种模式的一种折中方案，主要表现为建立一个代表参保人员利益的机构，再由这个机构把基金管理的一部分业务通过签订合同委托给其他一些相互竞争的管理机构，另外一部分业务交给自己的下属机构去管理，通常情况下，收费、支付医疗保险金及提供信息服务等是由下属机构完成的。至于投资管理，代表成员利益的机构一般只制定大致的方针政策，把具体实施权交给其他专业投资机构，并对它们进行监督。这种模式既在一定程度上弥补了分散管理模式成本高昂、委托-代理问题突出等缺点，又在一定程度上克服了集中管理模式的缺乏竞争、效益低下等缺陷。

二、医疗保险基金管理的内容

（一）医疗保险基金的业务管理

医疗保险基金的业务管理，是指医疗保险经办机构在社会医疗保险基金业务方面的管理过程和管理活动。其工作内容主要包括代表政府征缴社会医疗保险费，支付医疗保险待遇，执行医疗保险财务会计制度及统计制度等。这三个阶段又进一步划分为：投保登记与申报缴费核定、费用征集待遇核定、待遇支付、费用记录处理、基金的会计核算与财务管理等若干个基本环节。

（1）医疗保险基金的缴费管理。主要包括：受保人的确认和登记造册，医疗保险的缴费，申报缴费数据核定，医疗保险费的征集，费用记录处理和保管环节等。

（2）医疗保险基金的存储管理。主要包括：社会医疗保险档案管理、社会医疗保险数据库管理、社会医疗保险个人账户管理等。

（3）医疗保险基金的支付管理。主要包括：医疗保险待遇的审核和医疗保险待遇的支付。

（4）医疗保险基金运行的稽核。主要包括：对用人单位和个人参加社会医疗保险及缴费的情况进行稽核检查，对社会医疗保险待遇享受者的领取条件和待遇支付情况进行稽核检查。

（二）医疗保险基金的财务管理

（1）医疗保险基金预算的管理。社会医疗保险基金的预算是指社会医疗保险机构根据社会医疗保险制度实施计划和要求，按年度编制的经法定程序审批的社会医疗保险基金财务收支计划。社会医疗保险经办机构要定期对预算的执行情况进行分析、检查；财政和劳动保障部门要对基金收支执行情况进行监督检查，发现问题及时研究对策和措施，并向同级人民政府报告，保证基金的收支平衡及安全完整。

（2）医疗保险基金收入的财务管理。医疗保险基金收支两条线管理与财政专户存储。收支两条线管理，系指基金的征集与支付业务，分别由两个不同的职能部门负责运作，亦即通过两个不同的业务渠道实施。其关键在于建立一种能使基金的征集与支付相互制约的运作机制，加强财政专户的管理。

（3）医疗保险基金支付的财务管理。一是统筹范围内支付的原则；二是专款专用的原则；三是统一性的原则。

（4）医疗保险基金资产的财务管理。国家规定基金资产由社会医疗保险经办，机构管理只是受托管理，基金资产的所有权并不属于经办机构；虽然基金资产是通过国家的法律和制度强制性地从有关方面收取的，但它也不是国有资产，它是受益人的共有资产，其所有权归受益人。国家和社会医疗保险经办机构对基金资产管理要对受益人负责；基金资产的相当部分属于基金收支相抵后的结余，它随时履行支付职能，基金一般以流动资产的形式存在，而非以固定资产、无形资产的形式存在。

（5）医疗保险基金负债的财务管理，包括借入款项管理和暂收款项管理。暂收款项是指社会医疗保险经办机构在开展社会医疗保险业务过程中，发生的属于社会医疗保险收入之外的暂收款项，如缴费单位多缴纳的社会医疗保险费及收到的不能确定资金性质的其他资金。

完善的医疗保险基金管理制度是对基金实施有效管理的最基本的保障，医疗保险基金是我国医疗保险运行的物质基础，不断增强基本医疗保险基金共济和保障能力，完善基本医疗保险基金管理体制，提高基本医疗保险基金的使用效率，是我国基本医疗保险制度可持续发展的必然要求。随着新医改的实施，建立全面覆盖的可持续发展的基本医疗保险制度是实现"全民医疗保险"目标的必然选择。随着我国医疗保险事业的快速发展，医疗保险基金管理已由单一的收支管理向多维度发展，强化基本医疗保险基金管理，对于进一步发挥社会保险制度在经济社会运行中的自动稳定器、减压阀作用，为国民经济又好又快发展服务，具有非常重要的意义。

1. 试述医疗保险基金的含义与特征。

2. 医疗保险基金的来源有哪些？

3. 阐述医疗保险基金管理的意义。

（吴　涛　丛　亮）

第二章案例

第三章 医疗保险基金管理法律制度

内容提要

医疗保险基金管理作为医疗保险的关键领域，其法律制度的建设是厘定医疗保险基金运行中各环节沉疴已久问题的重要途经。本章首先从医疗保险基金管理法律制度的相关概念及要素进行解读，同时系统梳理国内外医疗保险基金立法的历史沿革及特点，进而对我国医疗保险基金法律制度发展困难与机遇进行分析，以期对我国医疗保险基金管理法律制度构建有所助益。

第一节 医疗保险基金管理法律制度概述

近年来，随着医疗保险基金规模不断扩大，医疗保险支出快速增长，有关医疗保险基金的筹集、支付、运营、监管等问题频出，造成了大量的基金浪费，给医疗保险基金的收支平衡和有效管理带来了巨大压力。然而，我国的医疗保险法律制度相对落后，法律层次较低、各地区相关规定差异性较大，缺乏统一的、明确的管理依据。为此，建立健全我国医疗保险基金管理法律制度是必要的，这既是贯彻落实依法治国、依法行政的必然要求，也是医疗保险制度可持续发展的重要保障。

一、医疗保险基金管理法律制度的概念、特征及功能

（一）医疗保险基金管理法律制度的概念界定

1. 医疗保险基金管理

医疗保险基金管理是根据国家有关政策和法律，按照医疗保险基金运动的客观规律，对医疗保险基金的筹集、支付、运营、控制和监督等各项工作的总称。由于医疗保险基金是广大患者的"救命钱"，其管理的规范化、制度化尤为重要。我国的医疗保险基金管理应遵循依法运行、政事分开、专款专用、兼顾公平和效率、收支平衡、略有结余等原则，实现对基金运行过程中各个环节的有效管理，达到维护医疗保险基金安全、促进医疗保险制度可持续发展、减轻国民疾病经济负担等一系列目标。

2. 医疗保险基金管理法律制度

目前，尚无对医疗保险基金管理法律制度的明确定义。本书认为，医疗保险基金管理法律制度是指为调整医疗保险基金筹集、支付、运营、监管等活动中的各种社会关系所制定的法律规范制度，如基本医疗保险筹资制度、基金分配制度和基金监管制度等。

医疗保险基金管理法律的主要内容应包括医疗保险的管理方、保险人、被保险人、受益人、用人单位和两定机构等法律主体在医疗保险基金管理活动过程中的权责关系与行为规范。例如，2010年我国出台了《中华人民共和国社会保险法》，其中第三章对基本医疗保险基金的缴费和支付作了一些规定。但由于这不是医疗保险专项法律，规定内容并没有细化。为此，国务院于2021年1月15日颁布了《医疗保障基金使用监督管理条例》，明确了医疗保障基金使用和监督的行为规范，以及违反规定所要承担的法律责任。

（二）医疗保险基金管理法律制度的特征

1. 规范性

规范性是法律制度的基本特征之一，表明法律制度对人们的行为具有指引、评价、预测、教育等作用。这也正是医疗保险基金管理法律制度的核心特征，借此实现了对医疗保险基金管理主体行为的规范化，同时说明了医疗保险基金管理立法的必要性。

2. 强制性

医疗保险基金管理法律制度和其他法律一样都是国家强制实施的，强制性不仅体现在形式上，还体现在内容规定上。凡是参与医疗保险基金筹集、支付、运营、监督等活动的社会成员，必须按照法律统一规定进行有关活动，履行自己的义务，同时不得侵害他人的合法权利，否则会受到相应的处罚。

3. 保障性

医疗保险基金管理法律制度是医疗保险法律制度的重要组成部分，其立法宗旨是保障社会成员的医疗保险权。医疗保险权作为公民一项基本社会权利已被广泛认可。医疗保险基金管理法律制度的任务就是通过规范医疗保险基金各项活动，调节其中权利和义务关系，使医疗保险基金有效运行，从而达到维护公民医疗保险权的目的。

4. 权利与义务的不对等性

医疗保险基金管理法律制度规定的权利与义务是相对不对等的。具体表现在，参保者按照收入的一定百分比来缴纳保险费，高收入者多交，低收入者少交，以此来达到社会互助共济的目的。而在保险金的支付上，则是根据法定支付范围内参保者的实际需要来支付保险金的，不与实际缴费数额挂钩。但是这种相对不对等性不等于不公平性，其恰恰是医疗保险对国民收入强制进行分配与再分配的实质的体现。

5. 技术性和专业性

这是由医疗保险基金管理的特性决定的。医疗保险基金管理涉及医药、保险和管理等多个领域，医药领域离不开必要的医学和药学知识，保险领域离不开概率论与数理统计理论，管理领域离不开相应的社会管理学科思想，这些在法律上即表现为医疗保险基金管理法律条文较强的技术性。

6. 变动性

在我国，医疗保险立法起步较晚，尚未形成完善的医疗保险法律制度，对于医疗保险各方面的法律制定仍在探索阶段，将会不断遇到新的问题与挑战。所以我国的医疗保险相关法律内容也应不断调整，以适应时代需求。

（三）医疗保险基金管理法律制度的功能

1. 维护医疗保险基金安全

医疗保险基金管理法律制度的首要任务就是维护基金的安全，促进基金的有效使用。因此，法律针对医疗保险基金的筹集、支付、运营、监督等各个环节制定相应的行为规范，并明确法律责任，通过法律的强制性，解决医疗保险基金的漏缴、欺诈骗取、不合理支出等一系列安全问题。

2. 调节医疗保险基金活动中的利益关系

国家行政部门、医疗保险经办机构、医药机构、被保险人等在参与医疗保险基金管理活动时，往往会产生一定的利益冲突，从而影响了医疗保险基金的有效管理。为此，医疗保险基金管理法律制度明确规定了各法律主体间的权利和义务关系，通过对法律关系的强制调节，保护利益相关方的合法权益。

3. 促进医疗保险制度的可持续发展

要实现医疗保险制度的可持续发展，必须保证供、需、保三方利益协调。而医疗保险基金管理法律制度正是调节三方利益关系的有效手段。如通过制定合理的筹资标准、支付范围及支付比例，规范医疗保险基金管理的行政执法流程，明确欺诈骗保行为的法律责任等法律手段，不断提高医疗保险制度的公平性和可及性，以实现医疗保险制度的可持续发展。

4. 推进医疗保险法治化建设

加强医疗保险法治化建设是全面推进依法治国的必然要求，也是新时代中国特色社会主义事业的重要组成部分。而医疗保险基金管理法律制度能够填补我国医疗保险专项法律的空白，使得医疗保险基金管理有法可依，做到权责分配清晰、奖惩有标准、追责可溯源、执行规范化，大大加快了医疗保险的法治化建设。

二、医疗保险基金管理法律关系

医疗保险基金管理法律关系，是指根据医疗保险基金管理法律确认和保护的国家医疗保险基金管理部门、参保人、定点医药机构等医疗保险基金管理活动参与者之间因医疗保险基金的缴纳、支付、监督等发生的权利和义务关系。其由医疗保险基金管理法律关系主体、客体和内容三部分组成。

（一）法律关系主体

医疗保险基金管理法律关系主体是医疗保险基金管理活动的参与者，他们享有医疗保险基金管理法律规定的权利并承担一定的义务。医疗保险基金管理法律主体比较广泛，既可以是国家行政管理机构（管理方）、医疗保险经办机构（保险人），也可以是雇佣劳动者的单位（用人单位）、参与保险的劳动者或其他居民（被保险人和受益人）、医疗服务机构（定点医疗机构和定点零售药店）等。

（二）法律关系客体

医疗保险基金管理法律关系客体是医疗保险基金管理主体权利和义务共同指向的对象，即主体利益，一般包括物质帮助权、物、行为三类。其中，物质帮助权指公民在发生疾病的情况下，从国家或社会获得社会保险、社会救济等物质帮助的权利。物通常表现为与医疗保险有关的医疗费用、医疗器械、药品等有形物。行为则主要包括医疗保险费的缴纳行为、医疗保险经办机构的管理行为和支付行为、约定医疗服务提供者的医疗服务行为等。

（三）法律关系内容

医疗保险基金管理法律关系的内容是指医疗保险基金管理主体的权利和义务，是医疗保险基金管理法律关系最主要的部分。例如，我国《中华人民共和国社会保险法》第二十三条规定，用人单位和职工具有共同缴纳职工基本医疗保险费的义务；第二十五条规定，参加城镇居民基本医疗保险的个人具有享受政府补贴的权利。《医疗保障基金使用监督管理条例》第十一条规定，医疗保障经办机构有权确定定点医药机构的医疗保障基金预算金额和拨付时限，同时具有及时向社会公布签订服务协议的定点医药机构名单的义务；第十二条规定，定点医药机构具有合理使用医疗保障基金，维护公民健康权益的义务；第十三条规定，医疗保障经办机构违反服务协议的，定点医药机构有权要求纠正或者提请医疗保障行政部门协调处理、督促整改；第三十五条规定，任何组织和个人有权对侵害医疗保障基金的违法违规行为进行举报、投诉。

三、医疗保险基金管理的立法原则

（一）与经济发展水平相适应

与经济发展水平相适应是我国立法应遵循的首要原则。如果法定医疗保险水平超过了我国当前的生产力水平，会引起社会资金在卫生领域的过度倾斜，不利于国家经济的长期发展；如果法定医疗保险水平过低，则不利于健康事业的发展，进而影响社会稳定和经济发展。

（二）权利与义务相统一

虽然在医疗保险法律关系中，存在权利和义务的相对不对等性，但这并不影响它们的统一性。医疗保险立法中应明确规定，享受医疗保险权利是建立在依法参保缴费基础之上的，以激励各方参保人员缴费积极性。

（三）兼顾公平和效率

在医疗保险基金管理立法中，应立足本国，公平优先，兼顾效率。法定的医疗保险待遇既要有体现国民收入再分配和社会公平的大致相同的基本待遇部分，也要有体现劳动者劳动贡献大小的部分。依法逐步缩小医疗保险待遇差异，引导市场有序竞争，提高医疗保险基金运行效率。

（四）可持续性

医疗保险立法本身是一项复杂且庞大的工程，与社会多方面相联系，不可能一蹴而就。而且我国医疗保险立法起步较晚，相关法律制度尚不完善。因此，医疗保险基金管理立法应坚持可持续发展原则，在实践中不断探索符合我国国情的医疗保险基金管理法律制度。

四、医疗保险基金管理法律体系构成

法律体系指一个国家的全部法律规范，按照一定的原则和要求，根据法律规范的调整对象的不同，划分为若干法律部门，形成相互有机联系、内在统一的整体。对于医疗保险基金管理而言，其法律体系应由对医疗保险基金管理活动的总体规定，按照调整对象和法律的分类划分的筹资、支付、运行和监督等各方面的法律、行政法规和部门规章，以及相关法律规范共同组成，同时立法、执法和司法体系贯穿其中，构成了动态、立体的医疗保险基金管理法律体系（图3-1）。

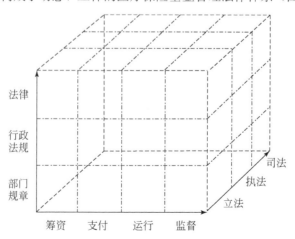

图3-1　我国医疗保险基金管理法律体系构架图

第二节　国外医疗保险基金立法的历史沿革

一、国外医疗保险基金立法脉络

（一）二战前

19 世纪中叶，德国"铁血首相"俾斯麦为了缓和劳资冲突，将医疗保险列为一种强制性社会保障制度。随后，于 1883 年颁布了《疾病保险法》，首开医疗保险立法的先河，为以后世界各国制定相关法律起到了示范作用。自此，欧洲的许多国家开始纷纷效仿德国，建立医疗保险制度并围绕其基金管理问题相继颁布了许多法律。奥地利和瑞典分别在 1888 年和 1891 年颁布了《疾病保险法》；英国于 1911 年正式通过了《国民保险法》；同年，德国继《疾病保险法》之后又出台了《帝国保险法》和《职员保险法》；俄罗斯政府于 1918 年批准了《劳动者社会保障条例》；奥地利在《工人健康保险法》的基础上，于 1920 年又制定了《政府雇员健康保险和失业保险法》；法国于 1928～1930 年制定了包括医疗保险相关规定在内的《社会保险法》。上述法律条文对国民参加医疗保险的义务、政府提供医疗保险的责任以及医疗保险基金的筹资对象、覆盖人群、支付范围、支付比例、运营监督等内容均有明确规定。同时，日本和美国也是医疗保险立法相对较早的两个国家。日本在 1922～1939 年间，先后颁布了《健康保险法》、《国民健康保险法》和《职员健康保险法》，要求不断扩大医疗保险基金覆盖范围。美国总统罗斯福于 1935 年签署了《社会保障法》，规定医疗保险的对象只有城市居民，农民被排除在外。

（二）二战后至 20 世纪末

二战后，由于世界格局和国家内部经济环境的改变，许多国家开始逐步调整医疗保险基金管理的有关法律，以维持社会稳定。1945～1948 年，英国相继颁布了《家庭津贴法》、《国民保险法》、《工业伤害法》、《国民卫生服务法》和《国民救助法》。法律明确了政府在医疗服务购买中的责任，规定医疗保险基金主要来源是财政税收，支付对象为英国全体公民，支付范围包括了全部的医疗项目，患者只需付挂号费。1955 年，新加坡还在英国殖民统治时期就颁布了《中央公积金法》，要求雇主和雇员按照工资的一定比例缴纳保险金，并由中央公积金局负责基金管理，中央公积金兼具养老、工伤、医疗等社会保障功能。1958 年，日本全面修订《国民健康保险法》，要求全体国民必须加入所在地的国民健康保险，其中基金来源包括国家和地方政府的财政补贴、被保险人缴纳的保费以及基金的投资收益。1963 年，韩国颁布了《医疗保险法》，规定参保对象为雇佣 300 人以上的用人单位的雇员以及农渔民。1965 年 1 月，为了强调医疗保险中的国家责任，美国约翰逊总统针对老年人出台了《医疗照顾和援助法案》，即"Medicare"与"Medicaid"。

20 世纪 70 年代，随着各国医疗保险制度的不断完善，医疗保险覆盖范围也越来越广，但同时医疗费用也快速增长，医疗保险基金压力不断扩大。为此，1977 年和 1981 年，德国政府先后出台了《第一次抑制医疗费用法》和《第二次抑制医疗费用法》，要求提高参保人医疗费用承担比例。1980 年，美国也通过了《医疗保险修正案》，规定凡住院者每次需自负 180 美元，60 天后自负额减少到 45 美元，以减少联邦政府的卫生支出。1982 年，日本制定了《老人保健法》，首次在医疗保险中引进了不同制度之间的财政调整机制，通过筹资改革减轻政府的财政负担。1993 年，德国又实施了《医疗卫生结构法》，将竞争机制引入到医疗保险经办机构之间。1993 年，美国通过了《健康照顾改革法案》的修正案，其中对雇主的筹资要求和对医疗保险基金的覆盖范围要求都有所降低。同时，基金的合理使用与监管也成为各国医疗保险相关立法的重点。尤其是美国，在 1977 年就通过了《医疗照顾计划——医疗补助计划反欺诈和滥用修正案》，将一些医疗保险欺诈行为认定为严重犯罪。此后又发布了《1981年综合预算平衡法》、《1989年综合预算平衡法》、《1996年健康保险可转移性和问责性法案》、《反回扣法》等一系列法律规定，禁止任何形式的医疗保险基金欺诈行为，并逐渐加大处罚力度。

（三）21世纪初至今

进入21世纪，面临医疗保险基金管理的新挑战，各国继续出台相应法律，使医疗保险适应新时代需求。德国在2004～2009年间，先后实施了《法定医疗保险现代化法》、《法定医疗保险竞争加强法案》和《基本医疗保险改革法案》，对医疗保险基金的支付比例、支付方式及管理机构都做出了新的规定。日本2006年制定了《高龄者医疗确保法》，并根据该法新设立了"后期高龄者医疗制度"，使医疗保险基金精细化、靶向化运行，以适应人口老龄化的需要。美国总统奥巴马于2010年签署了《病人保护和可负担的保健法》，加大了对医疗保险欺诈行为的量刑力度，并将阻碍欺诈调查、审计的行为也视为犯罪。同时，还要求增加反医疗保险欺诈经费，保证医疗保险基金的安全运行。英国政府2011年向议会提交了《卫生与社会保健法案》，要求精简医疗机构，达到减少政府卫生开支的目的。俄罗斯则会定期发布国家免费医疗和卫生发展规划，如《2014—2016年俄罗斯国家免费医疗服务规划》和《俄罗斯联邦2025年前卫生保健发展战略》，分别确定了免费医疗服务项目和医疗保险基金支付的健康效果指标。

二、典型国家医疗保险基金立法实践

（一）德国

德国是针对医疗保险基金管理立法最早的国家之一，目前拥有较为完善的医疗保险基金管理法律体系，所涵盖内容非常广泛，尤其在医疗保险基金的覆盖人群、支付方式以及商业健康保险的监管方面立法颇多，主要体现了"大数法则"原理，重视社会公平与风险分担，实现了全民依法参保。其中1883年颁布的《疾病保险法》，1911年颁布的《帝国保险法》、《职员保险法》以及20世纪60年代颁布的《疾病保险所联合会新条例》、《保险所医生权利新条例》、《养老金领取者疾病保险新条例》构成了德国今天医疗保险法律制度的主要内容。依据法律规定，德国的医疗保险制度分为法定医疗保险和私人医疗保险，无论参保人收入高低，参加何种医疗保险，均可享受相同的法定医疗保险待遇。前者的基金筹集对象为政府、雇主和雇员，工资收入低于325欧元的雇员可免除缴费义务，基金覆盖人群为月税前收入低于法定义务标准（2018年为4950欧元）的雇员、配偶无固定收入的雇员、退休人员和失业者等，而他们无业的配偶及未成年子女可因家庭成员的关系而参加家庭共同保险，无需缴纳保险费；后者的基金覆盖人群为公职人员、私营业主和高收入人群，他们也可自由选择法定医疗保险。

1972年，德国建立了农村医疗保险制度，根据《农民医疗保险法》规定，农民医疗保险是一种强制性的社会健康保险。农民缴费多少与收入挂钩，并且政府提供一定的医疗保险津贴。医疗保险基金的覆盖对象为农业、林业从业者以及年满15岁的家庭协助成员。医疗保险基金的运营由农民医疗和照料公司负责。同时，具有内部和外部两种监督机制，分别由农民医疗保险委员会和国家行政机关负责。此外，德国在处理农村医疗保险领域的法律纠纷时，实行裁决前置制度，即被保险人或其家属就基金使用问题对医疗机构提起诉讼之前，必须先向社会保障管理机构申请裁决。

为了控制医疗费用增长，维持医疗保险基金的平稳运行，1977年和1981年政府先后出台了《第一次抑制医疗费用法》和《第二次抑制医疗费用法》，要求提高参保人医疗费用承担比例。1993年实施了《医疗卫生结构法》，将竞争机制引入到医疗保险经办机构之间。进入21世纪，《社会法典第五册——法定医疗保险》围绕医疗保险基金的支付方式、支付范围和支付医疗费用比例等内容进行了修订，包括 2004 年实施的《法定医疗保险现代化法》和 2007 年实施的《法定医疗保险竞争加强法案》，要求继续提高参保人医疗费用支付比例，并规定医疗保险基金由非营利的疾病基金组织负责管理。2009 年又通过了《基本医疗保险改革法案》，更改医疗保险基金支付方式为按诊断分组（diagnosis related groups，DRGs）。

关于医疗保险基金的监管，德国的立法机构（立会）和司法机构（社会法院和宪法法院）独立而又相互制约，构成对社会保障基金完善的司法监督系统。尤其是针对商业健康保险，如《保险监督法》规定，商业健康保险、财产保险和人寿保险必须分业经营，并对其开业许可、业务运营、企业监管、企业国外投资等行为进行规范；《保险合同法》也对投保人定义、投保期限、保障范围等作出了明确的规定。

（二）英国

由于英国实行国家医疗保险制度，其医疗保险基金管理法律大多体现了国家保障与绝对公平的立法思想，但在不断的探索与实践中，社会分担与市场调节越来越得到重视，并围绕着医疗保险基金的来源、支付方式及运行环节出台了一系列法律规定，以达到缓解政府医疗保险基金支付压力的目的。英国早在 1911 年就通过了《国民保险法》，规定员工必须参加医疗保险，医疗保险基金的筹集对象包括雇主、员工和政府，支付范围包括病假工资、员工疾病经济损失以及一些初级医疗服务，不包括医院服务。而且此法律将大量的非劳动力群体排斥在制度之外。直至 20 世纪 40 年代末，英国工党政府在二战后相继颁布了社会福利五大法案，即 1945 年的《家庭津贴法》、1946 年的《国民保险法》、《工业伤害法》和《国民卫生服务法》、1948 年的《国民救助法》，英国正式成为福利型国家。其中的《国家卫生服务法》，明确了政府在医疗服务购买中的责任，规定医疗保险基金覆盖对象为英国全体公民，无论其劳动能力和支付能力如何，政府均会购买其在公立医院所享受的医疗服务，支付范围包括了全部的医疗项目，患者只需付挂号费。并且，保险基金主要由国家财政拨款。因此，在英国医疗总费用中，大部分来自政府税收，其他费用来自社会保险缴费、患者自己负担的医疗费用以及其他收入。

20 世纪 80 年代，为解决医疗费用增长过快的问题，英国政府曾采取总额预算制的医疗保险基金支付方式，但这并没有从根本上缓解医疗保险基金的压力。为此，1997 年 12 月布莱尔政府发布了新的国民健康服务白皮书，提出"增加医疗经费来源；降低医疗保险基金管理成本；改革内部市场、代理和计划机制"。但是这场改革依然没有取得很好的效果。

进入 21 世纪，英国的医疗保险体制改革非常注重拓宽医疗保险资金来源，积极鼓励私人资本和私营医疗机构进入大众医疗服务领域，以缓解政府医疗保险基金的支付压力。尤其是在 2011 年，英国政府向议会提交了《卫生与社会保健法案》，要求撤销全部负责医疗保险基金支付的初级医疗机构，并赋予基层社区全科医生在医疗保险基金使用过程中更大的权力，通过精简机构与合理使用医疗保险基金，达到减少政府开支的目的。

（三）美国

美国的医疗保险基金管理法律从一开始就围绕着政府责任和社会公平性问题不断变迁，历届政府对此观点并不统一，但对医疗保险基金的监管都很重视，相关法律制度已非常成熟。其中包括多部反医疗保险欺诈的专项法律，如《反回扣法》、《虚假报销法》、《病人保护和可负担的保健法》等，以及禁止各类欺诈行为的普通法律，如《诈骗操纵和贿赂组织法案》。其法律类别可分为刑法和民法，并通过量刑、罚款、行政处罚等形式对欺诈骗保行为进行惩处，以维护医疗保险基金的安全。1935 年 8 月 14 日，美国总统罗斯福签署了《社会保障法》，规定医疗保险的对象只有城市居民，农民被排除在外。此后，关于美国是否应建立全民医疗保险制度以及政府在其中责任的大小，历任总统意见不一，并提出了相应的法案条文。1965年1月，为了强调医疗保险中的国家责任，约翰逊总统针对老年人出台了《医疗照顾和援助法案》，即"Medicare"与"Medicaid"。前者规定了"65岁以上老年人在生病期间可提供90天的住院服务"以及"100天的院外服务"等；后者主要面向穷人及其他残疾人提供必要的医疗救助。其中所需费用基本上由国家财政承担。但正因如此，美国卫生财政预算不断增加，1973年在各项财政预算中位列第一。因此，1980年，美国通过了《医疗保险修正案》，规定凡住院者每次需自负180美元，60天后自负额减少到45美元，以减少联邦政府的卫生支出。在此期间，美国经济出现了"滞胀"，为有效解决这一问题，1973年通过了《健康维持组织法》，规定特定地区的主动参保人群在缴纳一定的保险费后，可享受全面的医疗服务。

1992年，为解决20世纪80年代以来，美国因"不作为"的医疗保险政策带来的医疗费用增长过快以及联邦政府财政支出压力巨大等问题，克林顿总统向国会提交了《健康照顾改革法案》，关于医疗保险筹资，要求雇主必须承担雇员80%的医疗保险金，否则必须向政府多交纳雇员工资的8%；关于医疗保险基金运营，提出引入市场竞争机制，并精简卫生机构和人员，以此来降低医疗保险费；关于医疗保险基金覆盖面，要实现所有美国人都享有医疗保险。但1996年才通过了该改革法案的修正案，其中对雇主的筹资要求和对医疗保险基金的覆盖范围要求都有所降低。

此外，根据美国的税收法律，健康保险费不在所得税和工资税的课税之列，以激励雇主为雇员购买健康保险。但这却造成了政府巨大的税收损失。为此，布什政府多次提出税制改革法案，规定雇主或雇员的缴费上限或缴费不再实行免税。

值得注意的是，美国对医疗保险基金的监管非常重视，拥有比较完善的医疗保险反欺诈法律制度。1977年，美国国会通过了《医疗照顾计划——医疗补助计划反欺诈和滥用修正案》，将一些医疗保险欺诈行为认定为严重犯罪。《1981年综合预算平衡法》中规定，有关医疗照顾计划和医疗补助计划的欺诈报销行为每次可处以2000美元的民事罚款。《1989年综合预算平衡法》的修正案中，禁止了医生有利益关系的转介绍行为，违反者最高将被处以10万美元的罚款，还将被排除参加医疗照顾计划或医疗补助计划或为该计划提供服务的资格。《虚假报销法》经多次修改后，明令禁止故意提交虚假的医疗保险支付申请，违反者将支付损失金额的3倍赔偿，并处以5500~11 000美元的罚款。此外，在联邦地区法院，首席检察官或检举人可提起共分罚金的民事诉讼。1996年又出台了《1996年健康保险可转移性和问责性法案》，根据医疗保险欺诈行为后果的严重程度可获10年、20年或终身监禁，同时支付高额罚款。此法案还创建了3个奖励和资助计划：欺诈和滥用控制计划、医疗补助诚信计划、受益人激励计划，以激励人们的反医疗保险欺诈行为。1997年颁布的《反回扣法》禁止任何回扣形式，对违反者将处以25 000美元以下的罚款或5年以下的监禁，并排除其参与联邦医疗保险计划服务供方的资格或受益人的资格。进入21世纪，美国政府针对医疗保险的各种欺诈行为，不断完善医疗保险反欺诈的有关法律规定。奥巴马总统于2010年5月14日签署了《病人保护和可负担的保健法》，加大了对医疗保险欺诈行为的量刑力度，对损失超过100万美元的医疗保险欺诈犯罪，量刑提高20%~50%，并将阻碍欺诈调查、审计的行为也视为犯罪。同时，还要求增加反医疗保险欺诈经费，预计10年内增加数额达到3.5亿美元。此外，该法还提出医疗服务供方必须在60天内报告并返还被联邦医疗保险计划认定为"超额支付"的款项，以维持医疗保险基金的收支平衡。

（四）日本

日本与德国在医疗保险立法上有许多相似之处，但日本按照参保者的就业形态、年龄等特征实现多个医疗保险制度分立，并出台相应的医疗保险基金管理法律，针对不同保障人群进行精细化管理。尤其是围绕农民和老年人的医疗保险基金筹集、支付和运营，制定了专门的法律规范，确保他们享受较好的医疗保险待遇。1922 年，日本实施了《健康保险法》，将参保对象限定为一定规模以上的工厂与矿山的体力劳动者及其扶养的家属。1938 年，面向本国居民又颁布了《国民健康保险法》，覆盖对象为农民自营业者等未被健康保险制度保障的人群。第二年，为进一步扩大医疗保险的覆盖范围，以白领劳动者为对象的《职员健康保险法》正式实施。1942 年，日本将上述蓝领和白领两类参保对象合并入一个健康保险制度中，并改自愿参保为强制参保，医疗保险基金由民间机构管理。

二战后，因日本社会陷入极度混乱，市町村（最基层的地方自治体）政府于 1948 年对国民健康保险制度进行直接管理，以维持医疗保险基金的有效运营，同时中央政府也加大了对医疗保险的财政支力度。1958 年，日本全面修订《国民健康保险法》并于 1961 年实施，要求全体国民必须加入所在地的国民健康保险，其中基金来源包括国家和地方政府的财政补贴、被保险人缴纳的保费以及基金的投资收益。同时，日本对农村的医疗保险问题也十分重视，农村的医疗保险可分为农民健康保险和"共济"保险。前者依据《国民健康保险法》规定，采用税收和缴费混合的筹资机制，医疗保险基金由经办机构和政府共同管理，支付范围包括诊疗费及高额诊疗费（占 70%），门诊费（占 20%），住院治疗费（占 10%）；后者依据《农业协同组合法》，被保险人缴费较少，一般只占到保险金的 20%～30%，其余由政府财政补助支付，保险基金由基层农协、县级共济联合会和全国共济联合会分级管理。此外，日本在处理农村医疗保险领域的法律纠纷时与德国相似，也有裁决前置制度。

20 世纪 70 年代，日本进入老龄化社会后，医疗费用不断增长，医疗保险基金压力不断增大。针对此问题，1982 年，日本制定了《老人保健法》，首次在医疗保险中引进了不同制度之间的财政调整机制，通过筹资改革减轻政府的财政负担。

2006 年制定了《高龄者医疗确保法》，并根据该法新设立了"后期高龄者医疗制度"，使医疗保险基金精细化、靶向化运行，以适应人口老龄化的需要。同时，国家法律也规定了指挥中心、行政、业务等多重机构对医疗保险进行分权管理，以确保基金的安全运行。

（五）俄罗斯

1991 年苏联解体后，面临社会动荡、经济滑坡的局面，俄罗斯为保障本国公民继续享有宪法规定的医疗保险权利，以完全保险为原则，一方面加大财政投入力度，另一方面不断出台与医疗保险相关的法律法规及国家规划，完善医疗保险基金管理法律体系建设。1991 年 6 月，俄罗斯颁布实施了《俄罗斯公民医疗保险法》，其对医疗保险的基金来源、支付范围以及支付方式给出了清晰界定。俄罗斯的医疗保险基金来源于强制医疗保险缴费和自愿医疗保险缴费，前者由政府和企业共同负担，后者由企业和个人共同负担。强制医疗保险基金对其保险范围内的医疗服务费用进行全额支付，自愿医疗保险基金用来支付上述免费医疗服务之外的费用。总体上来讲，俄罗斯的医疗费用由国家、企业和个人共同负担。

除《俄罗斯公民医疗保险法》以外，俄罗斯还发布了《强制医疗保险实施细则》、《强制医疗保险财政保障合同》和《关于建立联邦和地方强制医疗保险基金会的规定》等一系列法律文件。根据上述法律规定，强制和自愿两种医疗保险基金分别由非营利基金会和非国有医疗保险公司独立经营，确保医疗保险基金的有效管理。

2010 年和 2011 年，俄罗斯政府围绕公民的免费医疗相继出台了《俄罗斯联邦强制医疗保险法》和《俄罗斯联邦公民健康保护基本法》，进一步明确公民获得免费医疗服务的权利以及强制医疗保险基金的支付范围。此外，俄罗斯会定期发布国家免费医疗规划，如《2014—2016 年俄罗斯国家免费医疗服务规划》确定免费医疗服务包括：预防、保健、诊断、康复等初级医疗服务；专业的住院治疗和高科技医疗服务；急性发作的慢性疾病、外伤、中毒、流行病管控等紧急医疗救助；减轻疼痛和缓解症状的医疗帮助。《2018—2025 年俄罗斯联邦国家卫生发展规划》制定具体指标，通过政府财政预算和强制医疗保险基金支付，加大心血管、肿瘤等大病的医疗保险力度。

三、其他国家医疗保险基金立法实践

（一）韩国

1963 年，韩国颁布了《医疗保险法》，规定参保对象为雇佣 300 人以上的用人单位的雇员以及农渔民。1976 年，修订的《医疗保险法》规定参保对象为雇佣 500 人以上的大型企业的职工、雇员及其家属。随后其覆盖面逐年扩大到中小企业。1979 年 1 月 1 日，《公务员及私立学校教职员医疗保险法》正式实施，公务员和私立学校教师被纳入保障对象。1980～1987 年，参保范围又扩大至职业军人、政府退休人员、城市个体工商业者和小商业者。1997～2000 年，韩国陆续制定了《国民医疗保险法》和《国民健康保险法》，并依据法律规定整合了各类医疗保险，实现了医疗保险基金的全民覆盖。

依据法律规定，韩国医疗保险基金的筹资对象包括政府、企业和个人，筹资方式为现收现付制。医疗费用由医疗保健基金和患者个人共同分担，不同医疗服务项目，报销比例不同。医疗保险基金的筹集、支付、运营、监管、协调等工作由国民健康保险公团统一负责。

（二）新加坡

新加坡早在英国殖民统治时期，于 1955 年颁布了《中央公积金法》，要求雇主和雇员按照工资的一定比例缴纳保险金，并由中央公积金局负责基金管理，当参保人员退休或失去劳动能力时，一次性支付给本人或其家庭，兼其养老、工伤、医疗等社会保障功能。新加坡独立后，政府不断完善医疗保险法律制度，相继制定了保健储蓄计划、健保双全计划和保健基金计划。法律规定医疗保险基金来源于雇主和雇员，并以雇员的工资收入为基数，雇主和雇员缴纳大致相等比例的保险费。法律强调了个人对健康的责任，建立了储蓄型或自保型医疗保险模式。

（三）印度

1949 年，印度通过的第一部宪法明确规定，所有国民都享受免费医疗。2005 年，印度颁布了新的"国家农村健康计划"，要求政府对公共医疗的预算每年至少提高 10%，以不断增加医疗保险资金。法律还规定政府应按照不同农村地区的不同经济发展水平来确定医疗保险筹资投入的额度，保证筹资的公平性。并加大对农村三级医疗服务机构（保健站、初级保健中心和社区保健中心）的基金投入力度，提高农村医疗保险基金的覆盖范围。

（四）奥地利

奥地利现行的医疗保险法律有 1955 年制定的《雇员疾病保险法》、1960 年制定的《生育保险法》、1974 年制定的《工资劳动者的现金补助法》和 1979 年制定的《独立劳动者的现金补助法》。依据法律规定，医疗保险基金的筹资来源为雇主、雇员缴费和政府补助；覆盖人群为月收入在 3452 先令（1 先令≈0.0579 人民币）以上的雇员、独立劳动者、学徒和年金领取者；支付范围包括疾病补助、生育补助、医疗补助和供养亲属医疗补助，其中疾病补助和生育补助对象为从事保险范围的工作者，供养亲属医疗补助对象为 2 年内缴费满 10 个月和 1 年内缴费满 6 个月者；医疗保险基金由疾病基金会以及受保人、雇主代表组成的自主性机构共同管理，它们均受劳工和社会事务部的一般监督。

（五）瑞典

瑞典现行的医疗保险法律主要是 1962 年和 1991 年颁布的《疾病补偿法案》。依据法律规定，所有瑞典公民无论经济状况、城乡性质如何，都具有平等的医疗保险权利。医疗保险基金的支付类型包括现金补助和医疗补助，具体涵盖了医疗费补助、医药费补助和疾病补贴等。其中现金补助的资金来源是受保人、雇主和政府；医疗补助的资金来源是政府财政。此外，独立劳动者和其他合格的非受雇人员（包括农民）的支付标准要明显低于受雇人员。

四、医疗保险基金管理立法的国际比较与经验借鉴

（一）各国医疗保险基金管理立法时间比较

如图 3-2 所示，德国是医疗保险立法的先行者，受其影响，在 19 世纪末至 20 世纪初，欧洲许多国家也相继颁布了相关法律，例如，奥地利的《疾病保险法》、英国的《国民保险法》、俄罗斯的《劳动者社会保障条例》等。因此，欧洲关于医疗保险基金管理的立法时间总体上要早于其他地区。一战后，随着日本和美国的崛起，国内社会保障问题得到重视，分别颁布了《国民健康保险法》和《社会保障法》，并探索建立自己的医疗保险基金管理法律制度。二战后，许多国家经济萧条、社会动荡，同时，许多殖民国家获得独立。为此，他们都进行了一系列的医疗保险基金管理法律制定和修改。如英国的《国民卫生服务法》、新加坡的《中央公积金法》和韩国的《医疗保险法》等。相比之下，后者的医疗保险立法仍处于起步阶段。20 世纪 70～90 年代，由于经济危机、医疗费用快速增长、人口老龄化等原因，掀起了医疗保险基金管理立法的浪潮，世界各国纷纷针对医疗保险基金的筹集、支付、监督、运营等方面出台法律。尤其是美国，在此期间立法非常频繁，如《健康维护组织法》、《医疗照顾计划——医疗补助计划反欺诈和滥用修正案》、《1981 年综合预算平衡法》、《1989 年综合预算平衡法》、《1996 年健康保险可转移性和问责性法案》、《反回扣法》等。进入 21 世纪，德国、俄罗斯、日本等国家根据实际需求，继续制定医疗保险相关法律规定。其中，德国成为目前世界上医疗保险基金管理法律制度最为完善的国家之一。

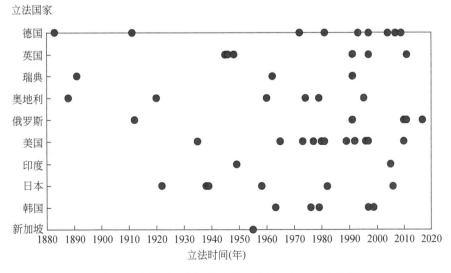

图 3-2　各国医疗保险基金管理立法时间年分布情况

（二）各国医疗保险基金管理立法主要内容比较

整体来看，各国医疗保险基金管理法律内容均可分为基金来源、覆盖人群、支付范围与支付比例、基金运营与监督四方面内容，并依次展开立法实践（表 3-1）。但由于各国医疗保险模式、医疗保险法律制度完整性、社会环境等因素的差异，对医疗保险基金管理的立法各有侧重。例如，德国作为医疗保险立法最早的国家，其医疗保险基金管理法律制度相对完善，覆盖了基金管理的各个环节，法律内容分布较为均匀。英国实行国家医疗保险模式，有关医疗保险基金管理的法律规定主要依托于《国民卫生服务法》，法律种类较为单一。美国的商业医疗保险模式较为成熟，医疗保险高度市场化，因此美国政府特别重视医疗保险基金的监管问题，严厉打击欺诈骗保行为，以维持医疗保险基金的有效运行。由于人口老龄化严重，日本的医疗保险基金管理法律向弱势群体倾斜，尤其在支付范围与支付比例上体现明显。俄罗斯的医疗保险法律制度形成较晚，近几年围绕医疗保险基金的筹集和支付制定了许多规划，明确了医疗保险的具体目标，不断弥补医疗保险基金管理法律的空白。

表 3-1　国际医疗保险基金管理立法主要内容及代表法律

国家	基金来源	覆盖人群	支付范围及比例	运营与监督
德国	1883 年《疾病保险法》、1911 年《帝国保险法》	1911 年《职员保险法》、1972 年《农民医疗保险法》	1981 年《第二次抑制医疗费用法》、1994 年《保险合同法》	2007 年《法定医疗保险竞争加强法案》、2015 年《保险监督法》
英国	1911 年《国民保险法》	1946 年《国民卫生服务法》、1948 年《国民救助法》	1946 年《国民卫生服务法》	1997 年国民健康服务白皮书、2011 年《卫生与社会保健法案》
美国	1996 年《健康照顾改革法案》	1935 年《社会保障法》、1973 年《健康维持组织法》	1965 年《医疗照顾和援助法案》、1980 年《医疗保险修正案》	1977 年《医疗照顾计划——医疗补助计划反欺诈和滥用修正案》、《1989 年综合预算平衡法》、1996 年《1996 年健康保险可转移性和问责性法案》、2010 年《病人保护和可负担的保健法》
日本	1947 年《农业协同组合法》、1961 年《国民健康保险法》	1922 年《健康保险法》、1938 年《国民健康保险法》、1939 年《职员健康保险法》	1961 年《国民健康保险法》、2006 年《高龄者医疗确保法》	1947 年《农业协同组合法》、1982 年《老人保健法》
俄罗斯	1991 年《俄罗斯公民医疗保险法》、2017 年《2018—2025 年俄罗斯联邦国家卫生发展规划》	1991 年《俄罗斯公民医疗保险法》	2010 年《俄罗斯联邦强制医疗保险法》、2011 年《俄罗斯联邦公民健康保护基本法》、2013 年《2014—2016 年俄罗斯国家免费医疗服务规划》	1993 年《关于建立联邦和地方强制医疗保险基金会的规定》

（三）各国医疗保险基金管理法律制度优缺点

通过比较各国医疗保险基金管理立法的主要内容，可以总结概括出其医疗保险基金管理法律制度的优缺点（表3-2）。

表3-2　各国医疗保险基金管理法律制度优缺点

国家	优点	缺点
德国	立法较早，法律制度完善；强调权利与义务对等，很好地实现了社会风险分担；鼓励行业竞争，实现多层次保障	规定第三方付费，容易导致医疗费用快速增长
英国	体现了很强的公平性和普遍性；注重拓宽资金来源渠道，精简医疗机构，以减轻基金支付压力	没有兼顾公平和效率，市场调节不足，医疗卫生服务效率较低
美国	提倡医疗保险市场化运行，医疗服务效率和质量较高；注重医疗保险基金监管，严厉打击欺诈骗保行为	过度强调个人在医疗保险中的责任
日本	充分发挥政府职责，向弱势人群倾斜；实行医疗保险金精细化管理，基金运行效率较高	法定医疗保险制度统一性不高，医疗保险基金管理主体较为分散
俄罗斯	定期发布医疗保险相关规划，法律文件的时效性和目的性较强	缺乏有关医疗保险基金监管的法律条文

（四）各国医疗保险基金管理立法的经验借鉴

1. 建立完善的医疗保险基金管理法律体系

上述典型国家对医疗保险基金的管理都体现了立法先行这一特征，虽然各有侧重，但都涵盖了筹资、支付、运行、监督等各方面内容。尤其是德国，医疗保险立法时间最早，医疗保险基金管理法律制度也较为完善，使得医疗保险基金管理过程中的权责明确，行为规范清晰，公信力和执行力很强，保证了医疗保险基金的有序运行，提高了医疗保险制度的公平性和可持续性。

2. 将全民参保上升至法律层面

德、英两国在医疗保险立法之初，就对医疗保险基金的覆盖人群作了明确规定，并不断纳入参保群体，最终实现全民依法参保。这对我国社会医疗保险制度的发展有很大借鉴价值。法定的参保人群越大，社会分担风险能力就越强，公民的医疗保险权利也越能得到全面实现。因此，利用法律的强制力和权威性，是建立全民医疗保险制度的必要手段。

3. 兼顾公平和效率原则

英、美两国由于各自医疗保险制度的特点，其立法内容并没有很好地兼顾公平和效率，导致医疗服务效率低下或是医疗保险公平性较差。对此，我国应当借鉴别国的经验教训，依法逐步缩小医疗保险待遇差异，同时引导市场有序竞争，提高医疗保险基金运行效率和医疗服务质量。

4. 重视弱势群体，突出政府责任

医疗保险制度不仅面对全体公民，对贫困人口以及各类弱势人群应有适当的倾斜，这里更加突出了政府的责任。例如，日本进入老龄化社会后，先后制定了《老人保健法》和《高龄者医疗确保法》，并设立了"后期高龄者医疗制度"，使医疗保险基金精细化、靶向化运行，以适应人口老龄化的需要。现阶段,我国老年人、儿童、残疾人等弱势群体数量庞大,政府有责任依法制定相应政策,加大医疗保险基金倾斜力度,满足其基本医疗保险需求。

5. 加强基金监管,加大欺诈骗保的处罚力度

随着医疗保险基金规模不断扩大,医疗保险基金安全问题受到世界各国的重视。尤其是美国,因其商业医疗保险模式发展成熟,医疗保险基金高度市场化运行,欺诈骗保行为层出不穷,美国政府从20世纪70年代开始,制定了一系列医疗保险反欺诈的法律法规,其中惩罚力度不断加大,监管方式不断完善,严厉打击了欺诈骗保行为。这同时也正是我国目前急需的医疗保险基金管理法律范畴。

6. 引入市场竞争机制,实现多样化保障

纵观世界各国的医疗保险基金管理立法,存在基金管理主体多元化、基金来源多样化的趋势。例如,德国在公共医疗保险机构之外引入私人医疗保险机构的竞争,参保人可自由选择参保机构来刺激竞争。新加坡政府认为,在保证国民的基本医疗保险的同时,必须在一定程度上引入市场竞争机制,让私人机构加入医疗保险体系。对于我国而言,商业医疗保险可以成为社会医疗保险重要的筹资来源之一。基本医疗保险与商业医疗保险的联合联动,不仅能够为参保者提供多样化的医疗保险,还通过引入市场竞争机制,促进医疗保险基金的高效运行。因此,我国应在法律层面允许并鼓励更多的民间资本参与医疗保险的投资与运行,同时做好医疗保险基金市场化运行的监督和管理工作。

第三节　我国医疗保险基金法制建设

一、我国医疗保险基金法制建设的历史沿革

(一)社会保险基金法制萌芽阶段(1921年至1948年)

1. 大革命时期的立法斗争

1921年8月,中国共产党领导工人运动的公开机关——中国劳动组合书记部在上海成立。中国劳动组合书记部掀起了劳动立法运动。同时,中国劳动组合书记部公布了《劳动法案大纲》,第一次公开提出了实行社会保险的基本主张和具体要求。1925年至1929年,中国劳动组合书记部又先后发起并召开了4次全国劳动大会,每次都为争取实现社会保险立法作出决议。20世纪20年代,中国工人阶级在中国共产党领导下,逐步从自发斗争走上有组织的为争取社会保险而不懈斗争的道路,在这种形势下,北洋政府和南京国民政府先后制定并颁布过一些含有社会保险内容的劳动立法,但当时从政府到企业都缺乏代表工人阶级和广大劳动人民利益而实行社会保险的诚意,在涉及基金的管理方面模糊不清,难以落实。在斗争的实践当中,中国共产党领导的工人阶级逐渐认识到,要想获得社会保险等一切应得权利,只有推翻资产阶级统治,建立人民当家作主的社会制度。

2. 土地革命时期的立法探索

"四·一二"反革命政变后,中国共产党走上了以革命的武装反抗反革命武装的道路,1927年到1930年创建了井冈山、湘鄂赣、闽浙赣、鄂豫皖、左右江等多个革命根据地。1930年6月全国苏维埃区域代表大会通过了《劳动保护法》,1931年9月中央革命根据地建立,11月中央工农民主政府(即中华苏维埃临时中央政府)在瑞金成立。1931年11月,第一次中华苏维埃共和国工农兵代表大会通过《中华苏维埃共和国宪法大纲》,规定:"中华苏维埃政权以彻底改善工人阶级的生活状况为目的,制定劳动法,宣布八小时工作制,规定最低限度的工资标准,创立社会保险制度与国家的失业津贴,并宣布工人有监督生产之权。"《中华苏维埃共和国劳动法》实施1年后,在

充分征求根据地人民意见的基础上，临时中央政府于 1933 年 4 月决定对其进行修改，并于 10 月 15 日由中华苏维埃共和国中央执行委员会主席毛泽东签署颁布了新的《中华苏维埃共和国劳动法》。修改后的《中华苏维埃共和国劳动法》内容更加充实和完善。

3. 抗日战争时期的立法实践

抗战时期，中国共产党领导下的八路军和新四军在敌后展开了广泛的独立自主的游击战争，陕甘宁、晋察冀、晋冀鲁豫、山东等抗日民主根据地纷纷建立。各地抗日民主政府在发动群众、团结各阶层人民共同抗战的同时，仍在继续为维护工人阶级和其他劳动者的经济利益，推行社会保险制度而努力。这一时期，各根据地先后制定一系列劳动法规，因地制宜地提出了社会保险的政策和措施。陕甘宁边区总工会 1940 年通过《陕甘宁边区战时工厂集体合同暂行准则》；1943 年，陕甘宁边区制定《陕甘宁边区劳动保护条例（草案）》；1941 年 4 月至 8 月，晋西北抗日根据地相继颁布《晋西北改善雇工生活暂行条例》、《晋西北工厂劳动暂行条例》和《晋西北矿厂劳动暂行条例》；山东抗日根据地 1942 年 5 月制定《山东省改善雇工待遇暂行办法》，并在公营工厂和商店设立了救济性质的劳动保险金制度，劳动保险金由工厂和职工会派代表组织专门委员会来掌管；晋冀鲁豫边区 1944 年 1 月修正公布《晋冀鲁豫边区劳工保护暂行条例》。

4. 解放战争时期的立法发展

1948 年 8 月，第六次全国劳动大会在哈尔滨召开，大会通过《中国总工会章程》，规定劳动保护部的职责是"管理并指导劳动保险事宜，审查劳动契约及各工会之福利工作，并协助政府进行工厂内卫生及安全设备之检查"。大会在《关于中国职工运动当前任务的决议》中指出："在工厂集中的城市或条件具备的地方，可以创办劳动的社会保险。"东北行政委员会根据第六次全国劳动大会的决议，结合战时东北的经济条件和实际情况，制定并于 1948 年 12 月 27 日公布了《东北公营企业战时暂行劳动保险条例》，翌年初东北行政委员会又公布了这一条例的"试行细则"，开始全面推行社会保险制度。

（二）劳保基金财政供给阶段（1949 年至 1997 年）

1949 年 10 月 1 日，中国人民共和国成立。1951 年 2 月，我国颁布《中华人民共和国劳动保险条例》，标志着劳保医疗制度的确立。1952 年 6 月 27 日，发布《关于全国各级人民政府、党派、团体及所属事业单位的国家工作人员实行公费医疗预防的指示》，标志着公费医疗制度建立。该制度涵盖政府、党派、工青妇等团体，以及文化、教育、卫生、经济建设等事业单位工作人员和革命残废军人。两种制度均以职工为主要对象，个人不缴费且全额报销，属"免费医疗"的福利型制度，保障基金实际是由财政供给。1955 年 5 月 1 日，山西省高平县米山乡联合保健站挂牌，成为中国传统农村合作医疗的标志。采用互助共济，由农业生产合作社、农民和医生共同集资建立。适应广大农民需求，取得长足发展。公费医疗保障在我国自此实行 40 多年，在保障职工健康、促进经济发展、维护社会稳定等方面，发挥了重要作用。

（三）基本医疗保险基金业务管理阶段（1998 年至 2008 年）

1998 年 12 月 14 日，《国务院关于建立城镇职工基本医疗保险制度的决定》（国发〔1998〕44 号）颁布，标志着中国进入了基本医疗保险新阶段。1999 年 6 月国家财政部和劳动和社会保障部颁布了《关于印发〈社会保险基金财务制度〉的通知》（财社字〔1999〕60 号），将城镇职工基本医疗保险基金连同企业职工基本养老保险基金、失业保险基金统筹管理，建立单独的社会保障基金财政专户，专款专用。随后财政部又发布了《关于印发〈社会保险基金会计制度〉的通知》（财会字〔1999〕20 号），针对基金运行的会计制度制定了详细的会计规范。此后，我国在构建城镇职工基本医疗保险体系、新型农村合作医疗体系、城镇居民医疗保险体系中的大多数工作文件中都有涉及相关领域医疗保险基金管理的条款，例如，《国务院关于印发完善城镇社会保障体系试点方案的通知》（国发〔2000〕42号）、《国务院办公厅转发民政部等部门关于建立城市医疗救助制度试点工作意见的通知》（国办发〔2005〕10号）。此时我国基本医疗保险的基金管理相关法规主要以政府相关部门的制度性或管理性文件为主，内容的主旨在于对建立基本医疗保险制度后的具体工作提出可操作性的业务管理框架，尚未形成相应的法律体系。

（四）医疗保险基金法制体系构建阶段（2009年至2019年）

2009年7月国家人力资源与社会保障部发布了《关于进一步加强基本医疗保险基金管理的指导意见》（人社部发〔2009〕67号）在医疗保险基金法制建设中具有里程碑意义，在我国深化医疗卫生体制改革和医疗保险改革的进程中第一次将保险基金的管理系统化地单独成文，凸显提高基金使用效率重要性、紧迫性，以增强基本医疗保险基金共济和保障能力为主旨，为医疗保险基金立法层次跃升奠定了良好的基础。

自此以后我国又出台了一系列与医药卫生体制改革、医疗保险改革相呼应的法规性文件，逐步构建起了医疗保险基金管理的法制体系。2010年1月，《国务院关于试行社会保险基金预算的意见》（国发〔2010〕2号）正式发布，2011年6月《社会保险基金先行支付暂行办法》（人力资源和社会保障部令15号）颁布，2012年11月发布了《人力资源社会保障部财政部卫生部关于开展基本医疗保险付费总额控制的意见》（人社部发〔2012〕70号），2013年4月国家社会保险事业管理中心发布了《关于认真落实社会保险工作人员纪律规定的通知》（人社险中心函〔2013〕49号），2015年2月《人力资源社会保障部、公安部关于加强社会保险欺诈案件查处和移送工作的通知》（人社部发〔2015〕14号）发布，2016年1月发布的《国务院关于整合城乡居民基本医疗保险制度的意见》（国发〔2016〕3号）和《人力资源社会保障部关于做好〈国务院关于整合城乡居民基本医疗保险制度的意见〉有关工作的通知》（人社部发〔2016〕6号）文件中明确了逐步在全国范围内建立统一的城乡居民医疗保险制度，在整合基本制度政策的"六统一"条款中就包括明确统一基金管理：统一基金财务制度、会计制度、预决算制度，基金统一纳入财政专户，要求实现基金平衡、制度可持续发展，加强基金使用的审计和监督。2016年6月《人力资源社会保障部办公厅关于开展长期护理保险制度试点的指导意见》（人社厅发〔2016〕80号）对基金的筹集和管理也做了相应的规定，汲取了之前医疗卫生体制改革和医疗保险"三保"融合的经验，使得制度框架较为全面、可操作性较强。2016年12月国家财政部发布了《关于加强基本医疗保险基金预算管理发挥医疗保险基金控费作用的意见》（财社〔2016〕242号），2017年6月《国务院办公厅关于进一步深化基本医疗保险支付方式改革的指导意见》（国办发〔2017〕55号）发布，2017年8月《人力资源社会保障部办公厅关于贯彻落实贪污社会保险基金属于刑法贪污罪中较重情节规定的通知》（人社厅发〔2017〕107号）发布，2017年8月财政部、人力资源和社会保障部、国家卫生计生委修订了1999年版的《社会保险基金财务制度》，使其更好适应医药卫生体制改革和医疗保险改革的需要，2017年11月财政部对1999年版的《社会保险基金会计制度》也进行了重新修订。

（五）医疗保险基金法制建设新时代阶段（2020年开始）

2020年6月30日，国务院办公厅印发《关于推进医疗保障基金监管制度体系改革的指导意见》（国办发〔2020〕20号），贯彻落实党中央、国务院关于加强医疗保险基金监管的工作要求，全面提升医疗保险治理能力，深度净化制度运行环境，严守基金安全红线。2020年12月9日，国务院总理李克强主持召开国务院常务会议，会议通过《医疗保障基金使用监督管理条例（草案）》，坚持以人民健康为中心，确定了医疗保险部门、定点医药机构、参保人员等的权责，规定按照便民原则，强化医疗保障服务，及时结算和拨付医疗保险基金，提高服务质量，要求加强监管和社会监督，对违法违规行为加大惩戒,管好用好医疗保险资金,维护群众医疗保障合法权益。2021年2月19日,发布了《医疗保障基金使用监督管理条例》,其自2021年5月1日起施行。该条例旨在加强医疗保障基金使用监督管理,保障基金安全,促进基金有效使用,维护公民医疗保障合法权益。《中共中央 国务院关于深化医疗保障制度改革的意见》提出,制定完善医疗保险基金监管相关法律法规,规范监管权限、程序、处罚标准。《国务院办公厅关于推进医疗保障基金监管制度体系改革的指导意见》要求,强化医疗保险基金监管法治及规范保障,制定医疗保障基金使用监督管理条例及其配套办法。该条例以法治手段解决医疗保障基金使用监督管理中的突出问题。该条例的使用范围包括:中华人民共和国境内基本医疗保险(含生育保险)基金、医疗救助基金等医疗保障基金使用及其监督管理。职工大额医疗费用补助、公务员医疗补助等医疗保障资金使用的监督管理也同时参照该条例。

二、我国医疗保险基金法制建设的发展特点

(一)时代特征鲜明

我国医疗保险基金法制建设从建党之初的立法斗争至今历经百年,基金管理法制建设的每个阶段都鲜明地存在着与那个阶段当时的历史背景相适应的发展特征,但其基本脉络一以贯之的是中国共产党带领中国人民维护合法权益的不懈斗争和努力。随着国家法制建设的不断完善和医药卫生体制改革的不断深入,为适应改革发展的需要,我国社会保险基金的法制体系建设进入了一个不断进步、不断迭代的时期,这也是我国医疗保险基金法制建设发展最为迅速的时期。在中国特色社会主义进入新时代后,经历不断的改革发展积累,我国的医疗保险基金法制建设终于迎来了我国医疗保障领域的第一部条例,这在整个医疗保险法治化道路上具有里程碑的意义,改变了我国医疗保障工作缺乏专门法律法规的局面,有力推动了医疗保险领域依法行政并提升医疗保险治理水平,医疗保险基金的法制建设进入了新时代。

(二)中国特色鲜明

纵观世界各国医疗保险基金管理的法制建设,不论是从时间的维度上看还是从各国相互之间比较来看,我国的相关法制建设具有鲜明的中国特色。一方面我国医疗保险基金的管理法制建设的每个阶段的背后既不代表某个利益集团或政治集团的私利,更不代表极个别人的利益,而是始终体现了中国最广大人民群众的根本利益;另一方面,作为世界公认"难题"的医疗保险体系中的重要组成部分,我国的医疗保险基金管理制度并不是照抄照搬某个国家或某种制度的现有成果,而是在医疗保险基金管理科学原理的基础上,借鉴和总结各国基金管理的成功经验和失败教训,结合自身发展的实际情况和经验教训,独立自主地逐步发展出一套具有中国特色的新时代医疗保险基金管理法规体系。

(三)发展趋势鲜明

我国医疗保险基金管理法制建设不断发展完善,在法律体系中的地位有所提升,完备程度明显提高,具备明显的更新迭代趋势。一方面从最基础的层面保障了广大人民群众的医疗费用需求,另一方面在总体卫生支出不断增长的同时,有效控制了相关费用的无序扩张,与医疗体制改革"保基本、强基层、建机制"的原则相适应,朝着"公平可持续"的目标不断前进,加快推进了医疗保险基金治理体系和治理能力的现代化,突出了整体性、系统性和协同性,对医疗保险医院的配置逐步起到调节公平、兼顾效率的作用,相关制度的安排趋于统筹发展,为医疗保险基金管理的实务提供了越来越清晰、越来越详细、越来越具可操作性的法律制度遵循。

三、我国医疗保险基金法制建设的具体做法

我国现行医疗保险基金管理相关法律条例适用于中华人民共和国境内基本医疗保险（含生育保险）基金、医疗救助基金等医疗保障基金的使用及监督管理，以国务院医疗保障行政部门为最高主管单位，规定了医疗保障基金的使用支付范围，在国家统一经办管理的原则下，建立健全经办业务、财务、安全和风险管理制度，做好服务协议管理、费用监控、基金拨付、待遇审核及支付等工作，并定期向社会公开医疗保障基金的收入、支出、结余等情况，接受社会监督。明确了医疗保险经办机构与定点医疗机构的法律关系、权利责任。明确了基金使用相关主体的职责（包括医疗保障行政部门、医疗保障经办机构、定点医药机构、参保人员等）：医疗保障行政部门应当依法组织制定医疗保障基金支付范围；医疗保障经办机构建立健全业务、财务、安全和风险管理制度，规范服务协议管理；定点医药机构加强内部管理，提供合理、必要的医药服务，保管有关资料、传送数据和报告监管信息；参保人员持本人医疗保障凭证就医、购药，按照规定享受医疗保障待遇；禁止医疗保障经办机构、定点医药机构等单位及其工作人员和参保人员等通过伪造、变造、隐匿、涂改、销毁医学文书等有关资料或者虚构医药服务项目等方式，骗取医疗保障基金。在监督管理方面，构建政府和医疗保障等行政部门的行政监管、新闻媒体舆论监督、社会监督、行业自律相结合的监督体制，畅通社会监督渠道，织密扎牢医疗保障基金使用监督管理的制度笼子；建立医疗保障、卫生健康、中医药、市场监督管理、财政、审计、公安等部门的沟通协调、案件移送等监管合作机制；要求国务院医疗保障行政部门制定服务协议管理办法，制作并定期修订服务协议范本；规定大数据智能监控、专项检查、联合检查、信用管理等监管形式；规范医疗保障行政部门监督检查的措施及程序。系统地、详细地提出了医疗保险行政部门、医疗保险经办机构、定点合作医疗机构、参保人的相关法律责任，并明确将国家现行各类医疗保险资金使用纳入同一部法律条例中，确保了我国医疗保障基金管理的整体性和协同性。

第四节　我国医疗保险基金法律制度发展困难与机遇

一、我国医疗保险基金法律制度发展的困难

（一）医疗保险基金法律制度建设环境的变化

医疗保险基金的管理是医疗保障制度体系中重要组成部分，医疗保障体系的构建又与国家医药卫生体制的构建有着密切的关系，而医疗保障体系和国家医药卫生体制的框架设计又与国家政治经济社会发展密切相关。纵观我国近百年来的医疗保障基金法律制度建设的历史，不难看出医疗保障基金法律制度建设的外部环境因素对其本身的影响作用是巨大的。这就造成了相当长的一段时间以来，医疗保险基金的管理法律制度要随着环境的变化进行不断的调整，对改革发展中面临的新问题不断作出响应，这给相关法律制度的制定和实施带来了挑战。

（二）医疗保险基金法律层级不高

在《医疗保障基金使用监督管理条例》（草案）发布以前，我国医疗保障基金的相关制度实际是被融合在社会保险相关法律制度之中的，最初甚至是仅有筹资来源和管理权归属等很简单的描述和规定，随着时代对医疗保障基金管理工作内容的不断扩展和深入，医疗保障基金管理的相关条款逐步被纳入了单独成文的医疗保障相关法律法规中，但在文本中依然作为业务管理的内涵存在，是不成体系的。我国医疗保障基金法律制度在发展过程中，大多数时候是以国务院文件、部委文件，

或者由省、市级别地方政府根据上位文件作为依据，根据各自地区的实际情况制定相应的下位文件，其立法性质依然属于行政立法。而这种行政立法的性质就决定在具体监管实践中采取的是行政监管还是经办监督的模式，行政监管的主要实施者是医疗保障行政部门的工作人员或医疗保障服务中心的工作人员，行使其督查权和行政处罚权。经办监督则采取签订协议、合同的模式，在这种模式下，通过行政部门的常规工作检查、专项工作检查、突击飞行检查等方式虽然能够具有一定的约束力，但不法行为时有发生，而对不法行为的惩处大部分围于行政处罚的范畴，仅有部分移交司法，而一旦移交司法又意味着行政部门和司法部门为了沟通、配合都要承担相当大的行政成本来处理个案，且在处理过程中往往量刑依据不足、难有统一的惩处标准。

（三）医疗保险基金监督的实践路径需要一定时间完善

《医疗保障基金使用监督管理条例》发布后，虽然我国医疗保障基金的管理已经进入了新时代，但一方面，基金管理的路径将会在以往运行轨迹上自我强化，新的制度体系在进行变革的时候会遭遇强大的系统阻力；另一方面，我国"医疗、医药、医疗保险、医价"四个方面相互联系、彼此影响，随着医改的不断深入推进，其他三个方面的相关改革措施将会直接影响到医疗保障基金相关法律监督体系的完善，因此《医疗保障基金使用监督管理条例》实施后的一段时间内，相关体系的构建还可能存在滞后，需要一定的时间，特别是完善不同部门之间的工作协作机制、完善不同监督主体与医疗保障基金管理部门的联动机制方面还需要不断探索。

二、我国医疗保险基金法律制度发展的机遇

（一）新时代我国法治建设为医疗保险基金法律制度发展提供良好的外部环境

中国共产党第十九届中央委员会第五次全体会议发出了夺取全面建设社会主义现代化国家新胜利的动员令，开启全面建设社会主义现代化国家、向第二个百年奋斗目标进军的新征程，迫切需要更好发挥法治固根本、稳预期、利长远的保障作用。2020 年 11 月，党的历史上首次召开的中央全面依法治国工作会议，将习近平法治思想明确为全面依法治国的指导思想，把建设中国特色社会主义法治体系、建设社会主义法治国家确定为总目标，并将其纳入"四个全面"战略布局予以有力推进。习近平指出，要坚持中国特色社会主义法治道路，要坚持在法治轨道上推进国家治理体系和治理能力现代化，要坚持建设中国特色社会主义法治体系，坚持全面推进科学立法、严格执法、公正司法、全民守法。可以说我国法治建设的新时代已经到来，未来医疗保障基金法律制度建设必将更加体系化、更加完善，相关法律实践也将会克服各种困难，迈上新的台阶。

（二）新时代我国医疗保险基金立法逐步体系化形成稳定趋势

《关于推进医疗保障基金监管制度体系改革的指导意见》、《医疗保障基金使用监督管理条例（草案）》、《医疗保障基金使用监督管理条例》标志着我国进入全面构建医疗保险基金监管制度体系，推进医疗保险基金全方位、全领域、全流程监管的新时代。到 2025 年，我国将基本建成医疗保险基金监管制度体系和执法体系，坚持完善法治、依法监管，保证基金监管合法合规、公平公正；坚持政府主导、社会共治，开创基金监管工作新格局；坚持改革创新、协同高效，不断提升基金监管能力与绩效；坚持惩戒失信、激励诚信，引导监管对象增强自律意识，营造良好氛围。在这个进程中突出三项监管责任：加强党的领导、强化政府监管、推进行业自律管理。通过五项措施保障改革顺利进行：强化医疗保险基金监管法治及规范保障、加强医疗保险基金监督检查能力保障、加大对欺诈骗保行为的惩处力度、统筹推进相关医疗保障制度改革、协同推进医药服务体系改革。落实这些举措必将能够管好人民群众的"看病钱"、"救命钱"，有效维护医疗保障基金的使用安

全，切实维护广大群众的切身利益，维护医疗保障制度的健康持续发展。

（三）我国医疗保险基金法律制度展望

1. 建立健全监督检查制度

推行"双随机、一公开"监管机制，建立和完善日常巡查、专项检查、飞行检查、重点检查、专家审查等相结合的多形式检查制度，明确检查对象、检查重点和检查内容。规范启动条件、工作要求和工作流程，明确各方权利义务，确保公开、公平、公正。建立部门联动机制，开展联合检查，形成监管合力。积极引入信息技术服务机构、会计师事务所、商业保险机构等第三方力量参与医疗保险基金监管，建立和完善政府购买服务制度，推行按服务绩效付费，提升监管的专业性、精准性、效益性。

2. 全面建立智能监控制度

加快推进医疗保险标准化和信息化建设，严格落实政务信息系统整合共享要求，做好与原有相关系统的衔接，加强部门间信息交换和共享，避免重复建设。建立和完善医疗保险智能监控系统，加强大数据应用。加强对定点医疗机构临床诊疗行为的引导和审核，强化事前、事中监管。针对欺诈骗保行为特点，不断完善药品、诊疗项目和医疗服务设施等基础信息标准库和临床指南等医学知识库，完善智能监控规则，提升智能监控功能。开展药品、医用耗材进销存实时管理。推广视频监控、生物特征识别等技术应用。推进异地就医、购药即时结算，实现结算数据全部上线。加快建立省级乃至全国集中统一的智能监控系统，实现基金监管从人工抽单审核向大数据全方位、全流程、全环节智能监控转变。

3. 建立和完善举报奖励制度

统筹地区及以上医疗保障和财政部门应当建立并不断完善医疗保障违法违规违约行为举报奖励制度，依照相关规定对举报人予以奖励。畅通投诉举报渠道，规范受理、检查、处理、反馈等工作流程和机制，加强隐私保护，切实保障举报人信息安全。完善举报奖励标准，及时兑现奖励资金，促进群众和社会各方积极参与监督。

4. 建立信用管理制度

建立定点医药机构信息报告制度。建立医药机构和参保人员医疗保险信用记录、信用评价制度和积分管理制度。创新定点医药机构综合绩效考评机制，将信用评价结果、综合绩效考评结果与预算管理、检查稽核、定点协议管理等相关联。加强和规范医疗保障领域守信联合激励对象和失信联合惩戒对象名单管理工作，依法依规实施守信联合激励和失信联合惩戒。鼓励行业协会开展行业规范和自律建设，制定并落实自律公约，促进行业规范和自我约束。

5. 建立综合监管制度

适应医疗保险管理服务特点，建立和完善部门间相互配合、协同监管的综合监管制度，推行网格化管理。推进信息共享和互联互通，健全协同执法工作机制。对查实的欺诈骗保行为，各相关部门要按照法律法规规定和职责权限对有关单位和个人从严从重处理。建立健全打击欺诈骗保行刑衔接工作机制。医疗保障部门负责监督管理纳入医疗保险支付范围的医疗服务行为和医疗费用，规范医疗保险经办业务，依法依规查处医疗保障领域违法违规行为。卫生健康部门负责加强医疗机构和医疗服务行业监管，规范医疗机构及其医务人员医疗服务行为。市场监管部门负责医疗卫生行业价格监督检查，药品监管部门负责执业药师管理，市场监管部门、药品监管部门按照职责分工负责药品流通监管、规范药品经营行为。审计机关负责加强医疗保险基金监管相关政策措施落实情况跟踪审计，督促相关部门履行监管职责，持续关注各类欺诈骗保问题，并及时移送相关部门查处。公安部门负责依法查处打击各类欺诈骗保等犯罪行为，对移送的涉嫌犯罪案件及时开展侦查。其他有关部门按照职责做好相关工作。

6. 完善社会监督制度

鼓励和支持社会各界参与医疗保险基金监督，实现政府监管和社会监督、舆论监督良性互动。建立信息披露制度。经办机构定期向社会公告基金收支、结余和收益情况，接受社会监督。建立医疗保险基金社会监督员制度，聘请人大代表、政协委员、群众和新闻媒体代表等担任社会监督员，对定点医药机构、经办机构、参保人员等进行广泛深入监督。主动邀请新闻媒体参与飞行检查、明察暗访等工作，通过新闻发布会、媒体通气会等形式，发布打击欺诈骗保成果及典型案件。

1. 医疗保险基金管理法律制度的概念是什么？

2. 国外医疗保险基金管理的立法实践对我国有何借鉴意义？

3. 新中国成立后我国医疗保险基金管理经历了哪几个阶段？

4.《医疗保障基金使用监督管理条例》相较于以往医疗保险基金法律制度有什么特点？

（康　正　张　扬）

第三章拓展阅读

第四章　医疗保险基金与政府

内容提要

　　保障和维护公民的生命健康是政府最基本的责任，介入医疗保险制度是政府责任在卫生领域的集中体现，政府对医疗保险基金管理作用主要体现在管理职能上。医疗保险基金与国家财政的资源配置、收入分配、经济稳定与发展三大职能密不可分，也与政府财政收入、支出、赤字之间互为影响，政府财政支持是医疗保险基金运行的重要经济基础，而医疗保险基金则是政府财政政策的重要工具。本章主要阐述政府在医疗保险基金管理中的作用、政府与医疗保险基金的关联以及国家财政与医疗保险基金的关系。

第一节　政府在医疗保险基金管理中的作用

一、政府责任与医疗保险制度

（一）责任与政府责任

　　责任的概念广泛用于行政学、法学、伦理学等领域。责任是社会成员对社会所负担的与自己的社会角色相适应的应为的行为和社会成员对自己的实际所为的行为承担一定后果的义务。政府是国家为维护社会秩序，通过集合和行使公共权力，管理社会生活、促进经济发展的政治统治与社会管理组织。政府与人民构成一种契约性的权责关系：政府因接受人民委托而被赋予权力，人民通过选举政府反馈自身诉求。政府责任概念逐步发展成为内涵丰富的体系，因其复杂性，对政府责任的理解也呈现多样性。

　　（1）公共行政学领域。政府责任被看作是政府及其构成主体成员因其公职身份而对授权者和法律以及行政法规的责任，是一种控制、监督和制裁行为。

　　（2）行政法学领域。政府责任具有浓厚的法律色彩，主要强调政府的事后责任（是消极的）。

　　（3）行政伦理学领域。行政伦理专家 Terry Lcooper 将政府责任按其形态分为主观责任（自我意识）和客观责任（法律规范的外部强加）。

（二）医疗保险制度中的政府责任

　　保障和维护公民的生命健康是政府最基本的责任，更是政府重视民生的表现。从历史上看，医疗保险制度随着社会化大生产和商品经济的发展而出现，1883 年德国颁布世界上第一部社会医疗保险法律《疾病保险法》，是现代社会医疗保险制度诞生的标志。经过多年的发展和完善，世界各国纷纷建立起相对完备的医疗保险制度，医疗保险成为各国政府减少劳动者和其他社会成员疾病经济风险、实现国民收入再分配、促进社会经济发展、维护社会公平的一种有效政府机制，起到"减压阀"和"自动稳定器"的作用。

　　医疗保险制度中的政府责任，是政府在医疗保险制度建立及其有效运行中需要承担的责任，主要界定为立法责任、制度设计、财政扶助和监督管理四个方面。

1. 立法责任

法律具有较高的刚性要求，必须严格地遵照执行，只有在法律保障的制度框架下，制度的运行和发展才有严格的依据和参照。医疗保险法律的建设一方面维护社会公平，明确个人权利义务；另一方面限制了政府权利滥用，对规避"政府失灵"有一定作用。大部分国家通过立法设计医疗保险制度，从法律法规的高度明确医疗保险制度的性质地位和执法经办主体，从而使制度在运行和管理中有法可依、有章可循。

2. 制度设计

由于医疗保险市场交换"商品"的特殊性，医疗保险市场不同于一般的商品市场，其建立和发展离不开政府的参与。政府构架医疗保险制度，首先，要强调制度设计的目标，目标主要包括社会公平和经济效率的平衡，公平与效率的目标存在冲突，注重公平还是强调效率，是政府必须面临的抉择；其次，政府应当根据政治、经济、文化、医疗卫生状况、利益集团公共选择结果等因素，适时设计和规划医疗保险市场的总体特征，如医疗保险模式、保障对象及覆盖面的选择、筹资方式及资金来源、待遇标准设定等，从宏观上把握医疗保险的发展方向。

3. 财政扶助

作为一种准公共产品，社会医疗保险产品具有排他性。政府组织普遍存在于人类社会，民众赋予的权利使得政府拥有一般私人组织不具备的强制性，它可以通过法律手段或经济手段纠正"市场失灵"。政府对医疗保险制度的财政扶助一方面体现其优化资源配置职能和收入再分配职能，另一方面也体现政府稳定社会的经济职能。政府对医疗保险提供财政扶助的实践意义在于：保证了保障性医疗保险项目资金的充足性，降低了民众参保成本以扩大社会医疗保险覆盖面，鼓励商业保险机构扩大供给。

4. 监督管理

医疗保险市场作为一个特殊的领域，存在着不规范的市场因素。首先，无论是医疗服务市场效益外在性的存在，还是利益各方信息不对称产生的"逆向选择"和"道德风险"行为，都使得市场机制无法正常发挥作用；其次，社会医疗保险的准公共产品特性，使得私人部门无法单独有效提供，这些都为政府参与医疗保险的监督管理提供了合理依据。政府实施监督管理责任包括：

（1）行政管理：包括制定地区长期发展规划、制定区域性实施细则，督促检查医疗保险政策的落实情况，设置医疗保险组织机构，配备与培训医疗保险经管机构工作人员，管理医疗保险投诉。

（2）经办管理：包括推动医疗保险重点政策落实落地、优化医疗保障公共服务、强化两定机构协议管理、加强医疗保险基金管理、推进异地就医结算工作。

（3）基金管理：包括基金筹集、分配和使用管理，基金投资管理，基金财务管理，基金安全、保值增值管理，基金预决算管理。

（4）服务管理：包括对定点医疗机构、定点零售药店的管理，对基本医疗保险用药目录、诊疗项目目录、医疗服务设施目录的管理。

（5）信息管理：包括医疗保险管理信息中心系统、服务子系统、社会化服务系统、决策支持系统的开发、建设，公共服务平台建设，信息系统与各定点医院、医药机构的对接，统计完善参保个人信息数据，地方政务平台实时发布、更新政策。

二、政府介入医疗保险制度的理论依据

（一）维护健康

健康是人们利用卫生服务、产生医疗保险需求的原始动力。随着社会经济发展、科学技术进步、居民生活水平提高，人们对健康的认识不断深化。世界卫生组织在 1978 年国际初级卫生保健大会

上发表的《阿拉木图宣言》中重申：健康不仅是没有疾病和衰弱的状态，而是一种在身体上、精神上的完满状态以及良好的适应力。根据这一界定，健康应至少包含三个方面的内容：躯体健康、心理健康和社会适应健康（健康三维观）。1989 年世界卫生组织又一次深化健康概念，认为健康包括躯体健康、心理健康、社会适应良好和道德健康（健康四维观）。

1. 健康权是基本人权

《阿拉木图宣言》中指出"健康不仅是疾病与体虚的匿迹，而是身心健康社会幸福的总体状态，是基本人权，达到尽可能高的健康水平是世界范围的一项最重要的社会性目标"。健康是个人生存与发展的基本需要，也是个人福利和作为人的尊严的重要条件，个人的健康状况直接影响收入能力、生活水平及其他社会经济权利的实现。自然法学派将健康权视为天赋的、与生俱来的、不可剥夺的基本人权和公民社会最根本的利益所在，受到法律保护，明示政府对公民健康权应承担的责任。1919 年健康权最早出现在《魏玛宪法》中；1925 年智利首次将健康权的政府责任写进宪法；1946 年世界卫生组织宪章首次将健康权载入国际公约；1948 年联合国发布《世界人权宣言》，正式确立健康权作为基本人权的地位；1966 年联合国《经济、社会和文化权利国际公约》认为：健康权是人人享用可能达到的最高标准的身体健康和精神健康的权利；我国《中华人民共和国民法典》第一百一十条规定：自然人享有生命权、身体权、健康权。

2. 健康权是社会权利

社会权利的存在是为纠正过度自由竞争所带来的社会不公正，使公民平等地获得符合人的尊严的生活，为实现这些目标，政府负有给予公民物资上、经济上帮助的义务。健康不仅是个人需要，也是公共需要，这就决定了健康权的社会性。因为健康权的实现不仅关系到公民个人的身体健康，而且关系到社会公共利益。例如，一个人患了传染病，受损害的就不止其本人，周围其他人的健康也可能受到影响和威胁。当健康权面临突发传染病、环境污染、流行性疾病、瘟疫、不安全食品等威胁时，任何个人的努力都苍白无力，只有通过国家的力量，才能帮助健康权的实现。因此，保护健康权是各国政府和每一个公民的义务，也是社会的共同利益所在。

3. 健康权是平等权利

疾病全球化的背景下，平等和非歧视原则成为健康权普遍适用的指导原则。1966 年联合国《经济、社会和文化权利国际公约》规定：缔结国有义务保证公约所宣布的权利应普遍行使，不得有如种族、肤色、性别、语言、宗教、政治或其他见解、国籍或社会出身、财产、出生或其他身份等任何区分。健康权的实现虽然受国家的经济发展水平、医疗卫生投入的制约，但由于其平等性和普遍性，医疗卫生政策必须体现"公平的机会均等性"，即社会应认同生命的价值，体现对生命的尊重，每一个人都应当平等地享受政府所提供的卫生保健服务的权利。健康权因具有对丧失能力的个人或因受到歧视而形成的社会不公平提供补偿的特殊性质，成为弱势群体和边缘群体至关重要的权利。

4. 健康权是最基本的自由

根据发展经济学的观点，健康权不仅是基本人权，也是最基本的自由。1988 年诺贝尔经济学奖获得者阿玛蒂亚·森的理论着重突出了以人为本的发展理念，他认为健康是实施人类活动体现价值的基本潜能之一，某些实质性的自由（政治参与的自由，接受基本教育、卫生保健的机会）是发展的合法组成部分，也有助于经济的发展。因此，健康实际上是一种"可行能力"，既是发展目标，又是发展手段；对政府而言，发展就是为公民提供这种"权利"，并使更多人获得这种"能力"。阿玛蒂亚·森的发展目标以社会上所有人的福利状态为价值标准，他认为财富、收入、技术进步和现代化只是发展的工具，而人的发展、人的福利才是发展的根本目标。阿玛蒂亚·森还特别分析了五种最重要的工具性自由：政治自由、经济条件、社会条件、透明性担保以及防护性保障，其中三项涉及医疗保障和健康，生存下来而不至于过早死亡的能力是一种具有特殊价值的最重要的自由。

（二）市场失灵

1. 医疗保险市场失灵的四种表现

医疗保险市场是一个不完全竞争的市场，存在信息不对称、效益外在性、一定程度的垄断、公共产品无法私人提供等问题，导致市场机制的作用难以有效发挥，出现市场失灵。

（1）风险选择。医疗保险机构是经营风险的单位，自身经营也存在风险，如果风险事故发生的概率高、损失程度大，保险机构必然要处于亏损状态。由于保险市场的信息不对称，医疗保险供方为了追求更大的利润，在提供医疗保险产品时，会对承保对象进行选择，把年轻、收入高、风险事故发生概率低的人吸纳投保，而把年龄偏大、收入低、疾病发生较为频繁的人排除在外，这就是风险选择。

（2）诱导需求。诱导需求与医疗服务中存在的严重信息不对称有关。首先，医疗服务是一种生产，投入是医疗费用、产出是健康，健康的标准难以界定和度量，对健康的边际收益很难估算；其次，医疗服务是一种专家服务，具有非同质性和医生垄断性，由于信息不对称，医生对疾病的严重程度、医疗服务的适度性、医疗手段的选择等信息更为了解，患者由于缺乏医学知识和对疾病的恐惧心理，对医生往往持服从态度，这种由于产品的特殊性和信息不对称导致的交易地位的不平等，加剧了医疗服务市场价格扭曲，容易产生供方过度供给引致的扩张性需求。

（3）逆向选择。逆向选择是指保险购买者运用优越的信息优势以获取更低价格上的保险产品的意图和行为，是由于交易前的信息不对称导致市场上出现"次品"驱逐"良品"的现象。在医疗保险市场上，由于投保人对自身健康状况及将来健康状况的预期比保险人更清楚，拥有更多的信息，所以当保险人与投保人签订保险合同时，保险人无法准确判断投保人属于哪一类风险的人群。在收取保费时，保险人是按照一个地区疾病发生的平均概率和平均预期损失来进行测量的，这样确定的医疗保险费必然高于低风险人群愿意缴纳的保费，低于高风险人群愿意缴纳的保费，结果医疗保险总是被高风险人群所购买，低风险人群就不愿意购买，这就是逆向选择。当逆向选择出现时，高风险人群会将低风险人群挤出医疗保险市场，同样也使信誉良好的保险公司在竞争中将处于劣势并被挤出保险市场。

（4）道德风险。道德风险又称"道德危害"、"败德行为"，医疗保险道德风险是指医疗服务的利益方利用优越的信息优势造成保险费用不合理增长和医疗资源过度消耗的机会主义行为。医疗保险参保单位的道德风险包括：少报参保人数、少报工资总额、投机性的"突击参保"行为；医疗保险需方的道德风险包括：谎报病情、小病大养、非医疗保险患者冒用医疗保险卡就医等；医患串通合谋的道德风险包括："人情方"、"大处方"、以药串药、自费变公费等；医疗保险经办机构的道德风险包括：截留、侵占、挪用、贪污医疗保险基金，以及有法不依、执法不严等行为。

2. 医疗保险市场失灵的政府防范措施

市场失灵的存在，要求政府必须干预医疗保险市场，填补由于市场机制无法发挥作用而导致的空白、纠正市场失灵而导致的失误，以达到卫生资源合理配置和健康公平的目的，所以医疗保险市场带有浓厚的政府干预性。

（1）商业医疗保险供方出于盈利目的，风险选择尤为明显。各国医疗保险制度多以普遍保障的社会医疗保险为主、商业医疗保险为补充，以维护大多数人最基本的健康，社会医疗保险中的"社会化原则"和"全员参保原则"就是为防范风险选择发生。

（2）医疗服务市场上诱导需求现象普遍存在，造成卫生费用不合理上涨和低效率。防范诱导需求应以供方监督为主，如建立医生声誉激励机制、社会监督机制，改变医疗保险偿付方式，实行"管办分家"、"医药分家"，培育医务人员医德医风等措施。

（3）信息经济学给出了解决逆向选择问题的办法，既然逆向选择源于信息不对称，解决问题的方法自然是消除交易前的信息不对称，使信息劣势方能够获得充分的信息，将"次品"和"良品"区分开来，信息经济学称之为信号传递。根据信号是由信息优势方发出还是由信息劣势方发出，解决方法可以分为"信号传递模型"和"信号筛选模型"两种。不论信号由谁发出，信号的生产和传递都会产生成本，信息了解得越充分，成本就越高。应对逆向选择最好的办法是政府开展全民强制性的社会医疗保险，覆盖人群尽可能多，把风险池扩大，参保人发生不确定损失的概率要小得多，能有效减少逆向选择。

（4）医疗保险市场中，道德风险是难以避免的，成为各国政府和医疗保险机构面临的共同问题。政府对卫生服务供方道德风险的控制对策包括：制定合理的供方医疗保险费用偿付机制、实施一体化的管理式医疗、完善信息系统建设、建立健全法律法规、培养复合型管理人才等措施；政府对卫生服务需方道德风险的控制对策包括：强化需方医疗费用分担机制（设置合理共付比）、建立参保人个人信用档案、完善分级诊疗制度等措施。

（三）社会公平

社会公平是政府介入医疗保险制度的另一个重要理由。公平是指所有社会参与者的各项属性（投入、获得等）平等，包括社会公平和经济公平，其中社会公平是指社会成员享有均等的机会，拥有平等的生存权和发展权，是公共制度的本质要求。

1. 公平是人类共同的偏好

公平是人类的共同价值观。2000 多年前的中国，思想家孔子就向往一种"讲信修睦"的"大同"世界。《管子·形势解》曰："天公平而无私，故美恶莫不覆；地公平而无私，故小大莫不载。"美国《独立宣言》申明："我们认为下面这些真理是不言而喻的，人人生而平等，造物主赋予他们若干不可转让的权利，其中包括生命权、自由权和追求幸福的权利。"

2. 医疗公平与效率

公平与效率关系密切，是多层面的对立统一与互动关系。第一，效率是公平的基础，只有效率提高到一定程度时才出现公平问题；效率使公平建立在更雄厚的物质基础上，公平的最终实现要以效率的极大提高为满足。第二，公平促进效率，收入分配是否公平，对社会、经济效率有重大影响，分配公平合理能够使各个阶层的劳动者充分发挥主动性、创造性和积极性，能够促使社会稳定发展，从而全面促进劳动效率的提高。从政府和市场的层面上看，医疗公平需要政府主导、医疗效率需要市场主导，市场失灵的存在表明医疗保险市场必定渗透着政府的干预。

3. 公平三要素与政府责任

公平具有双重含义，一是机会公平，即机会面前人人平等；二是程序公平，包括起点公平、过程公平和结果公平三要素。起点公平指社会成员占有大体相同的社会经济资源；过程公平是存在一套合理、科学的制度与机制，保证同样的规则约束社会成员；结果公平是参加社会经济活动的成员得到大体相同的报酬。世界上没有绝对的公平，但可以通过政府责任维护相对的或尽可能的公平。

市场机制能保障过程公平，却不能解决起点公平和结果公平。医疗保险起点公平强调机会均等，即医疗资源应对所有人平等开放，但起点不公平是客观存在的，因为人们的禀赋、出生家庭的经济条件、所处地区的自然条件不同；医疗保险结果公平强调每个人都应该按照需要分享医疗卫生发展成果，但资源的稀缺导致医疗保险政策对不同经济人群有差异性。现代社会认为，医疗保健是一种权利，而不是基于经济基础的特权，政府必须在推行效率优先的初次分配制度的同时，推行既重效率又顾公平的再次分配制度，以解决医疗保险市场机制不能完成的起点公平和结果公平。

三、政府在医疗保险基金管理中的作用

（一）政府医疗保险基金管理目标

医疗保险基金管理是整个医疗保险管理的重要组成部分。医疗保险基金管理对保障医疗保险制度的稳定运行、国民经济的健康发展，对保障参保人群的基本医疗权益，确保医疗保险基金安全高效运转意义重大。

1. 确保医疗保险基金安全

确保医疗保险基金安全是最重要也是最基本的目标。首先，医疗保险基金是医疗保险制度的物质基础，是广大参保职工的"养命钱"。医疗保险基金必须专款专用，不能成为政府可支配的财政资金，也不能成为医疗保险经办机构的管理资金。其次，医疗保险基金的安全极大地影响政府信誉，因为政府是医疗保险制度的建设者，医疗保险基金的安全直接决定医疗保险功能的实现。政府确保医疗保险基金安全的可行策略包括：开设财政专户、坚持收支两条线管理；严格把控医疗保险基金支付环节，避免资金浪费；加强医疗保险经办机构内部管理；加强医疗保险基金稽核和监督。

2. 医疗保险基金社会效益与经济效益并重

社会效益是指最大限度地利用有限的社会资源满足人们日益增长的物质文化需求；经济效益是通过商品和劳动的对外交换所获取的社会劳动节约，即以尽量少的劳动耗费取得尽量多的经营成果，或者以同等的劳动耗费取得更多的经营成果。医疗保险基金具有社会效益和经济效益双重属性。医疗保险基金社会效益体现医疗公平，促进社会成员的协调发展；医疗保险基金经济效益体现基金收支平衡，实现保值增值，促进社会经济发展。政府应高度重视两者关系的调整，认识和界定两者的区别，始终坚持以医疗保险基金的社会效益为首要目标。

3. 促进医疗保险基金可持续发展

可持续发展是当今的时代主题，是 20 世纪 80 年代源于人类对生存环境的改善及自然界生态平衡等问题进一步探讨所提出的全新观点。医疗保险基金可持续发展是指医疗保险基金在促进社会经济可持续发展的基础上，保障当代人基本医疗需求的情况下而不影响和危及下一代人享有基本医疗保险的权利。医疗保险基金可持续发展包括基金筹资可持续、基金支付可持续、基金保值增值可持续、基金监督管理可持续等方面。支付促进医疗保险基金可持续发展有以下措施：完善医疗保险法律体系，拓宽医疗保险基金筹资渠道，实现医疗保险基金保值增值，加强医疗保险基金监督管理。

（二）政府医疗保险基金管理职能

近年来，政府高度重视医疗保险基金管理，先后颁布了一系列的政策文件。1999 年财政部制定《社会保险基金财务制度》，规范社会保险基金财务行为；2001 年劳动与社会保障部制定《社会保险基金行政监督办法》，旨在保障社会保险基金安全；2009 年人力资源、社会保障部、财政部联合下发《关于进一步加强基本医疗保险基金管理的指导意见》，要求进一步加强基本医疗保险基金管理，创新管理机制；2010 年国务院颁布《关于试行社会保险基金预算的意见》，加强社会保险基金管理，规范社会保险基金收支行为，明确政府责任；2017 年财政部又发布新的《社会保险基金财务制度》，进一步规范社会保险基金财务管理行为。2020 年 6 月，国务院办公厅发布《关于推进医疗保障基金监管制度体系改革的指导意见》，强调医疗保险基金是人民群众的"看病钱"、"救命钱"，党中央、国务院高度重视。2021 年 5 月《医疗保障基金使用监督管理条例》正式施行，内容包括：落实以人民健康为中心的要求、强化医疗保障服务，明确基金使用相关主体的职责、规范基金的使用，健全监管体制、强化监管措施，细化法律责任、加大惩戒力度；《医疗保障基金使用监督管理条例》的颁布对我国医疗保障基金监管工作规范化、常态化开展具有重要意义。

政府对医疗保险基金管理作用主要体现在如下管理职能上。

1. 基金筹集管理

医疗保险基金是医疗保险制度的经济基础，而医疗保险基金筹集作为医疗保险基金运行的起点，是整个医疗保险制度的核心环节。社会医疗保险的强制性主要体现在基金筹资环节上，即政府通过强制手段保证参保单位和参保人履行缴费义务，按时足额筹集医疗保险基金。政府对医疗保险基金筹集管理包括：筹集模式、筹集原则、统筹范围、筹集对象（渠道）、筹集标准、筹集程序等一系列的设计和管理。

2. 基金支付管理

根据医疗保险制度具体实施方案，医疗保险基金支付管理包括医疗保险基金分配、医疗费用偿付和审核。政府根据自身独特的社会、经济、文化背景，实行不同的偿付体制，医疗费用偿付是医疗保险最基本的职能。为防止卫生服务过度利用和卫生费用过快上涨，各国政府逐步采取需方参与的费用分担机制和供方参与的费用偿付机制，来取代政府全额支付，有效地控制医疗费用。

3. 基金投资管理

医疗保险基金投资管理的目的是实现医疗保险基金的保值增值，即维持或提高医疗保险基金实际购买力，使医疗保险基金的投资收益率等于或大于通货膨胀率。政府对医疗保险基金投资管理不仅有利于增强医疗保险基金的给付能力，减轻政府、企业和个人的负担，也有利于促进社会经济发展。2001 年、2006 年财政部、劳动和社会保障部发布《全国社会保障基金投资管理暂行办法》和《全国社会保障基金境外投资管理暂行规定》，进一步规范了社会保障基金投资运作行为，社会保险基金投资运作的基本原则是，在保证基金资产安全性、流动性的前提下，实现基金资产的增值。2010 年 10 月《中华人民共和国社会保险法》颁布，第六十九条明确规定：社会保险基金在保证安全的前提下，按照国务院规定投资运营实现保值增值；社会保险基金不得违规投资运营，不得用于平衡其他政府预算，不得用于兴建、改建办公场所和支付人员经费、运行费用、管理费用，或者违反法律、行政法规规定挪作其他用途。

4. 基金财务管理

医疗保险基金财务管理反映医疗保险基金收入、支出和结余情况，是监督医疗保险基金筹集和使用状况的基本手段。为加强医疗保险基金财务管理，财政部分别在 1997 年、1999 年、2008 年和 2017 年颁发《职工医疗保险基金会计核算办法》、《社会医疗保险基金财务制度和会计制度》、《新型农村合作医疗基金财务制度和会计制度》和新的《社会医疗保险基金财务制度和会计制度》，要求各级医疗保险经办机构严格按此制度做好基金会计核算。制度规定：基金财务管理的任务是依法筹集和使用基金，建立健全财务管理制度，组织落实基金的计划、核算、分析和考核工作，如实反映基金收支状况；严格遵守财经纪律，加强监督和检查，确保基金的安全；要求基金纳入财政专户，实行收支两条线管理，专款专用；基金的会计核算主要以收付实现制为基础，基金的会计记账采用借贷记账法。

5. 基金预算管理

医疗保险基金预算是经办机构根据政府对医疗保险制度的实施计划和任务目标编制，经过规定程序审批的年度基金财务收支计划。医疗保险基金预算的主要内容包括医疗保险基金收入计划、医疗保险基金支出计划以及医疗保险基金预算编制说明。2010 年国务院颁布《关于试行社会保险基金预算的意见》，进一步加强社会保险基金管理，规范社会保险基金收支行为，明确政府责任，促进经济社会协调发展。制度规定：社会保险基金预算坚持以科学发展观为指导，通过对社会保险基金筹集和使用实行预算管理，增强政府宏观调控能力，强化社会保险基金的管理和监督，保证社会保险基金安全完整，提高社会保险基金运行效益，促进社会保险制度可持续发展；规范社会保险基金预算编制范围、预算编制方法、预算编制和审批、预算执行和调整、基金决算、预算组织实施。2016

年财政部、人力资源社会保障部、国家卫生健康委员会联合发布《关于加强基本医疗保险基金预算管理发挥医疗保险基金控费作用的意见》，强调加强基本医疗保险基金收支预算管理，控制医疗费用不合理增长、减轻个人负担，确保基本医疗保险制度和基金可持续运行。

6. 基金监督管理

医疗保险基金风险比较高，为确保医疗保险基金安全、合理、有效地使用，政府必须建立健全医疗保险基金监督机制。2020年6月，国务院办公厅发布《关于推进医疗保障基金监管制度体系改革的指导意见》，该指导意见强调医疗保险基金是人民群众的"看病钱"、"救命钱"，党中央、国务院高度重视，明确基金监管制度体系改革的指导思想、基本原则、目标任务、主要内容、保障措施和工作要求。为了加强医疗保障基金使用监督管理，保障基金安全，促进基金有效使用，维护公民医疗保障合法权益，2021年5月《医疗保障基金使用监督管理条例》正式施行；该条例的颁布对我国医疗保障基金监管规范化、常态化工作的开展具有重要意义。医疗保险基金监督管理包括：政策执行情况监督、基金征缴情况监督、基金支出情况监督、基金结余情况监督、基金预决算情况监督。医疗保险建立有效的基金监管制度体系和执法体系，形成以法治为保障，信用管理为基础，多形式检查、大数据监管为依托，党委领导、政府监管、社会监督、行业自律、个人守信相结合的全方位监管格局，实现医疗保险基金监管法治化、专业化、规范化、常态化，并在实践中不断发展完善。

第二节　政府与医疗保险基金的关联

一、政府对医疗保险基金的影响

1. 政府主体性强化医疗保险基金管理

政府在整个医疗保险制度中发挥着非常重要的作用，医疗保险基金管理具有政府主体性。医疗保险基金管理政府主体性表现为两个方面：一是政府通过立法提供医疗保险基金管理的法律框架，如基金的性质、筹集、偿付和监督管理都由政府强制统一进行，并对医疗保险基金负有"兜底"责任；二是医疗保险经办机构在法律框架下，依法规划、组织和管理医疗保险基金，强调基金管理的安全性和收益性，坚持基金预测分析和科学决策，使基金管理建立于短期和长期收支平衡的预测估计上，避免基金管理出现重大失误。

为了加强医疗保障基金使用监督管理，保障基金安全、促进基金有效使用，维护公民医疗保障合法权益，2021年5月《医疗保障基金使用监督管理条例》正式施行。《医疗保障基金使用监督管理条例》是我国医疗保障领域首部行政法规，系统构建医疗保险基金使用监管机制，提高医疗保险基金使用监管工作的规范化、科学化、制度化水平，成为医疗保险制度步入法治化轨道的第一块基石。

《医疗保障基金使用监督管理条例》的施行意义重大：

（1）其是医疗保险基金管理步入法治化的重要标志。世界各国建立医疗保障制度的共同经验是先立法、后实施，我国法制建设长期滞后，从中央到地方政府的各种政策性文件、指导意见等"软法"构成制度框架及运行依据，医疗保险基金使用监管更是缺乏立法完善。《医疗保障基金使用监督管理条例》的正式施行，使医疗保险基金使用监管有章可循、有法可依，成为医疗保险制度步入法治化轨道的第一块基石。

（2）医疗保险基金使用监管具有了法律规范。《医疗保障基金使用监督管理条例》内容包括：落实以人民健康为中心的要求、强化医疗保障服务，明确基金使用相关主体的职责、规范基金的使用，健全监管体制、强化监管措施，细化法律责任、加大惩戒力度；《医疗保障基金使用监督管理条例》同时构建了立体的全方位监管格局，包括政府行政监管、社会监督、行业自律和个人守信相结合的监管框架及行为规范，特别对新闻媒体舆论监督、行业自律和个人守信给予了高度重视，对监管方式进行了创新，发出的不只是依法监管的明确信号，更是强化履行的法定责任。

（3）突出医疗保险服务机制和内控制度建设。《医疗保障基金使用监督管理条例》对医疗保险经办机构、定点医药机构、参保人员等法律关系主体行为进行规范，这是维护基金安全、促进基金有效使用、维护公民医疗保障合法权益的重要组织保障，也为监管部门依法履职提供了依据。

（4）明确了医疗保险法律关系主体的行为责任及其法律后果，深入推进以褒扬守信、惩戒失信为核心的医疗保险信用体系建设，为纠察违法违规现象并对责任主体进行相应处罚提供了法律依据。

2. 政府财政部门依法管理医疗保险基金

（1）财政部门直接参与医疗保险基金管理。中华人民共和国财政部主要工作职能第10条规定：管理中央财政社会保障和就业及医疗卫生支出；拟定社会保障资金（基金）的财务管理制度；编制中央社会保障预决算草案。

2012年财政部发布的《关于加强和规范社会保障基金财政专户管理有关问题的通知》指出：医疗保险基金是国家通过立法强制征收的专项计息基金，其保值增值关系到医疗保险制度的正常运行。为保证医疗保险基金管理的安全、规范、有效，财政部门需进一步加强医疗保险基金财政专户管理。

（2）财政部门对医疗保险基金进行监督。财政部门会同相关部门对医疗保险基金进行监督，促进医疗保险经办机构更好地履行职责，严格依法经办，确保基金征缴、支付等环节规范运作，化解经办管理风险，确保基金安全；财政部门检查监督医疗保险经办机构的基金预决算制度、财务会计制度、内部审计制度，促进科学管理、规范经办。

（3）财政部门对医疗保险基金提供资金支持。财政部门除对医疗保险基金直接管理、监督外，还给予医疗保险基金资金支持。财政部门的基金支持有以下方面：一是直接拨款实施医疗保险项目；二是承担医疗保险运行费用，即医疗保险经办机构的管理费用，这一部分资金虽不直接用于参保人，却维护了医疗保险基金的完整和安全；三是通过税前缴纳医疗保险费、税收优惠或较高利率补贴等政策对医疗保险基金进行间接资金支持。

3. 税务部门统一征收各项社会保险费

2018年7月20日，中共中央办公厅、国务院办公厅印发了《国税地税征管体制改革方案》，明确了国税地税征管体制改革的指导思想、基本原则和主要目标，指出从2019年1月1日起，将基本养老保险费、基本医疗保险费、失业保险费、工伤保险费、生育保险费等各项社会保险费交由税务部门统一征收，即社会保险费的征收管理主体由人社部门平稳有序移交到税务部门。

"社会保险入税"，通过改革社会保险费的征收环节，用税收的力量强化社会保险费的征收力度，健全政府主导下的社会保险费和非税收入征管职责划转工作统筹推进机制，以及常态化部门协作机制，统筹指导有关部门细化分工、密切合作。

五项社会保险费交由税务部门统一征收，结束了各项社会保险费在不同地区分别由社会保险经办机构或税务部门征收的局面，结束了"分征"局面、统一了征收体系。税务部门统一征收社会保险费后，职责权利更加统一；依靠税务部门长期形成的经验丰富的征收系统和队伍，社会保险费征收更加规范，不仅保证基金及时入库、维护参保人员权益，也减少甚至杜绝参保单位欠缴、少缴、拖缴社会保险费的问题。

二、医疗保险基金对政府的影响

1. 医疗保险基金促进社会文明进步

医疗保险制度从本质上来看是通过政府财政参与国民收入的分配与再分配，即医疗保险基金从筹资到偿付，实际上是国民收入的分配与再分配。医疗保险基金从个人角度看，则是由全体社会成员缴纳形成的共同基金。当某一参保人从医疗保险基金中得到的利益大于其缴纳数额时，他就得到其他社会成员的资助；当某一参保人从医疗保险基金中得到的利益小于其缴纳数额时，他就对其他社会成员提供了帮助。医疗保险基金"横向"实现社会成员之间的互助共济、风险分担，"纵向"实现不同年龄社会成员的代际互助、风险分担。这种基金互助共济有利于社会成员之间的团结、代际间的沟通，有利于社会体制、道德观念的维护和延续，促进社会文明进步。

2. 医疗保险基金具有自动稳定经济的天然功能

医疗保险制度是政府调控经济的手段之一。医疗保险基金具有自动稳定经济的天然功能，可以熨平经济周期，减少经济波动。医疗保险基金自动稳定经济的天然功能主要表现在两个方面：第一，医疗保险基金本身具有经济的"自动稳定器"功能，即政府保持医疗保险基金支付水平及医疗保险费率不变时，医疗保险基金能随着经济的变化而自动调节社会供求关系，使经济运行趋于稳定；第二，当经济波动起伏时，医疗保险基金成为"相机抉择的财政政策"工具之一，即当"自动稳定器"不能消除所有经济波动力量时，政府通过改变医疗保险基金支付水平及医疗保险费率的高低，达到调节社会供求关系、稳定经济的目的。

3. 医疗保险基金对政府财政收入、支出、赤字影响深远

社会保障先于国家财政产生，当社会保障普遍成为一种制度时，就自然融入政府财政中。社会保障是政府财政的主要组成部分，医疗保险基金对政府财政收入、支出、赤字具有深远影响。

（1）医疗保险税（费）是组成政府财政收入的重要形式。世界各国医疗保险筹资模式多种多样，基金在征集形式上主要有三类：征收医疗保险税、缴纳医疗保险费、建立医疗保险基金账户。1935年美国率先征收社会保障税，其他国家随后纷纷效仿，全世界190多个国家中至少有132个国家已经实行社会保障税制度。通过征收医疗保险税（费）筹集的医疗保险基金直接构成政府财政收入的一部分，并发挥越来越重要的作用，目前社会保险税已成为西方国家财政收入中的重要来源。

（2）医疗保险基金结余是政府公债的重要筹资渠道。医疗保险基金结余是基金收支相抵后的期末余额。为保证医疗保险基金结余的安全和保值增值，保证医疗保险费用均衡和及时偿付，必须将基金结余进行安全有效的投资，即投资于风险最小、效益最大、流动性最强（可以及时变现）的项目。政府公债是直接或间接由政府担保的有价证券，其最大优点是安全性高（它有政府担保、信誉程度高）、收益相对稳定、流动性强，无疑成为医疗保险基金结余最理想的投资方向。从国际经验看，各国医疗保险基金结余投资于金融资产的比例都比较大，而在金融资产投资中又主要购买国家发行的公债。

（3）医疗保险基金支出影响政府财政支出。从结构上看，医疗保险支出在政府财政支出中的比重呈上升趋势。从经济影响看，医疗保险支出在西方国家财政支出中有着重要地位，它全面影响国民收入的分配，并间接影响资源配置。从数量上看，社会保险支出在国家预算支出中已超过其他支出项目而占据首位，如美国社会保险和医疗保险支出在联邦预算总支出中占比为40%；瑞典每年国家财政用于社会、家庭、保险部门的支出占中央预算支出的比例高达70%。

（4）医疗保险基金负担过重是导致政府财政赤字的原因之一。医疗保险基金对财政赤字的影响表现在两个方面。①西方工业化国家自20世纪70年代中期以来，普遍建立以医疗保险为主的保障全面、待遇较高的社会保障制度，社会保障基金负担过重（社会保障水平超度）是导致财政赤字的重要原因。②医疗保险资金不足而成为隐性财政赤字。隐性财政赤字是政府职能中隐含的、应由财政承担支出，并在财政收支中实际发生而在财政收支账面上没有或无法显示出来的财政资金缺口。财政作为医疗保险制度的"兜底"者，不可避免地成为医疗保险基金最后的责任承担者。随着人们生活水平的提高、疾病谱的改变、人口老龄化的加剧，各国主要采取的现收现付制的筹资模式很难满足未来庞大的资金支付需求，医疗保险资金缺口将成为公共财政隐患。

第三节　国家财政与医疗保险基金

一、财政的概念与职能

1. 财政的概念

从不同的角度,对财政概念的内涵有不同理解。从经济学的意义来理解,财政是一个经济范畴;从实际意义来理解,财政是指国家(或政府)的一个经济部门,即财政部门。

(1)将财政视为经济范畴。财政作为一个经济范畴,是一种以国家为主体的经济行为,即政府集中一部分国民收入用于满足公共需要的收支活动,以达到优化资源配置、公平分配以及经济稳定和发展的目标。这是一种经济行为或经济现象,国家为实现其职能,凭借政治权力参与部分社会产品和国民收入的分配与再分配所形成的一种特殊分配关系,由此而形成的政府与其他经济主体及各经济主体之间的利益关系。

(2)将财政视为主体。财政从实际意义来讲,是指国家(或政府)的一个经济部门,即财政部门,它是国家(或政府)的一个综合性部门,通过其收支活动筹集与供给经费和资金,保证实现国家(或政府)的职能。

2. 财政的职能

财政具有资源配置、收入分配、经济稳定和发展三大职能。

(1)资源配置职能。财政资源配置职能是指政府通过财政收支及相应的财政税收政策,调整和引导现有经济资源的流向和流量,以达到资源的优化配置和充分利用,实现最大社会效益和经济效益的功能。资源配置的目的是满足人们的需求。任何社会,相对于人们的需求,资源总是稀缺的,所以高效地配置资源始终是经济学研究的核心问题。在现代经济条件下,市场是资源配置的主导,通过市场配置资源具有天然高效的优点。但市场对资源的配置并非万能,市场失灵和市场缺陷会影响市场对资源的合理配置和有效使用,这就需要政府从全社会的整体利益出发,通过包括财政在内的各种手段,介入资源配置领域,实现整个社会资源配置的高效、优化。财政资源配置职能的范围包括直接满足消费需求的公共产品和准公共产品(如教育、医疗),以及间接为生产和消费服务的法律设施等。

(2)收入分配职能。财政收入分配职能是指通过财政分配活动实现收入在全社会范围内的公平分配,将收入差距保持在社会可以接受的范围内,是财政最基本和最重要的职能。社会再生产过程中,既存在着凭借生产要素投入参与社会产品分配所形成的社会初次分配过程,也存在着凭借政治权力参与社会产品分配所形成的社会再次分配过程。财政收入分配职能目标是实现公平分配,公平分配包括社会公平和经济公平两个层次。财政收入分配职能的手段有:①税收,是财政参与国民收入分配和再分配最常用的手段,通过降低高收入者的收入水平来发挥促进收入分配公平的职能;②转移支付,是指将财政资金直接地、无偿地分配给特定的地区、单位和个人,通过提高低收入者的收入水平来改变收入分配不公的程度;③公共支出,是通过政府直接投资或者给予补贴的方式,为那些能够促使低收入家庭普遍获益的公共基础设施和服务提供资金,从而提高低收入者的社会福利。

(3)经济稳定和发展职能。财政经济稳定和发展职能是指财政具有的协调和保证经济稳定的职能,具体是指通过税收和公共支出手段,去实现充分就业、物价稳定、国际收支平衡等目标,以保证宏观经济的稳定增长。财政经济稳定和发展职能的政策手段主要是财政政策的"自动稳定器"和"相机抉择"工具。财政经济稳定和发展职能的主要内容包括:①财政对总需求的影响,是通过政府的收支活动实现的;②财政对总供给的影响,是通过政府对劳动供给和整个社会资本积累的影响而实现的；③财政对国际收支的影响，主要表现为政府的关税政策及国家之间的税收关系对进出口贸易、国际资本流动产生的影响。政府财政活动对总需求和总供给的影响，将使整个社会的总产出水平和价格总水平发生变化。

二、医疗保险基金与国家财政职能

（一）医疗保险基金与资源配置职能

医疗保险是社会保险中最受关注、影响最大的一个险种，医疗保险基金与居民的可支配收入、消费和储蓄互为影响，不同的医疗保险税（费）制度以及不同的转移支付制度对于不同收入居民的消费、储蓄、投资决策的影响是不同的。医疗保险基金对居民可支配收入、消费、储蓄行为的影响是政府宏观经济分析和决策的重要方面。

1. 医疗保险基金与居民可支配收入的相互影响

可支配收入又称"国民可支配收入"或"居民可支配收入"，是衡量一个国家最终所得收入的总量指标，是反映一个国家或地区的居民总体生活水平的重要统计指标。居民可支配收入是指居民家庭可用于最终消费支出和其他非义务性支出及储蓄的收入总和，即居民家庭可以用来自由支配的收入，它是家庭总收入（包括工薪收入、个体经营收入、财产性收入、转移性收入的总和，不包括出售财物和借贷收入）扣除交纳的所得税、个人交纳的社会保险费（住房公积金、基本养老保险、基本医疗保险、失业保险等）后的收入。

随着我国社会保险制度的推进，越来越多的居民被纳入社会保险保障范围，但同时出现由于社会保险缴费比例过高而导致的个人可支配收入减少现象，一定程度上影响了居民生活水平的提高。当前五险（养老保险、医疗保险、失业保险、工伤保险、生育保险）加上住房公积金，大约占个人工资收入的30%，这对中低收入家庭来说是个不小的负担。医疗保险是社会保险的主要组成部分，医疗保险基金筹资比例过高会减少个人可支配收入；反过来，居民人均可支配收入、在职职工工资、社会平均工资的增加，对医疗保险基金收入增长具有"拉动"作用。

2. 医疗保险基金对居民消费和储蓄的影响

医疗保险基金在总量上缩减了居民可支配收入，从而相应地减少了消费与储蓄。在结构上，医疗保险税（费）制度（医疗保险筹资）对不同收入人群的消费、储蓄影响是不同的：医疗保险费率会减少低收入人群的可支配收入，并进一步减少他们当期的消费支出；对于中等收入人群，医疗保险费率可能减少他们的储蓄；对于高收入人群，医疗保险费率可减少他们的可支配收入，但不会影响消费，会挤出部分储蓄。

反过来，医疗保险基金支出（医疗保险偿付）比较明显地增加转移支付后个人和家庭的可支配收入，从而增加当期消费，但对储蓄的影响小。医疗保险转移支付对消费增加的影响来自两个方面：一是医疗保险转移支付可以增加当期收入，人们的消费由此增加；二是医疗保险转移支付能够提高家庭应付未来疾病风险，特别是大病风险的能力，降低家庭对未来的不确定性，从而增加消费，对储蓄有"挤出"效应。

（二）医疗保险基金与收入分配职能

医疗保险基金属于国民收入中的社会消费基金，并非积累基金，因为医疗保险基金主要目的是保障社会成员在生病及意外伤害时的医疗消费得到满足，而不是为了保证生产的连续性。医疗保险制度是国民收入再分配的重要工具，其中医疗保险基金的筹资涉及国民收入的初次分配，医疗保险基金的偿付涉及国民收入的再分配，医疗保险基金的再分配属性比较突出。

1. 医疗保险基金筹集与收入分配职能

医疗保险基金来源于企业或雇主缴费、个人缴费、国家财政支持、社会筹资以及其他渠道，医疗保险是收入关联制度，筹资通常以企业（雇主）和个人缴费为主。

国家财政对医疗保险基金的支持有以下形式：财政拨款、税收优惠与让利，分为直接支持和间接支持。

（1）国家财政对医疗保险基金的直接支持。财政拨款和国家承担社会医疗保险管理费用体现国家对医疗保险基金的直接资助。财政拨款包括事前拨款和事后拨款，事前拨款指国家将医疗保险纳入财政预算，财政直接安排医疗保险基金，根据卫生事业发展规划预先向医疗保险机构（或卫生机构）拨付资金，如英国对公立医院的拨款，中国的城乡居民基本医疗保险由政府承担了大部分的资金支出；事后拨款则是在"现收现付制"的筹资模式下医疗保险基金入不敷出时，国家财政扮演最终支付者角色弥补医疗保险基金缺口。

（2）国家财政对医疗保险基金的间接支持。税收优惠或让利体现国家对医疗保险基金的间接资助，包括国家允许企业和个人税前缴纳社会医疗保险费、国家对医疗保险基金免税、对享受到的社会医疗保险待遇不征税、对医疗保险基金结余投资收益给予利率优惠等。

2. 收入分配职能的作用机制

社会保障制度本质是一种财政分配关系，促进收入再分配主要是基于市场机制在收入分配中存在"市场失灵"现象。市场经济条件下，"劳动产品、能力和活动进行私人交换"造成的分配，即以贡献、能力为依据的初次分配结果会产生收入与财富在社会成员之间的分配不均等、贫富悬殊甚至两极分化，这不仅不利于社会公平，也不利于经济的可持续发展。因此，实施具有矫正性的国民收入再分配财政政策，以政府弥补市场不足，特别是对低收入群体进行基本保障成为政府的重要职责，而社会保障制度成为世界各国普遍采用的政策与措施。

医疗保险基金促进收入公平的机制主要体现为医疗保险基金筹资于全社会有收入的在职劳动者，而医疗保险基金支出对象或受益群体则主要是低收入者、困难群体、退休群体（疾病风险大的群体），因此，医疗保险基金这种按工资一定比例筹资与有侧重的支出制度设计、实施过程，本身就是履行医疗保险基金收入分配职能、促进社会公平的过程。

不同筹资模式的医疗保险基金，其收入分配职能履行机制、路径选择、作用范围都存在差异。例如，世界上大多数国家社会医疗保险制度所采取的基金筹资模式：现收现付制，医疗保险基金筹资主要来自在职劳动者，而基金的支出对象主要是已经退休的群体，该模式医疗保险基金的收入再分配主要体现代际间收入再分配，即一代人的医疗保障待遇由同时期正在工作的下一代人缴费支付，医疗保险基金实现"横向"平衡，费率越高，代际再分配程度越高；现收现付制下，医疗保险基金具有代际再分配和同代劳动者之间的收入转移，此时医疗保险采取确定给付方式，基金很少有积累甚至没有积累，有助于强化医疗保险基金的收入再分配职能。

（三）医疗保险基金与经济稳定和发展职能

医疗保险是传统农业社会向近现代工业社会发展中最早出现的一种社会保险，也是社会利益关系最复杂、资源消耗最多的一种社会保险，是社会保险发挥"社会安全网"的重要组成部分。

1. 医疗保险基金的"自动稳定器"作用

医疗保险基金的"自动稳定器"作用是指当医疗保险支付水平及医疗保险费率保持不变时，医疗保险基金能随着经济的变化情况而调节社会供求关系。社会保险（养老保险、医疗保险、失业保险、工伤保险、生育保险）中，失业保险"自动稳定器"作用最突出，"其他的保险项目也具有自动发生稳定性的反周期的作用"（萨缪尔森）。

（1）在社会总供给大于总需求，经济陷于萧条时，居民个人收入普遍下降，更多人的收入低于贫困线。课征于工薪收入的医疗保险税（费）收入会大幅减少，同时由于医疗保险基金支出水平保持不变，低收入家庭和个人获得医疗保险转移支付会相应增加，政府财政医疗保险支出也相应增加。其后果是医疗保险基金支大于收，出现赤字，最终需要动用医疗保险储备基金，这样一部分储备基金又重新投入社会经济中，医疗保险基金转化为消费基金，个人收入增加、购买力增强，社会总需求上升，从而有助于促进经济回暖。

（2）在社会总需求大于总供给，经济陷于过热时，居民个人收入普遍提高，课征于工薪收入的医疗保险税（费）收入，从雇主和雇员两方面都会大幅增加，一部分消费基金转化为医疗保险基金，结果相应减少个人的可支配收入，削弱其购买力；同时由于医疗保险基金支出水平保持不变，个人获得医疗保险转移支付会相应减少，政府财政医疗保险支出也相应减少。其后果是医疗保险基金收大于支，出现盈余，这样有助于抑制经济膨胀，相应减少社会需求规模，使经济运行趋于稳定。

2. 医疗保险基金成为"相机抉择的财政政策"工具之一

在一般情况下，"自动稳定器"不能消除所有经济波动力量，政府不得不更多地运用"相机抉择的财政政策"，即通过改变社会保险的支付水平及社会保险费率的高低，达到调节社会供求关系、稳定经济的目的。

（1）在供大于求的经济萧条时期，政府通过提高医疗保险基金的支付水平同时减少医疗保险费率，使医疗保险基金收入减少、支出增加，扩大社会需求，实行供求平衡，以稳定经济；在供不应求的经济过热时期，政府通过降低医疗保险基金的支付水平同时提高医疗保险费率，使医疗保险基金收入增加、支出减少，削减财政赤字、增加财政结余，恢复供求平衡，以稳定经济。

（2）在经济处于正常发展时，医疗保险基金的宏观调控作用体现在以下几方面。首先，表现为调节需求结构，财政通过提高医疗保险费率，在增加医疗保险收入的同时，减少一部分高收入者的消费需求；财政提高医疗保险金的给付标准，在减少医疗保险支出的同时，增加一部分低收入者的医疗需求。其次，财政通过医疗保险基金的筹集，在"横向"上转移疾病经济负担，在"纵向"上对社会成员之间的收入分配差距进行必要的调节，缩小贫富差距，有利于社会公平与稳定。再次，财政通过安排医疗保险基金支出可以有目的地贯彻国家的医疗保险政策，向社会成员提供医疗帮助。

三、我国国家财政与医疗保险基金关系

（一）我国国家财政与医疗保险基金关系存在的问题

1. 国家财政医疗保险基金支出整体水平偏低

以国际标准来看，衡量一个国家居民疾病经济负担大小的方法，通常比较居民个人卫生支出占卫生总费用的比重，该指标越小意味着居民疾病经济负担越小；反之则意味着居民疾病经济负担越大。20 世纪 80 年代，我国居民个人卫生支出占卫生总费用的比例仅为 20% 左右，但到了 2000 年左右，我国居民个人卫生支出占卫生总费用的比例曾高达 60%，居民的医疗卫生支出负担日渐沉重，与此同时，政府投入占卫生总费用的比例严重不足，2000 年左右仅为 15% 左右，其余 25% 左右为社会负担。无论以怎样的标准来衡量，我国居民个人卫生支出的比例都远远超出国际水平。

2003 年"非典"暴发以后，政府开始增加医疗卫生投入，并逐步降低居民的医疗卫生支出，尤其是经过十多年新医改之后，个人负担比例快速下降至 30% 左右（2018 年下降到了 28.8%，比新医改前下降了 12 个百分点），我国医药卫生事业"十三五"发展规划提出，到 2020 年，实现人人享有基本医疗卫生服务，个人卫生支出占卫生总费用的比重下降到 28% 左右。这一比例和 2000 年左右 60% 的峰值相比虽然已经大幅下降，但是因为卫生总费用中包含了医疗支出和公共卫生支出，如果扣除公共卫生支出，个人卫生支出的比例即使降到 30%，占医疗支出的比例依然很高。如果和国际标准进行比较，30% 也还是一个较高的比例，未来仍有进一步下降的空间，这显然需要国家财政的继续倾斜。

2. 现收现付制难以应对人口老龄化危机

2000 年第五次全国人口普查显示，60 岁及以上老年人口达 1.30 亿，占总人口 10.20%，按照联合国人口老龄化标准衡量（60 岁及以上老年人口占总人口的 10.00%，65 岁及以上老年人口占总人口的 7.00%），我国已进入老龄化社会，截至 2021 年 5 月第七次人口普查数据，全国 60 岁及以上老年人口达 2.64 亿，占总人口的 18.70%；65 岁及以上老年人口达 1.91 亿，占总人口的 13.50%。中国人口老龄化是在"未富先老"的态势下发生的，而且呈现加速增长之势，日益严重的人口老龄化趋势增加了未来医疗保险基金支出的压力。

我国社会医疗保险统筹基金采取的现收现付制是"代际赡养"，即当代的年轻人供养当代老年人的"横向"医疗制度，其供养水平受两代人口比例关系的影响，人口老龄化使年轻人口比例相对减少、老年人口比例相对增加（参保供养系数变化），医疗保险基金收入减少、支出增加，基金负担加重，出现财务危机进而影响基金可持续发展。

3. 医疗保险基金结余面临贬值风险

我国医疗保险基金普遍存在着结余严重和运用不充分的现象。2020 年基本医疗保险基金（含生育保险）全年总收入达到 24 638.61 亿元，比 2019 年增收 217.61 亿元；基金累计结存 31 373.38 亿元，比 2019 年增加了 3676.38 亿元。

国家对医疗保险基金投资方向进行严格限制，医疗保险基金结余只能投资于银行存款和国家公债。如果仅从获得利息的角度看，现行政策能使医疗保险基金在绝对数上增加，但如果考虑到基金受通货膨胀、物价总体水平上涨、人口老龄化、医疗保障水平提高等因素的影响，将社会商品零售物价上涨指数、银行利率、居民消费价格上涨幅度等指标进行比较后，就可以看到医疗保险基金投资收益率低于通货膨胀率，医疗保险基金已经出现隐性损失。

4. 医疗保险基金预算管理薄弱

从全世界范围来看，无论发达国家还是发展中国家，都把社会保险基金预算制度作为衡量一个国家建立公共财政制度的首要指标。2013 年我国首次把社会保险基金纳入了政府财政预算范畴，这不仅实现了与国际惯例接轨，也进一步健全了公共财政制度。

尽管社会保险基金纳入财政预算，注入了政府"兜底"的责任因素，使基金更安全高效地运转，但各类社会保险基金预算在最关注的"预算管理的统一完整性、预算执行的严格规范性、预算监督的严肃有效性"三大问题上仍存在许多不足。医疗保险基金财政预算最为紧迫而现实的问题是，在今后财政部门制定下一年度财政预算时，医疗保险基金在公共财政支出所占的拨付比例，目前国家公共财政拨付医疗保险基金的数量没有固定标准，这无疑难以保证医疗保险资金的稳定性。

（二）我国国家财政与医疗保险基金关系的对策

1. 提高国家财政对医疗保险基金的支出水平

基本医疗保险的全覆盖、医疗待遇水平的提高及人口老龄化无疑会刺激医疗需求释放，我国医疗保障体系建设的要求十分迫切，应当在现有基础上进一步加大国家财政对医疗保险基金的支持力，着眼于实现人人享有基本医疗卫生服务的目标。提高财政对医疗保险基金的支出水平要双管齐下：一方面加大调整中央财政支出结构，压缩一般性支出，根据国家对医疗保险制度发展的重点要求，增加对医疗保险基金的投入；另一方面提高地方政府对医疗保险支出的比例，形成合理的财政医疗保险基金支出格局。

2. 化解老龄化社会日益加剧所带来的潜在危机

要化解老龄化社会日益加剧所带来的潜在危机，必须积极拓宽医疗保险基金的筹资渠道，确保医疗保险基金的稳定收入，为即将到来的深度老龄社会积累足够的支付资金，以实现我国医疗保险基金的可持续发展。

拓宽医疗保险基金的筹资渠道可以考虑以下几个方面。

（1）中央和地方各级调整财政支出结构，加大公共财政投入和财政转移支付力度。适时开征医疗保险税，变医疗保险"费"为"税"，完善医疗保险筹资形式，提高统筹级次。

（2）适当延迟退休年龄，增加缴费年限，改变职工医疗保险系统内的抚养比（也称职退比，2020年为 2.81：1）。

（3）合理调整缴费方式，退休人员适度缴费，在一定程度上缓解退休人员不缴费只享受待遇带来的医疗保险基金压力，同时增强退休人员的费用意识。

3. 医疗保险基金合理投资，实现基金保值增值

任何一种基金的投资运营，都必须遵循安全性、收益性和流动性的原则。医疗保险基金与一般的基金运营不同，它有其独特的运营原则，即相比流动性和收益性，安全性更重要。医疗保险基金的保值增值必须要实现稳定的收益率来保证其安全性的前提，进而保证其成长性的需要。作为广大参保职工的"养命钱"，医疗保险基金的特殊性决定了安全性应该放在投资的首要地位。以安全性作为第一投资原则，其投资应该满足以下条件：多元化投资来降低风险；在选择投资渠道时应该控制风险较高的资产的比例。

4. 建立健全医疗保险基金预算管理制度

编制医疗保险基金预算是完善政府预算体系的重大举措，也是规范医疗保险基金收支平衡、加强基金监督管理的重要手段。世界上许多国家都加强了财政对医疗保险资金的预算管理，通过财政预算管理手段确保医疗保险资金的正确使用方向。医疗保险基金纳入了预算范畴，使得医疗保险基金预算制度在资金筹集、管理、分配等方面，不但可以规范管理、使用公开透明，而且整个操作内容还将受到人大、审计以及社会各界全方位立体式的监督，这有利于防止社会保险基金挪用，甚至腐败的发生。

建立健全医疗保险基金财政预算管理制度的重点在于：实现医疗保险基金预算管理制度化、规范化。

（1）进一步扩大医疗保险基金预算编报范围，在新增城乡居民基本医疗保险基金的基础上，将所有的医疗保险基金都在预算收支中得以体现，从而全面、准确地反映医疗保险基金收支运行情况，以加强对医疗保险基金的监督。

（2）加强预算执行，增强基金预算管理的严肃性。各级财政、医疗保障部门应高度重视医疗保险基金预算执行工作，预算经批复后，应严格按照批复的预算和程序执行。

（3）进一步推进预算公开，强化基金预算监督，逐步建立医疗保险基金预决算信息公开制度，加快信息化建设，及时公开医疗保险基金预算有关内容，提高基金运营管理的透明度，接受社会公众监督。

思考题

1. 政府对医疗保险基金管理作用体现在哪些方面？

2. 医疗保险基金与国家财政三大职能的关系如何？

3. 现阶段我国医疗保险基金与财政关系主要存在哪些问题？如何应对？

（李小芄）

第五章 医疗保险基金与市场

内容提要

　　政府与市场一直是经济学永恒的话题，在医疗保险基金市场上也是如此。党的十九届五中全会指出，"坚持和完善社会主义基本经济制度，充分发挥市场在资源配置中的决定性作用，更好发挥政府作用，推动有效市场和有为政府更好结合。"本章结合政府与市场在医疗保险中的功能和作用，主要分析市场在医疗保险基金管理中的功能和作用，并进一步分析金融市场与医疗保险基金之间的相互关系和作用。

第一节　市场在医疗保险基金管理中的作用

一、市场的功能和作用

（一）市场和市场经济

　　市场起源于古时人类对于固定时段或地点进行交易的场所的称呼，是指买卖双方进行交易的场所。随着社会生产力的发展，社会分工越来越细，商品交换日益丰富，市场的概念也不断丰富和充实。市场不再简单的指商品交换的场所和地点，而是商品交换关系的总和。市场经济是在商品经济的基础上发展起来的，是指市场在资源配置中起基础性作用的一种经济形式，主要通过市场机制来实现。

（二）市场机制

　　市场机制是通过市场竞争配置资源的方式，即资源在市场上通过自由竞争与自由交换来实现配置的机制，也是价值规律的实现形式。具体来说，它是指市场机制体内的供求、价格、竞争、风险等要素之间互相联系及作用机制。一般市场机制是指在任何市场都存在并发生作用的市场机制，主要包括供求机制、价格机制、竞争机制和风险机制，市场机制是市场经济的核心内容。

1. 资源配置功能

　　价格是市场调节的信号，市场主体供应方和需求方决策的基本依据就是价格信号。市场通过供求价格机制，使有限的资源配置到社会需要的众多产品和劳务上去，满足社会需求，产生最大社会效益，从而达到资源优化配置。

2. 平衡供求功能

　　价格受供求关系的影响，如果市场商品供大于求，商品价格会下跌，经营者会削减生产规模，降低产出水平；如果市场商品供小于求，商品价格会上涨，企业会增加投资，提高产出水平，如此循环，最终达到商品供求平衡。

3. 利益调节功能

　　市场经济中每个市场主体都在追求自身利益最大化，由此导致资金和劳动力会自发地从效益差的部门退出而涌入效益好的部门。

4. 市场体系的服务功能

为市场上商品和服务的买卖提供服务的设施和机构如银行、信托公司、保险、技术咨询等，为市场提供种种便利。

5. 信息传递、反馈功能

市场上，生产者、经营者、消费者通过供求、价格等信息的传导与反馈，了解行情，合理安排生产和消费，实现资源的优化配置。

市场经济是一种效率型经济，亚当·斯密的经济理论系统地阐述了在完全竞争条件下，市场这只"看不见的手"能优化资源配置，可以使社会经济资源的使用效益达到最高。然而，现实经济并不是纯粹的完全市场竞争市场。由于垄断、外部性、公共物品、信息不对称的存在，市场对资源的分配并不总是有效的，市场在资源配置中无法起到对资源的有效配置即为市场失灵，另外萨缪尔森和诺德豪斯认为，即使市场本身是有效的，它也可能导致令人"难以接受的收入和财富的不平等"，还会产生商业周期和低经济增长等宏观经济问题，市场机制有其自身无法解决的问题。市场失灵所引起的恶果，已引起各国政府的关注，政府政策是弥补市场失灵、完善资源配置机制的需要。

二、医疗保险市场

（一）医疗保险市场及特点

保险市场作为一种无形商品市场，同样具有完整的市场构成要素，体现市场供求关系，遵循市场规律。医疗保险市场是指进行医疗保险商品交易的场所或领域的总称，是保险经济活动与市场机制的有机结合体。在医疗保险市场，同样要发挥价格机制、供求机制和竞争机制的基础性作用，市场机制不以人们的意志为转移，操纵和调节着医疗保险市场的发生和发展。

医疗保险市场由医疗保险机构、参保单位或个人、医疗服务机构等共同构成。在医疗保险市场中，医疗保险的供方（医疗保险机构）必须和医疗服务供方（医疗卫生机构）结合，由医疗卫生机构提供医疗卫生服务，医疗保险商品的消费过程才能真正完成。医疗保险市场与医疗服务市场是紧密地结合在一起的。按照一般商品"钱货两清"的交易原则，一旦成交，也就完成了商品销售的过程。但医疗保险市场中的交易则不同，医疗保险的双方当事人进行交换是一种契约交换关系，实现保单销售后，保险商品交换过程并没有完结，而恰恰是医疗保险责任的开始。

医疗保险市场除了具有一般保险市场所具有的契约性和期限性等特点之外，还具有由于医疗保险商品的特殊性而带来的自身特点，如三角关系、风险选择性、医疗保险医疗服务供方与需求方信息不对等性、道德风险等。在信息不对称的情况下，会出现供方诱导需求和需方节约费用动机不足的现象，进而出现医疗服务领域的市场失灵。因此，单纯依靠市场机制无法达到资源配置最优，更需政府介入，医疗保险市场是政府发挥作用的重要领域之一。

（二）医疗保险市场主体及其关系

在医疗保险市场中，参保单位和参保人缴纳医疗保险费形成医疗保险基金是医疗保险市场正常运行的前提条件，只有在此条件下，医疗保险经办机构才能在医疗保险责任发生时提供医疗服务费用的补偿。现代医疗保险制度设计的内容围绕着医疗保险基金的筹集、管理和支付以及医疗服务的供给和需求展开，形成了由保险人、被保险人、医疗服务提供方和政府组成的四方三角结构，其中被保险人既是保险的需求方也是医疗服务的需求方。

1. 保险机构与被保险人之间的关系

在我国社会医疗保险系统中，医疗保险经办机构即为保险人，被保险人和医疗保险机构之间因特定医疗行为而发生权利和义务关系。

2. 被保险人与医疗服务提供者之间的关系

被保险方从医疗服务提供者处选择自己所需要的医疗服务，支付一定费用，接受医疗服务提供者提供的医疗服务。在这一环节中，医疗保险人通过社会统筹和个人账户的分担方式，使被保险人自我约束，审慎地选择所需要的服务种类和所需要的服务量，以达到控制医疗费用的目的。

3. 保险机构与医疗服务提供者之间的关系

保险机构为参保人确定医疗服务范围，并通过一定的支付形式向医疗服务提供者支付医疗费用，同时还要对医疗服务质量进行监督。这个环节是保障被保险人获得基本医疗服务，控制医疗费用的关键环节。医疗保险机构通过确定承保范围为被保险人提供基本医疗服务，以保障他们的健康，通过改变支付方式使医疗服务提供者进行自我约束，同时还采取一些外部监督措施，以达到既保障医疗服务质量又能控制费用的目的。

4. 政府与其他三方的关系

政府既是医疗保险系统的参与者也是管理者与控制者，扮演规划、设计医疗保险的作用，用法律形式对医疗保险三方地位、权利、责任和相互关系作出总体规定，对保险人、被保险人和医疗服务提供者均起到管理和控制的作用。政府也是医疗保险市场的监督者，缴费义务代理人，政府帮助缴不起医疗保险费的公民代缴保险费，对其进行援助。

三、社会医疗保险中的政府与市场

（一）政府介入的行为失效

由于医疗保险市场和医疗服务市场单纯依靠市场调节会出现市场失灵以及单靠市场存在难以抗御的系统性风险，也无法达到社会公平的目标。要求政府必须全面介入医疗保险领域。从各国的医疗保险制度实践情况看，世界各国无论是发达国家还是发展中国家，无论是崇尚经济自由国家还是推崇政府干预的国家，政府无一例外的都在医疗保险领域扮演着重要的角色。政府介入医疗保险市场，目的旨在保证医疗资源的有效配置，实现社会公平和经济高效率。社会医疗保险制度能很好地克服商业医疗保险市场上的逆选择和风险选择问题，并具有再分配的性质。政府需要推行社会医疗保险制度，并承担对社会医疗保险制度的财政投入职责，健全医疗保险法律法规责任，对社会医疗保险的监管责任以及完善医疗保险基金管理体制职责。

政府全面介入并主导社会医疗保险制度的发展，有效地分散了社会成员疾病经济风险。但是我们也应该看到，正如市场不是万能的一样，政府也不是万能的，也存在着低效率问题，政府失效带来的后果同样具有消极性和损害性。

1. 政府失效的原因

在医疗保险市场，政府由于在目标模式、保障水平等方面定位不准，或在医疗保障运行机制的设计上不合实际而失误，从而造成政府行为失效。主要在于没有处理好医疗保障中的关系。

（1）公平和效率的关系。医疗保障实践中，政府出于责任和义务，总是把维护社会公平作为首要目标，政府希望通过社会医疗保险的公平措施以及国民收入再分配，使社会的弱势群体得以生存乃至维持基本生活，防止两极分化和避免社会矛盾激化。但是，公平与效率的矛盾中，要坚持一个原则，就是公平不能过分牺牲效率，在医疗保障领域中公平是前提，效率却是保证。不能正确把握公平与效率的分寸，甚至颠倒关系，当然只能使政府努力落空，社会医疗保障应有作用也会大打折扣。当前世界各国社会医疗保险公共支出急剧膨胀，社会医疗保险运行机制效率低下也成了一个通病。在医疗保险基金管理中，公平与效率的矛盾也有同样表现，医疗保险基金的筹集主要来自社会生产领域，并且与企业积累存在反向联系，按社会需要筹集医疗保险基金符合社会公平的分配要求，却会相对减少社会用于投资的资金，公平与效率目标存在矛盾，在基金的运营与管理中，由国家集中统一的管理模式是按照更有利于公平目标的要求来设计的，但是基金保值增值的要求却强调运营方面的效率，而这种效率目标显然是政府难以做到的。

（2）政府与市场的关系。从经济学的理论和实践上看，在现代经济中政府的作用与市场的调节存在着既对立又统一的关系。市场失灵需要政府干预，政府干预极大地弥补了市场缺陷，同时政府干预也会出现政府失效，由此带来的后果更严重，需要我们界定好两者之间的关系。如果两者之间关系处理得当，能达到功能互补。但是，政府与市场同样存在着一种机制的背反性，即两者不仅有矛盾甚至相互冲突，特别表现在政府行为上的失误，导致结果背道而驰。许多西方国家在总结多年社会医疗保险经验后，都在逐步向市场+计划或者计划+市场的管理模式靠拢，政府与市场的关系并不是非此即彼、互相取代的关系，而是相互补充，政府的行为目标定位在公平、稳定的基础上，同时引入市场机制，充分发挥市场机制的效率优势，推动有效市场和有为政府更好结合。

（3）国力与保障水平的关系。国力是医疗保障水平的基础，任何超越国力的医疗保障设计，都会使政府的目标和努力失效。若国家的公共医疗支出占 GDP 比重很高，且以超乎寻常的速度增长，政府不能抑制社会医疗保险等项目支出的扩张和增长，财政势必难以支撑，给经济与社会协调发展产生重要影响。因此，政府对社会医疗保障水平定位，应基于资源的供给和国民的需求状况，即在需要与可能之间寻找到最佳结合点。特别像我们这样一个发展中大国，高水平和高负担不应是我们追求的目标，因为这远离了我们国力所能承受的限度。因此，政府能把握好上述关系，并且根据国力增强而逐步提高社会医疗保障水平，就能避免因政府失效而带来的灾难性后果。2020 年 12 月 30 日国家医疗保障局在其官网公布了关于政协十三届全国委员会第三次会议第 1782 号（医疗体育类 203 号）提案的答复函，回应"实现对 60 岁以上老人尽快实现免费医疗政策"的提案建议，国家医疗保障局指出，考虑到我国还将长期处于社会主义初级阶段的基本国情，医疗保险筹资水平还不高，基金支撑能力还不足，如果实行免费医疗，不仅会压缩基本医疗服务范围，降低待遇水平，还可能会引起不必要的医疗浪费，长久来看不利于医疗保障制度可持续发展，不利于保障人民群众健康，不利于社会稳定发展。实践经验表明，我国以基本医疗保险为主体，医疗救助为托底，补充医疗保险等共同发展的医疗保障制度体系，是符合现阶段我国国情、实现为 14 亿人口提供最大程度医疗保障的制度安排。

2. 政府失效的主要表现

政府介入社会医疗保障过多，可能会引起效率损失，政府决策失误也会引起严重的后果。例如人们发现公共部门在提供公共物品时趋向于浪费和滥用资源，致使公共支出规模过大或者效率降低，医疗保障领域中政府失灵问题自此得到了足够关注。

（1）政府医疗福利制度往往导致医疗供给不足。如英国的国民卫生服务制度存在医疗费用支出上升，医疗服务效率低下，看病难及看病就医排队等候的"英国病"问题。

（2）政府并不能准确地将千差万别的个人偏好转化成政策措施，到头来社会医疗政策往往体现了社会强势群体的价值要求，既缺乏效率，又有违社会公平的目标。

（3）社会医疗保险是一种准公共物品，对于消费者而言带有一定程度的均衡贫富的性质，上缴的保费高，享受的津贴不一定越多，权利和责任的关系部分地被割裂。政府过度介入这个领域，排除了市场主体进行交易的灵活性，带来交易成本的增加和政策的低效率。

（4）社会医疗保险运行机制的低效率。政府干预有可能使医疗市场中本来严重的信息不对称问题更加突出，从而导致更高昂的交易成本与为数更多的腐败活动。政府介入过多会引起机构膨胀，人员不断增加，管理费用不断增加，办事效率却越来越低。缺乏市场机制，使得对社会医疗保险基金的投入与产出效率无法进行比较，使得基金运营和管理处于低效率状态。

（5）政府行为的失效。

1）目标定位失误。社会医疗保险的目标定位，涉及一个国家发展医疗保障的制度模式，如果把这种定位建立在不切实际的基础上，其后果必将使制度运转困难，且引发许多负面效应。例如，盲目的高福利、高负担式的目标定位，不仅极大地增加了财政压力，而且过高福利将引导人们的惰性和依赖意识的增强，影响了劳动者的生产积极性和社会活力，同时高负担还使企业负担加重，削弱了企业在市场的竞争力。

2）责任认识失误。在社会医疗保险中政府责任认识有两种偏差，一是实行政府包办和责任全包，这使国家财政背上沉重包袱，而社会资源却得不到有效利用；二是政府放弃责任，该由政府承担的却不能落实，导致保障滞后，保障不力，国民缺少基本保障，劳动者心怀隐忧，影响劳动力的再生产和社会公平，不利于社会稳定和社会发展。

（二）社会医疗保险中政府与市场的适度选择

1. 政府介入医疗保险的制约因素

（1）经济体制和经济发展阶段。发展中国家特别是计划经济国家，现代市场经济体系发育不充分，尤其是资本市场、保险市场、社会医疗保险市场不成熟，市场机制不完善，存在市场缺失，政府往往把保障责任独揽，因此政府介入的范围程度亦深。发达国家，现代市场经济不断成熟，市场机制的运行也日益规范和完善，社会医疗保障制度的管理监督机制以及社会保险基金的运行机制不断完善，政府介入的范围和程度都有所制约。

（2）政策目标。一个国家医疗保险制度要实现四个基本目标：一是在众多的人口中分散疾病风险；二是引入效率高的医疗服务体系；三是根据人们的收入水平和健康状况来分配医疗资源；四是有效地管理和运行保险基金。社会政策的目标不同，对于政府介入的范围和程度起有重要影响，选择的社会医疗保险模式也不同。

（3）资源供给。资源的供给是社会医疗保障发展的基础，而政府手中所掌握的资源状况，又往往决定政府能向社会医疗保障发展提供多大的支持，而这正影响着政府的介入范围和程度，特别是政府的财政实力，更是政府如何介入的重要依据。虽然，社会医疗保险资金来源是多元化的，但是政府投入始终占有不小比例，因此资源供给的保有量就成为政府介入的必要前提。

（4）社会医疗保险制度的运行环节。追求公平与提高效率是社会医疗保险制度运行和实施中的两项基本原则。社会医疗保险制度运行涉及社会医疗保险受益对象确定，以及社会保险基金的筹集、运营、支付、管理等具体不同的环节。体现公平原则的环节主要有受益对象的确定和公共基础部分的资金负担；体现效率原则的主要环节包括社会医疗保险个人资金负担，以及基金有效运营即实现其保值、增值和医疗保险服务的提供等。一般说来，政府机制作用于社会医疗保险的目标是健康公平，调节社会成员收入分配差距的过度扩大化，维护社会的相对公平。由于成本与收益的分离、负担与义务的错位及政府行为目标与社会公共利益之间的差异，政府机制在实际运行中常常伴随着严重的低效率和巨大的资源浪费，即存在着"政府失灵"。而市场机制对提高社会医疗保险运行效率则具有天然的高效性，因此，在医疗保险运行中以效率作为首要原则的环节中，市场机制应发挥主导作用。

2. 社会医疗保险政府与市场的互补作用

从当今世界范围内社会医疗保险领域中政府与市场选择的历史和实践看，政府介入社会医疗保险促进了社会医疗保障和经济社会的发展，但是二战后不少国家政府在整个社会范围内的广泛介入，出现了社会医疗保险制度运行效率低下的问题，出现了政府失灵。政府的失灵引发了相反的强调市场作用的市场化改革运动。在现代市场经济中，市场与政府都不是万能的，必须寻求政府与市场行为的均衡点，既要充分发挥市场机制的作用也要发挥政府机制的作用。在医疗保障领域，政府与市场的关系并不是相互替代的关系，而是相互补充的关系，既要发挥政府的作用确保公平、效率、稳定，又要加强市场机制的作用，发挥市场机制的效率优势。

四、医疗保险基金管理中的市场机制

医疗保险作为连接供给与需求的桥梁、作为沟通资金筹集与费用支付的纽带，现已成为医改成败的关键。在医疗保险基金管理中需要灵活运用政府与市场两种机制，合理确定医疗保险基金管理的边界。基金管理中要充分发挥市场机制的作用，提高基金管理效率，引导好医疗资源配置，同时政府以程序化、法制化、科学化的方式参与调控市场运行，按照市场经济规律办事，努力避免政府行为对市场本身造成伤害，同时强化政府政策法律制定、监管等职责，为市场机制作用的发挥提供完善的制度环境。

我国社会医疗保险制度属于政府主导型的社会医疗保险模式，即通过立法强制国民参加基本医疗保险，与此同时，政府还设立了专门的医疗保险经办机构，负责医疗保险经办管理事务。在社会医疗保险中引入市场机制，即在全民参加基本医疗保险的前提下，包括从资金收缴、基金支出到医疗管理、疾病预防等一系列环节和领域借助市场的力量，以期更好地实现基本医疗保险的目标和价值。因此，在我国医疗保险基金筹集、支付、投资、监督管理等各个管理环节，既要注重政府管理，同时更要遵循市场规律，发挥市场机制的作用。

（一）基金筹集方面

医疗保险基金管理中，前端的筹资和末端的支付是最为核心的两个环节，要想实现基金的可持续发展，必须要关注两者的关联机制。近些年，我国基本医疗保险待遇不断提高，包括降低起付线，提高封顶线和支付比例，在待遇范围上开展门诊统筹、将"两病"门诊用药和抗癌药纳入报销范围等；但基本医疗保险筹资端的调整却不明显，例如，职工医疗保险筹资比例，采取定额缴费的居民医疗保险保费逐年定额增长，与社会经济现状和医疗费用变化关联极低，也完全没有和参保人收入挂钩。制定医疗保险筹资政策时，要注重与医疗技术水平以及医疗卫生费用、医疗服务价格、经济发展水平、居民可支配收入之间的关联建立动态的、多元化的医疗保险基金筹集机制，发挥筹资和支付环节对医疗需求和供给的影响，引导医疗资源配置，同时也要积极开拓多元化的医疗保险基金市场筹资渠道。

（二）基金支付方式对医疗资源配置的影响

医疗保险基金支付方式是引导医疗资源配置的重要手段，对医疗服务的供给和需求都会产生影响。我国通过推行以按病种付费为主的多元复合式医疗保险支付方式，进一步加强医疗保险对医疗和医药的激励约束作用，让医院有动力合理用药、控制成本，有动力合理地收治和转诊患者，激发医疗机构规范行为、控制成本的内生动力。国务院《关于推动公立医院高质量发展的意见》（国办发〔2021〕18号）指出国家医疗保障局积极发挥"战略购买者"的职能作用，支持和促进公立医院的高质量发展。

（三）引入市场主体加强医疗保险基金监管

医疗保险监督的形式包括内部监督和外部监督，现场监督和非现场监督，监督的内容包括对参保单位、对定点医院、对参保人、对医疗保险经办机构的监督。医疗保险基金监管上注重市场机制作用，可以引入市场第三方力量参与监管，发挥市场主体的监管作用。如国务院《关于推进医疗保障基金监管制度体系改革的指导意见》（国办发〔2020〕20号）指出要建立健全监督检查制度，积极引入信息技术服务机构、会计师事务所、商业保险机构等第三方力量参与医疗保险基金监管，建立和完善政府购买服务制度，推行按服务绩效付费。同时还指出，要全面建立智能监控制度，加快推进医疗保险标准化和信息化建设，建立和完善医疗保险智能监控系统，加强大数据应用。从而实现基金监管从人工抽单审核向大数据全方位、全流程、全环节智能监控转变。加强社会监管，发挥社会监督管理员和新闻媒体的监督作用。

（四）提高医疗保险基金投资运营效率更需要市场

近年来，随着人口老龄化的加深，人均寿命延长，基本医疗保险实施范围的扩大，保障水平的提高以及物价变化和通货膨胀等，都在不同程度地影响医疗保险基金的支付能力。同时我国基本医疗保险基金结余金额在不断增长，2019 年累计结余 27 696.7 亿元，2020 年累计结余 31 500 亿元。我国医疗保险基金投资管理尚未市场化，从筹资到保障服务政府包揽较多，存在管理的低效率和低收益。从医疗保险基金的实践看，多数政府经营的社会保险医疗基金的实际投资收益率，往往低于民间经营的收益率。从国外的经验看，引进市场机制注重提升效率，由政府垄断性管理变为竞争性管理，提高医疗保险基金的回报率，增进受保者的社会福利。同时在保证安全的情况下我国也可以拓宽投资渠道，优化社会保险基金投资组合。

（五）加强医疗保险基金管理信息化建设

充分利用互联网技术、信息化技术、大数据、人工智能技术加强医疗保险基金管理信息化、智能化建设。《中共中央 国务院关于深化医疗保障制度改革的意见》（国办发〔2020〕5 号）指出，高起点推进标准化和信息化建设。统一医疗保障业务标准和技术标准，建立全国统一、高效、兼容、便捷、安全的医疗保障信息系统，实现全国医疗保障信息互联互通，加强数据有序共享。规范数据管理和应用权限，依法保护参保人员基本信息和数据安全。加强大数据开发，突出应用导向，强化服务支撑功能，推进医疗保障公共服务均等可及。全国统一的医疗保障信息平台将涵盖医疗保险经办、结算、支付、公共服务等多重功能。目前，国家医疗保障信息平台已在贵州省六盘水市正式上线，该平台覆盖全市 1818 家定点医药机构，服务于全市 348 万参保群众。上线后 24 小时内，顺利完成门诊结算 11 751 人次、住院结算 429 人次、购药结算 16 548 人次、公共服务 192 人次，涉及总金额 409.78 万元的医疗保险服务支撑，总体运行平稳、高效。

（六）健全和完善医药市场体系

科学合理的价格形成机制能发挥重要信号和引导作用。统一、开放、竞争、有序的市场体系，是市场机制优化配置资源的前提条件。在医药领域，市场的地域分割和碎片化尤为明显，直接妨碍了医药购销环节公平公正的运行机制，不仅推高了药品价格，还导致大量低质量产品和医疗服务长期存在。国家组织药品集中采购与使用试点的成功，为进一步建设全国统一开放的医药生产流通格局和公平市场打下了基础。

我们要建立以市场为主导的药品、医用耗材价格形成机制，发挥医疗保险基金资源配置和管理功能，推动药品价格回归合理水平，合理的药品价格可以保障老百姓当前用药可及性，确保医疗保险基金平稳运行，同时也能促进医药产业发展，满足未来人们更高的用药需求。对药品价格的管理是一个持续不断的连续性过程，压缩虚高价格、提升过低价格、形成合理价格、维持合理价格，需要充分发挥市场在药品价格形成中的主导作用。

国务院《关于推动公立医院高质量发展的意见》（国办发〔2021〕18 号）指出深化医疗服务价格改革，稳妥有序试点探索医疗服务价格优化，建立健全适应经济社会发展、更好发挥政府作用、医疗机构充分参与、体现技术劳务价值的医疗服务价格形成机制。统筹兼顾医疗发展需要和各方承受能力，调控医疗服务价格总体水平，建立灵敏有序的价格动态调整机制。

第二节　市场与医疗保险基金的关联

一、市场对医疗保险基金的影响

（一）持续的经济增长促进医疗保险基金发展

实体经济的持续增长和宏观经济的稳定是医疗保险基金在市场体系中正常运行的物质基础，医疗保险基金的筹集、投资管理与实体经济的发展息息相关，只有经济增长、国民收入增加才能顺利地完成医疗保险基金的筹集工作，当市场暴发经济危机时，资本市场低迷，市场机制不能有效发挥作用，医疗保险基金也就无法实现保值增值，无法完成其社会医疗保障的功能。

（二）完善的市场体系提高医疗保险基金的管理效率

现代市场经济只有借助于完整的市场体系，才能有效地配置资源。如完善的市场规则、有序的价格形成机制、健全的金融服务体系都为医疗保险基金的投资提供良好的市场环境。医疗保险基金的筹集、存储、支付、投资与管理都依赖市场体系尤其是金融与资本市场体系去完成，市场体系的完善程度决定了医疗保险基金的运行管理效率。

"十三五"时期，我国已成为全球第二大规模市场，市场活跃度不断提升，市场体系逐步健全。党的十九届五中全会提出，"全面深化改革，构建高水平社会主义市场经济体制。"要激发各类市场主体活力，完善宏观经济治理，建立现代财税金融体制，建设高标准市场体系，加快转变政府职能。

（三）良好信用的市场环境推动医疗保险基金的发展

信用秩序混乱将对社会经济生活造成严重危害，不仅严重破坏市场秩序、提高市场交易成本、降低经济运行效率，而且直接影响和制约市场机制配置资源作用的正常发挥；失信在资本市场中体现为欺骗瞒报，虚假信息披露和恶意炒作等行为；在社会医疗保险制度中体现为欠缴、隐瞒甚至拒缴医疗保险基金，影响和阻碍医疗保险基金的发展。

二、医疗保险基金对市场的影响

（一）健全的社会保险制度能够确保市场经济的正常运行

市场经济在发展中会导致优胜劣汰、两极分化，也存在着市场失灵，还具有周期性，因此存在着较大的运行风险。社会保险制度能够化解市场经济运行中的风险，是市场经济正常运行的必要条件，社会保险基金是社会保险制度的物质基础，若没有基金作保证，任何国家的社会保险制度都难以落实，社会安定也就失去了保证，市场经济也无法正常运行。建立社会医疗保险制度，为投保者提供基本医疗保障待遇，免去公民的后顾之忧，对于维护社会稳定，促进市场经济的正常运行具有重要作用，同时参保者按照统一的费率缴纳医疗保险费，并享有相同的保险待遇，具有收入再分配的性质，能调节收入差距，协调社会关系，维护社会稳定。

（二）医疗保险基金有利于市场体系的形成

随着科学技术的进步和市场需求的变化，产业结构是经常变动的。产业结构的变动会引起劳动力结构、资本结构和技术结构也发生变动。医疗保险制度和其他社会保障制度，具有保障劳动力身体健康，促进劳动力合理流动的作用，医疗保险基金在满足当年的需求之后，总有一部分意外准备金和责任准备金或者结余，国家适当运用这部分基金，有利于资本市场的形成和发展。医疗保险基金的投向还会对产业结构的调整产生影响，有利于建立现代市场经济体系，促进国家经济发展。医疗保险对提高劳动者的素质起到了很大作用，而劳动者素质的普遍提高，又为劳动者平等参与市场职业竞争提供了条件。

（三）有利于提高社会劳动生产率，促进生产和经济的发展

医疗保险基金与工资一样，能够为劳动力再生产提供必要条件。劳动力再生产是社会再生产的基础，劳动生产率的提高和生产的发展，取决于劳动力的维持和再生产。通过医疗保险基金的分配和使用，一方面医疗保险解除了劳动者的后顾之忧，使其安心工作，从而可以提高劳动生产率，促进生产的发展；另一方面也保证了劳动者的身心健康，保证了劳动力正常再生产。医疗保险对患病的劳动者给予经济上的帮助，有助于消除因疾病带来的社会不安定因素，是调整社会关系和社会矛盾的重要社会机制，是维护社会安定的重要保障。

（四）影响储蓄与投资，进而影响国民经济

医疗保险基金与储蓄和投资具有密切联系。社会医疗保险基金运行的全过程——从资金筹集到资金储存、投资、增值以及资金给付，都会从各个方面对储蓄和投资产生影响，进而对国民经济产生影响。医疗保险基金对储蓄的影响，首先是资金筹集影响，医疗保险资金的筹集，无论是采取税收形式，还是采取基金征集形式，都具有减少个人和企业收入的效果，从而影响个人和企业的消费倾向和储蓄倾向；其次是资金的储存过程或积累过程会对储蓄产生影响，或者说积累资金的储存过程本身就是储蓄的过程；最后是资金的支付会对储蓄产生影响，医疗保险基金的支付，从基金储存看，是减少了基金数额，但是却减轻了公民的医疗费用支出，增加了一部分公民的货币购买能力，进而促进了消费增加。

第三节　金融市场与医疗保险基金

一、金　融　市　场

（一）金融市场的概念

金融市场是指资金供求双方借助金融工具进行各种资金交易活动的场所，又称为资金市场。金融市场的特征：第一，金融市场是以资金而非有形货物为交易对象的市场。第二，金融市场交易之间不是商品所有权转移的买卖关系，更主要的是借贷关系，体现资金所有权和使用权相分离的原则。第三，金融市场可以是有形市场，也可以是无形市场。在有形市场中，交易者集中在有固定地点和交易设施的场所内进行交易，在证券交易电子化之前的证券交易所就是典型的有形市场；在无形市场中，交易者分散在不同地点，采用电讯手段进行交易，如场外交易市场、全球外汇市场和证券交易所市场都属于无形市场。目前世界上所有的证券交易所都采用了数字化交易系统，出现有形市场逐渐被无形市场替代的发展趋势。

（二）金融市场的分类

按照交易工具的期限，金融市场可分为货币市场和资本市场。货币市场是短期融资市场；资本市场是期限在一年以上的以金融工具为媒介进行长期性资金交易活动的市场，主要是用于扩大再生

产的资本。

货币市场和资本市场又可以进一步分为若干不同的子市场。货币市场包括金融同业拆借市场、回购协议市场、商业票据市场、银行承兑汇票市场、短期政府债券市场、大面额可转让存单市场等。资本市场包括中长期信贷市场和证券市场。中长期信贷市场是金融机构与工商企业之间的贷款市场；证券市场是通过证券的发行与交易进行融资的市场，包括债券市场、股票市场、基金市场、保险市场、融资租赁市场等。

（三）金融市场的构成

一个完备的金融市场，应包括金融工具、参与者、交易价格、交易市场等四个基本要素。

1. 金融工具

（1）金融工具的含义：金融工具是以书面形式发行和流通，用以证明债权债务关系和所有权关系的契约凭证。这是借贷资本在金融市场上交易的对象，如各种债券、股票、票据、可转让存单、借款合同、抵押契约等，是金融市场上实现投资、融资活动必须依赖的标的。

（2）金融工具的分类：以当事人享有的权利和承担的义务为标准，金融工具可分为债权凭证和所有权凭证。债权凭证如票据、债券等；所有权凭证如股票。

按照与实际信用活动的直接相关性，金融工具可分为原生金融工具和衍生金融工具。原生金融工具如即期交易的商品合约、债券、股票、外汇等。衍生金融工具是指从传统金融工具中派生出来的新型金融工具，其价值依赖标的资产价值变动的合约，如期货、远期合约、期权、金融互换等。

（3）金融工具的特征：金融工具具有期限性、流动件、风险性、收益性四个特征。

1）期限性：指借款人拿到借款开始到借款全部偿还清为止所经历的时间。各种金融工具在发行时一般都具有不同的偿还期。从长期来说，有 10 年、20 年、50 年。金融工具的偿还期有两个极端情况：无期限和零期。永久性债务是无期限的，借款人同意以后无限期地支付利息，但始终不偿还本金，这是长期的一个极端。在另一个极端，银行活期存款随时可以兑现，其偿还期实际等于零。

2）流动性：指金融资产在转换成货币时，价值不会蒙受损失的能力。除货币以外，各种金融资产都存在着不同程度的不完全流动性。其他的金融资产在没有到期之前要想转换成货币，或者打一定的折扣，或者花一定的交易费用。

3）风险性：指投资于金融工具的本金和预定收益遭受损失的可能性大小。风险可分为两类：信用风险和市场风险。信用风险是债务人不履行债务的风险，这种风险的大小主要取决于债务人的信誉以及债务人的社会地位。市场风险是金融资产的市场价格随市场利率的上升而跌落的风险。当利率上升时，金融证券的市场价格就下跌；当利率下跌时，则金融证券的市场价格就上涨。

4）收益性：指金融工具能定期或不定期给持有人带来收益的特性。金融工具收益性的大小通过收益率来衡量，即持有期收益与本金的比率，具体指标有名义收益率、实际收益率、平均收益率等。

2. 参与者

金融市场的参与者是参与金融市场买卖交易活动的各经济单位。在金融市场中，大致有四类参与者：①个人；②企业；③金融机构；④政府及政府机构。

根据职能，金融机构可划分为商业经营性金融机构、政策性金融机构和管理型金融机构。商业经营性金融机构，如商业银行、商业保险公司、投资银行、投资基金；政策性金融机构，如政策性银行、政策性保险公司；管理型金融机构，如证券监管机构。根据业务活动性质，金融机构可以划分为银行类金融机构和非银行类金融机构。银行类金融机构，如中央银行、商业银行、政策性银行；非银行类金融机构，如证券、保险、信托等。

根据资产与负债特点，金融机构可划分为存款型金融机构、契约型金融机构和投资型金融机构。

存款型金融机构以吸收存款为主要资金来源，然后将存款等资金用于各种贷款和投资；契约型金融机构以契约方式吸收持约人的资金，然后按契约规定向持约人履行赔付或资金返还义务；投资型金融机构包括证券公司和投资公司。

3. 交易价格

金融市场上各种交易都是在一定的价格下实现的，但金融市场上的交易价格不同于商品市场的商品交易价格。货币资金借贷的交易价格通常表现为利率，金融工具的价格表现为本金与收益的总值。

4. 交易市场

（1）交易市场可以按地理范围分为国际金融市场和国内金融市场。国际金融市场由经营国家间货币业务的金融机构组成，经营内容包括资金借贷、外汇买卖、证券买卖、资金交易等。国内金融市场由国内金融机构组成，办理各种货币、证券及作用业务活动，它又分为城市金融市场和农村金融市场，或者分为全国性、区域性、地方性的金融市场。

（2）交易市场可以按经营场所分为有形金融市场和无形金融市场。有形金融市场，指有固定场所和操作设施的金融市场，如交易所市场和柜台交易市场；无形金融市场，指以营运网络形式存在的市场，通过电子电讯手段达成交易，也称为场外交易市场。

（四）金融市场的功能

金融市场的功能是指金融市场所特有的促进经济发展和协调经济运行的作用和功能。一般来说，金融市场有以下功能。

1. 聚集功能

金融市场的聚集功能是指其变收入为储蓄、变储蓄为投资、促进投资增长的功能。在这里，金融市场起着资金"蓄水池"的作用。金融市场之所以具有资金的积聚功能：一是由于金融市场创造了金融资产的流动性；二是由于金融市场上多样化的融资工具为资金供应者的资金寻求合适的投资手段找到了出路。

2. 分配功能

金融市场的分配功能是指其促进资金合理流动，实现资源优化配置和有效利用的机能。金融市场通过将资源从低效率利用的部门转移到高效率的部门，从而使一个社会的经济资源能最有效地配置在效率最高或效用最大的用途上，实现稀缺资源的合理配置和有效利用。一般地说，资金总是流向最有发展潜力，能够为投资者带来最大利益的部门和企业，这样，通过金融市场的作用，有限的资源就能够得到合理的利用。财富再分配，财富是各经济单位持有的全部资产的总价值。政府、企业及个人通过持有金融资产的方式来持有的财富，在金融市场上的金融资产价格发生波动时，其财富的持有数量也会发生变化，一部分人的财富量随金融资产价格的升高而增加，另一部分人则由于其持有的金融资产价格下跌而减少。这样，社会财富就通过金融市场价格的波动实现了财富的再分配。

3. 调节功能

调节功能是指金融市场从宏观经济上调节货币的供给和需求从而调节社会总需求和总供给。金融市场一边连着储蓄者，另一边连着投资者，金融市场的运行机制通过对储蓄者和投资者的影响而发挥着调节宏观经济的作用。金融市场的存在及发展，为政府实施对宏观经济活动的调控创造了条件。存款准备金政策、再贴现政策、公开市场操作等货币政策的实施都以金融市场的存在、金融部门及企业成为金融市场的主体为前提。金融市场既提供货币政策操作的场所，也提供实施货币政策的决策信息。此外，财政政策的实施也离不开金融市场，政府通过国债的发行及运用等方式对各经济主体的行为加以引导和调节，也对宏观经济活动产生着巨大的影响。

二、金融市场对医疗保险基金的影响

（一）稳健有序的金融市场是医疗保险基金安全有效运营的基本前提

稳健、规范、有序的金融市场是医疗保险基金投资营运、保值增值的基本约束条件。医疗保险基金的安全性和收益性与参保职工的健康保障水平和社会稳定息息相关，要求金融市场要有良好的秩序，保持较高的公正性和有效性。良好的金融市场能够促进经济增长，推动实体经济发展，提高国民收入水平，医疗保险基金来源于国民收入，随着国民收入的增长，个人和企业缴费能力增加，国家经济实力增强也能增加对医疗保险基金的补助。

宏观金融环境的稳定是医疗保险基金投资的基础条件，具有良好的信用环境，有序的价格形成机制，在物价水平、实际利率和实际汇率等方面具备稳定的金融市场条件，为投资提供良好的市场环境。若金融市场的改革与发展跟不上，金融产品匮乏、金融市场缺乏效率，医疗保险基金投资进入资本市场就会面临很大的潜在风险，甚至连银行存款也将受到一定的威胁。在银行主导型的金融体系中，医疗保险基金对资本市场的影响较小；在市场主导型的金融体系中，医疗保险基金对资本市场的稳定和发展起到重要作用。

（二）金融市场的成熟度将影响和制约医疗保险基金的发展

金融市场的成熟度将影响医疗保险基金的投资模式与监管模式。金融市场相对比较成熟的发达国家，金融法规比较健全，金融市场的价格形成机制和价格变动机制正常流畅，基金管理人才资源充裕，医疗保险基金较多地采取分散式的投资管理，在监管原则上亦可以偏向于审慎管理原则，让基金管理公司进行市场化竞争，并合理运用避险型金融衍生工具，投资于债券、股票和境外金融市场产品。在金融市场发育程度低的发展中国家与新兴国家，由于金融法规不健全，金融市场运行不规范，合格的基金管理人才缺乏，市场监管水平也较低，往往采取集中管理并偏向于严格监管模式，对资产配量进行严格的比例限制，弃用衍生金融工具，因为资本市场的缺陷可能给医疗保险基金带来巨大的风险。

（三）金融市场开放程度影响医疗保险基金投资的资产质量及结构

金融市场开放程度较高和金融市场比较发达的国家，基金投资的渠道和资产组合多，如币种结构多，能避免本国或一国币种波动对投资价值的负面影响。基金可以进行投资的产品比例相对较高，能在更大范围内分散投资风险，提高其资产配置的灵活性，增强风险防范能力。

（四）有效的市场监管能够确保医疗保险基金安全运转

为保证市场机制的有效运行，限制和消除不利于市场运行的诸如非法交易、投机活动、欺诈行为等，保障市场参与者的正当权益，保证国民经济秩序的正常运转，国家或金融管理当局需要对市场交易活动、融资行为进行适当监管，医疗保险基金的安全与完整直接关系到广大人民的利益，关系到社会稳定，更应进行有效监管。

三、医疗保险基金对金融市场的影响

（一）积极影响

1. 医疗保险基金的规模扩大有利于资本市场发展

社会保险基金在金融体系中占有重要的地位，社会保险基金是金融体系中重要的机构投资者，社会保险基金中最主要的是养老基金和医疗保险基金。在金融体系的发展中，机构投资者的参与对于资本市场规模的扩大、产品的创新、交易方式的转变和市场的稳定发挥着重要作用，能够促进资本市场的发展，从而避免风险过分集中和依赖于银行体系。社会保险基金作为机构投资者，比个人投资者有更专业的研究人员和更全面的信息资源，能更准确地评价股票的基础价值，倾向于长期投资和价值投资，有利于促进股票价格向基础价值回归。

近年来，社会保险基金因规模庞大，在金融体系中的地位和影响逐步上升，其中随着公共养老金基金、职业养老金基金和个人储蓄性养老金基金在内的养老保险基金在金融市场中的地位和影响逐日上升，同时医疗保险基金规模也日益庞大，根据国家医疗保障局公布的数据，2020年，全国基本医疗保险基金（含生育保险）总收入24 846亿元，比上年增长1.7%，占当年GDP比重约为2.4%；全国基本医疗保险基金（含生育保险）总支出21 032亿元，比上年增长0.9%，占当年GDP比重约为2.1%；全国基本医疗保险基金（含生育保险）累计结存31 500亿元，其中职工基本医疗保险（以下简称职工医疗保险）个人账户累计结存10 096亿元。社会医疗保险基金规模的扩大、累计结余数额的增加，未来医疗保险基金投资渠道的多样化，将成为资本市场重要的投资者，能为金融市场提供长期稳定的资金来源，成为资本市场发展的重要力量。

2. 有助于改进资本市场运行机制

医疗保险基金通过资本交易，会对资本市场的供求机制、价格机制和竞争机制产生重要影响，并提高金融市场的稳定与效率。可以改善资本市场结构，提高资本的流动性，活跃二级市场，刺激一级市场，从而促进一、二级市场协调发展，改善市场上各种资产的结构比例，使其在动态调整中趋于合理。此外，机构投资由于具有集中投资、专家经营、分散风险的特点，在资金量、资讯条件、专业知识及心理承受能力等方面均优于中小投资者，因而有助于增加理性投资的成分，减少资本市场的过度投机，促进资本市场健康稳定地发展。

3. 促进各种金融机构的竞争和发展

医疗保险基金发展将带动专业基金管理公司的发展。国外医疗保险基金投资模式分为财政主导、基金会、公共投资、竞争性投资模式，这将会促进基金管理公司的发展和竞争，未来我国也可以借鉴西方社会医疗保险资金投资模式。医疗保险基金的发展还将促进投资顾问的发展，投资顾问在社会保险基金的投资管理中，帮助制定基金的投资策略，进行资产的配置，提供精算咨询，衡量和监护基金经理的业绩，分析交易成本等服务，使金融服务业得到迅速发展。

4. 加强资本市场宏观调控

医疗保险基金的投资规定和基金性质决定其对政府宏观经济政策变动非常敏感，会根据经济政策变动调整其投资行为，从而有助于促进政府宏观调控职能的实现。政府公开市场操作，执行财政和货币政策，需要得到包括医疗保险基金在内的社会保险基金的配合。比如，医疗保险基金在二级市场上大量承购政府债券，会促进政府债券的顺利发行，影响财政收支平衡。

（二）消极影响

1. 医疗保险基金行为短期化可能导致资本市场波动

医疗保险基金是着眼于长期稳定投资回报率的机构投资者，但在特殊情况下可能出现行为短期化，对金融市场的正常运行产生不良影响。如医疗保险基金的避险行为，当经济形势恶化，医疗保险基金为了规避风险，将会减少债券和其他资产，不断调整投资产品组合，从而加剧资本市场波动。

2. 医疗保险基金结余对资本市场形成压力

医疗保险基金规模不断扩大，累计结余不断增加，并在资本市场进行投资以保值增值，这些都会对资本市场产生影响，极端情况下也可能形成资产泡沫，影响宏观经济的稳定。

1. 结合所学知识，阐述社会医疗保险领域中政府与市场的关系。

2. 分析政府介入社会医疗保险的依据，并讨论政府过度介入社会医疗保险，是否会引起政府失效，表现在哪些方面？

3. 市场机制的含义及其作用，分析在医疗保险基金管理中如何发挥市场机制的作用。

4. 结合党的十九届五中全会"坚持和完善社会主义基本经济制度，充分发挥市场在资源配置中的决定性作用，更好发挥政府作用，推动有效市场和有为政府更好结合"的论述，分析我国社会医疗保险基金管理中如何更好地发挥政府和市场的作用？

（吴　涛　王廷贵）

第六章　医疗保险基金筹集管理

医疗保险基金的筹集是医疗保险制度运行的重要保障，本章主要介绍医疗保险基金筹集的内涵、意义、原则、影响因素；基金的来源、构成，筹集方式与积累模式；并从筹集对象、方式、标准、程序等方面介绍了我国现行的职工基本医疗保险、城乡居民基本医疗保险基金的筹集情况。

第一节　医疗保险基金筹集的内涵与原则

一、医疗保险基金筹集的内涵与意义

医疗保险基金是专门用于医疗保险给付的资金，是医疗保险制度可持续运行的物质基础和前提条件。医疗保险基金筹集是由医疗保险的管理机构按照规定的征缴对象、缴费比例和标准，收缴社会医疗保险费用的行为过程。医疗保险基金的筹集工作是医疗保险基金运行的首要环节和基本保障，对于医疗保险制度的有效实施至关重要。合理筹资、稳健运行是医疗保障制度可持续的基本保证，要建立与社会主义初级阶段基本国情相适应、与各方承受能力相匹配、与基本健康需求相协调的筹资机制。

二、医疗保险基金筹集的原则

（一）强制筹资原则

大数法则决定了医疗保险制度必须达到一定的覆盖范围才能发挥互助共济的作用，为了避免逆向选择，往往需要由国家来强制推行医疗保险制度，世界上大部分国家都通过国家立法，规定政府、企业、个人在医疗保险筹资中的义务，同时规定筹资的对象、基数、费率和周期，并采取经济、法律等手段强制实施，以确保医疗保险基金筹集的稳定性。

（二）收支平衡原则

医疗保险基金的筹集应遵循收支平衡的原则。医疗保险基金的筹集中，必须根据当地过往若干年的职工工资总额、医疗保险筹资水平、医疗保险支付情况、医疗费用增长情况等因素，科学合理地制定医疗保险基金筹资标准；医疗保险基金在一个财务周期之内必须实现筹资额与支付额的基本平衡，既使基金发挥最大的互助共济效用，又不能使基金出现入不敷出的情况；此外，最好逐年预留出适当比例的结余资金，以防备将来可能出现的特殊风险。

（三）公平分担原则

医疗保险筹资的共同分担，是为了保证医疗保险各主体权利与义务的一致性。医疗保险费用适当比例的分担，既可以减轻国家和用人单位的经济负担，又可以增强参保人员的费用意识和自我保健意识，减少医疗卫生资源的浪费，提高人民的健康水平。

医疗保险筹资的分担中还要体现公平原则，维护社会的公平正义。公平性并不是绝对的平均主义，而是在基本权利平等共享的基础上，将有限的资源更多地向社会的弱势群体倾斜，更好地发挥医疗保险作为一种社会保障制度，对社会收入进行再分配的功能。政府应从不同社会群体的经济状况和医疗卫生需求出发，为较低收入人群提供不同程度的参保补贴来保障弱势群体，由此达到医疗保险制度的公平性。

例如，在"十三五"脱贫攻坚战期间，我国的城乡居民基本医疗保险制度对特困人员、低保对象、农村建档立卡贫困人口参保缴费进行分类资助，按标资助、人费对应，及时划转资助资金，确保困难群众应保尽保。2020 年我国政府累计资助 7837.2 万贫困人口（含动态调出）参加基本医疗保险，参保率稳定在 99.9%以上，各项医疗保险扶贫政策累计惠及贫困人口就医 1.8 亿人次，减轻贫困人口医疗费用负担 1188.3 亿元。

（四）适度筹资原则

合理稳定的医疗保险筹资机制的核心要求就是坚持适度性，其本质上就是科学性，既体现了现实可行性，也蕴含了长期可持续性。使筹资方式与筹资水平能够做到适应社会主义初级阶段的国情；适应基本医疗保障的必需；适应财政的持续承载能力；适应居民的经济负担能力；适应医疗保障事业和医药科技进步持续发展的需要。

"福利刚性"（welfare rigidity）是指人们对于自身福利待遇的一种心理预期，即只能允许社会福利项目不断增加，覆盖范围不断扩大，待遇水平不断提高，而不能允许出现相反的情况，它的产生具有普遍的社会心理基础。个人为了提高自己的社会地位，必然要提高个人占有的福利水平，而福利水平一旦被提高到比其原来所属群体更高的群体水平之后，个人立即就会按照新的群体的福利水平来衡量自己的地位，进而产生更高的福利需求。现代国家不断建设和完善各种社会保障制度，尽量实现社会福利的最大化，但取消或削减社会保障或福利却十分困难，而超出国民经济承受能力的过度福利会抑制社会投资，并导致通货膨胀。

我国的医疗保险制度改革，要防止"福利刚性"的弊端，避免过度福利对国民经济的负面影响，既要保障最广大人民群众的基本医疗需求，实现"低水平、广覆盖"的全民医疗保险，又要随着医疗卫生服务价格的增长，逐步提高医疗保险的待遇水平和筹资水平，并通过多种经济、社会政策不断深化改革，建立多层次覆盖，多元化筹资，激励性强，可持续发展的现代医疗保险制度。

（五）可持续性原则

1942 年在英国发布的社会保险重要文献《贝弗里奇报告》指出"社会保险应当以提供保障人们基本生活的最低收入为目标"，"不同的人对合理生存的条件有不同的理解，这在某种程度上是一个价值判断的问题，而且这种判断会随着时间的推移而变化，尤其在一个不断发展进步的社会里，这种变化是沿着更高更好的方向前进的"。医疗保险制度要实现可持续发展，就要在保障基本医疗卫生服务需求和维护公平的基础上，认真研判经济社会发展的趋势，面对未来参保人员的医疗服务需要，建立与经济同步增长的可持续的筹资增长机制。

三、医疗保险基金筹集的要素

（一）医疗保险基金筹集的主管部门

医疗保险基金筹集的主管部门一般是指某种医疗保险制度下，一定地区范围内的医疗保险制度经办管理机构或税务机关。

2018 年至 2019 年，我国从中央到省、市、县（区）先后将人力资源与社会保障部门、卫生与健康部门、民政部门、国家发展和改革委员会等部门相关职责整合，组建了各级医疗保障局，负责我国社会医疗保险政策的制定和医疗保险经办管理工作。

2018 年 7 月 20 日，中共中央办公厅、国务院办公厅印发了《国税地税征管体制改革方案》，明确从 2019 年 1 月 1 日起，我国将包括基本医疗保险费在内的各项社会保险费交由税务部门统一征收。

（二）医疗保险基金的来源

1. 政府

（1）财政资助。覆盖全民的医疗保险可以看作是一种具有公益性和正外部性的产品，对于维护社会公平，保障公民健康具有重要意义，而这也是现代政府必须承担的基本职责。医疗保险制度是社会保障制度的重要组成部分，政府主导建立完善的医疗保险制度，并给予稳定的财政支持，已经成为国际通行的做法。

在我国，原有的城镇居民基本医疗保险制度、新型农村合作医疗制度中，各级政府财政均给予参保者一定的补助，以上两个制度合并后，在现行的城乡居民基本医疗保险制度中，政府仍给予参保者一定的补贴，见表 6-1。例如，根据国家医疗保障局、财政部、国家税务总局联合下发的《关于做好 2020 年城乡居民基本医疗保障工作的通知》（医保发〔2020〕24 号）规定：2020 年城乡居民基本医疗保险人均财政补助标准新增 30 元，达到每人每年不低于 550 元，而人均个人缴费标准为每人每年 280 元。

表 6-1 2016～2021 年城乡（镇）居民基本医疗保险筹资结构概览表

	2016 年	2017 年	2018 年	2019 年	2020 年	2021 年
人均财政补助标准/元	420	450	490	520	550	580
人均个人缴费标准/元	150	180	220	250	280	320
财政补助标准占筹资总额百分比	73.68%	71.43%	69.01%	67.53%	66.27%	64.44%

资料来源：2016～2021 国家有关部委关于城乡（镇）居民基本医疗保险工作的通知

注：2017 年以前，指城镇居民基本医疗保险；2018 年开始，指城乡居民基本医疗保险

国家公务员和参照国家公务员管理单位的工作人员和退休人员，在参加职工基本医疗保险的基础上，可以享受医疗补助政策。

对于军人，《中华人民共和国军人保险法》第二章第十二条规定：军人伤亡保险所需资金由国家承担，个人不缴纳保险费。

除了对医疗保险基金进行直接补贴外，我国还规定医疗保险基金必须划入财政专户，实行收支两条线管理，专款专用，除少量结余用于投资外，基本都用于医疗保险待遇的给付。对于医疗保险基金出现缺口的情况，政府需负起"兜底"责任。而各级各类医疗保险经办管理机构的管理、运行费用，以及人员工资、福利等一般不占用医疗保险基金，由财政另外拨付。

（2）税收优惠。《中华人民共和国社会保险法》第五条规定：国家通过税收优惠政策支持社会保险事业。我国相关法律法规规定，企业按照政府规定的缴费比例或办法实际缴纳的基本医疗保险费和补充医疗保险费允许在企业所得税前扣除。个人按照政府规定的缴费比例或办法实际缴付的基

本医疗保险费，允许在个人应纳税所得额中扣除。医疗保险的个人账户记账利率不得低于银行定期存款利率，免征利息税。个人死亡的，个人账户余额可以继承。

（3）利率优惠。利率是指单位货币在单位时间内的利息水平，表明利息的多少。医疗保险基金存入银行后产生的大量利息会滚动存入下期，成为基金收入的一部分，国家通过给予比正常利率更高的优惠利率来支持医疗保险事业的发展。

我国《财政部劳动保障部关于加强社会保险基金财务管理有关问题的通知》（财社〔2003〕47号）规定，存入收入户、支出户和财政专户中的医疗保险基金按人民银行规定的优惠利率执行，而高出正常利率的部分，则可以看作是国家对于医疗保险基金的补贴。

2. 企业或雇主纳税及缴费

在世界主要的医疗保险模式中，企业基本都需要担负着医疗保险缴费（税）义务。企业应当遵守法律法规，按照一定的基数和比例，为其在职人员和退休人员定期缴纳医疗保险费（税），这是医疗保险基金最主要的来源之一。在实行社会医疗保险的国家，按时足额缴纳医疗保险费（税），一般是企业的法定义务，而缴纳的医疗保险费（税）也可以使企业获得所得税的减免。

在我国，职工基本医疗保险制度中，用人单位缴纳的医疗保险费主要构成统筹基金。企业缴纳的医疗保险费是企业人力成本的组成部分，因此，企业缴纳的医疗保险费用越高，其人力成本就越高，而过高的成本不利于企业参与市场竞争，不利于企业的发展，最终可能损害雇员的利益。同样，社会医疗保险基金整体筹资水平过高，会提高行业乃至全社会的人力成本，导致企业尽可能地减少劳动力使用，使失业率上升，这对于劳动力资源丰富的发展中国家具有不利影响。我国也在适时调整医疗保险缴费，减轻企业成本压力。例如，在 2020 年新冠疫情发生后，为贯彻落实新冠疫情防控工作的重要指示精神，切实减轻企业负担，支持企业复工复产，国家医疗保障局、财政部、税务总局下发《关于阶段性减征职工基本医疗保险费的指导意见》（医保发〔2020〕6 号），指出：根据基金运行情况和实际工作需要，在确保基金收支中长期平衡的前提下，对职工医疗保险单位缴费部分实行减半征收，减征期限不超过 5 个月。

3. 个人缴纳

在世界范围内，很多国家都强调参加医疗保险的公民需要缴纳一定的医疗保险费用，承担个人责任。以新加坡为代表的强制储蓄医疗保险模式，将医疗保险基金全部存在个人账户中，很好地体现了个人责任。在我国，职工基本医疗保险和城乡居民基本医疗保险是主要的两个社会基本医疗保险，参保者都承担着个人缴费义务。

（1）职工基本医疗保险采用的是国家、企业、个人共同分担的医疗保险筹资机制，劳动者的参保缴费是一种法定义务，个人依据自身工资水平的一定比例（一般为 2%）缴纳医疗保险费，承担一部分缴费责任。这种制度有以下两个好处：①可以减轻国家财政和企业人力成本的负担，有利于促进社会再生产；②让个人承担一定的缴费责任，可以使其感受到权利与义务的对应关系，在一定程度上能够减轻医疗保险支付领域的道德风险。

（2）城乡居民可以自愿参加城乡居民基本医疗保险，根据每年政府下发的参加城乡居民基本医疗保险工作的通知中规定的筹资标准缴纳固定的医疗保险费。根据经济社会发展需要，筹资标准每年都适当上调，同时适当提高个人缴费比重，保障参保者的待遇水平，让城乡居民基本医疗保险制度适应经济社会发展。

4. 其他来源

政府支持、企业或雇主缴纳和个人缴纳是医疗保险基金筹资最主要的三个来源。此外，根据我国《财政部劳动和社会保障部关于印发〈社会保险基金财务制度〉的通知》（财社字〔1999〕60 号）的规定，还有利息收入、财政补贴收入、转移收入、上级补助收入、下级上解收入、其他收入。医疗保险基金存入银行财政专户或购买国债，可以获得利息收入；财政补贴收入指财政给予基金的补助、对参保人员的缴费补贴、对参保对象的待遇支出补助；转移收入是指保险对象跨统筹地区流动而划入的基金收入；上级补助收入是指下级经办机构接受上级经办机构拨付的补助收入；下级上解收入是指上级经办机构接受下级经办机构上解的基金收入；其他收入包括企业因拖欠或少缴医疗保险费用，按政策规定收取的滞纳金，以及其他经财政部门核准的收入。

（三）医疗保险基金的构成

医疗保险基金在筹集中根据不同的征缴来源和使用范围，主要划分为社会统筹基金、个人账户基金、风险准备金等，这几种基金的比例与医疗保险基金的积累模式密切相关。

1. 社会统筹基金

社会统筹基金是指由医疗保险经办管理机构统一支配的医疗保险基金，用来给付所有参保人员当期的医疗费用，具有互助共济作用。在我国，社会统筹基金包括职工基本医疗保险中由用人单位缴纳的医疗保险费构成的统筹基金，以及城乡居民基本医疗保险中的统筹基金、门诊统筹基金、大病统筹基金等。

社会统筹基金的来源有：①用人单位缴纳基本医疗保险费划入统筹基金的部分；②退休人员过渡性基本医疗保险金划入统筹基金的部分；③统筹基金的利息收入；④按规定收取的滞纳金；⑤政府资助；⑥其他合法收入。

社会统筹基金的支付范围是起付标准以上、统筹基金最高支付限额以内所对应的住院和门诊共济项目基本医疗费用中，按比例由统筹基金支付的部分。

根据国务院办公厅《关于建立健全职工基本医疗保险门诊共济保障机制的指导意见》（国办发〔2021〕14号），单位缴纳的基本医疗保险费全部计入统筹基金。调整统筹基金和个人账户结构后，增加的统筹基金主要用于门诊共济保障，提高参保人员门诊待遇。

2. 个人账户基金

个人账户设立的初衷是鼓励人们积极参加医疗保险，并通过明确个人在医疗保障中的责任，来约束不合理的医疗消费和对医疗费用的支出进行控制，以增强个人的费用意识。但在我国多年的基本医疗保险实践中，个人账户基金总额沉淀太多、滥用现象严重、管理不规范、共济性较弱等问题日益突出。

现行的职工基本医疗保险个人账户基金是列在参保人员个人名下，逐期积累的，用来给付参保人员本人及其配偶、父母、子女在定点医疗机构就医发生的由个人负担的医疗费用，以及在定点零售药店购买药品、医疗器械、医用耗材发生的由个人负担的费用，可以转结和继承。

我国部分地区现行的城乡居民基本医疗保险制度中曾经存在个人账户，其中的基金对于个人来说额度较小，保障能力不足，而且仅限于个人或家庭使用，削弱了基金的整体保障能力。2019年5月13日，国家医疗保障局会同财政部印发《关于做好2019年城乡居民基本医疗保障工作的通知》，其中要求："实行个人（家庭）账户的，应于2020年底前取消，向门诊统筹平稳过渡；已取消个人（家庭）账户的，不得恢复或变相设置。"

3. 风险准备金

医疗保险的风险准备金按当地基本医疗保险当期统筹基金总额的规定比例计提，当面临突发性疾病流行、自然灾害等风险，以及医疗保险基金出现收支缺口时，由风险准备金进行支付。

（四）医疗保险基金的统筹范围

医疗保险本质上是利用大数法则来分担整个社会的疾病风险，根据大数法则，医疗保险的统筹层次越高，覆盖人群越多，基金的抗风险能力越强。统筹层次过低，会导致不同医疗保险基金之间调剂困难，降低使用效率和互济能力，并且增加管理成本，这些都会对医疗保险基金和社会经济资源造成浪费，间接加大了筹资压力。因此医疗保险制度改革中，提高统筹层次与提高筹资水平两项工作是相辅相成，互相促进的。

四、医疗保险基金筹集的影响因素

（一）人口老龄化趋势

人口老龄化（aging of population）是指人口年龄构成中，老年人口占的比重逐渐增大的趋势。在国际上，当人群中 65 岁及以上的老年人，占全人口的 7% 以上，或人口中 60 岁及以上的老年人，占全人口的 10% 以上时，即认为进入人口老龄化。人口老龄化将对人类生活的经济、社会、政治等众多方面产生重大影响。2020 年 11 月进行的第七次全国人口普查数据显示，2020 年大陆地区 60 岁及以上的老年人口总量为 2.64 亿人，已占到总人口的 18.7%，自 2000 年步入老龄化社会以来的 20 年间，老年人口比例增长了 8.4 个百分点。据世界卫生组织预测，到 2050 年，中国将有 35% 的人口超过 60 岁，成为世界上老龄化最严重的国家。人口老龄化程度进一步加深，将使我国在未来一段时期持续面临人口长期均衡发展的压力。

人口老龄化对于医疗保险筹资的挑战主要表现在对医疗保险基金来源的影响，人口老龄化将导致医疗保险缴费人群相对缩小，同时受益人群相对扩大。这样的"一增一减"，无疑加大了医疗保险基金的风险压力。对于现收现付，代际转移的医疗保险基金积累模式下的劳动者来说，需要承担更多人口的疾病风险，其筹资负担将显著增加。

（二）医疗技术的发展

医疗技术的不断进步导致大量高新技术手段在医疗过程中的运用，器官移植、现代生殖技术、基因工程等技术以及电子计算机、高分子合成、人工脏器、激光技术、计算机体层成像（CT）、磁共振等新技术在临床的广泛应用，在防病、治疗、提高健康水平和促进医学的发展等方面发挥了重要作用。但与高新医疗技术相伴而来的是医疗费用的急剧增长，不仅加重了个人的疾病经济负担，也导致医疗保险基金给付总额逐年上升，为维持基金收支平衡，基金筹集承受的压力也相应增加。

（三）经济发展水平的影响

经济体在一定时期内的经济发展水平对政府财政状况，企业经营业绩，社会平均工资水平，失业率等具有显著影响，从而间接影响到医疗保险筹资水平。研究显示，经济发展对基本医疗保险的发展有着积极的促进作用，但是受地区经济发展不平衡、不同收入组和城乡之间存在差异等影响，经济与基本医疗保险的持续协调发展存在一定的阻碍。我国应建立经济发展与基本医疗保险发展相协调的动态调整机制，在筹资层面，国家有必要加大对经济发展欠发达地区和低收入人群医疗保险的财政投入。

（四）其他

此外，医疗保险基金的筹集还受到人口结构、人口流动情况、居民生活水平、劳动就业状况、社会保障制度实施情况、医疗卫生事业发展水平、教育科技水平等社会因素的动态影响。

第二节 医疗保险基金筹集方式

一、国家税收式

（一）国家税收式缴费方式的主要优点

1. 资金来源更可靠

每个国家的税收都以法律作为有力保障，在筹资上具有强制性，能够更好地杜绝企业或个人拖欠、少缴医疗保障基金的行为，使医疗保障制度有可靠、持久的资金来源，有利于医疗保障制度的稳定运行，切实保障参保人员的利益。

2. 筹资额相对公平

通过税收的形式，按照统一的征税标准向全体国民征税，社会公平性高，国民享受的待遇不因其收入的多少、身份地位的高低而产生差异。

3. 社会共济能力强

征税式筹资是依托政府财政对医疗保险基金进行管理的，由于财政周期的限制，征税式往往采取现收现付式的基金积累模式，遵循保险的大数法则面向全体国民统一征税，强调的是疾病风险的全民分担，因此具有很强的社会共济能力，有利于实现国民收入的再分配，更好地实现社会公平。

4. 基金管理更加严格

通过财政预算拨款的方式，分配和使用医疗保险基金，医疗保障费用通过税收的方式收取之后，就进入了政府财政的管理体系，医疗保险基金的分配和使用要通过财政预算拨款的方式，而财政预算要由立法机关审议表决才能通过。因此这种支付模式具有比较强的计划性，有利于政府的宏观调控；资金的使用也会受到更严格的约束和监控，更好地避免对医疗保险基金的侵占和挪用。

5. 基金管理成本更低

通过已有的税务管理制度体系和财税工作人员进行医疗保险基金的管理，保证专业性的同时降低了基金管理的成本。

通过征税式来筹集医疗保险基金，可以直接利用税务系统比较完善的管理体制和税务工作者比较熟练的工作技能，不需要另外构建一套医疗保险基金筹集体系，有利于使收取的社会保险基金及时进入财政专户，在需要支出的时候及时拨付，大大提高了医疗保险基金管理的效率，降低了基金管理的成本。

但是国家税收模式下的医疗保险制度也存在着一些缺陷，具体如下所述。

（二）国家税收式缴费方式的主要缺点

1. 政府干预过多

国家税收式的医疗保险制度主要体现的是一种国家福利制度，要求政府对于医疗保险制度与卫生保健制度进行广泛深入的干预，通过税收政策来决定医疗保险基金筹资的来源和标准，政策牵涉面广，制约因素多，并存在着"委托—代理"中的道德风险、寻租、官僚主义、选举议题与政党竞争等风险因素，政府在制定、实施医疗保险政策过程中可能偏离医疗保险可持续性稳定发展的目标，造成政府失灵。显著表现就是医疗保险制度存在福利刚性，税收政策难以针对医疗保险制度的运营情况变化作出及时调整。

2. 难以抵御长期风险

国家税收式筹资方式收取的医疗保险基金大都采用现收现付的积累模式，以管理财政资金的方式管理基金，一般以年度收支平衡为目标，难以累积储备基金。而随着医学科技的不断发展，医疗卫生总费用不断增长，医疗保险给付的需求也不断增长，人口老龄化趋势的加快又导致劳动力人口比例的下降，使得医疗保险越来越难以抵御长时间内经济的周期性波动带来的影响，也难以抵御突发的疾病流行或自然灾害。

3. 容易导致低效和浪费

国家税收式的医疗保险制度，政府承担绝大部分医疗费用，国家往往对医疗卫生系统实行计划管理模式，医院属于国家，医护人员领取国家固定工资，激励性的缺乏容易导致医疗卫生服务的低效；而在医疗市场上，由于患者的医疗费用由政府为之买单，患者个人的权利和义务对应比较模糊，费用控制意识不强，容易造成过度医疗，导致医疗资源的浪费和医疗总费用的上涨，使得政府的财政负担和国民经济负担更加沉重。

二、强制缴费式

（一）强制缴费式的主要优点

1. 独立性

国家通过法律、法规强制地要求单位和个人按照一定的比例缴纳保费以建立专款专用的医疗保险基金，不与其他用途的财政资金混同，资金的来源稳定且独立性较强。

2. 灵活性

缴费的标准与当年工资水平挂钩，可以根据国民收入水平、经济发展状况、财政承受能力进行调节，具有较强的灵活性。

3. 社会共济性

通过国家法律法规的形式强制规定参保范围，要求符合参保条件的单位和个人必须参保，并按时足额缴费，在大范围内实现疾病风险的分摊，保险效率高，社会互助共济性强。

4. 费用控制力

医疗保险基金由专门社会保险机构集中管理实行专款专用，可以与医疗卫生服务系统分别管理，起到制衡作用，对医疗费用的增长有一定的控制能力。

（二）强制缴费式的主要缺点

1. 容易导致医疗保险制度间的不公平

针对不同的人群，有不同的医疗保险制度，之间存在着负担水平和待遇水平的差异，这会导致一定程度的不公平性。

2. 难以应对大规模风险和人口老龄化的挑战

强制缴费主要实行的是"现收现付"的基金积累模式，是以近期横向收支平衡原则为指导的，即当期筹集的医疗保险费和当期的医疗保险基金支出基本平衡，并不考虑社会医疗保险基金的储备，因此应对大规模风险爆发的能力较差，在人口老龄化的情况下，代际矛盾日渐突出。

三、自由投保式

（一）自由投保式的主要优点

1. 政府干预较少

按照市场化的原则，由市场自发地进行资源配置，具有较强的灵活性和多样性，医疗保险机构多且保障项目多样，消费者的选择性大。

2. 费用控制能力较强

通过专业的商业保险机构来筹集和管理医疗保险基金,商业保险公司对基金的管理运营水平较高,费用控制能力较强。

3. 政府财政负担较轻

筹资主体是个人,突出权利与义务对等的原则,缴纳保费水平与其享受的待遇水平成正比,政府财政负担较轻。

(二)自由投保式的主要缺点

1. 资金来源不稳定

由于遵循的是自愿原则,个人可以选择参保或者不参保,并且可以自由选择投保的保险公司,这使得资金的来源不稳定,且容易出现健康人群不投保的逆向选择。

2. 社会共济性较弱

国家财政补贴少,医疗保险制度未覆盖全体国民,而且参保人员个人经济负担较重;受到个人收入水平的限制,缴纳保费水平的差距体现在保险待遇的获得上,导致社会公平性较差。

四、强制储蓄式

(一)强制储蓄式的主要优点

1. 能够较好地应对人口老龄化

它以一代或全家几代人的医疗储蓄来抵御疾病风险,能够较好地解决老龄人口的医疗保险筹资,缓解代际矛盾。

2. 有助于控制费用

通过建立个人医疗账户的模式来储蓄医疗保险基金,能够提高需方的费用意识,有助于约束医疗费用的不合理增长。

3. 满足多层次需求

医疗保险基金储蓄的额度与个人的收入水平有关,可以满足不同层次的消费者的需求,促进医疗机构的竞争与多样化发展。

4. 国家财政负担较轻

筹资主体是个人,政府主要承担基金监督者的角色,国家财政负担轻。

(二)强制储蓄式的主要缺点

在这种筹资方式下,个人负担较重,储蓄医疗保险基金的多少跟个人的经济能力密切相关,高收入者保障能力强,低收入者保障能力差,社会公平性一般,缺乏社会共济能力。

第三节   医疗保险基金积累模式

一、现收现付式

(一)现收现付式的含义

现收现付式(pay-as-you-go)是指医疗保险基金在较短时期内以实现收支平衡为原则的基金积累模式。通常的做法是先对近期内医疗保险基金筹资总额进行测算,然后按照政策规定的比例分摊到政府、企业、劳动者等保险主体进行提取或缴纳医疗保险基金，并在同一财务周期内将这部分基金支付出去，保持基金在财务周期内的基本收支平衡。现收现付式实质上是实现了医疗保险费用在较短时间尺度内，在不同年龄、不同健康状况、不同医疗保健需求的人群之间的横向转移。

（二）现收现付式的优点

1. 操作简便

针对各类经济发展水平的地区，针对不同的统筹范围和层次，只需要测算出未来短期内的医疗保险支付情况，就可以在较短时期内建立起相应的医疗保险制度，实现当年筹资、当年支付待遇，并且根据短期内的医疗保险筹资需求变动对政府、企业和个人承担的筹资比例进行调整。有利于医疗保险制度的顺利建立，改革成本也相对较低。

2. 体现社会保障的互助共济精神

医疗卫生服务需求具有不确定性，随着医学新技术的发展，疾病经济负担对于单个参保人员来说也越来越沉重，现收现付式的基金积累模式，相当于将个人可能无法独自承受的疾病风险转移到庞大的医疗保险基金来承担，这样可以更好地抵御风险，体现了社会保障的互助共济精神。

3. 受通货膨胀影响较小

现收现付式积累模式以短期内收支平衡为原则，医疗保险基金在筹集后很快又支付出去，不需要也不能够提取大量的储备金。由于不需要长期持有大量资金，医疗保险基金在短期内受通货膨胀的影响较小，资金基本不会有贬值风险，可以更有效地发挥作用，通过投资运营来实现基金保值、增值的压力也相对较轻。

4. 便于政府管理

现收现付式的基金积累模式往往以一年为一个财务周期，在此期间要实现收支平衡，与政府税务工作和财政工作的周期与要求相当，易于政府在财税工作范围内对医疗保险制度进行补贴、管理、监督和调整，有利于增强医疗保险基金管理的安全性和规范性。现收现付式基金积累模式适合于通过征税或强制缴费方式来筹集医疗保险基金的国家。

（三）现收现付式的缺点

1. 容易引发道德风险

医疗保险中的道德风险是指，由于医疗服务市场的信息不对称和医疗保险系统中医、保、患三方的博弈关系，在医疗保险领域中存在的一种非理性医疗服务供给和消费行为。

在现收现付基金积累模式下，医疗保险基金以统筹账户的形式存在，参保人员在同一时期内的权利和义务的对等关系不能得到明确的体现，参保人员就医时，有可能在短期内获得的医疗保险给付超过其缴纳的费用，产生"占便宜"的心理，容易与医方合谋或者自己寻求过度医疗，造成医疗费用的攀升和医疗资源的浪费。

在医疗保险运行实践中可以通过在支付时设置起付线，共付率和封顶线等措施来规避患者的道德风险。

2. 易受人口老龄化的负面影响

现收现付式基金积累是健康人补贴另一部分人的制度，随着人口老龄化程度的加深，老龄人口在总人口中的比例提高，劳动年龄人口在总人口中的比例下降。人口老龄化会导致医疗保险基金筹资对象相对减少，而基金的给付则有可能增加。现收现付式基金积累的操作方式是以支定收，且筹资方式具有强制性，在福利刚性的影响下，以及医疗费用逐年攀升的情况下，如果不降低医疗保险的待遇水平，只有逐步提高筹资水平，而这样容易加大财政、企业和劳动者的经济负担，在很多国家造成财政赤字、企业竞争力下降、劳动者劳动和缴费积极性降低等问题，进一步影响国民经济的发展，危害医疗保险基金的安全。

应对人口老龄化，应推动医疗卫生事业改革，建立三级医疗服务体系和双向转诊制度；改革药品和医疗服务价格形成机制，加强疾病预防控制；同时构建健全的医疗保险谈判机制，控制医疗费用的不合理上涨。

3. 基金整体抗风险能力偏弱

现收现付式基金积累要求在短期内实现收支平衡，导致医疗保险基金无法积累起大量的风险准备金，难以应对突发风险。在经济正常平稳发展的时期，医疗保险基金筹集可以随着基金给付稳步增长，而一旦遇到经济发展速度放缓或者不景气的时期，伴随着财政收入减少，企业利润下降甚至停止经营，劳动者收入降低甚至大批失业，失业不仅会使劳动者失去缴纳医疗保险费的能力，同时也会影响到其健康水平，增加医疗保险支出，上述情况会给医疗保险基金筹集和支付两个方面都带来巨大的压力。此外，流行病的突然暴发，突发的意外事故或自然灾害等风险发生时，需要在短期内集中支付大量的医疗费用，准备金不足的医疗保险基金，如果得不到迅速、大量的调剂资金，也容易出现入不敷出的情况。

通常为了抵御不可预料的医疗保险基金巨额支付风险，可以采取向商业保险公司二次投保的做法，在发生巨额支付时，由商业保险公司根据保险合同来进行赔付，政府也对医疗保险基金负有最终兜底责任，在必要的时候可以向医疗保险基金调拨资金进行补充。

二、完全积累式

（一）完全积累式的含义

完全积累式（funding scheme）又称基金制或基金积累制，是指医疗保险基金以在远期实现收支平衡为原则的基金积累模式。通常的做法是先对参保人员在参保期内医疗保险基金的支付总额进行测算，然后按照一定的比例分摊到参保人的缴费期内，进行提取或缴纳医疗保险基金，归入参保人员个人或家庭账户进行管理，对于早期提取但尚未支付的保险费，可以积累起来形成个人医疗保险基金，通过对基金进行投资运营，并将受益连同本金一起用于参保人员未来的医疗保险费用支付，保持参保人员个人的医疗保险账户资金在较长时期内的基本收支平衡。完全积累式实质上是实现了医疗保险费用在较长时间尺度内，在参保人员自身不同年龄、不同收入、不同的卫生需求之间的纵向转移，参保人员的权利和义务较为对等，不同参保人员之间没有互助共济，比较适合国民收入差别较小的发达国家。

（二）完全积累式的优点

1. 权利与义务更明晰

完全积累式的医疗保险基金积累模式下，个人和家庭账户受到法律的保护，参保人员提取的保险费将累积起来供自己未来使用，缴费越多，基金积累就越多，具有储蓄的性质，这一方面有助于提高参保人员的缴费积极性，积累更多医疗保险基金；另一方面，在这种制度下参保人员权利和义务对等体现得更加显著，使得参保人员的费用意识增加，可以有效降低道德风险，减少医疗资源的浪费。

2. 能够较好地应对人口老龄化

人口老龄化是指老年人口数占总人口数的比例增加，但每个参保人员都有自己的个人或家庭账户，老人只使用自己医疗保险账户中的基金支付医疗费用，并不占用年轻人的基金。因此人口老龄化进程中，社会年龄结构的变化对于医疗保险基金的安全造成的影响不大。

3. 基金的投资运营可以为经济建设提供大量资金

医疗保险基金在完全积累式下，每个参保人员的个人账户在长达十几年甚至数十年的积累下，可以形成一笔长期存在的资金，全社会所有参保人员的个人账户基金加总起来，是一笔更加庞大的巨额基金。为了应对未来的医疗费用风险，这些基金必须进行投资运营以实现保值增值，从而为经济建设，尤其是具有长期效益的基础设施建设提供了大量的资金，有助于推动国民经济的发展。

（三）完全积累式的缺点

1. 缺乏互助共济性

完全积累式是通过建立独立且不受他人侵占的个人账户来激励参保人员进行医疗保险基金积累，参保人员只能使用自己的个人账户资金来支付医疗费用，不同参保人员之间缺乏互助共济性，不利于单个的参保人员承受巨额医疗费用负担。

由于缺乏互助共济和收入再分配功能，个人账户在建立初期，其支付能力必定有限，只有经过一定时间的积累，才能有效发挥支付医疗费用的作用，不利于建立医疗保险制度在民众中的地位和信誉。

2. 基金面临保值增值压力

在完全积累式下，个人医疗保险账户中的基金往往要经过多年的积累，以应付未来若干年不断增长的医疗保险支付额，在此期间通货膨胀会使原有的巨额基金贬值，影响保障功能的发挥。一般采取对医疗保险基金进行投资运营的方式来实现保值增值，基金的投资运营容易受到国家经济发展情况、金融政策、资本市场健全程度、投资者道德状况和业务水平等多因素的影响，参保人员必须面对投资亏损的巨大风险与基金漏损风险。

3. 基金管理水平要求高

完全积累下的医疗保险费率，需要根据未来较长时期内的经济发展水平、利率、通货膨胀率、卫生服务状况、人口状况、人群平均预期寿命、社会人群患病率等因素进行预期测算，然后测算出可以保证在未来相当长时间内使医疗保险基金收支平衡的平均费率，再分摊到参保人员的缴费期间中。为了使医疗保险基金保值增值，以抵御通货膨胀，还需要对其进行投资运营。如此复杂的管理、测算和投资运营工作，具有很强的专业性，需要一大批精通经济学、统计学、医学等学科的专门人才，基金的管理成本相对较高。

三、部分积累式

（一）部分积累式的含义

部分积累式（part funded pooling）又称部分基金式、混合积累式，是将现收现付式和完全积累式相结合的医疗保险基金积累模式。既考虑到近期横向收付平衡，又考虑到远期纵向收付平衡，使筹集到的医疗保险基金一部分进入统筹账户，用于支付现阶段的医疗费用，一部分进入个人账户累积起来，用于满足未来的医疗保险支付需求。这种积累模式力求兼备现收现付式和完全积累式的优点，并避免两者的缺陷，是一种折中的筹资模式。

（二）部分积累式的特点

部分积累式是一种兼顾公平与效率的制度安排，具有以下的特点。

1. 通过统筹基金体现医疗保险的互助共济功能

部分积累式能更好地抵御疾病风险，同时通过个人账户基金积累，激励参保人员缴纳保险费。这使得医疗保险制度在建立之初就能够迅速发挥作用，有利于增强参保人员对医疗保险制度的信心，并且兼顾了参保人员的个体差异，可以适应参保人员在未来不同的医疗保险支付需求。

2. 个人账户积累的基金可以满足一部分未来的医疗保险支付需求

部分积累式可以在一定程度上应对老龄化的挑战，而个人账户基金的数额与完全积累式相比也较小，保值增值的压力相对较轻。

3. 部分积累式下的医疗保险费率介于现收现付式和完全积累式之间

部分积累式既能够应付突发的巨额支付风险，又不会过分加重财政、企业和参保人员的经济负担，有利于经济的健康可持续发展，有利于缓和不同群体间和代际间的矛盾。

第四节　我国医疗保险基金筹集现状

一、职工基本医疗保险基金筹集

（一）基金筹集的性质

1. 法定强制性

为了避免逆向选择，更好地发挥医疗保险的互助共济功能，更好地保障参保者的健康权益，使全体劳动者共享发展成果，促进社会和谐稳定，我国法律规定所有用人单位和职工都必须参加职工基本医疗保险。

2011 年 7 月 1 日实施的《中华人民共和国社会保险法》第二十三条规定：职工应当参加职工基本医疗保险，由用人单位和职工按照国家规定共同缴纳基本医疗保险费。

第六十条规定：用人单位应当自行申报、按时足额缴纳社会保险费，非因不可抗力等法定事由不得缓缴、减免。

第八十六条规定：用人单位未按时足额缴纳社会保险费的，由社会保险费征收机构责令限期缴纳或者补足，并自欠缴之日起，按日加收万分之五的滞纳金；逾期仍不缴纳的，由有关行政部门处欠缴数额一倍以上三倍以下的罚款。

2. 互助共济性

社会统筹账户的设立使职工基本医疗保险打破了不同企业、不同单位间的医疗保障壁垒，实现了在相同统筹区域内的参保人员之间互助共济，共同抵御疾病风险。

3. 筹资适度性

1998 年 12 月 14 日颁布的《国务院关于建立城镇职工基本医疗保险制度的决定》（国发〔1998〕44 号）指出，城镇职工基本医疗保险的水平要与社会主义初级阶段生产力发展水平相适应，以保障广大职工的基本医疗需求为目标。因此在基金筹集阶段，在尽可能地保障参保人员待遇的情况下，不能设置过高的缴费标准，避免给企业、个人、财政造成过重的负担，以至于影响国民经济的发展。

2020 年新冠疫情期间，我国在全国范围内依法阶段性减半征收职工基本医疗保险单位缴费，2～7 月份为 975 万家参保单位累计减征 1649 亿元，其中为企业减征超 1500 亿元，有效减轻了企业负担，支持了复工复产。

（二）基金筹集的对象

职工基本医疗保险基金筹集的范围主要是城镇用人单位及其工作人员，包括企业（国有企业、集体企业、外商投资企业、私营企业等）、机关、事业单位、社会团体、民办非企业单位等，在有些省份还包括乡镇企业及其职工、城镇个体经济组织业主及其从业人员。

职工基本医疗保险费用由用人单位和职工共同缴纳。在制度实施初期，用人单位缴费率应控制在职工工资总额的 6% 左右，职工缴费率一般为本人工资收入的 2%。根据地区差异与经济发展，用人单位和职工的缴费率可作相应调整。很多地方政府对于困难地区、困难企业、改制企业和破产企业职工参加职工基本医疗保险进行适当的补贴，减轻企业和群众的困难。

对于农民工以及未与用人单位建立明确劳动关系的灵活就业人员，我国各统筹地区原则上规定其要以个人身份参保缴费，缴费率原则上按照当地的缴费率确定，缴费基数参照当地上一年职工年平均工资核定。若无法参加职工基本医疗保险，可以参加城乡居民基本医疗保险。

（三）基金筹集的方式和标准

职工基本医疗保险基金由统筹地区的税务部门和医疗保险经办机构向参保企业和参保人员个人进行征缴，主要由社会统筹基金和个人账户基金构成。职工个人缴纳的基本医疗保险费一般由企业统一代缴，缴费率一般为本人工资收入的 2%，用人单位缴纳的基本医疗保险费缴费率一般在职工工资总额的 6% 左右。2021 年 4 月 13 日，国务院办公厅发布的《关于建立健全职工基本医疗保险门诊共济保障机制的指导意见》（国办发〔2021〕14 号）要求各地改进职工基本医疗保险个人账户计入办法。在职职工个人账户由个人缴纳的基本医疗保险费计入，计入标准原则上控制在本人参保缴费基数的 2%，单位缴纳的基本医疗保险费全部计入统筹基金；退休人员个人账户原则上由统筹基金按定额划入，划入额度逐步调整到统筹地区根据本意见实施改革当年基本养老金平均水平的 2% 左右。调整统筹基金和个人账户结构后，增加的统筹基金主要用于门诊共济保障，提高参保人员门诊待遇。

职工基本医疗保险征缴的具体数额要根据社会保险缴费基数计算，社会保险缴费基数是由当地人力资源和社会保障部门根据上一年度当地职工工资总额确定的。根据国家统计局《关于工资总额组成的规定》，工资总额是指各单位在一定时期内直接支付给本单位全部职工的劳动报酬总额，包括计时工资、计件工资、奖金、津贴和补贴、加班加点工资、特殊情况下支付的工资等。

目前我国通行的计算方法是，对于用人单位，以本单位上年度在职职工月平均工资总和为缴费基数。对于参保职工，上年度月平均工资超过所在地全口径城镇单位就业人员平均工资 300% 以上的，以 300% 作为社会保险缴费基数；低于 60% 的，以 60% 作为社会保险缴费基数；在 60%～300% 之间的，以该职工上年度月平均工资作为缴费基数。个体工商户和灵活就业人员，可在全口径城镇单位就业人员平均工资的 60%～300% 范围内选择适当的缴费基数。全口径城镇单位就业人员平均工资是将城镇非私营单位和城镇私营单位就业人员平均工资加权计算得到的。

（四）基金筹集的程序

全国各地职工基本医疗保险基金筹集的程序各不相同，大体有以下几点。

1. 参保单位上报相关材料

新成立的用人单位自成立之日起 30 日内持营业执照、登记证书、组织机构代码证和法人身份证复印件，向统筹地区的医疗保险经办机构申请办理医疗保险参保登记。

参保单位需要根据规定的缴费基数计算口径，在每年年初向所属地的税务部门或医疗保险经办机构上报本单位上一年度的职工工资总额，以及在职职工工资性收入和退休人员退休金，在每年的第四季度到所属地的税务部门或医疗保险经办机构办理下年度医疗保险续保缴费手续。

2. 医疗保险费核定

医疗保险经办机构或税务部门根据有关规定，对参保单位填报和提交材料的相关性、完整性、准确性进行认真审核。并根据当地规定的缴费基数和缴费比例计算应征缴的医疗保险费，确认无误后通过缴费通知单等形式通知参保单位。

3. 参保单位缴费

参保单位在规定时限内足额缴纳职工基本医疗保险费，缴费发票由所属医疗保险经办机构或税务部门负责开据并及时发放到参保单位。

（五）基金收入概况

我国职工基本医疗保险基金收入概况详见图 6-1。

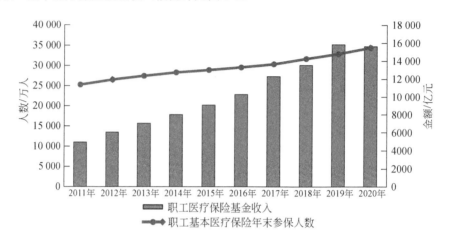

图 6-1   2011～2020 年我国职工基本医疗保险参保人数与基金收入概况

数据来源：国家统计局

二、城乡居民基本医疗保险基金筹集

（一）基金筹集的性质

为实现基本建立覆盖城乡全体居民的医疗保障体系的目标，我国于 2003 年建立新型农村合作医疗制度，2007 年建立城镇居民基本医疗保险制度，分别覆盖农村居民和非从业城镇居民。2016 年起，为了进一步推进医药卫生体制改革、实现城乡居民公平享有基本医疗保险权益，促进城乡经济社会协调发展，在深入总结地方探索实践经验的基础上，我国开始整合城镇居民基本医疗保险和新型农村合作医疗两项制度，建立统一的城乡居民基本医疗保险制度。其基金筹集有以下性质。

1. 自愿性

城乡居民基本医疗保险制度是直接关系广大群众切身利益的重大民生工程，充分尊重群众意愿，坚持自愿原则，在制度设计上注重政策的吸引力，鼓励连续缴费，同时积极开展舆论宣传工作，得到广大群众和社会各界的理解和支持，我国参加城乡居民基本医疗保险人数在 2020 年已达到 101 677 万人。

2. 福利性

城乡居民基本医疗保险实行个人缴费和政府补贴相结合。享受最低生活保障的人、丧失劳动能力的残疾人、低收入家庭六十周岁以上的老年人和未成年人等所需个人缴费部分，由政府给予补贴。在各地实践中，城乡居民基本医疗保险的筹资方式以个人缴费为主，政府给予适当补助。参保居民按规定缴纳基本医疗保险费，享受相应的医疗保险待遇，有条件的用人单位可以对职工家属参保缴费给予补助。同时，国家对个人缴费和单位补助资金制定相应的税收鼓励政策。

3. 发展性

我国各地区经济发展水平不一，成年人和未成年人等不同参保人员的基本医疗消费需求和经济承受能力也存在差异，为了吸引更多人参保，以最大限度地发挥医疗保险互助共济的功能，保障基本医疗需求，城乡居民基本医疗保险的筹资水平相比职工基本医疗保险来说整体较低。随着经济发展和群众收入水平的提高，我国正在探索完善筹资动态调整机制，使个人缴费标准与城乡居民人均可支配收入相衔接，力争在精算平衡的基础上，逐步建立与经济社会发展水平、各方承受能力相适应的稳定筹资机制。

（二）基金筹集的对象

我国规定，职工基本医疗保险制度覆盖范围以外的全体城乡居民都可自愿参加城乡居民基本医疗保险。各地都不断完善参保方式，促进应保尽保，避免重复参保。

（三）基金筹集的方式和标准

城乡居民基本医疗保险缴费实行个人缴费与政府补助相结合的方式，鼓励集体、单位或其他社会经济组织给予扶持或资助。参保居民按规定向所在地的税务部门或医疗保险经办机构缴纳基本医疗保险费，享受相应的医疗保险待遇，有条件的用人单位可以对职工家属参保缴费给予补助。国家对个人缴费和单位补助资金制定税收鼓励政策。

对按时缴费的参保居民，由中央财政和地方财政每年按一定标准给予补助，并对中西部地区参保人员、低保对象、丧失劳动能力的重度残疾人、学生和儿童参保缴费部分加以倾斜。财政补助的具体方案由财政部门与劳动保障、民政等部门研究确定，补助经费纳入各级政府的财政预算。由中央及地方各级财政承担的补助资金，按照国家有关政策要求，实行按年度从国库集中支付，在参保者个人缴费到位后，各级资金直接下达统筹地区财政社会保险专户。2015~2020年，我国城乡居民基本医疗保险的财政补助标准稳步提高，达到人均380元、420元、450元、490元、520元、550元。

（四）基金筹集的程序

从全国各地的实施情况看，城乡居民基本医疗保险基金筹集的工作流程不尽相同，但主要都包括以下三方面。

1. 登记与申请

符合参保条件的城乡居民持有效身份证件及其他资料，到城市社区居委会或农村村民委员会等基层机构的社会保障工作平台办理参保登记手续，申请受理。享受城市低保或农村五保待遇的城乡居民需提供低保证原件及复印件；重度残疾城乡居民需提供残疾证原件及复印件。各类学校及幼儿园也可为学生集中办理登记手续。

2. 审核

基层社会保障工作平台对参保人员身份、缴费标准等进行初审，并上报县区级医疗保险经办管理部门审批，由医疗保险经办管理部门复核。

3. 缴费

对于符合参保条件的参保人员，由医疗保险部门或受委托开展征缴工作的单位向参保人员发出缴费通知，参保人员根据通知要求向税务部门或医疗保险经办机构按当地规定的缴费标准缴纳保险费。

医疗保险费原则上按年收缴，保险费将进入城乡居民基本医疗保险基金收入财政专户，收费单位应出具统一的缴费票据，并由经办机构向参保人员发放城乡居民基本医疗保险证或保险卡，作为参保人员就医及报销时的有效凭证。

随着我国互联网与移动通信技术的飞速发展，以及医疗保障信息化建设的深入开展，城乡居民基本医疗保险的缴费手段日益多元化，如自助缴费、代征单位、委托银行代扣或各地办税服务厅，全国大部分地区参保人员已经能实现在规定时间段内随时随地缴费。

（五）基金收入概况

我国城乡（镇）居民基本医疗保险基金收入概况详见图6-2。

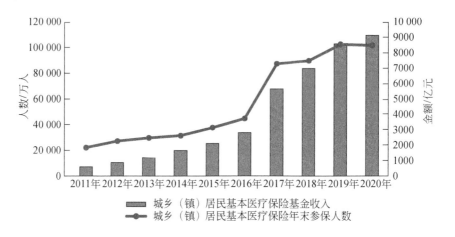

图6-2　2011～2020年我国城乡（镇）居民基本医疗保险参保人数与基金收入概况

资料来源：国家统计局、国家医疗保障局、人力资源和社会保障部

注：2016年以前，本图数据只包括城镇居民基本医疗保险；2016年起，各地新型农村合作医疗基金开始并入城乡居民基本医疗保险

三、其他衍生的医疗保险基金筹集

（一）城乡居民大病保险

城乡居民大病保险，是在基本医疗保障的基础上，对大病患者发生的高额医疗费用给予进一步保障的一项制度性安排，可进一步放大保障效用，是基本医疗保障制度的拓展和延伸，是对基本医疗保障的有益补充。大病保险保障对象为城乡居民基本医疗保险的所有参保人，资金全部来源于财政补助，不需要个人额外缴纳。

（二）长期护理保险

我国探索建立长期护理保险制度，是应对人口老龄化、促进社会经济发展的战略举措，目前针对职工医疗保险参保人员，且该制度仍处在试点阶段。根据国家医疗保障局、财政部《关于扩大长期护理保险制度试点的指导意见》规定：长期护理保险资金筹集以单位和个人缴费为主，单位和个人缴费原则上按同比例分担，单位缴费基数为职工工资总额，起步阶段可从其缴纳的职工基本医疗保险费中划出，不增加单位负担；个人缴费基数为本人工资收入，可由其职工基本医疗保险个人账户代扣代缴。

四、我国医疗保险基金筹集的问题与对策

（一）我国医疗保险基金筹集的问题

1. 统筹层次有待提高

目前我国医疗保险基金大部分是市级统筹，对于医疗保险基金的健康运行存在不利影响：①不符合"大数法则"，限制了医疗保险体系风险共担作用的发挥，影响基金的抗风险能力；②不同经济发展水平和不同人口年龄结构的统筹地区之间，以及同一个地区不同人群之间的医疗保险筹资水平也有失公平，使不同地区、不同制度下的参保人员无法公平地享受待遇；③统筹单位过多也增加了参保人员异地就医结算和医疗保险关系转移接续的管理服务成本，容易造成医疗保险基金的流失，并阻碍劳动力自由流动。

2. 全民参保面临新挑战

就业形态发生深刻变化。与传统的标准就业或正规就业相比，灵活就业成为越来越多劳动者的选择。以互联网为平台，网约车、外卖、微商、直播等各种新业态呈爆发状态，与之相适应，"一仆多主"、"无主用工"、"租赁员工"、"共享员工"等多种新业态就业方式并存，这使以标准或正规劳动关系为基本依据的职工基本医疗保险很难适应，从而需要不断调整。

3. 依法征缴力度有待加强

①在医疗保险的各个环节中，人们往往重视基金支付的监管而轻视筹资监管，很多地区用人单位的参保人数、缴费基数等全凭自报，缺乏审核。②个别用人单位从自身利益出发，按照最低工资标准或者少报、瞒报职工实际工资的方式，压低缴费基数，从而减少医疗保险基金缴纳。③一些职工则出于短视，对自身权益不进行积极维护，为了增加个人收入而少缴医疗保险费用。④一些企业由于经营亏损或破产倒闭，无力缴纳医疗保险费；一些企业由于办公场所、银行账号、电话号码的变更没有及时通知医疗保险经办机构，无法被及时收费。

4. 信息化建设有待提高

①近年来，各种类型人群被纳入到医疗保险覆盖范围，如新增劳动力、外来务工人员、大学生、未成年人等，但是医疗保险经办部门对于这部分人的基础数据缺乏全面准确的掌握，影响了医疗保险扩面工作的开展和评价，在一些地方还导致流动人口重复参保问题突出，造成医疗保险基金的流失。②随着人口流动增多，医疗保险的跨省转移接续缴费需要相关医疗保险缴费信息的全国联网，提高医疗保险基金筹集的信息化水平，不仅影响着医疗保险转移接续缴费，也影响劳动力流动。

（二）我国医疗保险基金筹集的改革对策

1. 提高基金统筹层次

随着"全民医疗保险"的实现，我国医疗保险制度改革已经进入了全面制度优化的时期，建立更加公平可持续的社会保障制度，需要不断完善城乡居民基本医疗保险制度，改变医疗保险制度的"碎片化"状态。2012 年，海南省在全国率先实行城镇从业人员基本医疗保险省级统筹并建立调剂金管理制度，制度建立以来，大大缓解了基金缺口市县的支付压力。2020 年 10 月 29 日，中国共产党第十九届中央委员会第五次全体会议通过的《中共中央关于制定国民经济和社会发展第十四个五年规划和二〇三五年远景目标的建议》指出，要"推动基本医疗保险、失业保险、工伤保险省级统筹"，医疗保险统筹区域如果提高到省级，意味着医疗保险基金共济能力和安全水平将进一步提高，从而增强医疗保险制度的公平性。

2. 做实全民参保计划

巩固和扩大基本医疗保险覆盖面，巩固与扩大基本医疗保险人口覆盖率，实现"一个不能少"

的人口全覆盖目标。职工基本医疗保险应严格按照劳动关系参保缴费，居民基本医疗保险应探索由自愿参保转为强制或自动参保。要创新经办方式，将灵活就业与新业态从业人员全部纳入医疗保险体系。

3. 依法推进医疗保险征缴工作

加强企事业单位医疗保险费缴纳情况的调查核实与台账管理。有条件的地区可以委托社会审计机构对医疗保险缴费人数和缴费工资基数进行审计，全面掌握各欠费人的欠费数额及原因，在此基础上，依据缴费人经营情况、资金状况及还欠能力等因素，建立欠费管理台账，为社会保险费征缴和及时清欠奠定基础。对逾期不缴纳社会保险费的，依法查询其存款账户，对拒不缴纳社会保险费的企业依法采取划扣缴费、担保缴费等措施强制征收。

4. 加快信息化建设，强化部门配合协作

加强与人力资源和社会保障部门、地税、财政、银行等相关部门的政策对接和数据联网工作，实现信息资源共享，做到业务数据化、管理信息化和服务网络化，促进医疗保险管理流程优化、经办业务简化，方便医疗保险基金筹集的动态精确管理，并降低参保单位和参保人员的办事成本和难度。

充分利用信息技术和互联网+成果，改变以往单一的征缴方式，多渠道、全方位实现城乡居民医疗保险立体征缴方式。通过委托基层组织集中代征、税务自助窗口、网上电子税务局、商业银行（信用社）网点、移动 POS 机、手机 APP 等渠道，让参保者依据自身需求选择合适的方式缴费，实现足不出户完成缴费，提升征缴效率，降低征缴成本，提高基金管理透明度。

5. 加强医疗保险政策的宣传

社会保险经办管理部门要采取集中宣传与日常宣传、上门宣传与会议宣传、部门宣传与群众宣传、媒体宣传与网络宣传相结合的方式，宣传医疗保险制度的相关知识及其对改善民生、促进经济健康发展和社会和谐稳定的重大意义。让人民群众意识到医疗保险是对健康的重要保障，理解、支持、重视医疗保险参保登记和保费征缴工作；让广大劳动者重视维护自身劳动权益；增强用人单位的责任和义务；提高社会各界对医疗保险费征缴的遵从度，从而扩大医疗保险覆盖面，推动医疗保险基金筹集工作持续稳定发展。

6. 构建全面的医疗保障制度体系

居民健康意识的提高、医疗需求的增加、医疗费用的上涨、人口老龄化带来的老年群体医疗费用难题，以及突发公共卫生事件等因素给我国的基本医疗保险基金带来了压力。普通商业健康险由于投保门槛高、限制条件多，目前的覆盖率仍然偏低，不足以缓解基本医疗保险基金面临的压力。2020 年 2 月 25 日颁布的《中共中央 国务院关于深化医疗保障制度改革的意见》指出，到 2030 年，要全面建成以基本医疗保险为主体，医疗救助为托底，补充医疗保险、商业健康保险、慈善捐赠、医疗互助共同发展的医疗保障制度体系。

城市定制型商业医疗保险（俗称"惠民保"）这一保险形态的推出，是各类医疗保障互补衔接，提高重特大疾病和多元医疗需求保障水平，完善社会医疗保障体系的有益探索。2015 年，深圳市首次推出"重特大疾病补充医疗保险"，2020 年，"惠民保"在全国遍地开花。例如，上海版惠民保——"沪惠保"也于 2021 年 4 月 27 日正式发布，上线 31 小时后参保人数即突破 200 万。截至 2021 年 5 月 31 日，全国共推出 140 款惠民保产品，覆盖了 26 个省份。

惠民保的参与主体主要包括政府部门、保险公司、健康管理公司、保险中介公司。主要具备以下几个特点：一是产品定价低。惠民保产品价格往往比较亲民，大多数产品对所有年龄段人群采取统一定价，价格主要集中在 60 元至 120 元的区间内。基于产品保障范围、承保责任不同，各产品费率水平存在一定的浮动。二是投保门槛低。惠民保产品以"无年龄要求，无职业要求，无健康告知"为重要卖点，对于既往症人群相当友好。特定高额药品责任。三是保障水平高。惠民保产品相较于基本医疗保险的保障金额相对更高，医疗保险内住院项目的保额基本在 30 万元以上，一些产品甚至没有封顶线。四是附加健康服务多。增值服务以药品服务（送药上门、药品直付、用药随访），重疾服务（肿瘤咨询、重大疾病早筛、肿瘤早筛），咨询服务（健康咨询、慈善援助指导、处方咨询）为主，事前健康管理与服务同样是未来普惠保险发展的重要方向。

虽然惠民保也存在着低价恶意竞争、主体责任待明晰、政策持续性待确定、虚假或夸大宣传等问题，但其仍然是建立与完善我国特色医疗保障制度、构建多层次健康保障体系、减轻群众就医负担、增进民生福祉、维护社会和谐稳定的重要探索。2021 年 5 月，中国银行保险监督管理委员会发布《中国银保监会办公厅关于规范保险公司城市定制型商业医疗保险业务的通知》，鼓励保险行业积极参与多层次医疗保障体系建设，有效发挥市场机制作用，同时对定制医疗保险的保障方案制定、经营风险、业务和服务可持续性，以及市场秩序等方面提出了明确要求。

1. 筹集医疗保险基金应当遵循哪些原则？

2. 医疗保险基金的来源渠道有哪些？

3. 比较医疗保险基金的几种筹资方式。

4. 医疗保险基金的积累模式主要有哪些？各有什么优缺点？

5. 结合实际案例，谈谈我国医疗保险基金筹集存在的问题及对策。

（周 一 朱晓宇）

第七章 医疗保险基金支付管理

内 容 提 要

　　医疗保险基金的支付是医疗保险基金管理的重要一环，本章首先对医疗保险基金支付的内涵、原则和作用进行了阐释，分析了医疗保险基金支付的模式与分类，在此基础上详细描述了针对医疗服务需方与供方不同的支付方式，通过国内外医疗保险基金支付方式的改革阐明了我国未来支付方式改革的方向。

第一节　医疗保险基金支付原则与作用

一、医疗保险基金支付的含义

　　社会医疗保险制度作为现代社会保障体系的重要组成部分，在保障参保人医疗权益、分担疾病风险、提升保障水平等方面，发挥着积极的作用。社会医疗保险基金的运营，尤其是社会医疗保险基金的给支付，是社会医疗保险制度实践的关键步骤。由于社会医疗保险基金偿付的公平性直接影响到参保人的医疗利益，而且医疗保险基金给支付有效性更是直接反映了基金支付的价值。以《国务院关于建立城镇职工基本医疗保险制度的决定》为标志的社会医疗保险制度建立后，社会医疗保险基金的支付对人们的医疗活动和行为的重要性开始显现，社会医疗保险基金偿付与费用控制逐渐成为社会医疗保险基金管理的重点。1999 年 6 月 29 日劳动和社会保障部等部委下发了《关于加强城镇职工基本医疗保险费用结算管理的意见》，明确指出了我国城镇职工基本医疗保险费用的支付方式。随后在 6 月 30 日又出台了《关于确定城镇职工基本医疗保险医疗服务设施范围和支付标准的意见》对社会医疗保险基金的偿付范围和标准进行了更深入的强调和规范。2009 年 7 月国家人力资源和社会保障部更是出台了《关于进一步加强基本医疗保险基金管理的指导意见》的文件，文件指出增强基本医疗保险基金共济和保障能力，强化基本医疗保险基金管理，创新管理机制，提高基金的使用效率。此时，医疗保险基金使用的效率及效果已经成为关系我国医疗保险制度的可持续发展的重要影响因素。

　　基本医疗保险制度的建立对于保障人们的疾病风险，维持自身和社会发展具有不可替代的作用，而医疗保险承担医疗费用、抗御疾病风险的功能最终都是通过医疗保险基金支付来实现的。目前医疗支出在各类支出中所占的比重越来越大，伴随而来的是世界各国医疗保险支出费用呈现出过快的增长，各国财政都感到不堪重负。如何控制医疗费用过快增长已经成为世界各国共同面临的一个难题。世界范围内的各国无不重视医疗保险支付制度的改革和完善，将其作为本国医疗保险制度改革的重点。在我国实施的基本医疗保险制度中，医疗保险基金支付方式由于成为控制医疗费用上涨的瓶颈而备受关注。寻求在科学合理有效地控制医疗费用过快增长同时又能促使医院补偿机制进入良性循环的策略已成为世界各国医药卫生改革深入探索研究的课题。

　　医疗保险基金给支付指医疗保险机构作为主要付费方，对被保险人患病后获得医疗服务所发生的医疗费用，按照保险合同条款或法规在保险范围内给予部分或全部经济补偿，是医疗保险分担疾病负担，保障被保险人身心健康的重要手段。医疗保险费用支付的途径和方法则称为社会医疗保险费用支付方式。医疗保险费用支付模式是针对医疗保险费用结算所采取的方式和方法的总称。

医疗保险基金的支付存在供方和需方两个维度。对需方而言，医疗保险基金支付费用是指参保人群按规定在患病时获得的医疗补偿费用的总和，包括参保人员在门诊期间发生的医疗费用以及在定点零售药店发生符合规定的零售药品费用（从个人账户支付）和参保人员在住院期间发生的医疗费用以及部分特殊疾病门诊医疗费用（从医疗保险统筹基金中支付）；对供方而言，医疗保险基金支付费用是对医疗服务提供者为参保人提供的医疗服务所消耗的卫生资源的补偿。

二、医疗保险基金支付的原则

传统的医疗保险基金给支付建立在施控主体与被控客体的对立关系上。而一个好的合理的支付方式是把费用控制与有关各方的经济利益结合起来，使被控客体变成了自我控制的控制主体，使医疗机构的目标和医疗保险的目标相统一，促使医疗机构获取利益的能动过程成为为患者提供更多、更好服务的过程，从而实现医、保、患三方的共赢。为实现这样的目标，必须制定医疗保险基金支付的原则。

（一）坚持量入为出，收支平衡的原则

合理的医疗保险支付方式要维持统筹基金的收支平衡，促进医疗保险制度的良性运行和可持续发展。医疗保险机构对医疗费用的支付，只能小于或等于可支付的总额，不得超过医疗保险基金的筹资总额。宏观上说是要提高有限卫生资源利用的公平性、效率和效益，动态寻求医、患、保三者的利益支撑点，在动态中保持平衡。合理的医疗保险支付方式需要形成一个科学有效的供方制约机制，适度制约医疗保险供方的医疗行为和费用行为，找准供需双方制约的平衡点，做到引导和规范医疗服务提供方行为，另外，医疗保险支付制度改革与诊疗规范细化完善、质量保证体系建设相结合，兼顾费用控制与质量提高，保障参保人的基本医疗权益。

（二）体现共济性原则

虽然社会医疗保险基金来源于社会上不同行业性质的用人单位和不同年龄段的个人缴纳的分散资金，但它却只为患病时需要进行诊断治疗的少数参保人支付费用，因而医疗保险基金具有社会共济性。我国社会医疗保险基金的筹资模式为"社会统筹与个人账户相结合"，就体现了在社会群体中，医疗费用共济、疾病风险共担的特点。医疗保险基金的共济性的特点就要求在基金的偿付上要有共济意识，要更有效率，通过有效的管理使有限的基金能服务于更多更广的人群，满足全体参保人对于医疗服务的需求。

（三）坚持支付的可及性原则

医疗保险基金的支付涉及医疗保险、医药卫生、社会经济的协调发展问题，不仅要定性地考虑协调发展的政策导向、措施，还直接涉及社会经济发展、卫生费用等量化问题。没有哪一种支付方式是最好的，任何具体情况中的最好的方法都是和其他的具体条件分不开的。一种供方支付方式是否能够成功实施取决于特定支付方式赖以生存的社会、经济环境及特定的医疗保险制度。如经济环境不稳定的地区，将直接威胁预付制的实施，在财务管理和计算机应用落后的地区实施按病种付费的方式几乎是不可能的。所以支付方式的改革要符合各地医疗保险的实际情况，在经济条件、管理水平可及的范围内设置支付办法。支付方式应模式化、程式化，以利于操作，同时应改进医院医疗保险结算流程，提高医院医疗保险结算效率，提高医疗保险服务质量。

（四）坚持系统协调的原则

医疗保险基金支付制度改革是一个系统工程，需要多方配套与协调，其中最重要的是四个方面：

一是实施区域卫生规划，控制卫生资源的无序扩张；二是医疗服务价格体系改革，使价格反映医疗服务的真实成本；三是建立和实施统一的诊疗规范体系和疾病分类体系，为规范、监管医疗行为和制订支付标准提供科学依据；四是质量保证体系，防止因费用控制而损害质量。这些配套措施的改革本身就非常复杂，面临诸多矛盾。在这些配套措施尚未到位的情况下，进行医疗保险支付改革必然面临很多困难。

（五）坚持支付方式的科学性和稳定性

支付方式要符合医疗保险费用支付的发展方向，具有严格、科学的计算程序。应根据医疗机构的级别、规模、提供医疗服务的数量以及医疗服务特点，对医疗机构进行分组，不同组别应用不同支付方式。同时支付方式的调整，应考虑卫生资源的配置，实现社区医院和综合性医院的均衡发展。

选择建立支付方式时，要掌握各种支付方式的特点，将几种不同的基本支付方式相混合，抵消某一特定基本支付方式的负面动机，保留各自的优点，把握几种支付方式的科学组合，这样才能构造出较好的支付方式。当然，支付方式的选择是谨慎而缜密的，对于某一区域来说，不能频繁地改变支付方式，应保持支付方式的连续性和稳定性。

（六）保基本的原则

社会医疗保险制度是为维护广大百姓的基本健康而建立起来的，属于较低水平的医疗保障制度，在该制度的覆盖下，每一位参保人的基本医疗服务需求都应该被满足。因而社会医疗保险基金的支出应该体现出保基本的原则。而医疗保险基金是来源于全社会的有限资源，在基金的使用和支出方面就尤为小心。要关注基本医疗需求的满足情况，对社会医疗保险基金的管理尤其强调费用意识，必须把基金用在适当的地方，重在满足参保人恰当的医疗需求。在管理过程中要控制医疗保险基金的支出，确保合理支出，严防过度医疗的发生。

三、医疗保险基金支付的作用

（一）维持医疗保险制度的稳定

在基本医疗保险制度运行中，医疗保险基金支付方式是医疗保险经办机构与定点医疗机构和定点零售药店基本医疗保险费用支出管理、确保统筹基金收支平衡的重要政策措施。医疗保险基金支付方式会影响到医疗服务提供方的医疗行为，并对费用控制、资源配置、医疗质量以及卫生服务过程中的效率、公平产生明显的导向或者制约作用。通过对医疗保险基金的支付管理的深入研究，分析各种支付方式的利益得失和实际效果，对于有效地控制医药费用，防范医疗保险基金支付环节中的风险，保障参保者的基本医疗需求，确保医疗保险制度平稳运行至关重要。

（二）保证医疗保险基金的可持续性

被保险人的个人负担能力和国家的财政水平决定了医疗保险基金的筹集应在一个适当水平，也决定了医疗保险基金的相对有限性，而医疗卫生资源的有限性与医疗需求的无限性也要求医疗保险基金不能无限制的流出，所以收支平衡是医疗保险基金正常运行的前提条件，其核心内容是"以收定支，量入为出，收支平衡，略有节余"，通过确立合理的支付方式、支付标准和水平，以维持医疗保险基金的收支平衡，保持医疗保险的可持续发展。

（三）调控卫生资源的合理配置与利用

医疗保障体系已经成为绝大多数国家卫生资源配置的主要形式，医药卫生体系以社会医疗保障体系为中心进行设计和运作。医疗资源的有限性要求社会医疗卫生体系要实现资源的最优配置，而人类医疗服务需求的无限性，则要求医疗保障应实现公平性，这种矛盾就要求医疗卫生资源的分配既要有效率，又要有公平性。合理公平、有效率的医疗保险支付方式是解决这一矛盾的出路。如支付制度向社区卫生服务倾斜，就激励卫生资源向社区卫生服务机构流动。

（四）合理引导医疗服务提供方的医疗行为

合理的支付方式是有效控制卫生费用，保障患者健康，正确引导供需双方行为，控制道德风险的关键。对供方而言，服务的数量和质量随着支付方式和标准的变化而变化，对医疗服务提供方较少约束的支付方式容易诱导医生滥用医疗项目，造成医疗费用支出大量增加；有较强约束力的支付方式有利于控制费用，合理施治，但由于对医生缺少激励措施，可能会导致服务质量下降。因此在保证医疗服务质量和控制医疗费用之间寻找到一个平衡点，通过整合并运用有限的资金，购买并合理补偿医疗服务，进而实现有限基金与疾病保障需求和医疗资源供给的最优配置是研究支付方式重要的现实意义。

第二节　医疗保险基金支付模式与分类

一、医疗保险基金的支付模式

当前国际上运用的医疗保险基金支付模式大体可以分为以下三种。

（一）集中统一的支付模式

集中统一的支付模式即单一偿付人模式，是指在一个国家或一个地区，医疗保险基金集中于单个偿付人，并由该偿付人将医疗费用统一支付给每一医疗服务提供者。该模式主要适用于实施国家医疗保险制度的国家，该模式的特点是计划性较强，医疗保险机构对医疗服务提供者的行政干预和控制比较强，由于由单一的偿付人支付，因此管理成本一般比较低，例如，加拿大全民医疗保险制度的管理费用仅占医疗总费用的 2%。

集中统一的支付模式按照支付人的层次，可以有三种类型。

1. 联邦政府作为单一支付人模式

该模式以英国为代表，其特点是医疗保险基金由联邦政府直接掌握，并由联邦政府作为单一偿付人。该模式的优点是有利于医疗费用的总量控制，使医疗卫生费用保持在一个稳定的比例水平，使医疗保险事业、医疗卫生事业和社会经济发展三者之间能较好地协调。缺点是由于是以国家预算的形式拨款，没有固定的医疗保险基金，使得医疗保险不得不与其他社会经济计划竞争政府预算，特别是在经济不景气时，医疗保险基金预算难以保证，不利于切实保障居民的医疗需求，阻碍卫生事业的发展。

2. 省政府作为单一偿付人模式

该模式以加拿大为代表，其特点是医疗保险基金可能来源于省级政府的税收，或是联邦和省级政府的两级税收，资金来源充足。省政府作为单一偿付人，以省级预算的形式分配医疗保险基金，自主决定医疗服务供给的支付方式。该模式与联邦政府作为单一偿付人相比，国家财政压力较轻，灵活性较高，有利于发挥省政府的主动性与积极性。缺点是难以控制国家的医疗卫生总费用。

3. 地方政府作为单一支付人模式

该模式以瑞典为代表，其特点是医疗保险基金来自于地方政府的税收，按照与医疗服务供给者协商确定的预算总额，统一支付给医疗服务提供者。其优点是地方税收与居民所得到的医疗保障直接相关，便于人们衡量和评价医疗保险的效率，加强民众对医疗保险机构和医疗服务供给者的监督，也有利于初级卫生保健。缺点是以市或县为单位，保险的统筹面较窄，抗风险能力较弱，且由于不同地区之间经济发展不均衡导致不同地区的居民医疗保障的水平存在差异。

（二）比较集中的准统一支付模式

该模式是指医疗保险基金通过多渠道筹集，最终集中到一定的社会医疗保险机构，由他们按照全国统一的给支付标准，与医疗服务供给者组织商定支付费用和支付方式。该模式主要实行于实施全民社会医疗保险的国家，如德国、法国。该模式的优点在于：①有利于控制医疗费用，因为定价的方法是由医疗保险机构与医疗服务供给者协商确定；②由统一的医疗保险机构控制医疗保险基金，可以根据需求调整医疗服务系统的规模，并可根据区域卫生规划改变资源投入的方向，优化资源配置；③医疗保险的管理成本较低。德国、法国等国家管理费用占医疗卫生费用的比例一般为 5%。缺点是卫生资源的配置数量与总类低于实际需求量，高新技术的利用受到一定程度的影响。

（三）分散独立的支付模式

分散独立的支付模式是在公、私立医疗保险并存，或以私人保险为主的多元医疗保险体制下，存在多个分散、独立的医疗保险机构，因为其费用相应地由多个分散独立的偿付人给医疗服务供给者。该模式与前两种模式相比，由于支付渠道较多，控制点分散，因而难以有效控制医疗总费用的过度增长，同时由于各个医疗保险机构各自为政，机构之间竞争激烈，耗费大量的管理费用。例如，美国管理费用占医疗保险总费用的比例高达 15%，远远高于其他两种模式的国家。

总之，医疗保险基金支付的模式体现了一个国家医疗保险制度中医疗保险机构与医疗服务系统之间的关系，反映整个医疗服务市场的运行机制，即医疗保险资金是以集中计划配置为主，还是以分散独立的市场竞争为主，还是介于两者之间。同时它还决定了医疗服务供给者的总体投入水平，从而决定着国家卫生费用总量及增长的速度。

二、医疗保险基金支付的分类

（一）按支付水平分类

按支付水平不同医疗保险基金支付一般可以分为两类：①全额偿付，即医疗费用全部由医疗保险机构偿付，被保险人享受免费医疗；②部分偿付，即医疗保险机构仅承担部分医疗费用，规定被保险人自负一定比例的医药费用。全额支付虽然有利于医疗保险的公平，但是被保险人的费用控制意识差，易出现道德损害，难以形成有效的需方制约机制。部分给付包括起付线、按比例支付、封顶线等。

（二）按支付内容分类

按支付内容不同医疗保险基金支付分为两类：①向服务提供者支付。简言之，就是对医生的支付方式。在西方很多国家医生属于自由职业，不隶属于任何医疗机构，所以医疗保险机构必须对医生付出的劳动给予补偿，如工资制。②向服务提供支付，是指医疗保险机构对医疗服务给予相应的补偿。通常包括对门诊医疗服务、住院医疗服务的支付以及根据药品、康复、护理等特点设置的专门的支付方式。

（三）按支付主体分类

按支付主体不同医疗保险基金支付可以分为两类：①一体式，即医疗保险机构和医疗服务提供者结为一体，既负责为被保险人提供服务，又负责医疗费用的筹资和偿付，美国的健康维持组织（HMO）就是此模式；②分离式，是指医疗保险机构和医疗服务机构相互独立，前者负责医疗保险费用的筹集和支付，后者负责提供医疗卫生服务。

（四）按支付时间分类

依照支付的时间先后不同可以将支付方式分为预付制和后付制。

（1）预付制指在医疗服务发生之前，医疗保险机构按预先确定的支付标准，预先向被保险人的医疗服务机构支付费用，常见的预付制有总额预付、按服务单元付费、按人头付费等。

（2）后付制指在医疗服务发生之后，根据供方提供的医疗服务数量和费用给予补偿，最典型的就是按服务项目付费。

（五）按支付对象分类

按支付对象不同一般医疗保险基金支付可以分为两类：

（1）向被保险方支付费用，即被保险人在接受医疗服务时，先由被保险人向医疗机构支付费用，然后按保险合同条款规定的偿付范围和偿付比例从医疗保险机构得到报销。该方式属于间接支付，对需方的制约力比较大，但医疗保险机构与医疗机构不直接发生费用关系，故难以有效控制供方的诱导需求，费用控制效果较差。例如，我国原来的公费和劳保医疗。

（2）向提供医疗服务的医疗机构支付费用，即指医疗保险机构按照医疗机构的服务数量与服务内容，直接向医疗机构支付费用。目前大多的社会医疗保险采取的是这种方法。

目前我国主要采取的保险方与被保险方共同偿付费用的方式，也就是共付制。

第三节　需方医疗保险支付方式

一、需方支付对医疗费用的作用

社会医疗保险制度的实践主要是通过社会医疗保险基金来实现的，尤其是通过社会医疗保险基金的偿付来体现对参保人的医疗保障。因此社会医疗保险基金的偿付水平反映了社会医疗保险制度的保障水平。根据 1998 年国务院发布的《国务院关于建立城镇职工基本医疗保险制度的决定》（国发〔1998〕44 号）中的规定：统筹基金和个人账户要划定各自的支付范围，分别核算。要确定统筹基金的起付标准和最高支付限额，起付标准原则上控制在当地职工年均工资的 10%左右，最高支付限额原则上控制在当地职工年平均工资的 4 倍左右。起付标准以下的医疗费用，从个人账户中支付或由个人自付。起付标准以上、最高支付限额以下的医疗费用，主要从统筹基金中支付，个人也要负担一定比例。超过最高支付限额的医疗费用，可以通过商业医疗保险等途径解决。统筹基金的具体起付标准、最高支付限额以及在起付标准以上和最高支付限额以下医疗费用的个人负担比例，由统筹地区根据以收定支、收支平衡的原则确定。《国务院关于建立城镇职工基本医疗保险制度的决定》中提出了定额自付、起付线、最高限额三个额度，对社会医疗保险基金具体的偿付等级做出了规定。同时，《国务院关于建立城镇职工基本医疗保险制度的决定》中还规定了基本医疗保险的水平要与社会主义初级阶段生产力发展水平相适应的原则。因此，我国社会医疗保险的偿付水平不仅要与经济社会的发展水平相适应，还要根据基金的承受能力来确定。既不能完全照顾少部分人的过高医疗消费需求，而造成基本医疗保险基金超支；也不能单纯追求医疗费用的低偿付而忽略社会公众的正常医疗需求。社会医疗保险的偿付水平要表现得既合理又合情。

需方的费用支付方式是指参保人向医疗服务提供方支付费用的方式，主要包括起付线、按比例分担、封顶线以及上述三种方式的不同组合。在社会医疗保险制度下，医疗服务需求方存在过度医疗的倾向，第三方付费的存在使得他们没有动力去约束自己的就医行为。在医、保、患之间信息不对称的情况下，需方社会医疗保险的费用控制主要是通过对患者就医进行监督约束和增加患者节约费用的动力机制来实现。对患者的监督主要由医疗保险机构进行，增加患者节约费用的动力主要是通过让患者承担部分医疗费用来达到激励。当然监督和激励发挥的作用都是有限的，因此通常会把两者结合起来使用。

需方医疗保险费用控制主要是通过对患者就医进行监督约束和对偿付方式的管理来实现的。监督约束主要是包括对治疗前、治疗过程中和治疗结束后的监督。在偿付方式上，结合医疗保险的实践经验，现在各个国家都采取各种各样费用分担的办法来取代全额偿付，避免医疗资源过度使用，变全额偿付为部分偿付，这一改变将对需求方产生节约费用的动力，降低了需方的道德风险。主要有以下几种办法：起付线、封顶线、按比例分担和混合支付。我国城镇职工医疗保险制度将社会统筹与个人账户相结合，形成了具有中国特色的医疗保险模式。统筹账户主要是用来支付治疗大病及特殊疾病的费用；个人账户主要用于支付一般门诊费用或自购药品费用。同时按照当地职工的平均工资水平规定了起付标准和最高限额。我国的保险模式在保障国民健康方面发挥了重大作用，但是由于统筹制度本身具有的缺陷以及其他方面的原因，在现实执行中仍然存在一些问题及难点。

二、需方支付方式

（一）起付线

起付线又称扣除法，它是由社会医疗保险机构规定医疗费用支付的最低标准。参保人在患病时先自付医疗费用，当医疗费用超过所制定的最低标准时，超过部分由社会医疗保险机构支付。一般而言，对富有价格弹性的医疗服务设置较高的起付标准，对缺乏弹性的医疗服务设置较低的起付标准。起付标准应该定多高，一般认为以适合人们的承受能力和有效增强患者的医疗费用意识为宜。目前我国医疗保险普遍实行的起付线基本上按照《国务院关于建立城镇职工基本医疗保险制度的决定》（国发〔1998〕44号）要求，将起付线统一设置在当地社会平均工资的10%左右。起付线俗称"门槛费"，可以分为三种类型：①年度累计起付线法；②单次就诊起付线法；③单项目（一般为特殊医疗项目）费用起付线法。

年度累计起付线法在医疗费用控制中，能够限制一部分非必需医疗需求的发生。缺点是容易引起费用超"线"后的需求"反弹"，如超过年度起付线后，被保险人对发生的医疗费用不再承担经济责任，将可能随意就诊，过度利用医疗服务，就诊次数和医疗费用难以控制。采用单次就诊起付线，能够较好地控制就诊次数，但单次就诊起付线法和单项目费用起付线法也可能使部分需要照顾的低收入人群、老年人群增加经济负担，制定起付线标准时，应考虑这些脆弱人群的支付能力，或者同时采用最高自付限额法。

（二）按比例分担法

按比例分担法（共付法）指社会医疗保险的参保人患病时，其医疗费用由医疗保险机构与患者各自按一定比例共同负担，这一比例又称共同负担率或共同付费率，通常的说法就是患者必须自己出一定比例的费用。一般情况下，对需求价格弹性较大的医疗服务应该选择较大的自付比例。根据国际研究表明，个人共付比在达到20%左右时，将对需方的需求产生明显的压制，使需方在使用需求价格弹性较大的医疗服务时能够理性判断。在我国制定医疗保险报销目录时，尤其是在诊疗项目目录上，国家对部分易滥用、价格弹性较高的，统一设定了共付比。

不论发生多少医疗费用，被保险人和保险人共同按一定比例分担费用。分担比例可以恒定，也可以随医疗费用额变动而递减或递增。只要比例适当，参保患者自付费用的绝对值随医疗费用的增加而增加，能够有效地增强被保险人费用控制的意识。

（三）最高支付限额

最高支付限额是指对于患者的医疗费用补偿设置一个最高限额（封顶线），超出这个限额医疗保险机构不再支付，超出封顶线的部分由患者自付，要保证选择合理的最高限额，就是应该适应参保人和保险机构的承受能力，兼顾保险和激励。按《国务院关于建立城镇职工基本医疗保险制度的决定》规定，国内各统筹地区最高支付限额设定在当地社会平均工资的4倍左右。

三、城镇职工基本医疗保险统账结合的费用支付结构

1998年12月14日《国务院关于建立城镇职工基本医疗保险制度的决定》规定，我国城镇职工基本医疗保险制度实行"社会统筹和个人账户相结合"的模式。在具体运行上，个人账户主要用于门诊支付，基本上实行按实支付；统筹基金主要用于住院支付，当前运行的各种医疗保险费用支付方式主要针对统筹基金对医疗费用的支付。统账结合的医疗保险基金结构决定了医疗保险费用支付的制度结构。医疗保险费用支付必须在统账结合的框架内进行，统账支付范围划分标准、支付比例、运行方式等都是支付方式的重要组成部分，从而影响了支付方式的设计。尽管医疗保险基金分为个人账户和统筹基金两部分，但是并不一定意味着医疗保险基金的支付必须两部分独立运作。根据个人账户与统筹基金是否横向分开，目前统账结合的具体运行方式有"通道式"和"板块式"两种，相应地，医疗保险费用结算方式也有所不同。

（一）通道式

1. 运行特点

（1）统账基金支付范围按医疗费用纵向划分。起付标准是统账基金支付范围的分割线。起付线以下的费用体现个人责任，由个人账户支付；起付线以上的费用大部分由统筹基金支付。

（2）个人账户和起付标准是统筹基金支付的两道防线。医疗费用必须先由个人账户支付，个人账户实际成为统筹基金支付的"缓冲带"；起付标准是统筹基金支付的第二道防线，完全由个人支付。

（3）医疗费用合计以累进的方式运行。累进制是"通道式"医疗保险运行的主要特点。医疗费用按个人账户、起付标准、社会统筹三段累进计算。

2. 优缺点

尽管"通道式"存在互济性强、公平性好和保障度高的优点，但是也存在显著的缺点。

（1）国家和个人之间分担责任的界限不明确。按纵向划分统账支付范围，个人账户具有一定的公有属性，成为统筹基金的"缓冲带"，使个人和国家的分担责任因人而异，界定不清晰。

（2）不同费用段个人负担畸轻畸重。医疗费用的初始阶段由个人账户支付，个人无须现金支付；到第二阶段，起付标准内的费用完全自付，负担较重；进入第三阶段，大部分医疗费用由统筹基金支付，个人负担豁然减轻，容易造成医疗费用人为增加，导致统筹基金平衡压力和医疗费用控制难度较大。

（3）个人账户积累激励机制不足。个人账户的公有属性和"缓冲带"作用，使参保人遇到大病时，个人账户资金一次性释放。参保人对个人账户使用没有选择权，因而不愿过多积累个人账户，

在一定程度上造成浪费。

（二）板块式

1. 运行特点

（1）按治疗方式横向划分统账支付范围。个人账户用于支付门诊费用，统筹基金用于支付住院费用。

（2）医疗费用门诊、住院分别累进运行。统筹基金与个人账户完全分开、封闭运行。

2. 优缺点

"板块式"的优点是国家和个人分担责任明确、费用可控性好、个人账户积累激励机制较强，但是缺点也显而易见。

（1）个人账户的使用面较窄，统筹基金的互济性较弱。个人账户不能支付住院费用，使用受限导致沉淀相对较多。而占医疗总费用 60% 以上的门诊费用完全由个人账户支付和个人自付，统筹基金不能支付，统筹基金只能在住院费用中发挥互济作用。

（2）对门诊慢性病患者缺乏社会公平性。个人账户与统筹基金完全割裂，各管一块，基本医疗保险实际已成为一种住院医疗保险，门诊慢性病患者急需的医疗需求不能得到应有的保障，缺乏社会公平性。

（3）部分参保人个人负担沉重，医疗需求受到过度遏制。由于占医疗总费用比重较大的门诊费用不列入统筹，门诊患者的医疗负担很重，部分地区平均个人自付比例超过 40%，个人难以承受，合理医疗需求不能得到有效满足。在这种情况下，"板块式"始终存在着这样一对矛盾：一方面基金结余过多，另一方面部分参保人个人负担过重。

第四节　供方支付方式

一、供方给支付式对相关利益主体的影响

供方的费用支付方式是指医疗保险方向医疗服务提供方支付费用的方式。

当前我国的医疗保障制度改革进入了关键时期，如何理顺相关利益主体之间的关系，解决相互之间的矛盾，使其各司其职，互惠互利，协调发展，已成为亟待解决的课题。在医疗保险经办机构与医疗机构的利益博弈中，医疗保险基金支付方式无疑是关键机制。经办机构主要通过支付方式控制、引导医疗机构行为，减少诱导需求现象，在补偿医疗服务成本基础上，避免医疗费用不合理地增长。支付方式实际是经办机构平衡供需双方利益的规则，是控制医疗保险制度的阀门，控制着有限资源的流向、大小和方式，是制度中利益分配的指挥棒，是达到制度均衡的方式和路径。

医疗保险基金支付方式通过不同的激励机制影响医疗机构的行为。经办机构选择不同的支付方式，希望引导医疗机构行为向期望的方向发展，进而合理地分配制度内的资源和利益，达成利益均衡和制度均衡。所以支付方式是经办机构为规范医疗机构行为，促进制度内利益均衡形成而制定的付费规则或机制。从规则的制度和行为的规范角度来说，医疗保险基金支付方式也是一种制度。它不仅仅包括基本的制度形式，还应包括具体的实施机制。一个制度利益秩序的好坏不仅与制度是否完善有直接关系，更重要的还在于这种制度赖以实施的机制是否有效。离开了实施机制，任何制度尤其是正式规则就形同虚设。

城镇基本医疗保险作为一项社会医疗保险制度，是政府为降低城镇职工和居民疾病经济风险而制定的公共政策。其中的利益相关者包括经办机构、定点医疗机构、参保职工和居民、卫生管理部门以及相关药品、器械企业。其中经办机构代表政府，对城镇基本医疗保险制度进行管理和监控。

相关药品和器械企业在城镇基本医疗保险中的利益可以归属到医疗机构的内部利益。所以，城镇基本医疗保险制度中主要的利益相关者是经办机构、医疗机构、参保职工和居民。

这三方主要利益相关者各自拥有自己的利益，在城镇基本医疗保险制度中的行为模式是：在一定的约束条件下，最大化自己的利益。医疗机构在目前国家财政投入不足的情况下，会尽可能多地获取患者和经办机构的费用补偿，以填补成本和维持运营发展，前提是提供适宜的、有质量保证的服务；参保职工和居民要求高质量医疗服务的同时，希望尽可能多地获得医疗费用补偿；经办机构在基金安全有效使用的前提下，首先保证参保职工和居民获得有效补偿，同时也希望医疗机构能够良好运转，提供适宜、有质量保证的服务。在这种利益诉求下，经办机构的行为模式是制定一套规则，平衡医疗机构和参保职工和居民之间的利益需求，达到利益均衡状态。

此时制度处于均衡状态，政策能够达到公共利益最大化。需要指出的是城镇居民医疗保险并不是纯粹意义上的社会医疗保险，它是有政府投入和扶持的，虽然目前城镇职工基本医疗保险政府没有经费投入，但是政府在其中的地位和作用正逐渐受到重视，所以城镇基本医疗保险带有公共政策的性质属性，它应服从公共政策的价值内涵：①以大多数人的公共利益为根本目标；②同时某些"少数人"的利益可能需要兼顾；③平衡不同利益集团之间的利益诉求。基于此，单方面满足职工和居民的利益，忽略医疗服务机构利益，势必会影响医疗卫生服务提供者积极性。医疗机构虽是城镇医疗保险制度中的"少数人"，但由于信息不对称，它对职工和居民的利益获得有举足轻重的作用，应给予适当的激励，加以正确的引导。同时如果单方面以医疗机构利益最大化为核心，则不符合医疗保险制度的初衷，也容易造成扭曲的利益分配机制。经办机构的利益是医疗保险基金使用上的安全性和有效性，安全性是指基金不超支，有效性是指以职工和居民利益实现为主，保障职工和居民的疾病风险，同时平衡医疗机构利益，对医疗服务提供机构进行有效补偿。只有这样才能够促使医疗保障制度的可持续发展。也正因为如此，作为调节制度利益分配的支付方式成为经办机构实现利益均衡的主要途径和方法，协助经办机构实现制度内部的利益均衡。

但是在城镇基本医疗保险制度中实现这种利益均衡，达到制度均衡状态，存在两大障碍：

（1）委托代理问题，即信息不对称的问题。交易中有信息优势的一方称为代理人，另一方称为委托人，即知情人是代理人，不知情者是委托人。

这个问题是医疗保险领域的固有问题。医疗保险经办机构不能直接提供医疗服务，它只能受政府和职工居民委托，管理基金，与医疗机构签订合同，向医疗机构购买服务。医疗保险经办机构与医疗机构之间是委托人与代理人关系，委托内容是提供适宜的医疗服务；参保职工和居民与医疗机构之间也存在委托人与代理人关系，因为患病参保人需要自付一部分医药费用。医疗保险经办机构通过制定一系列规章制度，希望在合理使用基金的同时，购买到适宜的医疗服务。所以，经办机构的利益与参保职工和居民在利益上是相容的，在委托代理关系上，经办机构的行为不会与参保职工和居民的利益相对立。而医疗机构作为医疗服务的提供者，由于拥有专业知识，对于经办机构和患者拥有绝对的信息优势，在与经办机构及患者的委托代理关系中，处于医疗服务及费用的主导地位，经办机构和患者均难以观测到其真实行为，从而为医疗机构最大化自身利益提供了便利，在资源有限条件下，进而损害了经办机构和患者的利益。因此，在经办机构、医疗机构和参保患者三者之间的利益博弈中，占据信息优势的医疗机构与代表政府和患者利益的经办机构之间的委托代理博弈关系是核心。

（2）我国目前医院补偿机制还不健全。我国医药卫生体制中医疗机构的管理体制与运行机制一直尚未理清，国家对医疗卫生机构投入不足，致使医疗机构补偿机制不健全。国家除给予少量专项资金外，允许医疗机构从药品费用中提成，通过自主经营获取运营经费。这种"不给钱给政策"的做法使医疗机构过分强调经济利益，促使医务人员利用信息优势诱导需求，大处方、大检查现象层出不穷，加上政府部门监管不到位，使得我国医疗费用不合理的增长趋势难以遏制。这种固有的体制性问题，造成医疗机构对自身利益最大化本能的追求，加大了医疗机构与经办机构之间利益均衡的难度。

二、医疗保险基金供方支付方式

医疗保险基金支付面临一个重要的权衡，即在保证医疗服务质量和控制医疗费用之间寻求一个均衡点。最优的支付方式是通过影响医方服务行为，激励医方提供安全、有效及价格合适的医疗服务，从而既能保障患者利益，又不至于浪费资源，达到社会福利最大化。不同的医疗保险基金支付方式对卫生体制改革有不一样的影响。常见的对医疗服务机构的医疗保险基金支付方式有：按服务项目付费、按人头付费、按服务单元付费、总额预付制、单病种付费和 DRGs、DIP。

（一）按服务项目付费

按服务项目付费（fee for services）是医疗保险中最传统也是运用最广泛的一种费用支付方式，是典型的后付制，指医疗保险机构根据医疗机构所提供的医疗服务的项目和服务量，对他们进行费用补偿的办法。此支付方式最大的特点是医院的收入与其向患者提供的服务项目的多少有关，是最符合医疗机构利益的支付方式。其利弊见表 7-1。

表 7-1　按服务项目付费方式优缺点比较

优点	缺点
1. 操作简单直观，适用范围广	1. 诱导提供过度的高费用的服务，甚至出现医生和患者联合作假，医疗费用难以控制
2. 能调动医务人员工作积极性，有利于医学科技进步	
3. 鼓励提供全面优质服务，容易令参保人员满意	2. 需要逐项审核给付，管理成本较高
4. 患者选择余地较大	3. 医疗服务价格难以科学而准确的确定
5. 经办机构易于获得大量医疗服务利用与费用支出信息	4. 容易倾向于发展高、精、尖医学科学技术，忽视常见多发病的防治工作

（二）按人头付费

按人头付费方式（capitation）属于预付制，是指医疗机构按合同规定的时间，根据定点医院服务对象的人数和规定的收费标准，预先支付医疗服务提供机构一笔固定的服务费用。在此期间，医院和医生负责提供合同规定范围内的一切费用，不再另行收费。这种方式实际上是一定时期、一定人数的医疗费用包干制。其利弊见表 7-2。

表 7-2　按人头付费支付方式优缺点比较

优点	缺点
1. 从经济上刺激医疗服务提供方通过降低成本来扩大收益	1. 定点后，约定期内不能"自由择优就诊"，不利于服务之间的竞争
2. 鼓励医疗资源流向预防服务	2. 诱使医疗服务提供方选择低风险人群，推诿重症患者
3. 促进对低成本治疗措施的使用	3. 可能导致减少应提供的服务，降低医疗质量
4. 简化医疗保险费用的审核与结算，降低管理成本	4. 可能增加投诉，由此监控成本加大
5. 有利于预测和控制卫生总费用	5. 如定额降低，加上物价指数上涨、疾病谱变化等不可控因素增加而超支的风险，将向服务提供方转移

（三）按服务单元付费

按服务单元付费也称按平均费用支付（average expenses）或定额支付。其是指首先按一定标准将医疗提供的一系列医疗服务划分为若干服务单元，如一个门诊人次、一个住院人次或一个住院床日等，然后根据往年资料并综合考虑其他影响因素，制定出每一服务单元的费用标准，如均次门诊费用、均次住院费用等，然后再按照医疗机构提供的服务单元的数量进行付费。其利弊见表7-3。

表 7-3　按服务单元付费方式优缺点比较

优点	缺点
1. 有利于控制单次服务费用，支付标准单一、直观，给付方便	1. 容易刺激医疗机构分解处方，增加门诊次数或延长住院天数，从而给患者增加不必要的多次就诊及延长住院日的麻烦
2. 鼓励医疗服务提供方提高工作效率，降低每定额内服务成本	2. 医疗机构减少提供必要医疗服务，推诿重症患者
3. 减少经办机构审核医疗服务账单的工作量，降低管理成本	3. 影响经办机构获取关于医疗服务利用与医疗费用支出的信息
	4. 需要制定科学的单元付费标准，合理费用确定难度大

（四）总额预付制

总额预付制（global budgets）是由政府或医疗保险机构同医疗提供方协商，事先确定年度预算总额，在该年度内，医疗机构的医疗费用全部在总额中支付。在制定年度预算时，往往考虑以往年度实际发生的医疗费用总额、医院规模、医院服务量和服务地区人口密度及人群死亡率、参保人数的变动、人口老龄化、疾病谱的变化、医院设施与设备情况、上年度财政赤字或结余情况、通货膨胀、医药科技进步等其中某一个或几个因素，或综合考虑各种因素，然后确定下一年度医疗费用总预算。我国多数地区从改革初期的各种结算办法，最终都比较一致的演变成为形式不尽相同的总额预付制或总量控制措施。其利弊见表7-4。

表 7-4　总额预付制方式优缺点比较

优点	缺点
1. 控制费用最为可靠，有效避免基金风险	1. 合理确定预算额度比较困难
2. 鼓励医疗服务提供方降低经营成本，有效利用卫生资源	2. 诱导医疗机构不合理减少医疗服务的提供、降低服务质量
3. 对经办机构和医疗机构均可简化结算手续，降低管理成本	3. 弱化市场作用，医疗服务提供者缺乏工作积极性
	4. 医院不愿缩短患者住院时间，降低床位周转次数和周转率

（五）单病种付费和DRGs

DRGs是按诊断分组的简称，和我们常说的按病种付费不是一个概念。

DRGs出发点是基于这样的概念：患者所接收的治疗与患者的病情有关，而与医院的病床规模、是否专科医院等特性无关。治疗每一个患者都要消耗一定的资源，而每一个患者因其年龄、性别、主要诊断和次要诊断以及入院情况等因素不同而消耗不同的医疗资源。DRGs就是基于这样的出发点用定量的临床数据，采用量化的办法核算每种条件下医疗资源消耗的正常值（患者平均消耗量）。美国的DRGs付费方案首先将疾病分成23种主要诊断类型，进而将它们分成470个独立的组，然后根据美国不同地区工资指数制订不同的付费比例。预付标准从疾病的主要诊断、是否需要手术、患者的年龄以及有无合并症四个方面综合平衡，确定每种疾病的住院日和费用，用预付方式付费给医疗服务提供者。单病种付费则关注某一疾病本身,由于同一病种的定义、名称、诊断标准不统一,因此同一病种费用的统计学特征并不突出,病种数有近万个,单病种付费往往仅覆盖有限的疾病种类,DRGs 面向整个医疗保险补偿制度,可以覆盖整个疾病谱。DRGs 虽是先进的医疗保险基金支付方式,也有其自身的缺陷,同时需在一定的基础之上才能实现,详见表 7-5。

表 7-5 DRGs 实现条件和优缺点比较

DRGs 实现条件	优点	缺点
1. DRGs 的目的是有效地控制和降低费用,而降低费用必须把成本搞清楚。DRGs 必须建立在医院详细的全成本核算基础上,而国内医院目前还没有实现精细核算。每一疾病组的直接和间接成本核算不出来,成本控制和降低成本也就无从谈起 2. DRGs 的实施要以标准化的诊疗流程、疾病分类和临床术语为基础,而我国目前医疗机构还没建立起可靠的临床路径,病历书写及疾病编码没有使用国际疾病分类(international classification of diseases,ICD)的标准分类,不同医院、不同医生的术语也不统一 3. DRGs 的实施需要一个强大的信息平台的支撑,这个信息平台必须从底层就直接支持卫生信息交换标准(health level seven,HL7)、医疗信息系统集成(integrating the healthcare enterprise,IHE)、ICD 和 DRGs 编码规范。这样的系统医院本身没有能力去开发,厂商没有相应的知识去开发	1. 有利于全面、有效地控制医疗成本,提高医疗质量 2. 有利于激励医院提高经营管理水平,提高效率 3. 可以有效地降低医疗保险机构的管理难度和支出 4. 有利于卫生资源利用的标准化,节省医疗卫生支出 5. 提高病案管理质量,促进信息系统建设	1. 以大量基础工作为先决条件,制定标准的过程复杂,调整频繁,管理成本高 2. 诱导患者住院,分解住院次数 3. 供方尽可能地减少医疗服务量,降低成本 4. 当诊断界限不明时,容易导致诊断升级

(六) DIP

DIP 分值付费,就是过去曾说过的"大数据 DRGs",基于大数据的病种(big data diagnosis-intervention packet,DIP)分值付费。简单来说,就是在之前按病种付费的基础上运用大数据技术进行分类组合后进行的分值付费。之前的单病种付费方式病种覆盖范围有限(一旦含有并发症、合并症即采用单病种退出机制),不易推广。而基于大数据的病种组合(DIP)则能很大程度规避掉这种弊端。相对于 DRGs 付费是从西方传入的舶来品,DIP 分值付费可以说是具有中国特色的医疗保险付费方式。DIP 的作用机制是基于"随机"与"均值"的经济学原理和大数据理论,通过真实世界的海量病案数据,发现疾病与治疗之间的内在规律与关联关系,提取数据特征进行组合,并将区域内每一病种疾病与治疗资源消耗的均值与全样本资源消耗均值进行比对,形成 DIP 分值,集聚为 DIP 目录库。DIP 分值付费主要适用于住院医疗费用结算,精神类、康复类及护理类等住院时间较长的病例不宜纳入。DIP 的适应性及可扩展性可探索应用于门诊付费标准的建立和医疗机构的收费标准改革。

DIP 的优点集中在以下几个方面:

(1)区域内点数总额预算可以提高医院提供医疗服务的积极性。

(2)在现实操作方面,DIP 分值付费也比 DRGs 更适合国情。

(3)DIP 分值付费方案对数据的要求更加简单。

(4)对医疗保险和患者来讲,意味着更超然的管理与更优质的服务。

DIP 与 DRGs 的比较区别见表 7-6。

表 7-6　DIP 与 DRGs 的比较区别

项目	DIP 付费	DRGs 付费
分组方式	直接以主要诊断和关联手术操作的自然组合形成病种，以各病种次均住院费用的比价关系形成病种分值	根据患者的年龄、性别、住院天数、临床诊断、病症、手术、疾病严重程度、合并症与并发症及转归等因素把患者分入若干个诊断相关组
组数	DIP 组一般在 10 000 项以上	DRGs 组一般在 1000 项以上
结算单位	DIP 组	DRGs 细分组
结算指标	分值	权重
控费机制	结余留用，超支分担	超支不补，结余留用

从上面的分析我们可以看出，不同医疗保险基金支付方式对费用控制、服务质量和管理成本的作用程度不同。费用控制的增强往往伴随服务的不足，费用控制的减弱往往伴随服务的过度。不同的支付方式各有优缺点，不同支付方式之间存在优势互补作用和相互融合的相容作用，通过适当的组合方法，能够发挥各自的长处、限制其短处，达到缺陷最小化的管理要求。这也是完善支付方式的发展趋势，表 7-7 对六种支付方式做了综合比较。

表 7-7　六种支付方式的比较

支付方式	费用控制	服务质量	管理成本
按服务项目付费	+	++++	+++
按服务单元付费	++	++	+
DRGs	+++	+++	++++
按人头付费	++++	++	+
总额预付制	++++	++	+
DIP	++++	++++	++++

第五节　我国医疗保险基金支付现状

一、我国医疗保险基金供方支付发展现状

1998 年国务院发布了《国务院关于建立城镇职工基本医疗保险制度的决定》，要求在全国范围内建立以城镇职工基本医疗保险制度为核心的多层次医疗保障体系。在党中央提出构建和谐社会的目标下，国务院又先后发布了《国务院办公厅转发卫生部等部门关于建立新型农村合作医疗制度意见的通知》、《国务院关于开展城镇居民基本医疗保险试点的指导意见》，至此我国多层次的医疗保障体系的政策框架已经形成。国务院于 2016 年 1 月 12 日发布《国务院关于整合城乡居民基本医疗保险制度的意见》（国发〔2016〕3 号），明确要求各省（区、市）要于 2016 年 6 月底前对整合城乡居民医疗保险工作作出规划和部署，至此城镇居民和农村居民实现了医疗保障政策的统一。

截至 2020 年底，全口径基本医疗保险参保人数达 136 100 万人，参保覆盖面稳定在 95% 以上。其中参加职工基本医疗保险人数 34 423 万人，在参加职工基本医疗保险人数中，在职职工 25 398

万人，退休职工 9025 万人；参加城乡居民基本医疗保险人数 101 677 万人。

我国在建立城镇职工基本医疗保险制度之后才开始探讨供方支付方式方面的课题，起步较晚。医疗保险基金支付方式优化的重要性日益得到学界和实务界的认同。但是由于制度设计上的缺陷和实施中碰到的障碍，我国城镇职工医疗保险机构未能充分发挥第三方购买机制中费用支付方式的功能。事实上在很长一段时间内，我国医疗服务补偿方式普遍采用按项目收费。这种方式虽然简便易行，但也最不利于医疗费用的控制，因为在这种制度结构下，医疗机构完全没有任何经济刺激来控制成本或限制提供服务的数量。再加上我国医疗机构特色的创收制度，医生通过"诱导需求"提供大检查、大处方等事实上没有必要的服务来增进自身和医院的利益是在所难免的。

为了缓解"诱导需求"对医疗费用不合理上涨带来的影响，加强对医疗机构诊疗行为的激励约束力度，各国常见的对策除了直接限制各项医疗服务资源的供给量外，另外就是从支付制度上入手，从传统的、单一型支付方式向科学的、复合型支付方式转变。

为实现合理支出医疗费用、参保者获得必需治疗、卫生资源也得到充分利用等目标，在总量控制的基础上结合其他的支付办法比较合理实用。对医疗服务提供者很难诱导而造成过度服务的劳务收费，如挂号诊疗费、住院床位费、手术费应大幅度提高；而医疗服务提供者比较容易诱导而造成过度服务的劳务收费，如有些检查、检验项目就应该大幅度下降甚至低于成本。以技术劳务服务为主的治疗项目收费应高于成本，这样可以体现医疗服务的技术含量，促进"以医养医"。

各国的实践也说明实行总额预算、按病种付费或实行医疗费用包干已经成为各国医疗保险费用支付制度发展的趋势。预付制对医疗服务提供者诊疗行为的约束性要大于后付制，可以刺激医院自觉降低诊疗成本，合理使用医疗资源。作为预付制支付方式的一种，以"单病种"和 DRGs 支付模式为代表的按病种支付方式，已经成为世界卫生组织极力推荐的一种支付方式，医疗保险支付方式改革中最为关键的内容是多元付费方式的组合方式，要针对不同类型的医疗机构及其不同类型的服务，设定不同的支付组合。

当前我国医疗保险体系中第三方费用支付方式目前对医疗机构诊疗行为约束刺激功能的发挥比较有限，但改革目标和原则比较明确。在学习借鉴其他国家先进经验的基础上，我国一些地区结合自身的制度发展背景和社会经济文化因素，逐步开展支付方式的改革，取得一定的成效。

二、国内部分地区医疗保险基金支付的主要模式及做法

目前，我国实施医疗保险制度的省市，在医疗保险费用结算中，通常选用的是国际上已经比较成熟的几种模式。个别的省市根据自己的特点，做出新的创举，下面列举部分城市的做法作以说明。

（一）上海——从"按项目付费"到"总额预算"

上海市医疗保险制度改革以来，其医疗保险费用支付方式大致经历了以下三个阶段。

1. 第一阶段（1996～2001 年）：总量控制下按服务项目支付

上海从 1996 年 5 月开始实施城镇职工社会医疗保险时，采用了"总量控制下按服务项目支付"的方式，即在微观层次上，医疗保险机构根据医院提供的服务项目的价格和服务量向医院偿付费用；在宏观层次上，每一家医疗机构医药费用的总量受到控制。一开始使用按项目付费是考虑到医务工作者比较适应这种方式，有利于改革的推进，同时在各种诊疗规范尚未统一标准化，医疗质量监督体系尚未完善的情况下，实施按项目付费有利于保证医疗质量。但是随着时间的推移，按项目付费对医药费用控制力度差，医药存在诱导需求的弊端就显现出来，基金支付压力越来越大，迫使医疗保险部门对支付方式进行改革。

2. 第二阶段（2002～2003 年）：总额控制、结构调整阶段

针对医疗保险基金支出增幅过大的趋势，2002 年上海市医疗保障局成立专门的总控办公室，试

行总额控制的支付方式，提出了"总额控制、按月预留、年度考核"的办法，其要点是根据前一年各医疗机构的医疗保险费用支出情况，核定当年各医疗机构的费用总额；年度控制指标数分解到月，按月审核结算，低于指标数，按实支付，大于指标数，大于部分预留 50%。新办法自 2002 年实行以来，在控制医疗保险费用方面取得了很大成效，但同时还存在一些问题，医院产生了推诿医疗保险患者的利益驱动、医疗福利水平的差异导致的费用转移问题，以及政府对医院的微观管理干预过多导致的管理成本的提高和效率的降低等。

3. 第三阶段（2004 年至今）：以总额预算管理为主的混合支付方式

2004 年，为建立长效的医疗保险基金风险分担机制，维持医疗保险基金的收支平衡，上海市医疗保障局正式实行以总额预算为主，结合按服务项目付费、按单病种付费、精神病医院按床日付费等混合支付方式。

总额预算的基本原则是以收定支，当年的预算总额以上一年医疗保险基金的收入为基数，并加以当年的预期增长率后确定，当年医疗保险基金收入高于或低于预期收入部分将在下一年度医疗保险支付预算经费中进行调整；对各定点医疗机构的预算经费由基数和增量两部分组成，基数是以上一年的预算指标为基础进行适当调整，增量主要是以上一年各医疗机构的预算指标和当年的总额经费指标进行核算。医疗保险支付费用结算实行按月预付、分类缓付、通报公示、年终清算的办法。

新办法实施以来，在控制医疗保险费用方面取得了很大成就。医疗保险机构对定点医疗机构定额分配，尤其是三级医疗机构费用分配，通过多方会谈的方式，做到了公平、公正、公开，保证费用的合理分配使用，为完善分配制度提供了保证。需要提出的一点是，上海市虽然实行总额预算管理，但与严格意义上的预付制仍有一定的差异。2006～2007 年，上海选取十个区县的社区卫生服务中心开展试点，实施医疗保险费用预付制度。2009 年 4 月，又将总额预付管理的操作面推广到全市二级医疗机构。上海市医疗保险费用支付由后付制逐步向预付制为主前进了一大步。

（二）北京——从"按项目付费"到"复合型支付方式"

北京市城镇职工基本医疗保险制度实施之初，对住院患者医疗费用实施按服务项目付费。历经多年的医疗费用支付方式改革和探索，目前北京市已经逐步形成按服务项目付费为主，按单病种定额付费和按服务单元付费为辅，个别职业人群按人头定额付费的复合型支付体系。

具体来说，就是参保人员在进行门诊、急诊治疗和住院治疗的医疗费用采取按项目为主的支付方式；对门诊肾透析、肾移植抗排异门诊、精神病的医疗费用实行按服务单元定额结算，对部分病种的医疗费用按医疗机构的不同级别实行按病种付费。

2004 年以来，北京市根据其医疗消费水平，结合部分疾病的临床治疗特点，将临床路径清晰，操作相对规范，病情相对单纯的急性阑尾炎手术治疗、单纯性甲状腺肿手术治疗等 17 种病种实行按病种付费管理办法。由医疗保险部门邀请临床专家选取 3～5 年的疾病费用数据，根据不同分型进行归类评估，并将临床准入诊疗技术、标准与实际发生的情况相比较，将费用分为合理和不合理部分。在剔除不合理部分诊疗费用的基础上，依据医院级别不同，赋予不同的权数，制定出单病种结算和质量控制标准。经过几年的实践证明，这一做法对控制单病种项目的次均费用和参保人员的个人负担成效明显。如单纯性阑尾炎手术治疗，三级、二级医疗机构的定额标准为 3100 元和 2500元，比 2003 年的次均费用低了 1600 多元。

（三）海口市——总额预付制

海南省医疗保险经办机构在对各种支付方式进行深入研究之后，决定采用对费用控制较好的总额预付制作为对医疗机构的费用支付方式。

海口市总额预付的原则是"节余奖励、超支分担、总量封顶"，建立医疗服务质量考核办法，规定医院必须完成基本的医疗业务量。总额的额度计算方法为总额=$A+A\times N\%$（A 为上年度共济金使用量，N 为变动系数，年终决算时制定）。每月按月定额的 90%预付给定点医院，预留 10%的考核奖金。

定点医院收治医疗保险共济账户支付病种患者人次达到上年度人次 90%以上，并且实际发生共济医疗费达到预算定额 90%以上者，如有节余，节余部分 90%留归医院，用于发展医疗卫生事业；完不成上述指标时，结余预算定额不能归医院。符合医疗保险政策的合理超支，在年度定额 10%以内部分，医院分担 30%，社会保障机构分担 70%；合理超支在 10%以上、20%以内部分，由医院和社会保障机构平均分担；超支 20%以上部分由医院完全承担。

社会保障机构预留的 10%共济医疗账户定额，根据医疗服务质量年终考核结果支付。年终考核合格，社会保障机构支付预留共济医疗账户定额的 50%；达到优良的，全部兑现预留的共济医疗账户额度；未达到合格标准的，全部预留额度不予兑现。

总额预付制规范了医疗服务提供方的行为，提高了医疗服务质量，降低了医疗保险经办机构的管理成本以及基金的支付风险，但是在实行总额预付制之后，医院将超定额的风险转嫁给参保者，让患者接受药品和医疗服务目录外服务，费用自付率有提高。

（四）潍坊市——双定额控制为主的支付方式

潍坊市医疗保险采取双定额控制的支付方式。这种支付方式是对定额支付的改良，克服了定额支付中出现的分解住院、重复住院的问题。

医疗保险部门对医院每年的住院人次有一个限定，同时对每个住院患者的次均费用有一个最高限额。住院人次的限额主要是通过测算前几年的住院人次，对次均费用的最高限额根据每个医院的平均费用，再乘以一个系数确定。

双定额的支付方式为医疗保险机构每月对各个医院进行费用监测，对当月次均费用过高的医院进行分析，在超支合理的前提下，超支 10%，医院负担 50%；超支 20%，医院负担 40%；超支 20%以上，医院不再负担。目前的双定额控制能够将医院的超支控制在合理范围内。

潍坊市在双定额的基础上实行单病种付费方式，对于费用低于 60%的据实结算，防止医疗机构过度降低医疗服务总量的提供。

（五）牡丹江市——按病种付费

牡丹江市医疗保险经办机构对医疗机构主要采取按病种付费，病种以外的费用按项目支付。其依据是黑龙江省卫生厅制发的《病种质量控制标准》，其中共含 22 个科别 716 种疾病，去除儿科 54 个病种之后，共有 21 个科别的 662 个病种实行按病种结算。每个病种都包含诊断依据、入院指征、治疗要点、疗效标准、出院标准、临床评定指标等项。机关事业单位实行总量控制下的病种支付（"总量"即定点医院全年收治的参保职工的住院总人次与全年参保职工门诊就诊总人次的比例控制在规定的比例内）；企业职工实行总额控制下的病种付费（"总额"是指每月以实际缴收提取的统筹基金作为总额控制的管理基金，根据各个定点医院的实际运行情况按月对其下达总额控制指标）。

实行病种支付，在同等级的医疗机构同一病种执行相同的结算标准，这就促使医院降低医疗成本，缩短治疗周期，向管理、服务、技术要效益。在严格遵守医疗保险各项规定的前提下，增强了医院的经营管理的自主性。不同等级的医院、不同的疗效执行不同的费用标准。通常情况下对有合并症患者的治疗按本次收入院的单一临床第一诊断病种付费。对《病种质量控制标准》未含的病种，原则上以实际发生的费用作为结算依据，但在结算时，须详尽查对病历和结算单所记载的费用支出明细，对查出的非医疗保险用药及其他非医疗保险开支项目，医疗保险机构不予付费。

总量控制月总额控制下的按病种付费方式，可保证统筹基金安全运营不出现超支的风险，但是按病种付费所固有的缺点也在操作中表现出来，比如诊断升级，在操作中只能加强监督和管理。

三、我国社会医疗保险基金支付模式的趋势

从各地的医疗保险支付方式的模式和演变，能明显地看出我国各地医疗保险基金支付方式发展的趋势。

（一）预付制成为控制医疗费用的重要方式

相对于后付制而言，预付制显著的优点是转变了服务供方的激励机制，使之分担部分财务风险，抑制供给诱导需求。收入既定，医疗机构必定主动提高资源配置效率，在保证质量的前提下，严控成本支出，从而改善付费方被动的局面。预付制已成为各地医疗保险改革的方向。

（二）支付标准由多方协商谈判制定

很多地方在支付方式改革之初，确定的总额预算标准或次均费用是由医疗保险部门单独制定，医疗服务的供方往往会有抵触的情绪，会利用信息不对称的优势不断突破定额指标，造成医疗费用上涨。而现在医疗保险部门年初的预算指标和次均费用的制定，都会和医院通过平等谈判的形式，掌握了解医院的意向。引入谈判机制为双方协商定价提供了对话的平台，缓解了医疗保险和医院的矛盾，同时设定的标准是经医院同意之后制定的，也有利于双方日常工作的沟通协调，一定程度上改善了医疗保险部门信息不对称的窘态。

（三）各地支付方式都在不断变化发展，由单一型逐步过渡到复合型

各种结算制度通过实践，不断暴露出种种问题，要经常不断地适应新出现的约束条件而改革、完善或变化更新。没有一种支付方式是完美无缺的，各种支付方式都有其优点和缺点，就大多数支付方式而言，主要的缺点可从其他支付方式中得到一定程度的弥补。各种支付方式可以互相借鉴，许多地区都将几种结算方式和标准融合在一起综合运用，以充分发挥各种支付方式的长处，避开或限制其短处。

1. 简述供方给付方式的种类及优缺点。
2. 简述医疗保险基金的给付模式。
3. 简述预付制与后付制对医疗供给行为的影响。

（张　磊　薛清元）

第七章拓展阅读

第八章　医疗保险基金投资管理

内容提要

社会医疗保险基金的投资运营是指社会医疗保险基金管理机构或受其委托的机构，用社会医疗保险基金购买特定的金融资产或实际资产，以使社会医疗保险机构能在一定时期获得适当预期收益的资金运营行为。社会医疗保险基金投资运营要遵循安全性、流动性、盈利性的原则，对社会医疗保险基金投资运营有利于基金的保值增值；减轻国家、企业和个人负担，最终促进经济的发展。社会医疗保险基金的投资工具主要包括银行存款、债券、股票、基金、不动产。选择适当的投资工具，并对其进行投资组合，是社会医疗保险基金投资成败的关键。美国、新加坡、日本、瑞典的社会医疗保险基金投资运营都各有特点，对我国社会医疗保险基金的投资有很重要的借鉴意义。我国社会医疗保险基金在保值增值、基金的存储以及投资运营机构的选择和审查等方面亟待改进。

第一节　医疗保险基金投资管理概述

一、医疗保险基金投资的必要性

（一）从基金筹集模式看医疗保险基金投资运营的必要性

社会医疗保险基金建立之初，各国采用的大都是现收现付模式的社会保险制度。随着经济社会发展，特别是人口老龄化的到来，现收现付的社会保险模式面临着入不敷出的窘境。各国纷纷进行社会保险制度的改革，在医疗保险领域，完全积累和部分积累的模式逐渐被采用，这种积累式筹集资金的模式基金存续期长，并且在制度实施初期，积累基金数量比较大，因而这种模式的基金受通货膨胀的影响比较大，如果不能保证积累基金在若干年后保值，就难以达到在预测期内调整保险费率的目的，因而社会医疗保险基金的投资运营是积累式基金筹集方式的客观要求。

（二）从通货膨胀看医疗保险基金投资运营的必要性

经济的快速发展，不可避免地会伴随物价水平的上涨。通货膨胀与经济增长存在正相关关系，通货膨胀对社会医疗保险基金的影响表现在两个方面：一方面，通货膨胀将造成基金本身的贬值，致使经过积累后的基金实际购买力下降；另一方面，通货膨胀会使人们的生活费用上涨，医疗保险的支出以及医疗保险待遇水平必然相应提高，通货膨胀会导致社会医疗保险基金支出的增加。在通货膨胀条件下，要提高医疗保障待遇水平，可以通过提高缴费水平或者社会医疗保险基金保值增值的方式实现，但提高缴费水平将影响劳动者的积极性和企业生产、投资的积极性，制约经济增长。因此社会医疗保险基金保值增值的需求就显得更为迫切。社会医疗保险基金保值增值问题，既会影响社会医疗保险基金的购买力，也会影响社会医疗保险基金的总体支付能力。

（三）从人口老龄化看医疗保险基金投资运营的必要性

随着经济水平的不断提高，人们生活水平和生活质量不断改善，加之先进医疗技术和医疗手段的运用，整个社会人口的平均寿命有不断延长的趋势。根据联合国《人口老龄化及其社会经济后果》中提到的标准，一个国家或地区 60 岁以上的老年人或 65 岁以上的老年人口在总人口中的比例分别超过 10% 和 7%，即达到了人口老龄化。人口老龄化的到来，退休人员的大量增加和退休费用的迅速膨胀，必然带来医疗保险费用的大幅度增加，社会医疗保险基金支付压力的进一步加大。社会医疗保险基金日益加重的支付压力和不断加大的收支缺口，迫切需要社会医疗保险基金不断增长以及社会医疗保险基金保值增值。在扩大资金积累的基础上，要选择安全性和效益性好的投资渠道，提高资金的获利能力，以减轻未来社会医疗保险的支付压力。

（四）从分享经济发展成果看医疗保险基金投资运营的必要性

从发达国家的社会保障实践来看，社会医疗保险发展到一定阶段，人们的社会保障状况会随着经济水平的提高而趋于改善，基本社会医疗保险的内涵不断丰富，覆盖面逐步扩大，并进而为经济持续稳定发展提供保障。如果此时社会医疗保险基金收入不能保证人们日益增加的社会保障支出的需要，将会导致收支缺口进一步扩大。要解决这个问题，除了不断拓宽社会医疗保险基金的来源以外，实施社会医疗保险基金的不断保值增值也是满足日益增长的社会医疗保险基金的一个非常必要的手段。

二、医疗保险基金投资运营的意义

社会医疗保险基金的投资运营是指社会医疗保险基金管理机构或受其委托的机构，用社会医疗保险基金购买特定的金融资产或实际资产，以使社会医疗保险机构能在一定时期获得适当预期收益的资金运营行为。社会医疗保险基金投资运营可以补充社会医疗保险基金来源的不足，减轻企业（雇主）、被保险人、政府的负担；可以抵御通货膨胀的影响，有助于社会医疗保险基金的积累；可以作为宏观经济调控的手段，促进资本市场的发展。

（一）有助于积累实质性社会医疗保险基金

通过对社会医疗保险基金的有效运营，不仅可以利用保障基金，在安全性原则下保值增值，还可避免因增收社会保险税费方式积累的保障基金而承担的高风险。社会医疗保险基金增值所带来的收益更是发展社会保障的物质基础和坚实后盾。

（二）有利于我国资本市场的长远发展

将社会医疗保险基金在安全性原则下投入资本市场，有利于填补我国资本市场资金匮乏的缺陷。同时，社会医疗保险基金可以作为宏观经济调控的又一有效手段，推动国内市场经济不断完善。

（三）有助于减轻国家、企业和个人的负担

当前，社会医疗保险基金来源除个人以外还有各级政府和企业，随着社会保障的不断发展，社会医疗保障支出也随着经济发展和日益增长的医疗保障需求逐步增加，这在一定程度上加重了企业的经济负担。社会医疗保险基金如能有效运作，投资收益的提高可以相应逐步降低企业的社会保障支出成本，减轻企业负担，极大促进企业的健康发展。

三、医疗保险基金的投资环境

（一）市场环境

市场经济的基本特征之一，在于它具有一定的自动性和灵活性，市场经济一方面为社会医疗保险基金投资提供了适当的外部环境，另一方面为社会医疗保险基金的投资提供了对象。社会医疗保险基金的投资必须有其可以投资的对象，如债券、股票等各种有价证券和金融资产，所有这些都是市场经济的构成要素，是社会医疗保险基金可能投资的对象。

（二）政策环境

在现实生活中，社会医疗保险基金投资的规模和投资的实现程度，投资渠道和投资模式，还取决于当时的政策条件。不同的国家和同一国家的不同时期，政府会根据其国民经济发展的具体情况，对社会医疗保险基金的投资采取不同的政策，这些政策直接制约着社会医疗保险基金投资的广度和深度。如新加坡结合自身的特点，对医疗保险实行强制性医疗储蓄计划，这种完全积累的医疗保险制度，对基金的流动性要求比较低，可以进行中长期的投资。而根据《全国社会保障基金投资管理暂行办法》，我国社会医疗保险基金的投资中，银行存款和国债投资的占比不能少于50%。

（三）风险环境

风险环境主要是指宏观经济周期的风险、社会信用风险、通货膨胀风险和政治法律风险。由于社会医疗保险基金的投资收益是经济发展与经济增长成果的一种分享，社会医疗保险基金或多或少会进行股票投资，而股票的收益与宏观经济发展呈现某种程度的同步性，社会医疗保险基金的投资运营会受宏观经济周期的影响。同时，社会医疗保险基金的投资依托于市场经济，市场经济本质上是一种信用经济，只有在良好的信用基础上，才会给社会医疗保险基金一个稳定的投资环境。通货膨胀风险是指由于经济上通货膨胀造成社会医疗保险基金的购买力下降的不确定性，对社会医疗保险基金的保值增值造成了压力。而政治风险体现为过多地将社会医疗保险基金用于社会投资项目，法律风险表现在法律法规的不健全造成的监管的缺失或错位。上述的这些风险，都将挑战社会医疗保险基金的投资运营，所以应努力化解风险，实现基金的保值增值。

四、医疗保险基金的投资原则

社会医疗保险基金作为一种特殊的基金，在其投资运营时，应遵循三大投资原则：安全性原则、收益性原则和流动性原则。社会医疗保险基金投资运营应该在三大原则之间寻找较好的结合点，以选择合适的投资组合，降低投资风险，获得较高的投资收益。

（一）安全性原则

社会医疗保险基金投资的安全性原则，是社会医疗保险基金投资首要的、根本的原则。确保社会医疗保险基金投资的安全性是指保证社会医疗保险基金投资的本金能够及时、足额地收回，并取得预期的投资收益。相对于共同基金和商业保险基金而言，社会医疗保险基金的投资对安全性的要求更高。由于各个国家的医疗保险制度一般采用多层次的制度模式，这也就对社会医疗保险基金投资的安全性提出了不同层次的需求。

一般而言，现收现付制是医疗保险的主要模式，这种模式对安全性的要求更高，因此社会医疗保险基金的投资大都选择一些低风险的金融工具进行投资，如国债或者信用级别较高的金融债券和企业债券，很少选择或很少比例投资于股票市场。即使投资股票市场，也是对基金的盈余部分进行相对较高收益的投资。

当然，社会医疗保险基金的安全性原则并不是要不顾基金的稳定增长，在投资渠道的选择方面设置各种制约，甚至是完全不进入资本市场，忽略收益性的要求。国内外社会保险基金运营的成功经验和现代资本理论的广泛运用，能够说明如果对社会医疗保险基金的投资限制过多，非但不能实现基金的保值，而且随着时间的推移，基金会发生贬值，更加制约基金增值目标的顺利实现。

社会医疗保险基金投资的安全性及安全程度往往与政府责任有关。一方面，社会医疗保险基金投资是在政府制定有关政策、投资规则、监督管理制度的条件下进行的，政府在社会医疗保险基金投资中体现着较强的政府管理与干预责任；另一方面，社会医疗保险基金投资安全性及其安全程度直接影响到社会医疗保险基金投资的绩效，而投资绩效的高低在不同程度上影响着社会医疗保险基金的收支平衡，社会医疗保险基金的收支平衡程度与政府财政的转移支付有不同程度的联系。

保持和增强社会医疗保险基金安全性的措施一般包括投资模式选择、投资主体确定、投资工具与投资组合规定、投资收益保证或担保、投资信息的披露制度建立、对外投资比例、政府担保与政府的监督管理等。

（二）收益性原则

社会医疗保险基金投资的收益性原则是指在符合安全性原则的基础上，社会医疗保险基金投资能够取得适当的收益。从一定意义上讲，这是社会医疗保险基金投资最直接的目的。社会医疗保险基金投资收益的大小直接影响到社会医疗保险基金的财务平衡，也影响到投保人缴费水平的高低。在社会医疗保险基金累积价值一定和其他变量相对固定的情况下，社会医疗保险基金投资的收益率越高，则投保人所缴纳的费率相应越低。

安全性与收益性之间存在着替换关系，即高收益率往往伴随着高风险，而较高的安全性就要以较低的收益率为代价。在既定的加权平均的风险程度下，投资组合中风险程度具有中等偏下的金融工具应占较大比重，同时可拥有一些高收益率-高风险及低收益率-低风险的金融工具，但其所占比重不应太大。

（三）流动性原则

社会医疗保险基金投资的流动性是指投资资产在不发生损失的条件下可以随时变现以满足支付医疗保险费用的需要。社会医疗保险基金筹集性质不同对流动性的要求不同，完全积累的社会医疗保险基金投资对流动性的要求相对较低。而现收现付为主要特征的医疗保险制度，对于社会医疗保险基金的流动性的要求较高，因此一般其投资大都选择短期金融工具，比如短期国债、银行存款、高信用级别的企业债券或商业票据等。

需要强调的是，社会医疗保险基金投资的安全性、收益性与流动性原则是社会保险基金投资的基本原则，在实际运用中往往难以同时满足。社会医疗保险基金投资应当在总体上体现社会医疗保险基金的安全性原则，而在具体的投资项目和投资组合上灵活体现投资三原则，以便在组合的投资收益中，既体现社会医疗保险基金的安全性要求，同时又体现出较高的投资收益与合理流动性的要求，从不同层面实现社会医疗保险基金的投资原则。因此，在社会医疗保险基金投资管理中，应特别注意投资期限的合理匹配和各项投资比例的合理组合，注重社会医疗保险基金投资的资产负债管理的有效性。

第二节　医疗保险基金投资模式

一、医疗保险基金投资模式理论基础

（一）投资组合理论

所谓投资组合，是指投资者为使其投资多样化以降低投资风险，选择市场上多个可投资项目（又称市场资产组）进行投资所形成的投资项目的集合。投资组合理论是 1952 年美国著名经济学家马科维茨（Markowitz）率先提出的，该理论认为，投资组合的总风险由两类不同性质的风险构成：非系统风险和系统风险。非系统风险是指与投资组合中单个投资项目有关而与整个市场资产组合系统变动趋势无关的那部分风险；系统风险是指与投资组合中单个投资项目无关而与整个市场资产组合系统变动趋势有关的那部分风险。前者通过投资组合内投资项目的增多和多样化可以基本消除，而后者却不能。任何投资都会有风险，而投资风险的大小又是通过投资的收益来测定的。投资收益率一般与投资风险程度成正比。投资者最终期望的是高收益、低风险，但实际上这两者不可兼得。因此，投资运营活动很重要的一个步骤是运用各种有效的投资分析方法找到风险和收益的最佳配比，也就是力图寻找一个多样化的、有效率的资产组合，使得任何一项或多项资产的组合在一定的风险水平以上能够得到最大的预期回报，以便为投资决策提供基本的依据。

将投资组合理论应用于社会医疗保险基金投资运营，要充分考虑其所具有的特点。安全第一，收益第二是社会医疗保险基金所具有的普遍特点，是由其自身特殊性所决定的。社会医疗保险基金对于每一个人的意义自然是不言而喻的，这是百姓的"保命钱"，起到稳定经济、社会、政治的作用。因此，投资的首要原则就是保障这部分资金在投资过程中的安全性，同时能够获得相应的收益。这就表明，在投资工具上，要选择投资安全性较高，并且具有固定收益的项目，如国债；在投资组合上，要提高风险等级在可控范围内的金融工具；在投资比例上，要有合理的比例分配，这需要政府的政策限制。

（二）委托-代理理论

委托-代理理论研究的主要是委托人如何在利益发生冲突以及信息不对称等不利因素的影响下，通过调查、分析并制定出对自身最为有利的契约以实现利益的最大化。由于在委托-代理的关系当中，委托人与代理人的目标存在一定的差异，委托人的目标是不断增加自己的收益使财富得到迅速积累，而代理人则是追求自己的工资津贴收入的最大化，以满足自身奢侈消费的需求。同时还需要尽可能多的闲暇时间有利于自我休闲、娱乐。这种目标的分歧必然导致两者之间矛盾和冲突的存在，因此，有效制度的建立就势在必行。既能够实现委托人的利益追求，又能够实现代理人的自身价值。

委托-代理理论对于社会医疗保险基金的投资运营能够起到借鉴作用。社会医疗保险基金是由个人、单位缴费及政府财政补贴共同构成，包括社会统筹基金和个人账户两部分。社会医疗保险基金社会统筹部分的投资运营若由政府委托专业的基金管理运行机构——基金信托管理公司负责，就会涉及具体的委托-代理关系。委托-代理理论可以将上述关系模型化为：政府作为委托人想通过作为代理人的基金信托管理公司，按照前者使社会医疗保险基金保值增值的意愿及利益目标建立相应的投资模式，进行相关的投资运营活动。作为委托人的政府不直接参与社会医疗保险基金的投资运营，而仅仅从作为代理人的基金信托管理公司获得基金的收益部分，同时按照相关的协议规定支付给代理人相应的报酬。正常情况下委托人无法直接了解到代理人进行了何种投资，能得到的只是一些如基金的回报率等的信息，因此，委托人的关键在于如何根据这些能够得到的信息来对代理人实施奖励和惩罚，使得代理人能够选择满足委托人要求的最优投资方式。

由于社会医疗保险基金的特殊性，其对于基金安全性的要求更是各项工作的重中之重，因此，对于基金信托管理公司利用社会医疗保险基金进行的每一项投资计划都要由政府成立的专门监管机构负责审批和监督，对于风险系数较大的投资行为应当给予否决。

（三）资本资产定价模型

资本资产定价模型是建立在风险资产的期望收益均衡基础上的预测模型，是常用于确定投资最优证券组合的模型之一，由威廉·夏普、约翰·林特纳和简·莫辛一起在马科维茨的投资组合理论基础上发展而来。资本资产定价模型是从特定的效用函数入手，亦即财富随机分配的效用仅仅依赖于期望收益值和方差（标准差的平方）。风险回避意味着期望效用增加是好事而方差（风险）的增加是坏事。每一种证券在市场证券组合的标准差中所占份额依赖于它与市场证券组合间协方差的大小，投资者由此会认为具有较大标准差值的证券在市场证券组合风险中占有较大份额，在市场均衡时，该证券应该得到的风险报酬就会越大。这表明所有资产都具有风险和收益的两重性：资产的风险程度越高，为了补偿其持有所存在的潜在风险，其收益也必须相应高于风险低的资产。风险资产的价值本质上依赖于作为该资产补充或替代资产的其他风险资产的存在与否，一种资产的价值最终依赖于它与其他资产的协同变动。一般情况下，不同投资品种的收益率之间是相关的，例如，债券与银行存款之间就存在着很强的相关性：银行存款利率上涨时，债券的交易利率将随之上涨，反之亦然。而股票的预期收益也与银行存款利率之间有关：当银行存款利率上涨时，股票相应的预期市盈率将随之下降，从而带动股票的预期收益下降，但具体的这种相关关系远远不如银行存款和债券之间的相关关系那么明显。

二、国外医疗保险基金投资模式类型

（一）财政主导型投资模式

采用财政主导型投资模式的国家，政府将社会医疗保险基金委托给某些社会专门机构进行投资运营，但是对社会医疗保险基金的管理，则由政府的财政部门或由多个部委同非政府人士组成的专门委员会承担。在该种模式下，社会医疗保险基金被纳入政府的财政预算，因此，作为预算管理主体的政府财政部门要为社会医疗保险基金的投资运营风险承担责任。

（二）基金会投资模式

很多欧美国家在社会医疗保险基金的投资运营和管理模式上选用基金会投资模式。在基金会投资模式中，处于主导地位的是具有法人资格的基金会，该基金会是由社会保险计划的举办者设立的。其可自行对社会医疗保险基金实施管理和投资运营，也可以通过雇佣或者转委托的方式将社会医疗保险基金交由其他专业机构进行运营管理，但是最终的风险仍由该基金会承担。

（三）公共投资模式

新加坡是公共投资模式的典型代表。采用公共投资模式的政府，主要采用将社会医疗保险基金投入国家公益性事业的方式使社会医疗保险基金获得增值。这种投资模式可实现一举两得的效果，既可以保障社会医疗保险基金的保值与增值，同时又促进了社会公益事业的发展。但是，该种投资模式的缺点也十分突出，即投资工具过于单一，基金投资的回报率较低。

（四）竞争性投资模式

在竞争性投资模式之下，社会医疗保险基金的管理和运营实现了彻底的市场化。投保人可以自主选择基金管理公司，基金管理市场成为充分竞争的资本市场，基金管理公司的服务态度和业务水平等都成为投保人的考虑因素。在这种投资模式下，社会医疗保险基金往往可以获得较高的回报率，并可以有效减轻政府的负担，同时又通过引入充分的竞争机制来促进基金管理公司的自我完善。

三、国外医疗保险基金投资模式典型范例

（一）美国社会医疗保险基金的投资模式

美国的社会保险计划主要有三类，即联邦养老保险（old-age, survivors, and disability insurance, OASDI）计划，联邦医疗保险计划以及联邦/州失业保险体系。由于美国所有的社会保险计划均以工薪税形式来筹资，因此，各类计划所筹集收入必须存入财政部所属的基金专户，并形成各自独立运作的信托基金，每个基金各自作为一个整体进行投资决策。

美国现行的医疗保险制度是公共部门、私人部门和非营利性提供者的混合体，分成私人医疗保险计划和公共医疗保险计划两类。

美国私人医疗保险计划由两部分构成，一部分是雇主提供的私人医疗保险，另一部分是商业性个人医疗保险，由个人在市场上购买获得保险。

美国公共医疗保险计划是为特殊人群提供的，由联邦政府筹资，包含七个保险项目：联邦雇员健康福利项目（federal employees health benefits program，FEHBP）、三军医疗照护计划、退伍军人健康计划、印第安人健康计划、医疗救助计划（Medicaid）、州儿童健康保险计划、医疗照顾计划（Medicare）。前三项计划是为联邦雇员和现役军人、退伍军人及家属提供医疗保险。印第安人健康计划是为原土著及其后裔提供的医疗保险。医疗救助计划（Medicaid）是由联邦政府和州政府共同筹资，于 1965 年设立，旨在为低收入家庭、儿童和老人以及残疾人等特定人群提供医疗保险。州儿童健康保险计划同样是由联邦政府和州政府共同筹资，于 1997 年成立，由各州管理，为那些不符合医疗救助计划的低收入家庭的儿童提供医疗保险。医疗照顾计划（Medicare）是联邦政府为 65 岁或以上老年人，不足 65 岁但有长期残障的人士或者是永久性肾衰竭患者提供的政府医疗保险。申请者必须是美国公民或永久居民，申请者本人或配偶已向国家缴纳医疗保险税 10 年或者 40 季度以上。

美国在 1935 年建立社会保障制度的同时也建立了社会保障信托基金管理委员会。该委员会的主要职责是负责社会保险基金收支状况评估、资金投资方向等宏观决策和管理。根据社会保障法案，美国财政部成立"社会保险和医疗统筹基金信托董事会"对其"医疗统筹信托基金"进行管理运营，并用信托基金的结余进行市场化投资操作以使基金保值增值，以缓解基金收支压力。信托基金只能投资于政府发行的债券或由美国政府对其本金和利息担保的债券。其投资范围具有强制性，投资决策强调科学性和投资品种的流动性。为安全起见，政府还规定，信托基金至少要保存受益支出总额的 20%~30%作为盈余储备。财政部还特别发行了一种可以随时兑现的债券，该债券的利率为美国所有未到期的、四年期以上的上市债券的平均利率。为了保证社会保险基金的保值增值（收益率的保证），自 1965 年起，美国政府要求各项社会保障税收入一旦转为信托基金后，必须购买短期特别债券，到第二年的 6 月 30 日为止，再一并购买中长期国债。社会保险基金投资的债券的兑现必须按照债券的到期时间顺序进行兑现，先到期的债券优先兑现，对于具有同样期限的债券则按照利率从低到高的顺利依次兑现。

政府对社会保险基金的投资监管完备，信托基金管理委员会每年都要向国会报告基金的收支状况，投资操作过程透明，能有效防止资金贪污挪用现象。另外，美国完善的资本市场体系为社会保险基金提供了良好的运营环境。资本总额不断增加的社会保险基金成为资本市场内重要的机构投资者，稳定、规范化的市场环境为社会保险基金的保值增值提供了重要保障。

美国政府还针对个人账户管理推出了一种"节俭储蓄计划"，由政府挑选出几个市场指数，这些指数可反映国内外的股票市场。然后，政府与一些合格的基金管理者签约，由他们来负责建立和管理相应的指数基金，作为社会保险基金尤其是养老金投资工具。职工可以将自己个人账户中的资金在这些指数基金中进行分配。

（二）新加坡社会医疗保险基金的投资模式

新加坡作为亚洲的发达国家，并没有独立的社会医疗保险基金制度，而是采取统一的中央公积金制度。通过采取国家强制性的储蓄积累模式，即基金完全积累模式，进行中央公积金的筹集、管理等，新加坡劳工部负责制定、完善相关政策并对中央公积金的筹集、管理、运营等进行监管。

新加坡中央公积金制度是一项综合性的在全国范围内统一实行的社会保障制度，它将养老、医疗、住房及教育等多种保障功能集于一身。新加坡中央公积金局是一个独立的组织，通过对政策、市场进行分析、研究，独立对包括社会医疗保险基金在内的中央公积金进行管理和投资运营。它既要负责社会保险金的日常支付，又要通过对中央公积金进行投资来实现其保值增值。随着市场经济的不断发展和社会的不断进步，新加坡政府将不断改革和完善中央公积金制度作为国家战略的重点，逐步提高其覆盖面，不仅仅包括本国公民，也将国内常住居民涵盖其中，已经形成了一套较为完整的制度体系。

新加坡的中央公积金投资模式是典型的私有公营模式，新加坡政府完全掌握中央公积金支配权和使用权，可以根据国家的战略部署利用中央公积金进行适当的宏观经济调控，并且通过规范和引导使公积金在全国范围内产生规模效应。另外，新加坡政府对中央公积金实行高度封闭式的管理，既有利于规避由于经济高度开放而带来的国际经济环境不景气甚至衰退的冲击，又有利于为中央政府调节国内经济，促进经济进一步发展以及推动社会进步提供强大动力。经过几十年的探索和实践，新加坡中央公积金制度已经成为一套完整的制度体系，其在基金的投资运营方面也已经在世界范围内成为一种独立的、值得借鉴的模式。

新加坡中央政府对中央公积金的投资有着非常严格的规定，无论是多渠道投资，还是组合投资，必须保证中央公积金管理局持有75%的政府发行的有价债券，并且在此基础之上由其管理的中央公积金的会员可以将自有基金在扣除规定的最低保留存款后进行投资，最高可用额达到个人缴纳公积金总额的80%。但是，政府对于个人部分公积金的投资有更为严格的规定，仅可以在政府推出的六项投资增值计划内进行选择，具体包括中央公积金基本投资计划、增进投资计划、新加坡巴士有限公司股票计划、非住宅产业计划、教育计划和填补购股计划。

除此之外，新加坡政府还允许中央公积金管理局将公积金增值的结余部分用于投资股票、单位信托基金或者其他金融工具，其中80%的资金可以购买单位信托基金，其余部分均投资于立法委债券、交易债券以及股票市场，具体投资领域如下所述。

1. 公共住房和其他住宅投资

这项政策使得新加坡人拥有较高的住房自给率。目前新加坡有86%的人口能够居住在公房中，并且他们中的90%拥有所住房屋的所有权。

2. 允许购买股票

既允许购买公用事业的部分股票，也允许购买新加坡电讯公司的股票，即实行了一项把与政府有关联的公司和法定的管理局私有化的计划，使公众有机会向盈利的企业投资。

3. 允许投资于经批准的其他投资品种

新加坡允许中央公积金的投资范围进一步扩大，允许成员投资于批准购买的股票、信用债券、单位信托基金和黄金。后来再度放宽，允许投资于创业板市场，也允许购买储蓄保单、存入共同基金账户和购买政府债务。但对这些投资品种投资限额作出了具体限制，例如，定期存款、定期人寿保险单和投资相联系的保险产品、法定机构债券、单位信托基金、基金管理账户等投资限额（占可投资额的百分比）为100%；股票、公司债券和贷款证券的投资最高限额为50%；黄金的投资最高限额为10%。

新加坡中央公积金运作投资回报较好。首先，它为成员的公积金存款提供了最低的存款利息保证。根据中央公积金法的规定，中央公积金局在市场年利息低于2.5%的情况下，必须向计划成员支付2.5%的年利息。特殊账户和退休账户的年利息为普通账户和医疗账户的利息加上1.5%。其次，根据中央公积金投资计划，中央公积金计划成员可在低风险与高风险投资方式中任选进行投资，以期获得比中央公积金利息更高的回报。最后，由于成员利用公积金购买住房，因此住房的升值，使得中央公积金的投资回报率处于较高水平。

（三）日本社会医疗保险基金的投资模式

在日本，社会保障基金的发展得益于政府的大力支持。为了保证对社会保险事业的控制和管理，日本政府逐步建立了一套庞大的社会保障组织机构。在中央，由厚生省统一负责社会保障事业管理。厚生省设立独立于其他局的社会保险厅，该厅专管厚生年金、健康保险等收支等级、结算和管理。日本社会保险基金来源于个人、企业和政府三方面的依法强制性支出。日本厚生年金基金是企业经厚生大臣批准独立设立的特殊法人机构。在日本社会保险基金运营方面，根据委托代理对象的不同，厚生年金基金的运营方式可以分为证券公司、人寿保险公司和投资顾问公司三种类型。证券公司的委托协议分为年金信托和年金指定信托，它们可以与其他基金、资产共同运用和各年金分别运用，按实际收益进行分红。

（四）瑞典社会医疗保险基金的投资模式

瑞典是典型的高福利国家，高额的现收现付基金模式导致专门的社会保险税已不能满足支付需求，还必须靠基金投资收益等给予补充。在社会保险基金投资的方向上，瑞典模式具有"多样组合，分散风险"的特征。在瑞典，任何一家有营业执照的共同基金管理人都可以参与个人账户资金的管理，但是他们必须执行政府规定的对个人账户资金管理费率的折扣。从投资方向来看，社会保障基金实行投资多样化。早在2001年年底其投资组合为：瑞典股票17%、全球股票65%、指数化政府债券9%、对冲基金4%、私营公司股票4%、现金1%。其中，40%资产为主动式投资，60%资产为被动式投资。

第三节　医疗保险基金投资渠道

一、影响医疗保险基金投资渠道选择的因素

（一）风险和收益

风险和收益是选择社会医疗保险基金投资渠道时首先要考虑的因素。所谓风险是指由于未来的不确定性而产生的本金和预期收益损失或减少的可能性。估量某一投资的风险大小一般有两种方法：一种是标准差法，即利用往年的资料，计算该投资方式各年收益的标准差，以测量它的风险程

度。标准差法的原理在于，风险产生于未来的不确定性，这种不确定性则产生于预期收益的变动性，变动性越大，不确定性也越大，风险也就越大，反之亦然。标准差法就是用以往收益率的变动性估算未来收益率的变动性，即风险大小。另一种是 β 系数法，这种方法是用 β 系数来代表某种投资方式受市场影响产生的收益率变动性大小，以测定它的风险程度。β 系数反映的是某一投资方式的收益对市场平均收益变动的敏感性。β 系数是用过去若干时期社会平均收益率和该投资方式收益率的资料，根据回归分析法求出。若某投资方式的 β 系数等于 1，则说明它的收益率与市场收益同幅度涨跌，即如市场收益率上涨 1%，它的收益率也上涨 1%。β 系数值大的投资方式的投资风险大，β 系数值小的风险也小。应当指出的是，β 系数表示的不是全部风险，它代表的只是与市场有关的这一部分风险，即所谓系统风险，与市场无关的非系统风险受企业或公司本身经营状况变动的影响。

收益则是指资金投资带来的报酬，一般表现为收入和本金增益两部分。收益的大小往往用收益率表示，它指期末收益与期初资金投入额的百分率。一般以一年为期计算收益率。要确定某投资方式的保值增值能力，还需将其收益率与通货膨胀率作比较，只有当前者等于或大于后者时，才能够真正使资金保值增值。在投资领域，风险和收益有着很强的正相关关系，要获得大的收益就要冒大的风险，如不愿冒风险就只能得到很小的收益。

（二）流动性

流动性即为基金保值增值而将基金作为某种方式投资的资产变现能力。不同投资方式的变现能力是不同的，活期存款的变现能力最强，股票和债券由于可以出让而次之，不过债券出让时往往要损失利息。定期存款和抵押贷款一般只有到期才能收回本金和收益，两者的流动性与期限成反比，不动产的变现能力被认为是最差的。

社会医疗保险基金有三种筹集模式：一是现收现付式，二是完全积累式，三是部分积累式。采用现收现付式筹集社会医疗保险基金，由于支付的方法需要确定保险费率，基金用于当期，只提留周转金和意外准备金，这两部分由于受给付期限的限制和应付意外事件的需要，对资金的流动性要求很高。因此，以这种模式筹集的社会医疗保险基金，只能选择期限短、流动性高的投资方式。如活期存款形式，或购买即将到期的债券等。以完全积累模式筹集社会医疗保险基金，由于没有当时支付的责任和需要，资金能够在社会保险经办机构存留很长时间，一般长达三四十年。因此，在这种基金筹集模式下可以选择那种期限长、流动性低、收益率高的投资方式。部分积累式的社会医疗保险基金筹集模式实际上是前两种的混合，在基金形态上既有积累部分，又有周转金部分和意外准备金部分，在这种基金模式下可以选择长短期结合、流动性高低结合的投资方式。

（三）国家对基金投资方式的政策限制

由于社会医疗保险基金是一项比较特殊的资金，国家往往对它投资方式的选择要做政策或法律上的规定。前文介绍的几种投资方式中，有些被一些国家允许选择，有些则在一些国家中不被允许选择。其中，储蓄存款（定期、活期）、国家债券基本上是所有国家允许选择作为社会医疗保险基金投资方式的，而有较多的国家规定基金不能选择股票、企业债券，特别是不动产等作为投资方式。一般国家除对能否选择某些投资方式做出规定外，还对基金投放于不同方式上的数额比例做出了规定。

社会医疗保险基金投资渠道多种多样，单一的基金投资模式不能实现基金收益的最大化，如今，多种金融工具的组合性基金投资模式已经成为世界的趋势。社会医疗保险基金的投资必须做到安全性、收益性、流动性、社会性的统一；在投资结构上必须要做到多样性和分散投资，以减少或避免风险；在投资大方向上，一定要符合国家的产业政策和国家关于社会保险基金投资的法律法规。

（四）利率和通货膨胀的影响

利率主要指银行利率，任何一笔资金，如不进行别的投资而存入银行都可以得到一定的利息收入。当银行利率足够高，除抵消通货膨胀的影响还能实现一定的资金增值时，人们可能不愿冒别的投资风险而将资金存入银行。这时称实际利率——即银行利率（又称名义利率）扣除通货膨胀率后所剩的那部分利率。实际利率等于零时，社会医疗保险基金存入银行即可保值；实际利率大于零时，一般都能实现一定程度的增值。但当通货膨胀率很高，超过名义利率，即实际利率为负时，社会医疗保险基金如存入银行就贬值。这时基金要抵消通货膨胀的贬值影响，并尽可能实现保值增值，就需要考虑选择其他收益率高于通货膨胀率的投资方式。

二、医疗保险基金的投资渠道

全球社会性保险基金的投资渠道有很多，几乎涉及了所有的投资工具。社会医疗保险基金作为社会保险基金的一种，有其共通点，同时由于社会医疗保险基金给付的短期性、经常性特点，世界各国对社会医疗保险基金渠道会有所不同，下面介绍一下社会医疗保险基金的主要投资渠道。

（一）银行存款

银行存款是一种操作简单，几乎没有风险，但同时投资收益较低的一种投资渠道。将社会医疗保险基金的一部分存入银行，利于社会医疗保险基金的出入，适应社会医疗保险基金给付的短期性特点。银行储蓄存款多种多样，利率高低不同，同样多的资金选择的存款种类组合不同，其收益和流动性也就不同，因此可根据需要自由选择。但相比其他金融产品，它的收益较低。在物价比较稳定的条件下，这种投资既安全又能保值，但在通货膨胀时期，银行实际利率低，甚至是负值，这种投资方式就难以保证基金增值。

（二）债券

债券是发行人按照法律程序发行并约定一定期限内还本付息的一种有价证券。它的投资特点就是收益稳定，投资风险较小，特别是政府债券，风险极小。正因为如此，各国政府都会对社会保险基金投资债券做出最低限定。

按照发行主体不同，债券可以分为：国家债券、地方债券、金融债券、公司债券和国际债券。

1. 国家债券

国家债券简称国债，是指政府根据有借有还的信用原则，为筹集政府资金而发行的债券。政府债券由于政府的信誉度高，还本付息的风险小，许多国家鼓励甚至限定对国家债券的购买。国家债券的主要特点：一是体现了债权债务关系；二是固定利息回报和到期偿还本金；三是波动小，风险度低。因此，国家债券作为低风险的投资品种，一直受到社会保障基金的青睐。例如，美国的社会保险基金几乎都用于购买政府长期国库券和短期公债；英国的该部分基金主要用于购买政府发行的公债；拉美国家社会保险基金投资最为普遍的项目是政府债券。国家债券的收益一般比银行存款高，但收益仍无法抵御通货膨胀侵蚀。

2. 地方债券

地方债券是当地政府为支援所辖地区的经济发展与建设，筹集资金而发行的债券。地方债券的信誉仅次于国家债券。与国家债券相比，地方债券的发行面额较小，利率较低，主要为了吸引中小投资者，最重要的是地方债券免缴所得税，这是地方债券与公司债券的主要区别。

3. 金融债券

金融债券是由银行和非银行金融机构为筹集资金而向社会公开发行的一种债务凭证。其利率低于公司债券而高于地方债券和国家债券,这是因为金融机构的信用程度比国家信誉低而比一般公司高。

4. 公司债券

公司债券是由股份公司为筹资而发行的,向持有人承诺在指定时间还本付息的一种债务凭证。不同的公司债券的利率不同,依公司的信誉度高低而定。公司债券的信誉比国家债券要低得多,但比股票的保障程度要高许多。公司债券按信用等级和偿还次序,可以分为第一优先债券、第二优先债券、第三优先债券,归还时按优先次序归还。

5. 国际债券

根据发行债券货币种类与发行债券市场的不同可分为外国债券和欧洲债券。外国债券以发行市场所在国的货币为面值货币发行的债券;欧洲债券是指一国政府、金融机构、工商企业或国际组织在国外债券市场上以第三国货币为面值发行的债券,欧洲债券发行者多为大公司、各国政府和国际组织,它们一般都有很高的信誉,对投资者来说是比较可靠的。同时,欧洲债券的收益率也较高(表8-1)。

表 8-1 按发行主体债券类型对比

债券类型	风险	收益	发行方
地方债券	较小	较少	地方政府
国家债券	较小	较少,略高于地方债券	国家政府
金融债券	存在一定风险	较高,略高于国家债券	金融机构
公司债券	受公司信誉影响,风险较高	较高	股份公司
国际债券	受汇率风险影响大	较高	政府、金融机构或工商企业

由于债券具有收益稳定、风险较低的特点,加之政府对债券尤其国家债券往往有特殊优惠政策,几乎所有国家的社会保险基金投资组合中,债券都占有相当大的比重,不少国家甚至还规定了债券的最低投资比例。

(三)股票

股票是指股份有限公司发行的、表明其股东按其持有的股份享受权益和承担义务的一种金融产品。它具有变现性能良好、流动性较强、收益人,同时风险也十分高的特点。

购买股票可以使社会医疗保险基金保值增值的空间变大,但同时承担的风险也大。由于股票的种类很多,如何确定具体投资方向,成为对投资者管理水平和金融技巧的考验;受托营运社会保险基金的各类金融机构能否在竞争中发展,很大程度取决于他们所投资股票是否成功;由于投资股票风险大,许多国家对用社会保障基金购买国内、国外股票都规定最高限额。

(四)可转换公司债

可转换公司债,简称可转债,是一种介于公司债券和普通股之间的混合金融衍生产品,投资者具有在将来某一时间,选择是否按照一定的转换价格将可转债转换为公司普通股票的权利。可转债首先是一种企业债券,具有获得约定利息、在到期日收回本息的权利,其次又具有在一定条件下将债权转化为股权的权利,因此可转债相对于一般公司债而言,具有多种选择权,而相对于纯粹的普通股而言,又具有一定的收益保证,是一种不可多得的兼顾收益与风险的金融工具。

（五）证券投资基金

证券投资基金，是指由基金公司或其他发起人向投资人发行的收益凭证，将大众手中的零散资金集中起来，委托具有专业知识和投资经验的专家进行管理和运作，并由信誉好的金融机构充当所募集资金的信托人或保管人。投资基金，专家帮助理财，能够规避"非系统风险"，稳健度高。与其他渠道相比，证券投资基金具有风险小、流动性强、变现性能好、收益高的优势。证券投资基金作为一种投资品种，其风险与收益介于债券与股票之间。由于社会保障基金对投资收益与风险防范的需要，许多国家社会保障基金有相当一部分是通过证券投资基金作为投资工具来分享资本市场的收益。

（六）不动产投资

不动产投资主要是指房地产投资，还包括公共基础设施建设，如水电、能源、交通等。房地产投资是指通过建设、购买等手段获得房地产而取得长期稳定租金收入。由于租金的定价可消除通货膨胀的影响，房地产与股票一样被认为是与工资相关联的、待遇确定的社会保险基金的合适投资组合的重要工具之一。

20 世纪 80 年代以前，房地产投资曾经是某些国家社会保险基金投资组合中的重要工具之一。但与证券相比，房地产投资规模大、周期长、流动性差、小规模基金很难进行分散化的投资，它对宏观经济形势的变化也比较敏感。作为一种中长期投资，房地产投资在经济发展时期和稳定时期效益较好，但日本等国的经验也说明，当经济萧条，房地产价格下跌时，无论是直接投资房地产还是作为房地产抵押，风险都很大。

不动产投资的另一领域就是投资于公共基础设施建设，这方面最典型的是新加坡的中央公积金大量用于投资机场、港口、电力、通讯等基础设施。日本的国民年金和厚生年金也被委托投资于道路、住宅以及农业设施。

总体而言，世界各国选择的医疗保险基金投资渠道各不相同，但选择单一投资渠道的国家还是比较少见的，更多的是采用投资组合方式进行投资。

第四节　我国医疗保险基金投资现状

一、我国医疗保险基金投资管理的发展阶段

（一）医疗保险基金投资管理制度初步形成阶段（1993~1998 年）

我国至今没有出台针对社会医疗保险基金投资管理相关的法律、法规，而是与养老保险、生育保险、工伤保险、失业保险一起涵盖在由社会保险基金管理规定之中。我国关于社会保险基金相关的管理规定最早始于 1993 年 7 月颁布的《企业职工养老保险基金管理规定》，1994 年 11 月，在《企业职工养老保险基金管理规定》的基础之上，出台了《关于加强企业职工社会保险基金投资管理的暂行规定》，对社会保险基金结余部分的管理问题进行了补充规定，明确了社会保险基金管理机构对社会保险基金结余部分投资的方向和具体操作程序；1995 年 5 月，国家人力资源和社会劳动保障部下发了《关于贯彻〈国务院关于深化企业职工养老金保险制度改革的通知〉的实施意见》，该实施意见于 1999 年 8 月失效。与该意见同年颁布的《中华人民共和国社会保险法》使得我国社会保险事业进入了有法可依的新阶段，对我国社会保险制度和社会保险监管制度的发展具有里程碑式的重要意义，2010 年随着新《中华人民共和国社会保险法》的颁布，1998 年的《中华人民共和国社会保险法》失效。为进一步加强社会医疗保险基金管理，1998 年 12 月 14 日《国务院关于建立城镇

职工基本医疗保险制度的决定》颁布，要求将基本社会医疗保险基金纳入财政专户管理，专款专用，不得挤占挪用。

（二）医疗保险基金投资管理制度健全阶段（1999~2009 年）

1999 年 1 月，我国通过制定《社会保险费征缴暂行条例》，实现了对社会保险缴费事项的单独规定，规定了社会保险费的征缴程序和管理方式，并且设定了相应的监管制度和具体罚则，从而规范了社会保险基金的征缴与管理行为；同年 3 月，为了配合《社会保险费征缴暂行条例》的实施，制定了《社会保险费征缴监督检查办法》，专门针对社会保险费用的征缴监督制度做出了细致的规定；同年 7 月，通过制定并颁布的《社会保险基金财务制度》，统一了我国社会保险基金管理和投资运营中的财务制度，对社会保险基金的预算、筹集、支付、结余和决算中涉及的财务工作均做出了全面的规范；2001 年 5 月我国又出台了《社会保险基金行政监督办法》，明确指出了劳动保障行政部门的监督内容、监督职权、监督方式及法律责任，大力推动了我国社会保险基金监管制度的完善和社会保险基金监管体系的建立；出于对社会保障基金投资监管的需要，同年 12 月颁布了《全国社会保障基金投资管理暂行办法》，就社会保障基金投资管理进行了专门规定，明确社会保险基金投资运作的基本原则是：在保证基金资产安全性、流动性的前提下，实现基金资产的增值。《全国社会保障基金投资管理暂行办法》第二十五条规定：社保基金投资的范围限于银行存款、买卖国债和其他具有良好流动性的金融工具，包括上市流通的证券投资基金、股票、信用等级在投资级以上的企业债、金融债等有价证券。同时《全国社会保障基金投资管理暂行办法》第二十八条规定：划入社保基金的货币资产的投资，按成本计算，应符合下列规定：银行存款和国债投资的比例不得低于 50%。其中，银行存款的比例不得低于 10%。在一家银行的存款不得高于社保基金银行存款总额的 50%。企业债、金融债投资的比例不得高于 10%。证券投资基金、股票投资的比例不得高于 40%。此外，《全国社会保障基金投资管理暂行办法》第二十九条规定：单个投资管理人管理的社会保险基金资产，投资于单只证券或证券投资基金时，不得超过该证券或基金份额的 5%，按成本计算，不得超过其管理的社会保险基金资产总值的 10%。《全国社会保障基金投资管理暂行办法》第三十一条还规定：社保基金建立的初始阶段，减持国有股所获资金以外的中央预算拨款仅限投资于银行存款和国债，条件成熟时由财政部会同劳动和社会保障部商理事会报国务院批准后，改按本办法第二十八条所规定比例进行投资。2006 年，中国证券监督管理委员会（以下简称证监会）、中国银行业监督管理委员会（以下简称银监会）联合发布《全国社会保障基金境外投资管理暂行规定》，按照各自职能对全国社会保险基金境外投资相关事宜进行监督。同年 9 月，劳动和社会保障部通过发布《关于进一步加强社会保险基金管理监督工作的通知》的方式，再次对社会保险基金的监督管理进行了强调，要求社会保险基金监管主体加大监督检查力度，基金运营管理机构应当加强自身内部监管体系建设，通过进一步强化对社会保险基金管理运营的监管，确保社会保险基金在安全的前提下实现保值和增值。至此，我国社会保险基金管理制度体系已经初步建立。2009 年 7 月 24 日，人力资源和社会保障部与财政部共同颁布了《人力资源社会保障部 财政部关于进一步加强基本社会医疗保险基金管理的指导意见》，该意见指出要提高基本医疗保险的统筹层次，进一步加强基本医疗保险基金收支预算管理，建立基本医疗保险基金运行情况分析和风险预警制度等措施。

（三）医疗保险基金投资管理制度完善阶段（2010 年至今）

2010 年颁布了新的《中华人民共和国社会保险法》，该法是在中国特色社会主义法律体系中起支撑作用的一部重要法律，该部法律根据新时代的要求，调整了社会保险各项制度的具体规定，完善了我国社会保险制度的多个方面，对于建立覆盖城乡居民的社会保障体系、更好地维护公民参加社会保险、享受社会保险待遇的合法权益具有十分重要的意义。继《中华人民共和国社会保险法》实施之后，2013 年 1 月人力资源和社会保障部专门就社会保险基金的社会监督出台了《人力资源社会保障部关于开展社会保险基金社会监督试点的意见》。明确了社会监督的对象及内容、社会监督的主体、社会监督的途径和方式，以及社会监督意见的反映和处理等问题，提出了社会保险基金社会监督试点建立的组织形式和要求。2014 年 6 月 16 日《全国社会保障基金信托贷款投资管理暂行办法》正式发布实施，为社会保险基金加入投资信托产品提供了法律依据，社会保险基金基于安全性、收益性、合规性的原则，按照监管部门批准的政策，可以通过信托公司向符合条件的借款人发放信托贷款，主要用于国家重点支持的城乡基础设施建设、保障房建设以及国家鼓励发展的重点行业和领域。随着这些政策法规的出台，我国社会保险基金投资运营监管制度逐渐趋于完善。国务院 2015 年 8 月印发的《基本养老保险基金投资管理办法》对基本养老保险基金的投资运营作了规范。2020 年 12 月 30 日，人力资源和社会保障部则对年金基金投资正式发文《人力资源社会保障部关于调整年金基金投资范围的通知》，并配套印发《人力资源社会保障部办公厅关于印发调整年金基金投资范围有关问题政策释义的通知》，对年金基金投资范围作出调整。

二、我国医疗保险基金投资模式

我国的社会医疗保险改革始于 1998 年，在制度设计上吸收了德国社会医疗保险与新加坡储蓄医疗保险制度的成功经验，采用"社会统筹与个人账户相结合"的模式，但不同保障制度之间管理方式不一样，我国的社会医疗保险基金专款专用，单独管理；在我国，社会保险基金分为两个层次：一是中央政府掌管的"全国社会保险基金"；二是地方政府掌管的"地方社会保险基金"。全国社会保险基金是中央政府单独设立的、用来作为全国各省社会保险基金收支缺口调剂的最后保障。地方社会保险基金则是对应于前述的"省级统筹"或"县（市）级统筹"的社会保险基金，它分别由各地方政府保管。在社会保险基金的投资渠道上，我国法律明确规定：地方社会保险基金不允许"入市"，只能存款或购买国债；然而，全国社会保险基金的投资范围几乎是无所不能的，它既可以投资债券、基金，还可以投资未上市股权或上市股票。目前，我国政府对医疗保险资金投资的严格管制是与我国资本市场发育程度低、投资渠道少、实业投资风险大、营运监管手段落后以及风险防范能力弱的现状相适应的，是不得已而为之。

三、我国医疗保险基金投资运营需要解决的关键问题

（一）医疗保险基金的保值增值

我国的医疗保险主要由城镇职工基本医疗保险和城乡居民基本医疗保险（城镇居民基本医疗保险和新型农村医疗保险合并为城乡居民医疗保险）构成，是国家和社会为实施社会医疗保险制度而建立起来的一种带有互助互利性质的医疗专项基金，目前我国的医疗保险的参保覆盖率已超过 95%。基本社会医疗保险基金包括社会统筹基金和个人账户两部分，由用人单位和职工个人按一定比例共同缴纳。我们所指的社会医疗保险基金的保值增值主要是对社会统筹基金的管理。截止到 2019 年，基本医疗保险基金总收入、总支出分别为 23 334.87 亿元、19 945.73 亿元，年末累计结存 26 912.11 亿元（表 8-2）。

社会医疗保险实行基金制后，保值增值的压力很大，一方面要应对日益增长的医疗保险支出的压力，另一方面要抵御通货膨胀造成的贬值压力。我国以往社会医疗保险基金的投资工具和投资方向单一、投资收益率低，难以保值增值。我国现行的政策规定"医疗保险机构应留足两个月的发放数额，其余结余资金留存财政专户或购买国家债券"。现行《社会保险基金财务制度》规定"财政部门应根据劳动保障部门提出的意见，在双方协商的基础上，及时将基金按规定用于购买国家债券

或转存定期存款"。银行存款、国家债券虽然有充分的利息保障,但是银行存款的市场化程度很低,难以弥补通货膨胀的损失,因此银行存款实质上并不安全;从长期来看,国家债券的投资回报率虽然稳定,但是其也可能低于通货膨胀率,从而使得基本社会医疗保险基金贬值。因此,如果要提高基本社会医疗保险基金的收益率,就要提高股票投资比例,借鉴现代资产组合理论,在充分分散风险的前提下获得较高的资产收益率。

表 8-2　2015～2019 年社会医疗保险基金结余情况　　　　（单位：亿元）

		2015 年	2016 年	2017 年	2018 年	2019 年
城镇职工社会医疗保险基金累计结余	当年收入	9083.5	10 273.7	12 278.3	13 537.80	14 883.87
	当年支出	7531.5	8286.7	9466.9	10 706.60	11 817.37
	累计结余	10 997.1	12 971.7	15 851	18 749.8	21 850.29
城乡居民社会医疗保险基金累计结余	当年收入	2109.4	2810.5	5653.3	7846.40	8451.00
	当年支出	1780.6	2480.4	4954.8	7115.90	8128.36
	累计结余	1545.7	1992.6	3534.6	4690.1	5061.82

资料来源：《中国统计年鉴》

（二）医疗保险基金的存储

在现行的社会保险制度下,医疗保险因采取"社会统筹和个人账户相结合"的混合制（部分积累制）,涉及社会医疗保险基金的存储问题。对于筹集的社会保险基金,一部分要在当年分配使用,另一部分则需储存起来,留待以后发生保险需要时再进行分配和使用。但是,目前管理机构只是对统筹账户内的基金进行管理,对缴费者个人账户内的积累基金的管理力度不够,个人账户内的资金没有做到专款专用,如何建立一个安全、高效的个人账户管理体系将成为关键问题。

（三）医疗保险基金投资运营机构的选择和审查

现行的社会医疗保险基金管理模式基本都是由各级社会医疗保险基金管理中心负责社会医疗保险基金的收缴和支付,同时与相关财政部门共同负责社会医疗保险基金的投资管理。由于各级医疗保险中心和财政部门都不是专业的投资机构,不具备专业投资能力,而且其中心工作也不是基金投资管理,所以投资效果难以保证。全国社会保障基金理事会的专业投资运作模式也许能够借鉴并采用,但要做好社会医疗保险基金投资运营机构的选择和审查是保证医疗保险基金良性健康运作的关键。

四、提高我国医疗保险基金投资运营效率的措施

（一）提高统筹层次,提升基金投资效率

我国的社会医疗保险基金实行的是属地化管理原则,2009 年的《人力资源社会保障部　财政部关于进一步加强基本社会医疗保险基金管理的指导意见》明确要求："到 2011 年基本实现市（地）级统筹。实现市（地）级基金统收统支确有困难的地区,可以先建立市（地）级基金风险调剂制度,再逐步过渡。具备条件的地区,可以探索实行省级统筹。"统筹层次的提高,不仅可以降低管理成本,加大运营管理和监督力度,而且有利于发挥规模化投资效应,分散因投资范围局限性带来的市场风险,提高社会医疗保险基金投资的效率。

（二）成立专门管理机构，提高基金投资专业化水平

在机构设置方面，可借鉴全国社会保险基金投资运营的成功经验，成立专门的社会医疗保险基金投资管理机构，在社会医疗保险基金统筹层次提高的前提下，对社会医疗保险基金进行投资管理。社会保险基金在全国社会保障基金理事会的专业投资运作下，十年来实现了年均9.17%的投资收益率（来源于2011年05月19日《中国证券报》），就是一个很好的例证。

（三）拓宽投资渠道，完善基金运营方式

政府应当在保证基金安全的情况下，逐步完善各项法律保障政策，为社会医疗保险基金市场化运营营造良好的政策环境。社会医疗保险基金可在专业投资管理团队的规划安排下投资于更多风险较低，期限适当，收益更高的投资产品，譬如低风险的银行理财产品、金融债券和企业债券以及适度进行债权和股权投资等；同时可以引导社会医疗保险基金进行与医疗卫生体制建设有关的项目投资，在支持医疗卫生事业发展的同时，提高医疗卫生保障水平，实现基金收益和事业发展的双赢。

（四）加强基金运营效果的考核和披露

加强对于社会医疗保险基金投资管理机构的监督管理，设定基金投资收益目标，考核投资及收益情况，确定最低保证收益率，并将考核结果及时对外披露。增强运营管理人员工作的责任心和紧迫感，使社会医疗保险基金保值增值工作得到更有效的实施。同时加强基金风险预警研究，确保基金在风险可控的条件下健康运行。

1. 医疗保险基金的投资原则是什么？

2. 医疗保险基金投资工具有哪些，都各有什么特点？

3. 我国医疗保险基金的投资运营亟待解决的问题是什么？

（崔　健）

第八章案例

第九章 医疗保险基金风险管理

　　医疗保险基金在运行过程中，涉及筹集、运营和使用等多个环节，同时也涉及基金管理者、参保人、医疗机构和药品经销商等多个利益主体，多环节与多利益主体交织在一起，由于环节之间需要磨合、衔接和制衡、各利益主体价值利益取向、行为方式等非同向、非对等，由此必然导致风险的产生，这是客观、正常而无法回避的现象，一旦引发风险必将带来损失，为此，我们需要根据医疗保险基金的特点去识别风险、评估风险、防范和化解风险。

第一节 医疗保险基金风险的内涵

一、医疗保险基金风险概述

（一）概念

1. 医疗保险

医疗保险有广义和狭义之分。广义的医疗保险即"健康保险"（health insurance），它是人身保险的一个组成部分，所包含的内容要丰富得多，如疾病、死亡、人身伤害、预防保健等。狭义的医疗保险（medical insurance）仅指对疾病和意外伤害发生后所导致的医疗费用的补偿。我国的医疗保险主要指狭义的概念，是指劳动者在患病期间，由保险机构或保险组织按照规定支付其医疗费和生活费的社会保险制度。医疗保险是社会保险体系的重要组成部分，旨在预防社会成员面对疾病风险时，国家和社会能够及时为其提供必要的资金、服务帮助的社会保险制度，能够有效帮助受保对象降低疾病造成的风险成本。

我国的医疗保险制度在"十三五"期间得到了长足的发展，根据《2020年全国医疗保障事业发展统计公报》显示，截至2020年年底，全国参加基本医疗保险的人数达13.6亿人，参保覆盖面稳定在95%以上，基本实现全民医疗保险的目标。虽然我国实现了全民医疗保险，但不同地区、不同群体之间的医疗保险待遇却存在着较大差距，比如职工医疗保险的保障水平明显高于城乡居民医疗保险的保障水平，此外，医疗保险大多处于市县级统筹层次，不同统筹地区之间的医疗保险待遇执行标准存在着较大差异。因此，在"十四五"期间应切实推进医疗保险制度的稳定发展，坚持深化改革，以期实现党中央、国务院在《中共中央 国务院关于深化医疗保障制度改革的意见》中提出的"到2025年，医疗保障制度更加成熟定型"的改革发展目标。

2. 医疗保险基金

医疗保险基金（medical insurance fund）是医疗保险的核心要素，是社会保险基金的重要支撑。医疗保险基金是指以社会保险形式建立的，为劳动者提供疾病所需医疗费用的专款专用资金，是通过国家立法，强制性地由国家、企业、个人集资建立的医疗保险基金。

一般来说，医疗保险基金包括统筹基金和个人账户两部分。统筹基金统一筹集、调剂使用，主要包括单位缴费划入职工个人账户后的剩余部分、利息收入和其他收入（主要是少量财政补助收入和滞纳金），其特征是统一征缴、统一管理、统一使用，体现了医疗保险的社会互济功能，主要用于支付参保人员住院医疗费用和特殊疾病门诊费用。个人账户是以参保人员个人名义建立的保险账户，由个人按有关规定支配和使用，一般不具有共济性或共济性很低。个人账户主要包括个人缴费、用人单位缴费划入个人账户部分及利息收入。个人账户的本金和利息归个人所有，主要用于支付普通门（急）诊等小额费用，可以结转和继承。

医疗保险基金是社会保险基金中的重要组成部分，更是医疗保险事业平稳有序发展的重要支撑，作为医疗保险制度的核心，医疗保险基金关乎着我国社会民生保障的健全完善和国家的长治久安。因此，管好用好医疗保险基金，不断降低医疗保险基金风险点，确保医疗保险基金平稳运行事关社会民生福祉。

3. 医疗保险基金风险

最早提出风险定义的是美国学者威特雷，他认为风险是关于不愿意发生的事件发生的不确定的客观体现。其定义有三层含义：其一，风险是客观存在的；其二，风险的本质与核心具有不确定性；其三，风险事件是人们主观所不愿发生的。目前人们对风险的定义主要有以下两种认识：第一，把风险定义为不确定的事件，以概率的观点对风险进行定义，代表人物是美国学者威利特，他将风险定义为"客观的不确定性"；第二，把风险定义为预期与实际的差距，代表人物是美国学者威廉姆斯和汉斯，他们认为："风险是一定条件下、一定时期内可能产生不同结果的变动。"这种变动越大风险越大。结合学者的研究本书将风险（risk）定义为：不确定性对目标的影响，所有的不确定性都会带来风险，可以通过概率来衡量风险的不确定性，同时可以通过风险度来衡量风险的各种结果差异给风险承担主体带来的影响。

医疗保险基金风险（the risk of medical insurance funds），是指在医疗保险基金的运行过程中，运行过程及其结果与预期目的之间存在的差异（一般采纳负面差异这一狭义概念），该负面差异会给医疗保险基金所涉理性主体带来权益损害，比如，比率过高的基金征收率，会让参保人员负担加重，造成基金闲置浪费；过低的医疗费用报销率，会让参保人个人承担更多的医疗费用；收不抵支时，参保人则无法享受到预先确定的医疗保险待遇等。

（二）特征

医疗保险基金风险具有一般风险的共同特性。

1. 不确定性

这是风险最主要的特性，主要表现为：①是否会发生，不能确定。就个体风险而言，其是否发生是偶然的，是一种随机现象，具有不确定性。②发生的准确时间，不能确定。虽然某些风险必然会发生，但何时发生却是不确定的。例如，在经济全球化的背景下，众所周知，其中蕴含了巨大的风险，但何时何事会引发经济危机根本无法准确预估，如 2008 年发生的美国次贷危机。③结果的严重程度，不能确定。不能确定事故的后果，即损失程度的不确定性。例如，某地经常会遭受到极端天气带来的严重破坏，但每一次的损失程度却是不相同的，人们对于极端天气发生的时间和带来的破坏量是无法准确预估的。同样的，风险总体上具有必然性、但个体具有偶然性，两者共同叠加作用便形成了不确定性。

2. 客观性

风险是由客观存在的自然现象和社会现象所引起的。风险与事物的发展过程相随相伴，不以人的意志为转移，独立客观地存在于人们的意识之外，它是多种事物、多重因素按照其自身的发展规律相互交义作用，平衡状态被破坏之后必然引发的客观现象，面对其客观性，人们需要做的就是在有限的时间和空间里，根据人们认知的程度，采取所能采取的干预手段去预警，改变风险存在和发生的条件，最大限度地降低风险发生的概率和由此带来的损失，但无法从根本上消除风险。

3. 普遍性

风险存在于自然界、存在于社会生活、存在于人类自身，充斥着人类历史发展的整个过程，无处不在，对人类社会生产和人们的生活构成威胁，人们需要不断地辨识和化解风险。在当今社会，风险渗入到社会、企业、个人生活的方方面面，个人面临着生、老、病、死、意外伤害等风险；企业面临着财务收支风险、市场风险、信用风险、技术风险、政治风险等；国家和政府机关也面临着各种复杂形势下的治理风险等。

4. 与收益具有正相关关系

高风险孕育着高收益，两者之间呈现同向变化关系，在实际运用中，激进投资者则趋向于高风险项目，目的在于获取更高的利润回报；而稳健投资者，则专注于低风险项目，目的在于安全地获取平均利润水平的回报。

5. 有限可控性

在目前科技技术较为发达的形势下，人们利用大数据优势、利用数据模型探索和掌握风险发生的规律，构建预警系统，进行事前监控，建立各种应急方案，达到事前、事中的有效管控，从而实现在一定条件下对一定种类的风险进行预测，然后采用较为先进的控制手段予以规避、化解，这说明一定类型的风险在一定条件下是可控的，但该特性并不具有普适性，因为人们的认知是有限的，控制手段是有限的，在认知和控制范围以外的大量风险则不可控。

同时，它还具有以下特殊性。

（1）发生概率低。由政府主导的医疗保险基金，是一项事关全体老百姓的民生工程，政府的调控色彩浓厚，多有政府托底的预留手段，因此发生风险的概率很小。

（2）经济损失小。医疗保险基金，取之于民、用之于民，其运营的结果不具有盈利性，主要以社会效益为主要考量标准，并且该项保险具有涉及面广、保基本（报销率较低）的普惠性，针对每一个体所对应的金额相对较小，不具备扩展性，一旦发生风险，给个人所带来的损失较小。

（3）非系统性风险。在国家统一政策指导下，各地根据当地经济发展状况又作了适当而又审慎的微调，使之与当地经济发展水平相适应，倘若发生医疗保险基金危机，也多为地方性的个别案例，不具普遍性，更非系统性风险，由此波及面和负面影响有限，容易通过调剂的方式予以化解和平息。

二、医疗保险基金风险的成因分析

导致医疗保险基金风险的原因不是很复杂，按照其事前、事中和事后三个发展阶段来梳理，可以概括为事前预算失准、事中管理失责、事后调校乏力等三方面原因。

（一）事前预算失准

医疗保险基金需要发挥日后有效支付的功能，因此其事前的预算需要相对准确，预算时坚持"收支平衡、略有结余"的原则，既不能保守求稳而提高征收率或者压低报销率，也不能采取极端的亲民政策（大幅度提高待遇标准）而让基金承受巨大的支付压力。在预算时，需要对未来 1～3 个支付年度影响其筹集、使用的重大因素全罗列、全分析和全使用。

1. 影响筹集的因素

（1）政治因素。稳定的政治环境方能让大众安居乐业，方能保障经济平稳发展，所以预算时需要考虑国内政治因素、国际主要相关国家的政治因素及其对国内所产生的影响，由此判断经济环境的稳定性及其发展趋势、带来的影响结果。

（2）经济因素。国内外经济发展状况及其未来走向、国家财政收入增减区间、居民收入增减区间、居民消费价格指数（consumer price index，CPI）等密切相关因素，均需详细分析，重点考察上述因素所带来的不利影响。

（3）征收能力。征收能力包括征收人的能力和软硬件能力等两个层次，一是需要征收人广泛宣传，让更多的人理解医疗保险政策的好处并自觉自愿地参加，以此扩大覆盖率、增大大数法则中的基数；二是征收人依靠先进的资金结算系统实现基金的及时入库；三是征收人依靠先进的征收管理系统及时发现漏缴、少缴等异常缴费情况并作出及时催缴等措施，做到应缴必缴的效果。

2. 影响使用的因素

（1）经济因素。通货紧缩（deflation）和通货膨胀（inflation）均会对基金的使用产生明显的影响，前者可能会带来支出降低的正面作用，而后者则会带来增加支出的压力，因此后者应该成为分析的重点，尤其需要特别关注超预期通货膨胀的极端情况。

（2）重大流行病发生概率。当前各种极端天气和异常自然灾害处于多发、异发状态，很多危害性极大的疾病尚未被人类认知和掌握，一旦出现则会造成极大的破坏力，由此带给医疗保险基金的后果就是需要增加大量支出，例如，新冠疫情，根据《2020 年医疗保障事业发展统计快报》显示，各地医疗保险部门向新冠患者定点收治机构预拨专项资金 194 亿元，全年累计结算新冠患者医疗费用 28.4 亿元，其中，医疗保险基金支付 16.3 亿元。因此对当地、全国以及国外的重大流行病均需作重点分析，分析其发生的概率和由此增加的支出额度。

（3）医疗使用情况。目前我国仍然存在过度医疗的情况，过度医疗是指在检查、化验、用药及治疗过程中，超出疾病所需诊断和治疗的行为，这种行为不仅与道德相违背，而且是法律及相关制度明文禁止的。这种行为不仅严重浪费了医疗资源，而且还加大了医疗保险基金的不合理支出，增加医疗保险基金支付风险。

（4）老龄化速度。"十四五"规划期间，我国将由老龄化社会进入老龄社会，到 21 世纪中叶，我国人口老龄化将达到最高峰。根据我国发展基金会发布的《中国发展报告 2020：中国人口老龄化的发展趋势和政策》可以看到，自 2000 年迈入老龄化社会之后，我国人口老龄化的程度持续加深，到 2022 年左右，我国 65 岁以上人口将占到总人口的 14%，实现向老龄社会的转变，2050 年，我国老龄化将达到峰值，65 岁以上人口将占到总人口的 27.9%。由于老龄化速度加快，老年人对医疗需求量会增长很多，由此带来的直接后果就是医疗保险基金需要增大支出额，形成较大的给付压力，为此，需要较为准确地测算老龄化速度和由此带来的支出增加额度。

（二）事中管理失责

经过专门的预算委员会或预算工作组结合历史数据和对预算期相关因素做好预算之后，重点在于执行，这样才能实现预期目标。在执行的过程中，管理失责则会带来很大的负面影响。

1. 征收不力

严格按照预算进行征收才能保障支出的顺利进行，但由于征收人员力量配备不足、宣传不够、本身专业知识欠缺、征收方式欠妥，以及征收者的责任心缺失、玩忽职守、与被征收对象结盟营私、贪污挪用、放任被征收对象弄虚作假不缴或者少缴等情形出现时，就会导致应收的基金无法及时解缴入库从而导致收入缺口的出现，埋下了极大的风险隐患。

2. 监管不力

目前在政策公开、参保人自行申报的情形下，难免出现部分单位隐瞒收入，少报、漏报征收基数等舞弊行为，这就需要管理者强化监管力度，严厉查处弄虚作假者，达到"颗粒归仓"的效果，但是在实际工作中，很多管理者并未全面开展该项工作，使之处于听之任之的状态，结果同样给征收工作带来较大的隐患。

3. 临场应对不力

实际工作环境与预算所处的环境有较大差异，即使提前有所预计，但往往还是会出现意料之外的变故，新的紧急情况会不期而至，对此需要充分发挥临场应变能力才能妥善处置，但很多管理者缺乏这方面经验，导致临场处置不当、不力，结果损害了群众利益，破坏了群众与管理者之间的诚信关系，导致群众抵触情绪爆发，严重影响参保人员的信心和积极性，从而影响征收工作的顺利开展。

4. 管理者权力与商业资本结合，造成大量医疗保险基金被侵吞

综合目前所查处的多起事关医疗保险基金被侵吞的案例来看，管理者进行权力寻租和商人进行苦心钻营纠结在一起，在管理者的默许下，医疗机构和药品经销商大肆采用虚假方式对医疗保险基金进行巧取豪夺，导致大量的医疗保险基金被侵占、挪用，这样内外勾结的做法更具隐蔽性、更具破坏性，成为非常严重的风险隐患。

（三）事后调校乏力

为了提高工作效率、改进工作作风，我们需要对工作中遇到的问题和遭遇的挫折进行总结分析，肯定好的做法的同时，更重要的是对不妥、不当、不力、错误等言行进行深刻分析和总结，为调校工作制定出详细的整改制度和措施，达到完善制度、提高效率的目的。但在实际操作中，很多管理者并不这样办，依然我行我素，调校乏力，给征收工作带来了极大的负面影响。

1. 缺乏实地调研的一手鲜活资料，理论与实际脱节，纯理论性的制度无法落地，执行过程中显得水土不服

不进行实地调查研究、不听取民意，而只是在办公室或凭理论或凭他人的经验，或闭门造车或生搬硬套，结果与当地实际情况不相吻合、缺乏实践基础，一味强制推行，结果必将遭遇重大挫折。

2. 在政策的制定过程中，贯穿了个人决策者的私欲，缺乏民主

涉及众多参保者利益的医疗保险政策，在制定的过程中必须坚持民主决策原则，但是部分管理者为了满足自己的私欲，就会从中作梗：要么私下授意、要么搞一言堂、要么改变决策程序，结果导致出台的制度规定损人利己，政策无实效，自然会动摇医疗保险基金的根基。

3. 忽略了绝大多数参保群众的利益，走入了单纯追求局部良好政绩的错误之路

部分管理者为了粉饰自己的政绩，善于欺上瞒下、以牺牲广大群众利益为代价来做表面文章，这样用心营造的光鲜政绩之于广大群众来说是毫无用处的，结果只能引发更多的抗议，由此产生的直接社会后果就是大量的参保群众丧失信心。

三、医疗保险基金风险的危害分析

（一）损害参保人权益

参保人按照国家规定的征收基数和征收率交纳医疗保险费用后，理应享受到相应的待遇，但是如果存在以下两种情形，则会严重损害参保人的权益，一是医疗保险基金入不敷出，出现支付困难，那么参保人将无法享受到应有的就医权益，进一步危及生命健康权益；二是当收入远远大于支出状态下的盈余过多，则具有参保人负担过重或者就医报销待遇过低嫌疑，这些均将严重损害参保人的权益。

（二）负面影响政府公信力

政府公信力是支撑社会良性运行的基石，任何政府都会千方百计地致力于公信力建设，容不得任何人、任何事无端冲击，但是一旦与民众息息相关的医疗保险基金出现了危机、引爆了风险，则必将给政府公信力带来严重损害，很容易被民众指责，斥之为面子民生工程，严厉抨击管理者不为民着想、不为民办事，这样的伤害对政府而言是致命的，在相当长一段时期内是很难被抚平的，而且这种负面效应很容易被扩大化，由此将会导致一系列的负面连锁反应，给政府公信力以沉重的打击。

（三）导致医疗秩序混乱，加重就医难、就医贵的社会现象

因为医疗保险管理者未发挥出以医疗保险基金为中心的正能量牵引作用，未协调好参保者、医疗机构、药品生产商和供应商等多方面的利益平衡关系，未将其统一到为参保患者全心服务的轨道上来（诸如默许药品招投标过程中的暗箱操作、与分级医疗制度相配套的医疗保险基金分级管理未同步进行、对医疗机构违规支出费用的行为不严加审核和把控、对违规者缺乏监控等），在这样的政策导向下，进一步加剧了医疗秩序的混乱程度，进一步加重了看病难、看病贵这一社会现象。

（四）负面影响社会配套措施的开展和执行

人的一生涉及生老病死过程，其中均与医疗保险发生直接关系，由此可见，医疗保险是民众最基础、最平常的需求之一，它是社会稳定的基础保障条件之一，只有将医疗保险工作做好、做踏实了，其他的配套改革措施也才具备实施的基础条件；如果医疗保险出现危机，必将带来政府公信力受损下降、民心不稳等后果，这样的劣性后果必然会拖累其他改革方案的推行。

第二节　医疗保险基金风险的分类

有效健全的基金管理、监督机制是医疗保险制度改革顺利运行并取得成果的关键所在，但在医疗保险基金运作的整个过程中，由于参与主体较多，基金管理与运营技术复杂，加上基本医疗保险基金受经济环境和社会环境等多种因素的影响，导致医疗保险基金在运行过程中面临诸多风险。可见，影响我国基本医疗保险基金的风险因素是极其复杂的，按照不同的方式医疗保险基金风险有不同的划分。

一、按照诱因来源划分

按照诱因来源，医疗保险基金风险划分为内生风险和外生风险。

内生风险（endogenous risk），是指由于被指对象自身内部的原因而引发的风险，比如医疗保险基金征收率过高或者过低、支付率过低或者过高、政策执行偏差等，针对医疗保险基金风险来看，内生风险是其主要表现形式，应当高度关注。

外生风险（exogenous risk），是指由于被指对象的外部原因引发的风险，对于医疗保险基金风险来看，它是区别于医疗保险管理机构所管控范围之外的原因触发的风险，比如某种疾病突然集中爆发导致医疗费支出超过极限、国际经济形势突变引发全球性经济危机、自然灾害或者战争导致医疗费入不敷出等。

内生风险源自内部，属于可控性较强风险，需要通过强化内部控制制度等方式予以防范和化解；而外生风险则多属不可控风险，需要通过预留机动基金份额、强化对国际国内经济形势及其行业发展趋势分析等方式予以防范和化解。在实践中，将可能遇到的各种风险进行罗列和划分，然后根据其内容和性质，将管控责任落实到不同的岗位，实行专岗专责、专人专责的管理方式，这样就可以有效地管控风险，避免风险本来损失和扩展化损失。

二、按照责任主体划分

按照责任主体，医疗保险基金风险划分为管理风险和使用风险。

（一）管理风险

管理风险的责任主体在于政府，它是指由于政府管理失职而引发的风险，具体包括以下情形：

（1）所制定的政策缺乏群众基础导致指引不当或者错误。例如，基金征收率过低或者过高、医疗费用报销率过低或者过高、政策取向未考虑大多数参保人利益、未对特殊群体进行政策倾斜、操作过程烦琐、激励与约束原则应用不当等。

（2）管理者在执行过程中出现偏差且未及时纠正，造成了损害国家或者参保人权益的实际结果、监督体系不完善导致医疗保险基金使用效率低下等。

这些管理风险所引起的负面社会后果是非常严重的，需要高度重视，常用措施有：一是加强个人专业知识学习，培养理论与实践紧密结合的工作作风；二是需要强化岗位责任制，建立完善的内控制度，各岗位相互监督和制衡，制度设计上保证不会出错，即使出错也能在短时间内被发现和纠正；三是建立完善的监督体系，随时随地就基金筹集和使用过程中所能出现的各种舞弊行为进行督查，加大处罚力度，使之不敢舞弊、不愿舞弊。

（二）使用风险

使用风险的责任主体则是参保人、定点医疗机构和药房，它是指使用人违反使用规则所出现的非法侵占、挪用医疗保险基金、医疗保险卡套现等行为引发的基金使用不当等恶劣社会后果的现象。使用风险所造成的医疗保险基金被浪费、被侵占、被贪污、被挪用的现象十分普遍，近些年所查处的相关案例比比皆是。

为了更好地堵漏防贪，首先来看一看其惯用的伎俩和手段：①医疗机构进行过度医疗，为逃避监督，常采用化整为零、化大为小的方式。②医疗机构伪造虚假住院、门诊等事实，贪污医疗费用，他们往往使用患者的信息，在患者本身消费的基础之上添加未消费项目、未住院时日或者在患者未消费的情况下单纯编造消费项目。③医疗机构与患者勾结，虚构消费项目骗取医疗保险基金，共享利益。常见的做法是医疗机构与患者沟通，由患者持医疗保险卡到医疗机构虚构消费事实，然后双方共同瓜分所骗取的基金，这种现象在农村地区比较常见，主张该行为的医疗机构多为管理较为混乱的民营医疗机构。④由定点药店推动的医疗保险卡他用化现象，借此骗取医疗保险基金。见诸新闻媒体有关药店售卖保健品、日用品、食品等报道不其枚举，这是患者在自主支配门诊个人账户与药店逐利行为的不谋而合，双方得益。⑤医疗保险卡套现行为。这是骗取医疗保险基金行为的升级版，只要患者愿意，对方即可将医疗保险卡中个人账户的剩余余额按照一定的折扣比例兑付现金。⑥医疗保险管理人员与定点医疗机构、药店相互勾结下的贪腐行为。医疗保险管理人员唯利是图，通过受贿为违法行为开绿灯、截留结算款项、与协议者共同分成、暗地里借助办医买药的幌子吞噬医疗保险基金等多种方式，侵蚀医疗保险基金。

导致上述医疗保险基金使用风险的症结在于监管不力，而监管不力的背后则是监管人员力量严重不足、监管制度不完善、缺少执法权、查处力度有限等残酷的现实，而最深层次的原因则在于医疗资源的严重不足，医疗市场属于典型的卖方市场，很多配套措施难以同步实施，这在一定程度上纵容了违法行为的滋生和蔓延。

三、按照管理环节和过程划分

按照管理环节和过程，医疗保险基金风险划分为筹资风险、投资风险和给付风险。

（一）筹资风险

筹资是医疗保险基金管理的起点，只有筹集到足量的基金，才能保证支付权得以行使，因此这是非常重要的一环，尤其需要高度关注其中所蕴藏的风险。

1. 筹资风险概述

筹资风险（funding risk），是指筹集到的资金规模与预期数额不一致，出现过多或者过少的现象，从而影响后续支付的顺利进行并严重损害参保人权益。按照预定的征收率向参保对象（个人和单位）定期收取参保费，看似是一件简单的事情，实则不然，因为这其中的影响因素很多，牵涉的利益面很广，如果操作失误，将会带来一连串的社会负面影响，因此必须重视对筹资风险的管理。

2. 筹资风险的主要表现

筹资的过程中涉及政策制定者、日常管理者、征收人、参保人等多个主体和征收程序，在众多因素参与运行的过程中，相互之间发生作用，会出现很多意料之外的非常现象，这些现象会直接影响医疗保险基金的平衡和安全，主要表现为以下三个方面。

（1）参保人员规模小。实际参保人数的多少会成为医疗保险基金规模大小的直接而重要的影响因子，如果参保人员数量超出预算而偏少，则会严重影响到基金征收规模，医疗保险基金的定力会应声下降，最终会危及医疗保险基金的平衡性和安全性。

（2）征缴基数被人为隐瞒降低。根据公式"应交医疗保险基金=征收基数×征缴比率"可以看出，在征缴比率比较恒定的情形下，"征收基数"这个变量则与医疗保险基金总量成正比例关系，如果该基数被人为隐瞒而变小，则医疗保险基金会相应降低，直接危及医疗保险基金征收规模，例如，以实物工资代替货币工资，减少了医疗保险费的缴纳金额，结果同上述第一种情况类似，最终会给医疗保险基金的平衡性和安全性造成较大的隐患。

（3）征收工作开展不畅。在征收工作中，由于宣传解释不到位、征收方式简单粗暴、办理过程烦琐、结算方式不接地气、征收人员责任心不强、征收环节之间脱节等多种原因，导致征收工作效率低下，参保人员不交、少交或者拖延交纳等现象出现，这样就会影响医疗保险基金不能按时足额入库，必将祸及医疗保险基金的正常运转。

3. 化解筹资风险的路径

针对上述风险，分析其产生的深层原因，即可相应地找到应对措施，做到有的放矢，自然会化解有方。

（1）强化宣传工作，及时答疑解惑。由于人们对医疗保险的认知程度不同，其理解和接受的程度就会相差很多，尤其是经济欠发达地区的民众，更是怀有不愿意做蚀本生意的心理，他们更需要的是得到最大限度的实惠，为此，我们需要用适合本地区特点的方式加大宣传力度，尤其需要以典型案例宣传医疗保险给老百姓所带去的实惠，及时用权威的解释驱散人们心中的疑问，力争促成参保人的参保成为在理解无误情形下的自觉自愿行为，以点促面、以面连片，最终全覆盖。

（2）优化办事程序，把方便与快捷留给参保人员。纯粹的宣传工作可以起到一定的作用，但更关键的是参保人所能享受到的优厚待遇、办事的快捷和方便等实质内容，为此我们要想方设法消除参保人办理过程中的障碍，把方便和快捷留给他们。目前关于医疗保险关系跨区转移和互认、跨区实时结算、一票制报销等问题反响比较强烈，管理者应当顺应民意，针对热难点问题进行专项研究，力争能够高效地出台相应的圆满解决方案。

（3）充分利用激励与约束原则优化制度设计。让参保人交纳保费时，交得踏实并能看到未来优厚保障的希望，管理者在进行制度设计时，必须充分利用激励与约束机制，一方面鼓励大量人员连续参保，随着参保年数的增加而不断得到更为优厚的待遇；另一方面，需要严格处理弄虚作假者导演的少交、漏交行为，这样就可以促使参保人真实连续参保，稳定参保人规模，稳定基金规模。

（二）投资风险

为了能够让静止的医疗保险基金流动起来，从而带来更多的投资收益，借此扩大基金规模，为民谋福利，于是管理机构就会将常年沉淀在银行的医疗保险基金的平均余额拿出去投资。投资既有收益，也有风险，尤其当拿这种救命钱出去投资时，必须强化其风险管理。

1. 投资风险概述

投资风险（investment risk），是指投资人将其所持有的资产投向选定的项目，到期得到的收益低于预期、甚至造成了本金损失的一种运营活动。"投资有风险，入市需谨慎"是一句常挂在人们嘴边的投资基本原则，这说明了两层意思，一是投资活动已经非常普遍（投资人和投资项目广泛），已经常规地存在于人们的日常生活中了，比如购买股票、银行存款、购买基金和国家债券等；二是投资与风险如影随形，风险有高有低，只要管控得当，则可以在高风险项目中获得高收益。

2. 投资风险的种类

（1）投资决策程序风险。这是指由于决策程序不当而引发的投资风险，决策的结果直接决定了资金的投出行为，因此需要建立一套科学的投资决策机制，使用各种技术手段和监督制衡机制来客观评价，最终形成符合客观事实的结论，这是管控投资风险较为关键的环节。

因为涉及医疗保险基金这样牵一发而动全身的敏感资金，在作投资决策时必须慎之又慎，以求稳为主，因此该投资行为必须依赖一套科学完整的决策程序，从制度上屏蔽盲目、冲动、领导个人意志型的投资行为，完整的决策程序至少包括以下几个环节：项目遴选（粗选与精选）、技术论证和经济性论证、项目自我风险评估、第三方风险性评估、专家论证、医疗保险基金管理机构三级审批制等，经过这样周全的评估、论证和审批程序，才能有效地降低风险。

（2）投资组合风险。"不能将鸡蛋都放在一个篮子里边"这是投资行业的基本规则，医疗保险基金投资也同样需要遵从，医疗保险基金的投向可选目标很多，可以分为两个大类，一类是金融产品或者类似于金融产品的其他无形的资产类产品，比如国家债券、企业债券、股票、股份、基金、保本型保险、银行理财产品、期货贸易、专利技术等；另外一类是实物资产，比如贵金属、药品、医疗器械、大宗商品、收购并购医疗机构或者企业等。

由于医疗保险基金是在安全性优先的前提下，再谈流动性和收益性，具有安全性、流动性、收益性的排序要求，所以它一般选择第一类产品为投资标的，在第一类产品中以多种产品组合为最佳选择方式，一般常见的组合方式是：重点投向收益稳定、变现能力强的股票、债券等，股票投资一般采用"重仓蓝筹股+轻仓成长小盘股+少量创业成长股"的模式，涉及行业多为国家基础行业和新兴行业，比如制造业、信息技术业、采矿业、建筑业和金融业等；其次是购买大型央企的股份、债券，这种方式收益也比较稳定，但变现能力要弱一些；最后是用少部分资金机动地购买短期的银行高收益理财产品，比如市场竞争环境下各路机构相继推出的"宝宝类"理财产品等。

通过多种方式配置收益稳定的产品，可以使医疗保险基金达到保值增值的目的，可以有效防范盲目投资、冲动投资、领导意志投资等带来的投资损失风险。

（3）投资管控风险。投资前的各种预测与投资进行中的环境会发生很大的变化，有些是伤筋动骨触及实质的负面政策，此时就需要投资者作出敏捷的退出或保全行动，以避免遭受损失，这就是投资管控风险。

投资管控风险主要源自投资者信息失灵、风险预警机制不全、调控手段缺乏等原因，为此，我们需要密切关注与投资项目相关的政治、经济、公司治理、行业政策及动态等各种信息，将各种信息及时录入预警系统进行定性和定量的风险分析，一旦达到或者超过预设警戒线，则立即实施应急避险预案进行调控，待警报解除后再重新进行方案评估，重新确定新的投资组合。

3. 化解投资风险的路径

（1）坚持安全性第一的投资理念。按照常理，投资有风险，绝无只赢不赔的道理，但进行医疗保险基金投资时则必须坚持不亏损的底线，甚至要求回报率不低于银行同期存款利率，在此标准下就必须坚持安全第一的投资理念，将其贯穿于投资的每一环节，但是值得注意的是，这样的原则并不排斥高风险高收益的项目，只是在配置组合中需要正确把握其所占份额和管控好风险即可。

（2）分散投资。坚持医疗保险基金分散投资，则可以有效分散风险，尽管该项投资也是对利益的追逐，但这不是投资的第一要求，因此我们需要对高中低各档次风险类的投资项目进行适当分散配置，以避免"一招失利、全盘皆输"的不利后果。经过对上述标的物的分析可以看出，可选优质项目还是很多的，尽管如此，还得坚持分散投资的原则，以避免行业风险、产品类别风险、风险偏好的系统性风险等所造成的意料之外的损失。

（3）建立科学的投资决策机制。不同的决策者有不同的风险偏好和不同的承受风险的担当能力，因此在面对相同风险时，都会出现不同的结论，为了避免非正常因素的非常干扰，就得依靠科学完善的决策机制。

科学的决策机制，除了需要完善的内控制度之外，另外值得关注的有两点：一是要善于使用客观独立的第三方评估机构的力量来校正内部决策所具有的专业技术不足、信息资料滞后、跨行业陌生、行业偏见等致命短板所带来的缺陷；二是需要进行事前、事中、事后的全过程管控，避免重事前的投资决策、轻事中的管控、不管事后的总结等陈旧工作作风，将三者并重，方能将该项投资活动长久、持续、良性地进行下去，方能在不断积累经验教训的基础上为医疗保险基金创利增值，才能最终实现医疗保险基金投资的目的。

（三）给付风险

给付是医疗保险管理机构履行承诺向参保人支付医疗保险费的环节，这是体现制度效果、检验参保人是否受益、判断参保人就医权益是否得到保障的关键一环，具有直接体验效果，如果执行结果不达预期效果，甚至出现支付断流、短供的现象，便是触发了给付危机，因此强化医疗保险基金给付风险管理具有十分重要的社会意义。

1. 给付风险概述

给付风险（payment risk），是指医疗保险基金在给付过程中出现程序不顺畅、支付困难和资金短缺的现象，从而导致给付秩序混乱、参保人就医权益受损的结果。

经过筹集和运营增值后形成的医疗保险基金，将会最终承担给付参保人医疗费用的功能，这是维护参保人就医权益、保障参保人生命健康权益的关键环节，该环节成效的好坏又将反转作用于基金筹集这一前端：如果效果良好，则将激发参保的激情，吸引更多的人加入进来促使基金规模扩大，从而奠定良性运行的基础；反之，则会挫伤参保人的积极性，导致参保人热情下降、参保人数减少、基金规模缩减，为基金良性运行带来严重隐患，这是延伸影响的潜在风险。

给付风险并不单单与医疗保险基金管理机构相关，而是与定点医疗机构、定点药店、参保人等利益密切关联主体以及医疗保险支付方式、监督管理体系等多因素相关，因此需要将所涉因素进行全面分析和管理。

2. 给付风险表现

（1）医疗费用管理失控。引发给付风险最直接的表现就是支出额度超过预算，从而使整个基金陷入入不敷出的困境，而医疗费用管理失控就是其主要的表现。

引发医疗费用管理失控的主要原因在于：①由于突发流行疾病、异常气候等自然灾难导致医疗费用意外增加；②因故调高报销率或者倾向性保障某些特殊疾病患者群所引发的意外增加；③定点的医疗机构、药店等管理松散，有意识或者无意识形态下导致医疗费用被浪费、侵占等现象导致的非正常增加；④参保者突破道德底线，私自或者与医疗机构、药店结伙贪占等行为导致的非正常增加。通常情况下，上述现象普遍存在，只是程度和劣度不明显，尚未引发尖锐矛盾，处于可控范围之内；一旦管理失控，则会引发危机，出现严重的收不抵支状态，陷入严重的给付风险漩涡之中，进而演变成为恶性社会事件，将造成无法估量的社会损失。

（2）医疗保险支付方式低效。医疗保险支付方式是指医疗保险基金管理机构与定点医疗机构、药店结算医药费的方式，不同的支付方式所产生的社会效果有较大的差异，合理的支付方式可以有效提高基金使用的经济和社会效益，相反则会造成医疗保险基金的损失浪费。因此，管理者需要充分发挥医疗保险支付方式的效能，使用其制衡和牵引的功能，制约结算支付对象的乱作为、不作为等行为，将其规制到正确的轨道上运行，以此保障参保人就医权益不受损、医疗保险基金不被浪费。

（3）医疗保险监督乏力。我国的医疗保险制度运行时间较短，很多制度尚处于建立和完善阶段，尤其是监督制度，目前的状况是，制度不完善、监督人员的力量严重不足、处罚欠缺力度无威慑性、医疗保险机构薄弱的管理力量很难管束具有鲜明卖方市场特性的医疗机构，所以医疗保险监督目前也就只能抓一些典型的大案、要案，无暇顾及数量较多、单笔金额较小的违规案例，这样就使得违规违法行为多发，医疗保险基金也因此出现了大量的跑冒滴漏现象，长期以往，集腋成裘的效果就会无形之中增加许多虚假的医疗费用支出，最终会引发给付风险，危及医疗保险基金的整体安全。

我国人口老龄化趋势明显加快，人均寿命也有明显的上涨，需要的基本医疗保险基金增加。人口老龄化会加剧公民基本医疗需求的相对无限性和医疗保险基金筹集的有限性之间的矛盾，大大增加我国医疗保险基金的给付风险，给基本医疗保险基金抗风险能力的提高造成威胁。

3. 化解给付风险的路径

（1）实施分级诊疗、双向转诊制度。参保患者希望病有所医、医得恰当，并不愿意耗时耗力耗资金去扎堆名医大院。而建立分级诊疗制度，不但可以有效引导和分流患者，而且还可以进一步降低医疗费用、减轻名医大院的劳动强度、改变小医院门可罗雀的清冷场面，可以取得一举多得的良好效果；与此同时，它也是化解给付风险的重要手段之一。

分级诊疗、双向转诊的内涵是：丰富和均衡医疗资源，加大基层医疗机构投入建设，以此形成坚实的塔基，二级专科医院形成为塔身，三级综合医疗机构为塔尖，使医疗机构及医疗资源形成科学的正金字塔型结构；居民按照就近方便的原则首诊在基层医疗机构，如果不能解决病痛则逐级转诊；当患者在上一级医疗机构主要问题已经解决且仅需要康复疗养时，则转回基层医疗机构，这样的制度既保证了患者就近及时就医，又少花冤枉钱，还避免了拥挤。站在医疗保险基金管理者的角度看，既保障了患者就医的权益，又提高了基金的使用效率，结果会使整体医疗费支出下降很多，有效化解给付风险。

（2）改革创新支付方式。不同的医疗保险基金支付方式所产生的效力是不一样的，我们需要向接受基金的一方附加一定的约束和激励条款，允许其通过提升质量和效率的方式来获得更多的利润，杜绝其通过"垄断+随意诊治+高价大量用药"方式来骗取利润。目前所推行的按床日付费、按人头付费、按项目付费、按病种+临床路径付费、总费用包干预付费等多种方式，每一种方式均有优点和不足之处，这需要根据本地的实际情况，采用上述单一或者复合方式进行，在这一过程中值得注意的，一是要始终把握主动权；二是要把医疗费用的增速控制在医疗保险基金增速之下，不能用增量对抗增量，要实质性地降低医疗费用总额；三是要逐步引导患者改变就医观念，用创新的支付方式（比如节约额的一部分划转给患者个人账户等）鼓励其自觉践行分级诊疗制。通过上述医疗保险基金支付方式的改革和创新，就可以实现有效降低支出总额并保持基金使用高效的目的，从而为化解给付风险做出积极的贡献。

（3）严查违规违法行为。在目前医疗保险基金的运行过程中，存在着大量的违规违法行为，它们在肆意地吞噬着医疗保险基金，对此加大查处力度，就可以堵塞漏洞，从而节约大量基金，化解给付压力和风险。

国家在 2021 年在医疗保险基金管理机构监督力量十分有限的情况下，一方面呼吁政府配备适量的监督力量队伍，授予监督执法权，可以采取多种方式建立群众监督网，如有奖举报制、舆论监督制、建立 24 小时受理网络举报平台、电话举报等，只要查证属实，即可对举报人给予重奖；另一方面，则需要对违规违法行为人给予重处，包括数倍违规金额的罚款、取消定点资格、行业禁入、刑事处罚等，将约束和激励机制有效地运用起来，持之以恒，最终可以营造一种不能违规、不敢违规、不愿违规的法治环境，从而为给付风险排除掉重要的隐患。

第三节　医疗保险基金风险预警机制

一、风　险　识　别

（一）概念

风险识别（risk identification），是指根据被研究对象所处环境及其具体运行过程，运用各种系统的方法详细分析各环节中可能存在的风险，并分析引发风险的因素和原因，这是风险管理的第一步，只有将风险全部识别和分析之后，才能为防范和化解风险打下坚实的基础。

（二）内容

具体到医疗保险基金来说，较之其他事物而言，发生风险的概率要小很多、引发风险的原因也要简单一些，主要涉及以下几个方面。

1. 管理风险

这是医疗保险基金管理风险中最为关键的隐患点，表现在以下几个层次：①政策出现错误或者瑕疵，发生不当的指引作用，导致医疗保险基金管理秩序混乱，危害国家和参保人权益。②具体管理中出现严重错误，导致基金不能保持长期平衡、不能保持安全运行，比如预算失误，支大于收；征收不力，大量基金无法征收到位；对医疗机构或者药店监督失控，导致医疗费被大量浪费、支出额度超预算增加；征收方式粗暴，激起民愤，引发群体性事件；待遇差，挫伤参保人积极性，导致参保人数大量减少等。③缺乏应急方案，不能及时有效处置各种突发事件而酿成范围更广、损失更大的社会事件。④缺乏机动处理能力导致参保人利益受损，比如突发流行性疾病情形下机动基金难以应对、突然增多的某些引发关注度很高的特殊恶性疾病由于缺乏机动基金给予治疗而造成不良社会影响等。

2. 环境风险

医疗保险基金所处的环境包括自然环境、经济环境、政治环境、人文环境等多方面，这些环境都会不同程度地作用于医疗保险基金，使之发生正向和反向变化，当呈现反向变化时，则会引发风险：自然环境导致的地方病和恶性疾病高发多发，引起医疗费用支出增加；灾害性的自然环境引发的灾害性事故（如地震、台风、泥石流、洪灾、冰雪灾害等），导致医疗费用突然增加很多等。经济环境引发的通货膨胀将会导致医疗费用过度上涨，经济紧缩将导致基金征收困难。政治环境中的政局不稳、党派之争等都将影响医疗保险基金正常运行，甚至是解体或者重塑。人为环境中人们道德沦丧、法制观念淡薄、人口老龄化结构等，都将使医疗保险基金面临着支出失控的巨大风险。

3. 市场风险

如何保持医疗市场在医疗保险基金主导下的医疗资源供给平衡关系？如何运用竞争机制来维护医疗保险基金运行的质量和效率？这就是医疗保险基金所面临的市场风险。不能很好地利用市场供求关系和竞争规律，就可能出现以下风险：被具有典型卖方市场特点的医疗市场牵制失去调控权和引导权，从而导致医疗保险基金效能低下；无法引进竞争机制情形下，医疗机构之间缺少竞争，导致强者恒强、弱者恒弱的不良格局，不但影响医疗市场的长远良性发展，也严重影响参保人的就医选择权；当市场形成某些不良趋势性变化时，无力驾控和纠正等。

（三）方法

1. 生产流程分析

根据医疗保险基金"预算→筹集→投资运营→使用"这样的流程进行逐项分析，找出其中隐藏的风险点，分析其原因，制定出应对措施，这种方式与实际工作贴近，具有顺藤摸瓜的特性，易与工作岗位职责结合，简便易行，只是在执行过程中，需要交叉摸排，避免部门护短、畏难、浮夸等情绪下的信息失真。

2. 专家调查列举法

聘请业内第三方独立专家，秉承严谨、客观、科学的工作原则，针对被查对象的工作性质、工作流程、内控制度等进行详细调查，罗列出其中的风险点；然后再根据风险隐患大小、危害程度、轻重缓急等指标分别排序；最后提交风险调查报告，内容主要包括：风险名称、可能带来的危害后果、产生的原因及其应对措施（应对措施包括接受风险、规避风险、化解风险、降低风险、转移风险、分担风险等）等。

3. 风险树分解法

这是就某一风险实行层层分解的分析方法，从树头做起，延着主干清理枝干，直至末端，结果形成像树形结构的风险分析图，这种方式能够就某种风险穷尽原因和应对策略，落实部门和经办人责任，实际工作中使用较广，由于总的风险是由高层提出，具有由上往下倒查的特点，如果对总的风险把握不准，遗漏小的但很致命的风险，也会造成很大的危害。例如，各部门就医疗保险基金的给付风险实行部门自查，其工作主要由基金使用部门来承担，但它同时与征收部门和管理部门相关，如果征收金额不足、政策引导错误也同样会触发给付风险，所以，该方式需要所有密切相关的各部门联合实行风险树分解，切忌以点带面、以偏概全。

（四）原则

1. 系统化

在进行风险识别时，需要将风险所涉及的所有相关因素放在一起整体分析，不进行人为地剥离、分割、减除，也不进行人为地增加、胡乱结合，以风险为圆心，逐项罗列分析，或者以风险为源头按照一定方式予以肢解，系统化原则强调的是相关性、无遗漏性、无多余性，形成相关必入、不相关必不入的原则。当然系统化原则，也需要甄别相关性和重要性的密切度，不能"眉毛胡子一把抓"，还是要有所侧重的，否则将会陷入条理混乱、主次不分的错误之中。

2. 经常化

识别风险并不是一劳永逸的事，因为随着环境千变万化，各种因素在消失和新生中发展变化着，以前被视为重要的风险可能随着环境变化而变得不重要甚至消失了，而以前不重要的风险有可能变得十分重要了，以前没有的风险有可能又新产生了，面对这种交替发展变化的固有特点，医疗保险基金管理机构应当制定风险识别的周期或者特殊情形下的临时识别机制，做到经常化，根据其变化特点而主动给予恰当及时的处置，消除其由正转负、由小变大的生存发展条件。

3. 大数据基础上的科学测算

科技技术也可以根据人们的要求整理、分析指定范围的海量信息，给出最后的结论，这对于医疗保险基金风险识别是十分需要的，我们需要重视并应用上这样的大数据分析系统，将日常所涉及的收入信息、支出信息、意见反馈信息、政策变化信息等纳入其中进行科学测算，揭示各种数据信息变化运行轨迹及其发展趋势，自动进行风险预先识别和警示，从而帮助管理者强化风险识别管理。

二、风险评估

（一）概念

风险评估（risk assessment），是指借助科学的方法定性或者定量测评指定风险所带来的影响或损失的可能性，它一般在风险发生之前或发生之中的时候进行，定性的结论是发生或者不发生，发生的危害程度是大中小三个程度或者某一区间值；定量的结论则是具体的损害数值，针对不同的评估对象，可以采用单一的或者复合的方式进行。

（二）控制点

在评估该风险的过程中，需要牢牢把握部分关键的控制点方能保证评估的质量和有效性，具体控制点是：①明晰评估对象，边界清晰，不混同。即要确定被评估对象是什么？它的直接和间接价值如何？②详细罗列所有威胁。资产面临哪些潜在威胁？导致威胁的问题所在是什么？威胁发生的可能性有多大？③全面掌握被评估对象所存在的弱点和漏洞。分析其中存在哪些弱点可能会被威胁所利用？利用的容易程度又如何？④风险危害程度的充分预估。测算一旦威胁事件发生，组织会遭受怎样的损失或者面临怎样的负面影响？⑤应对措施切实可行。组织应该采取怎样的安全措施才能规避风险或者将风险带来的损失降低到最低程度？

在把握控制点时，被评估对象往往会面临多种威胁源，每一种威胁可能会利用被评对象的一个或者多个弱点，因此需要交义复合分析，以避免主观意识下单因素分析造成的结论失准的不利结果。

（三）任务

常规情形下，风险评估的主要任务包括以下几项内容。

1. 识别评估对象面临的各种风险

这是风险管理的第一步基础工作，将被评估对象的所有潜在风险找出来，按照流程或者性质分列大项，大项之中包含小项，形成层层分解的从属关系，让人一目了然，便于管理。

2. 评估风险概率和可能带来的负面影响

根据风险的性质、环境因素、历史数据信息、诱因的数量及其性质等多种因素进行分析，测算其发生的概率和可能带来的影响结果，这是在风险识别基础之上的定性、定量判断，是核心组成内容之一。

3. 确定组织承受风险的能力

在测算风险发生的概率及其危害的同时，也需要对组织的承受能力进行测算，因为相同的损失对不同的组织所带来的影响是不一样的，测算组织的承受能力，目的在于为提供解决措施作铺垫，比如，针对实力强大的组织，则可以接受小风险发生，无需采取规避措施；相反，即使较小的损失都很难接受，都得有避险措施。

4. 确定风险应对和控制的优先等级

根据风险对医疗保险基金所产生的风险种类、性质、危害程度，作出符合本组织的化解和控制的优先等级，指出哪些风险需要优先解决、哪些风险可以迟缓一些解决，这样可以使组织有条不紊地逐一化解风险，不至于因风险威胁而破坏了正常的工作和生活秩序。

5. 推荐风险应对策略

这是评估人根据评估对象的实际情况，采用专业方法和工作经验，有针对性地提出化解风险的具体措施、方案，这一步骤对于组织是至关重要的，因此，对策必须与组织性质及其规模、管理模式、运行特点、风险承受能力等相适宜，不能不接地气地空谈、妄谈。

6. 完成项目建议书

根据上述任务内容，最终需要形成完整的项目建议书，用以指导组织识别风险、控制风险、落实岗位责任制、追责风险责任人等目的；完整的项目建议书，更可成为促成组织形成长远发展战略的重要参考资料。

（四）方法

风险评估的过程中，需要采用科学有效的方法，这里所说的方法，通常包括以下六种备选方式，针对不同的评估对象选择适宜的方法，可以达到节省、有效的目的。

1. 风险因素导向分析法

这是一种以风险因素为导向，逐一罗列引发风险的可能因素，逐一分析其触发风险的可能性，最终确认风险发生概率大小的风险评估方式，其思路是按照如下的程序转化递进的：调查风险源→识别风险转化条件→确定转化条件是否具备→估计风险发生的后果→风险发生的概率及其后果。

2. 模糊综合评价法

模糊综合评价法是美国伯克利加州大学的自动控制专家 L.AZdah 教授于 1965 年提出的，该评价方法理论在各个研究领域得到了广泛的应用，它是对具有多种属性的事物，或者说其总体优劣受多种因素影响的事物，作出一个能合理地综合这些属性或因素的总体评判，具有模糊性、定量性和层次性等特性。

模糊综合评价法的基本原理是从影响问题的诸因素出发，确定被评价对象从优到劣若干等级的评价集合和评价指标的权重，对各指标分别做出相应的模糊评价，确定隶属函数，形成模糊判断矩阵，将其与权重矩阵进行模糊运算，得到定量的综合评价结果。其中，指标权重的计算采用层次分析法，首先将层次结构模型的各要素进行两两比较判断，其次按照一定的标度理论建立判断矩阵，通过计算得到各因素的相对重要度，最后建立权重向量。

3. 内部控制评价法

这是以被评估对象的内控制度为核心，进行内控制度有效性、风险的防控性为内容的评估方法，因为内控制度是现代企业等组织良性运行的制度保障，缺少内控制度是根本不可能的，形式具有但实质不具有也是无用的，需要的是具有并能发挥巨大效用的内控制度，因此从评估内控制度入手进行风险评估，是一种有效、直接、简便的评估方式，在评估的过程中会使用到试错法、亲身穿越法、错误总结法等，目的在于验证内控制度是否具有风险预防、现场处置、事后及时纠错、相互监督和制衡等功能。

4. 风险率风险评价法

风险率风险评价法是定量风险评价法中的一种。它的基本思路是：先计算出风险率，然后把风险率与风险安全指标相比较，若风险率大于风险安全指标，则被评估对象处于风险状态，两数据相差越大，风险越大。

风险率等于风险发生的频率乘以风险发生的平均损失，风险损失包括无形损失（无形损失可以按一定标准折算或按金额进行计算）和精确损失（可以确切计量的）。风险安全指标则是在大量经验积累及统计运算的基础上，考虑到当时的科学技术水平、社会经济水平、国际国内经济形势、法律因素以及人们的心理因素等确定的普遍能够接受的最低风险率。

5. 分析性复核法

分析性复核法是对被评估组织的主要财务或者统计数据比率或趋势进行分析，包括调查异常变动以及这些重要比率或趋势与预期数额和相关信息的差异，以推测决策者赖以依靠的各种数据等信息是否存在重要错报或漏报可能性，这一过程中常用的方法有比较分析法、比率分析法、趋势分析法等三种。由于信息产生的过程及其结果会严重影响决策者的最终决定，风险往往就是由错误的信息导致的，因此这一方法具有相当的重要性。

6. 定性风险评价法

定性风险评价法是指那些通过观察、调查与分析，并借助评估体系的经验、专业标准和判断等，对被评估对象的风险进行定性评估的方法。它具有便捷、有效、粗略的特点，适合评估各种要求精度不高，仅仅判断发生与否、损失程度严重与否或者损失区间的风险，过程中涉及的主要方法有观察法、调查了解法、逻辑分析法、类似估计法等。

三、风险预警

（一）概念

风险预警（risk warning），是指根据所研究对象的特点，分析其历史信息、分析引发风险的相关要素及其相互之间的运行规律，建立相对稳定的风险模型，然后通过收集现行相关的资料信息，监控风险因素的变动趋势，并评价各种风险状态偏离预警线的强弱程度，向决策层发出预警信号并提前采取预控对策的行为。要实现风险预警，并非是一个单独的环节，它需要形成多环节的体系，称之为风险预警体系，该体系包括构建评价指标体系，并对指标类别加以分析处理；依据预警模型，对评价指标体系进行综合评判；依据评判结果设置预警区间，并采取相应对策等三部分。

（二）程序

风险预警的程序，包含以下几方面内容。

1. 寻找风险源

全面透彻分析被研究对象，仔细寻找隐藏在其中的风险隐患点予以全罗列、全分析，梳理出重点与非重点、紧急与缓行、直接相关与间接相关等分类，然后将其纳入监控内容，实行责任人制度；风险源会随着环境的变化而变化，对此需要定期或不定期分析重新梳理，与此对应，需要适应性变化监控内容。

2. 选取风险预警指标

经过对历史数据的分析，并结合当前的政治经济环境，即可以选取关键事项的关键指标设置为预警指标，即实际数据高于或者低于该预警指标，则自然进入报警状态，提示管理者关注和干预，比如医疗保险基金余额低于某确定预警值、支出额高出平均水平一定百分比、参保率低于预警值、某些群体或者某一区域医疗费增长率超过预警值等。

3. 分析风险征兆

当被监控的风险源出现了异动时，就需要集中精力予以关注，分析其异动的原因和后果，向好的方向发展，则予以支持；向坏的方向转化，则必须予以高度重视；一旦触动警戒线，则应启动风险处置措施。比如，监控到某一段时间内，医疗保险基金的支出额增加幅度很大，这自然会引起管理人员关注，经分析：如果是季节性原因导致老年人医疗需求增加产生的、并且与历史数据走向一致，则属于正常现象；如果原因不明，缺乏增长的正当理由，且与历史数据不一致，则应当高度重视，需要进一步深究原因，并进而采取控制措施打击那些违规违纪行为。

4. 处置风险

由于建立有预警体系，而必然储备有相应的应急预案，所以当风险警报响起的时候，需要冷静分析、果断处置，不能任由其延续，将风险消灭在尚未真正发生之时。需要注意的是，有些风险是多因素掺杂在一起的，表象容易将人引入误区，这就需要风险处置人透过现象抓本质，辨识多因素中的"龙头"（急迫且破坏力强大），采取各个击破战术，最终达到化解风险的目的。比如，某年医疗保险基金的收入额出现了严重的下滑，经分析，是由多重因素导致的：宣传不够，老百姓难以理解；管理人员征收方式简单，群众不方便交纳；待遇低（住院报销比率低、无门诊个人账户）；报销手续繁杂等，在这众多原因之中，最为关键的就是待遇低的问题，只要将这个龙头抓住了，其余的问题就可以迎刃而解了。

（三）内容

针对医疗保险基金而言，风险预警所涉及的主要内容是比较集中和简单的，归纳起来，主要表现为以下三个方面。

1. 收支平衡

医疗保险基金管理的基本原则就是"收支平衡，略有结余"，因此"收支平衡"是医疗保险基金风险中最为受人关注的内容之一，为此可以设置很多预警指标：基金入库率（实际入库金额/应征收金额、实际入库金额/全年预算收入）与时间进度（已用时间月数/12）、支付率（实际支出金额/全年预算支出、实际支出金额/实际收入金额）与时间进度（已用时间月数/12）、参保率（实际参保人数/应参保人数）、基金结余额和结余率（基金结余额/实际收入总额）等，其中要将各项指标结合起来综合考察，重点监控基金结余率这一综合指标，将该指标细化成年度、季度、月度等三项，及时比对，就会发掘出其中所蕴含的丰富信息，自然也包括风险隐患因素。

2. 收入异常减少、支出异常增长

这是将实际发生数与历史数据、实际发生数与预算发生数对比之后发现的异常结果，凡是出现收入异常减少、支出异常增长的情形，则必须顺藤摸瓜查到源头，顺次找到产生的原因，逐项分析每一种原因在负面结果中所起到的作用，突出重点和主线予以治理。在预警指标中可以按照年、季、月设置收入减少率、支出增长率的警报线（比如 5% 为触警线、10% 为出警线等），一旦触警则需重视，一旦触碰出警线，则必须专人专项调研、及时处置，将实际指标驱赶回正常范围之内。

3. 政策与民意

我国的医疗保险基金是一项国家主导的福利惠民事业，因此政策的指向作用非常明显，这就要求基金管理者在制定政策时必须兼顾各方利益，以民众的利益为核心来规范各项管理制度。在预警系统，则需要设置民意警戒指标，当民众就某项政策制度反响激烈时，就需要立刻重启调研程序、顺应民意修改完善政策制度，指标可以设置成绝对指标+相对指标，比如意见反映达到 100 件、反映率（实际反映人数/参保人数）达到 5%，则触发警报线；以此类推，达到某一限度则触发出警线等，这两个指标可以细化为某一区域、某一年龄结构人群、某一类特殊疾病人群、某一行业等。

（四）措施

1. 建立以财务指标为核心的预警指标体系

在医疗保险基金预警体系中，应当坚持"量化为先、定性为次"的原则，这样将会更加客观科学，为此就需要建立以核心财务指标为主的预警指标体系，根据我国医疗保险基金运行经验，可以考虑将以下指标纳入其中：①基金入库率（实际入库总额/预算应收总额）；②基金支付率（实际支出总额/预算应支付总额）；③基金结余率（基金结余额/实际收入总额）；④基金储备月数（基金结余总额/月均支出额）；⑤人均费用、住院日均费用、重点考察病种日均费用及其疗程费用等，其中第①、②项指标需要与时间进度、本区域历史数据、行业平均水平等结合起来使用；第③、④项指标需要依据国家政策和行业平均水平数据结合使用（人力资源和社会保障部曾发文指出，储备额应当以可以应对 3～6 个月支出为妥）；第⑤项指标，需要与历史数据信息和行业平均水平数据结合使用，用于对医疗机构控费使用。

除了上述核心通用指标以外，各地管理机构还可以结合本地实际情况，补充其他管理层需要关注事项的指标内容。

2. 强化给付行为的系统化监管

给付行为失控是医疗保险基金风险中最大的隐患，因为它涉及的环节和主体行为人比较复杂，其中众多的理性人与基金管理目标是相背离的，这就增加了管理难度，因此强化给付行为的系统化管理十分必要。

按照行为责任人实行分类管理，是一种操作性强、易于管理的通行方式：①对参保人的激励与约束。参保人在使用医疗保险基金的过程中具有利益最大化的倾向，为此需要加以正向引导，将严惩违规行为、鼓励连续参保和节约使用行为、鼓励揭发检举违规行为等措施综合并举，在预警系统中可以就个人违规次数、医疗费异常等设置警报值。②对于定点医疗机构和药店，需要采取更为严格的激励约束机制引导其控费提质，建立环环相扣、科学有效的考核指标予以严密监控，以达到杜绝徇私舞弊和浪费的目的。③对于自身监控体系建设，也需要警钟长鸣，一方面需要适宜的监控力量和手段，另一方面需要秉公执法、廉洁自律、杜绝相互勾结、共享利益的行为。

3. 提升管理水平，充分发挥政策、舆论的正确导向作用

管理的深层含义就是服务，医疗保险基金管理者也不例外，在具体的管理中必须通过完善政策制度、优化办事流程、及时为群众解惑释疑、及时解决群众在使用医疗保险基金就医过程中遇到的难题、简化手续和过程、大力宣传典型正面案例等方式提升管理水平，让参保群众切切实实享受到实惠、方便、快捷，激发参与热情，在未来更美好的希望和信念中发挥正能量共建医疗保险基金。

第四节　我国医疗保险基金风险现状

一、整体运行情况良好，尚未出现风险

《2020 年医疗保障事业发展统计快报》显示，截至 2020 年年底，全口径基本医疗保险参保人数达 136 100 万人，参保覆盖面稳定在 95% 以上。其中参加职工基本医疗保险人数 34 423 万人，比上年同期增加 1498 万人，增幅 4.6%；在参加职工基本医疗保险人数中，在职职工 25 398 万人，退休职工 9025 万人，分别比上年年末增加 1174 万人和 324 万人。参加城乡居民基本医疗保险人数 101 677 万人，比上年减少 806 万人，降幅 0.8%。

全年基本医疗保险基金（含生育保险）总收入、总支出分别为 24 638.61 亿元、20 949.26 亿元，年末基本医疗保险（含生育保险）累计结存 31 373.38 亿元。2019 年年底，我国突发新冠疫情时，国家医疗保障局第一时间提出"两个确保"。确保患者不因费用问题影响就医、确保收治医院不因支付政策影响救治，推动实现"早发现、早报告、早隔离、早治疗"。2020 年，累计结算患者费用 28.4 亿元，医疗保险支付 16.3 亿元。

全年职工基本医疗保险基金（含生育保险）收入 15 624.61 亿元，同比下降 1.4%；其中，征缴收入（含生育保险）14 796.47 亿元。基金（含生育保险）支出 12 833.99 亿元，同比增长 1.3%。职工基本医疗保险基金（含生育保险）年末累计结存 25 323.51 亿元，其中统筹基金累计结存 15 396.56 亿元，个人账户累计结存 9926.95 亿元。

全年城乡居民基本医疗保险基金收入 9014.01 亿元，同比增长 5.1%；支出 8115.27 亿元，同比下降 0.9%，年末累计结存 6049.88 亿元。

可以得出以下初步结论：当前我国基本医疗保险基金运行总体平稳，处于安全运行状态。总结我国医疗保险基金运行情况，具有以下显著特点。

（一）多数地区有结余额

2020 年我国医疗保险基金累计结余 3 万亿元，较 2019 年的 2.8 万亿元同比增长 8.32%。据公

开数据显示，少部分县区出现了赤字，主要原因在于统筹层次较低、区域经济欠发达、人口稀少等原因，改变这种方式的有效办法就是提高统筹级次；同时医疗保险基金累计结存存在着不平衡、不充分的问题，医疗保险基金累计结存的一半集中在东部六省份，东北三省人均累计结存只有全国平均水平的一半。

（二）完成了消除绝对贫困的艰巨任务

2018 年以来医疗保险扶贫政策累计资助贫困人口参保 2.3 亿人次，减轻个人缴费负担 403 亿元，累计惠及贫困人口就医 5 亿人次，减轻医疗费用负担 3500 亿元。为决战决胜医疗保障脱贫攻坚战，2020 年累计资助 7837.2 万贫困人口（含动态调出）参加基本医疗保险，资助参保缴费支出 140.2 亿元，人均资助 178.9 元，参保率稳定在 99.9% 以上。各项医疗保险扶贫政策累计惠及贫困人口就医 1.8 亿人次，减轻贫困人口医疗费用负担 1188.3 亿元。

2020 年中央财政投入医疗救助补助资金 260 亿元，比去年增长 6%，另外安排 40 亿元补助资金专门用于提高"三区三州"等深度贫困地区农村贫困人口医疗保障水平，安排 15 亿元特殊转移支付医疗救助补助资金。

（三）具有一定的主动话语权

随着医疗保险基金运行时间增加、管理经验得以不断积累、管理措施日益强化，医疗保险基金管理者在与定点医疗机构、药店等谈判过程中，逐渐掌握了一定的主动话语权，减弱了具有卖方市场的医疗机构所带来的单边负面影响，为参保患者争取了更多的利益，促进了医疗保险基金使用效率和医疗服务质量的提高。

2020 年，全国通过省级药品集中采购平台网采购买订单总金额初步统计为 9312 亿元，比 2019 年下降 601 亿元。其中，西药（化学药品及生物制品）7521 亿元，中成药 1791 亿元，分别比 2019 年下降 594 亿元和 7 亿元。医疗保险目录内药品在网采订单总金额中占比 86.5%，金额为 8052 亿元。

2020 年，国家组织开展第二批、第三批药品集中带量采购，共覆盖 87 个品种，中选产品平均降价 53%；开展国家组织冠脉支架集中带量采购，中选价格从均价 1.3 万元左右下降至 700 元左右。同时，各省普遍以独立或联盟方式开展药品、医用耗材集中带量采购，涉及 229 种药品、19 类医用耗材。

通过深入贯彻落实国务院办公厅《国务院办公厅关于推动药品集中带量采购工作常态化制度化开展的意见》，健全医药价格形成机制，提升治理现代化水平，更好保障人民群众获得优质实惠的医药服务。

（四）医疗保险政策发挥了积极导向作用

医疗保险管理者始终坚持"保基本、重大病；为大多数人利益服务，向少数特殊困难人群倾斜"的政策导向，因此赢得了人心，获得了广泛支持，这从高企的参保率就可以得到明证，随着管理理念的不断深化、管理手段的不断进步、国家治理的不断完善，医疗保险政策的积极导向作用将会日益明显。

二、不同标准界限下的差异明显

（一）经济发达地区与经济欠发达地区

医疗保险基金的筹资规模决定了给付能力的强弱，而经济发达地区的筹资能力明显高于经济欠发达地区，在这样的运行规则下，应当说，经济发达地区医疗保险基金的风险小于经济欠发达地区，经济发达地区医疗保险基金抗风险能力强于经济欠发达地区，而我国经济发展呈现东部沿海地区强、西部内陆地区弱的格局，医疗保险基金自然会受此影响，北京、天津的医疗保险基金收支及其结余都远高于河北、山西和内蒙古，这是京津冀的经济发展水平不一样，山西和内蒙古与发达地区的经济发展差距拉大，导致省级层面的医疗保险基金收支出现失衡的现象。为此，国家需要出台更多的管理和扶持政策支援经济欠发达地区预防医疗保险基金风险。

（二）城镇与农村

在同一地区，城镇与农村医疗保险待遇有差异，在经济发达地区，这种差异小，而在经济欠发达地区，这种差异就会很明显，按照小区域来看，农村医疗保险的风险高于城镇医疗保险，目前多采取压低报销标准的方式来维持收支大体平衡，但这不是长久之计，农村医疗保险待遇应当逐步提高，基金缺口应当采用城市反哺农村予以弥补（国家财政逐步减少对城镇医疗保险投入，转而加大对农村医疗保险的投入）。

（三）普通疾病与特殊疾病之间

按照国家医疗保险政策"保基本、重大病"的原则进行，因此普通疾病人群与特殊疾病人群之间的待遇是不同的，有较大的差别，但这是符合政策原则和我国扶贫济困、助人为乐、乐善好施的传统文化美德的，只是在某些区域，随着特殊疾病人群的增多，将会带去更多的给付压力和风险，对此，管理层应当采取提高统筹层次以丰补歉、预留机动基金等方式予以解决。

三、风险隐患仍然存在，需要严加防范

（一）人口老龄化问题

这是一个全国性的难题，医疗保险基金管理者更是与此直接相关，随着人口老龄化，之于医疗保险基金将会面临两个问题：一是收入减少，因为退休人员免交保费，在人口总量相对稳定、缴费比率和国家投入不变的前提下，退休人数越多、缴费人数就越少、基金规模就越小；二是支出增加，老年人对医疗服务的需求量、需求层次都会提高，由此自然会带来医疗费用剧增的直接后果。这两者都是医疗保险基金风险的诱因，两者相激，引发医疗保险基金风险的概率会增加很多，这是一个值得现在就得着手储备方案予以预防的严重社会问题。

（二）城乡统筹后面临的挑战

前面已经提到，目前农村医疗保险待遇低于城镇，如果将城乡统筹，将会在一定程度上拉低城镇医疗保险待遇，这样的结果，极有可能挫伤城镇人群参保的积极性，导致参保人数下降，进而影响基金规模，这就是医疗保险城乡统筹所面临的风险，同时也是需要管理者下大力气才能解决好的又一难题。

（三）医疗费用增长幅度过大所带来的给付压力

我国医改已启动十多年，但成效并不明显，医疗费用上涨过快现象已经给医疗保险基金带来了巨大的支付压力，成为引发给付风险的巨大隐患，由于患者的医疗服务需求是客观存在、有增无减的，作为买单人的医疗保险基金管理者就得想方设法去压缩总体医疗费用，这样才能化解风险。尽管难度很大，但路径还是有的，需要其自身（如支付手段改革、建立完善的监管网络平台等）和国家的配套措施（如分级诊疗制度、实质性的医改等），多管齐下，才能克服这一顽疾。

四、进一步加强基金管理与风险防控

医疗保险基金管理的筹资、支付、运营和监督等各个环节，都存在一定的风险。由于医疗保险费用产生具有即时性和零碎性等特点，且医疗保险基金的管理涉及"医、患、管"三方，支付环节复杂、技术性很强，非专业人员难以监督，因此，医疗保险基金支付风险和积累基金的管理风险就成为整个医疗保险基金风险防控的重点。由于医疗保险基金的特殊性，支付风险中尤其是医患双方的道德风险无处不在、无时不有，重点中的难点是既要防止医患双方发生失德风险，对其形成一定的制约，又要对其道德行为予以激励，因此，整个基金风险防控必须从大处着眼、小处着手。

从大处来讲，充分的医疗保险基金尤其是统筹基金是保证基本医疗保险制度正常运转的首要条件，但是，过多结余或严重超支的统筹基金都不利于医疗保险制度的长期可持续运行。维系医疗保险制度的可持续发展固然需要保障医疗保险基金的筹资，同时也应看到，过多的基金结余影响到参保人员的医疗保障水平，影响基金使用效益和医疗服务水平的提高，所以，必须将医疗保险基金的结余水平控制在合理范围。从小处而言，各医疗机构每一单笔的医疗保险基金拨付、每一参保人员的医疗行为，都在随时随地发生各种医疗费用。医疗保险基金管理无小事，医疗保险经办工作必须谨小慎微，认真对待每一个细节，严格审核每一笔费用支出，做到以精细化管理严防道德风险。

总之，医疗保险基金的安全是医疗保险平稳、有效运行的关键，是医疗保险制度可持续发展的物质基础和前提。因此，只有建立健全的医疗保险基金体系和与之配套的风险防范机制，才能使医疗保险基金更有效地惠及人民。

1. 简述引发医疗保险基金风险的原因，并在教材基础之上补充新的分类方式并予以阐述。
2. 分别简述化解筹资风险、投资风险、给付风险的路径。
3. 医疗保险基金风险预警的关键性指标有哪些？并请在教材的基础之上予以补充和阐述。
4. 结合身边事例或者典型案例，阐释强化医疗保险基金风险管理的重要性和路径。

（高子捷　曾理斌）

第九章案例及拓展阅读

第十章 医疗保险基金监督管理

内 容 提 要

　　医疗保险基金监督管理对于维护参保人员合法权益，保障医疗保险基金稳健可持续运行具有重要意义。我国已经建立起由政府主导的医疗保险基金监督管理体系及法律法规保障体系，但政府行政、经办机构的力量有限，需要社会力量的积极参与，建立多方协同、全方位且严密有力的基金监管新机制。目前政府主导、社会共治的多元医疗保险基金监管体系尚未完全建立，基金使用风险与低效率等问题依旧存在，现代化的医疗保险基金监管技术手段仍有待增加。

第一节 医疗保险基金监督管理概述

一、医疗保险基金监管的内涵

　　医疗保险基金监督管理，又称医疗保险基金监管。

　　狭义上，医疗保险基金监管是指医疗保险基金监管部门，对经办、运营、医药等基金运行相关机构，在征缴、支付、投资、结余使用等基金运行环节中的违约违规违法行为，所进行的监控、审核、分析和评价等系列活动。监管主体主要是行政部门，监管对象主要是医疗保险基金运行的各个机构，监管内容主要是医疗保险基金各种违约违规违法使用行为，监管过程中更倾向于事中与事后监管，监管手段上更强调法律、行政等正式的制度手段。

　　广义上，医疗保险基金监管是指医疗保险各利益相关方借助一系列正式和非正式的制度和规则体系，对预算、征缴、支付、投资、结余使用等基金运行全环节中基金账户的安全性、可持续性、收益性、流动性、有效性，与经办机构、医药机构、参保者等医疗保险基金运行涉及的有关主体行动的合规性所进行的全过程与全方位的计划、协调、监控、审核、分析、评价与干预等系列活动。广义的医疗保险基金监管主体，不仅包括有监管权限的行政部门，还包括第三方机构、行业协会、公众等非政府组织；监管对象既关注机构也关注个体；监管内容既关注行为的合规性，也关注基金账户的安全性、可持续性、收益性、流动性、有效性等综合性内容；监管过程强调事前、事中与事后全过程监管；监管手段注重法律、行政、市场、信息技术、文化等正式与非正式手段的综合应用。

二、医疗保险基金监管的意义

（一）维护参保人员合法权益

　　切实维护参保人员合法权益是医疗保险基金监管的根本要义。医疗保险基金作为保证参保人员基本医疗保障的专项资金，不以营利为目的，医疗保险基金在安全性、可持续性、流动性、合规性与有效性等方面的表现直接影响着参保者的切身利益，决定着医疗保险制度是否有能力在最大限度上保护参保者不因疾病而陷入经济困难或不因经济困难而放弃医疗卫生服务利用。对医疗保险基金合理运行实施科学严谨公开透明的监管，能够有效保证医疗保险基金有效运行，切实保障参保人员的合法权益。

（二）确保医疗保险基金稳健可持续运行

确保医疗保险基金稳健可持续运行是医疗保险基金监管的现实意义。随着我国医疗保险基金规模不断提升，基金管理的压力不断增大，风险性增加。对医疗保险基金的实施严格监督管理，预防医疗保险基金不合理使用的风险，避免医疗保险基金运行过程中各利益相关方的违约违法违规行为的发生，明确各医疗保险基金利益相关方权责结构，监控医疗保障基金管理、运行状态与预期标准的偏向程度，能够为后续有关政策出台提供依据，并确保国家医疗保险各项政策和措施落实，对医疗保险制度的稳健运行和可持续发展具有重要意义。

（三）促进医疗保险基金合理高效运行

促进医疗保险基金合理高效运行也是医疗保险基金监管的重要意义。医疗保险体系围绕着医疗保险基金的筹集、支付、预算管理、投资运营、结余使用等运行环节建立，对医疗保险基金实施合理有效的监管，在确保基金安全稳健运行的同时，能够促使医疗保险经办机构、决策机构与非政府组织等众多利益相关方建立合理的治理架构，完善医疗保险监管的科学决策、合同管理、激励约束与监督考核等机制，保证医疗保险监管体系的高效运转。

三、医疗保险基金监管的原则

（一）科学性原则

医疗保险基金监管涉及经济学、管理学、社会学、医药学等众多学科知识，只有遵循经济、社会、文化、人类健康与疾病以及医疗卫生制度等事物的发展规律，依托完善的监管法律法规体系和科学规范的监管组织体系，建立专家会审机制、高效监管机制、监管检查机制、争议解决机制等管理机制，不断学习并运用先进的科学管理理念和方法，才能不断提高监管的质量和效率，推动医疗保险基金监管层次和水平提高，适应医疗保障体系的发展与变革。

（二）法治性原则

医疗保险基金的有效监管需建立在详实严谨的法律法规和规章制度基础上，以明确医疗保险基金监管方的法律地位、权威与职责，保证被监管方的有效权利、行为标准和义务，确定社会监督的标准界定、范围划分等。具备监管权限的组织机构在实行监管行为过程中，须严格遵守法律法规及规章制度，对被监管方实施公正、严格的监管行为，同时也将约束监管方行为，避免滥用职权、玩忽职守、徇私舞弊等。医疗保险基金监管中监管方与被监管方出现违约违规违法等问题时，将严格执行有关惩戒措施，在法治基础上保证医疗保险基金监督的严肃性、强制性、权威性和有效性。

（三）安全性原则

维护医疗保险基金安全完整，确保基金稳健可持续运行是医疗保险基金监管的重要目标之一，如在宏观角度上确保医疗保险制度的安全运行，为医疗保险事业保驾护航。从微观上保护各参保方合法权益；防止监管机构出现以权谋私、徇私舞弊等行为；防止被监管方出现违法违规行为，避免医疗保险基金损失及由此引发的支付困难，保证医疗经办机构、定点医药机构的正常秩序。

（四）公正性原则

医疗保险基金监管机构在履行监管职能时，须遵循公正公开的原则，提高执法的透明度，在履行监管职责的同时最大化保障被监管方的合法权益。以客观事实为依据，以法律法规为准绳，综合运用行政、经济和法律等手段，对医疗保险基金征缴、支付管理和投资等环节中经办机构、征缴机构、管理机构、定点医药机构和参保人等利益相关方行为予以监督检查，保证被监管方充分了解自身权责结构，自觉地依法参与医疗保险基金运行。

（五）独立性原则

医疗保险基金的监管活动是各监管主体依据相关法律法规赋予的权利对医疗保险基金收缴、支付、管理和投资运营等情况履行监管职责的过程。在这一过程中，作为监督主体的机构和人员对其所监管的医疗保险基金管理运营活动应当保持独立地位，不受其他行政机关、社会组织和个人的干预。医疗保险基金监管机构不能直接参与监管对象的具体管理运行活动，如与监管对象有利害关系和亲属关系，应当予以回避，以保证监管活动的独立性。

（六）审慎性原则

人民日益增长的健康需求和有限资源之间的矛盾是医疗保险事业发展必须要面对的主要矛盾，安全性与可持续性是整个医疗保险基金运行与发展的基本前提，医疗保险基金监管不仅是事后处罚，更重要的是预防与控制各种基金运行风险的发生与发展，即对医疗保险基金的监管需要周密而慎重。具体体现在评估审查基金运行各种制度安排的合理性与可行性；量入为出，防范基金失衡；注重风险的可控性，避免发生系统性风险；合理设置不同环节、不同情况下的监管指标体制，确保监管指标的灵敏性、代表性，以及时准确地评估与预测医疗保险基金风险，展开有效干预等众多方面。

（七）协同性原则

随着医疗保险制度的发展与完善，医疗保险基金呈现出流向复杂、利益相关方众多、权责利关系纵横交错的特点，缺少协同的监管活动会导致基金使用在合理性、执行力与有效性等众多方面均事倍功半、难以为继。医疗保险监管的协同性体现在政府监管、社会监督、行业自律和个人守信的协调与合作；医疗保障行政部门与卫生健康、中医药、市场监督管理、财政、审计、公安等部门需保持高效的沟通协作，及时发现问题、解决问题；建立统一信息交互系统，与医疗保障大数据监控实时结合，实现信息共享；针对不同监管部门建立相关的组织协调机制，明确多方权责利分配，提高监管工作的有效性等众多方面内容。

四、医疗保险基金监管的主要内容

（一）医疗保险基金征缴监管

医疗保险征收机构须依照法律、行政法规和国务院规定中的医疗保险费的费基、费率，对征缴范围内的各利益相关方，按时足额征收医疗保险费。征缴的医疗保险费将全额纳入医疗保险基金专户，专款专用，任何利益相关方不得挪用。医疗保险征收机构应当每年至少向缴费机构或个体提供缴费凭证，接受缴费查询。同时各缴费机构应当定期将缴费情况与机构涉及各利益相关方进行公示。医疗保险基金监管机构应当对基金征缴全过程进行监管，保证应缴尽缴，应收尽收。

（二）医疗保险基金支付监管

支付环节是医疗保险与其他类别保险差别最大的一个环节，医疗保险基金流向复杂，各利益相关方易发生欺诈行为，是监督检查的重点和难点。在对基金支付环节所涉及的各方组织机构进行监管时，须瞄准频发、易发的违约违规违法行为展开重点监管。比如对于社会办医疗机构，需重点查处诱导医疗、过度医疗、虚构医疗服务、伪造有效医疗文书票据材料以获取医疗保险基金支持等行为；针对参保人员，注重隐瞒事实真相，虚构领取要件，伪造编造相关材料等方式骗取或协助他人骗取医疗保险的行为；医疗保险基金受益人对其提交资料的真实性要负法律责任，严禁使用伪造、编造的虚假证明文件和单据骗取、冒领医疗保险基金；针对医疗保险经办机构、医疗保险金发放机构、医疗保险服务和中介机构，则需关注其与任何自然人、法人串通，以欺诈、伪造证明材料或者其他手段骗取医疗保险待遇的问题。

（三）医疗保险基金运营监管

医疗保险基金运营的监督管理，须对参保对象的资质认定、参保范围设立、费用支付范围等内容进行监督；对医疗保险经办机构的内审制度、基金稽核工作、履约检查，以及内部人员"监守自盗"、"内外勾结"等行为进行监督；对定点医药机构行为的相关政策方针、法律法规、规章制度的落实情况进行监督检查。同时，监督检查医疗保险基金预算编制的科学性、准确性以及执行情况，保证医疗保险基金收缴、支付、结余等运营相关数据的真实性，评价实际运营中的合规性和运行效果。投资运营机构应当建立健全内部控制、合规检查、风险评估等制度，在投资决策前必须进行可行性研究和风险评估，在投资过程中随时进行风险监测，以实现安全投资和保值增值的目的。切实维护医疗保险基金涉及利益相关方的合法权益。

（四）医疗保险基金账户监管

医疗保险基金账户作为医疗保险基金运行的重要载体，地位特殊、作用明确，医疗保险基金监管机构应当对医疗保险基金账户进行有效监控和监管，以保证账户资金使用合规、合理。如医疗保险经办机构和负责的财政部门，须在共同认定的商业银行按险种开设社会保险基金收入户、财政专户、支出户；确保各项社会保险基金按险种分别建账、分账核算，不得相互挤占或者调剂使用，不得随意改变专户的使用功能等。

五、医疗保险基金监督方式

（一）现场检查

现场检查是指医疗保险行政部门基金监管机构对被监督单位管理医疗保险基金情况的实地检查活动。目的在于发现一般资料信息和数据报表中难以发现的隐蔽性问题。现场检查应与非现场检查相辅相成，推动事后监管向事中、事前监管转变。现场监督方式也在不断更新，如不预先告知的现场检查制度——飞行检查，增强监管力度，维护各方合法权益。

（二）市场准入

准入制度是指医疗保险基金监管机构依据相关法律、法规，对从事医疗保险基金管理服务的机构所应具备的条件和资格进行限制和认定。对于不能依照法律和相关协议履行义务，并且使医疗保险基金的利益和安全受到威胁的基金管理服务机构，有权采取措施，限制其运营医疗保险基金的部分活动，甚至吊销其医疗保险基金运营资格。医疗保险基金监管通过建立适当的准入制度和退出制度，可以为选择医疗保险基金管理机构把好第一道关，限制或消除基金管理服务机构所产生的对医疗保险基金侵吞、流失及隐瞒投资收入的相关代理风险，为医疗保险基金的运营创造一个良好的市场环境。

（三）信息披露

医疗保险信息披露是指医疗保险行政部门及经办机构将医疗保险参保经办、服务有关情况，以及医疗保险征缴、管理、使用、检查等信息向社会予以公开的行为。医疗保险基金监管机构将依法依规定期向社会公开医疗保险基金各利益相关机构行为、费用等数据信息，定期公开曝光欺诈骗保典型案例，保障社会公众的知情权，广泛接受社会监督，维护医疗保障基金的安全。建立医疗保险信息披露制度是推进社会保障系统政务公开的重要措施，有利于促进管理机构及其工作人员依法履行职责，建立行为规范、公开透明、廉洁高效的管理体制和工作机制，维护医疗保险基金的安全完整和参保人员的合法权益。

（四）情况报告

在医疗保险基金监管过程中，各级医疗保险基金监管机构要向上级基金监管机构报告情况，被监管的机构也要向负责监管的医疗保险行政部门报告。通过实行报告制度，监管机构能及时掌握基金运行情况，约束经办管理部门行为，实现对医疗保险基金管理过程的有效监督，进而保证基金的高效使用。

（五）社会监督

当前医疗保险基金管理压力增大，医疗保险基金监管机构受制于编制、经费，执法能力和效率难以满足当前的医疗保险基金监管工作需求，需要充分发挥社会监督的作用。社会监督作为非官方监督手段，主要通过充分调动参保方、社会团体、专家学者等社会力量，开展对医疗保险基金收支、结余公布情况、医疗保险经办机构管理情况以及定点医药机构监督活动。社会组织和个人对有关机构违反社会保险法律、法规行为的举报、投诉也是社会监督的重要内容，能够增强医疗保险基金监管机构的信息获取能力和执法能力。

（六）智能监控

随着医疗保险事业的不断发展，医疗保险覆盖范围扩大，基金规模快速增加，管理运作环境日趋复杂，传统的监管方式和技术手段已经难以保证监管的及时性和有效性。创新监管方式，推广信息技术手段在基金监管领域的使用，构建医疗保险智能监控信息系统，实现监管全覆盖，提升监管实效是医疗保险基金监管改革的必由之路。医疗保险智能监控是基于医疗保险信息化建设，以"互联网+"和大数据挖掘为发展方向，通过全面、及时地对不同利益相关方所涉及的医疗保险基金有关行为监控，有效维护参保人员利益，保障基金安全，实现医疗保险可持续发展目标的医疗保险管理新模式。

（七）信用管理

医疗保障基金监管需建立健全信用管理制度。医疗保障基金使用领域的信用分级分类监管机制主要通过制订医疗保险基金涉及利益相关方的信用分类评价指标体系和制度标准，健全医疗保险各利益相关方的记分制度来激励守信对象和惩戒失信对象，以约束和规范医疗保险基金使用行为。

第二节　医疗保险基金监督管理体系

一、医疗保险基金监管的法律法规体系

（一）主要特点

1. 基于国情的法律法规构建

医疗保险基金监管法律法规体系的制定与完善需要基于国家的实际情况与既往经验。主要体现

在两个方面：一是医疗保险基金监管的法律法规是国家法律体系的有机构成部分，在法律渊源、思维方式、结构、形式、角色与诉讼程序等方面与整体相协调。比如，英国的医疗保险基金监管法律法规具有明显的英美法系特点，其法律渊源既包括制定法也包括判例法，多以像《社会保障反欺诈法案》《社会保障管理（欺诈）法案》一类的法律、法规形式呈现。德国的医疗保险监管法律法规则呈现出更显著的大陆法系特点，以立法机构制定好的各种法律法规（即制定法或称成文法）为渊源，不包括判例，强调法律的系统化和法典化，像联邦政府、州政府、医生、雇员、雇主等医疗保险基金监管利益相关方的权责利分配在《社会法典》中便已经做好了规定。二是医疗保险基金监管的法律法规体系的改革与发展离不开本国的政治、经济、社会与文化环境以及发展水平。不同的监管法律法规体系有不同的优缺点，比如英国、美国的医疗保险监管法律法规体系相对灵活，但相对繁杂、系统性较差，而德国、法国则分工明确、权威、易执行，但缺乏灵活性。

2. 强调权责分工与政府责任

医疗保险基金监管所涉及的利益相关方众多，这些利益相关方在监管活动中所具有权利与所承担的责任义务是由相关的法律法规赋予及规定的，因而，医疗保险基金监管法律法规的一个重要内容便是明确监管活动利益相关方的权责利分配，并进行相应奖惩规则的制定，以确保医疗保险基金监管活动的顺利进行与目标的最终实现。如美国《社会保障法》对社会保障部成员组成和任职去职条件、年限职权和职责作了详细规定；又特别规定了部长的义务和预算平衡、雇佣限制和信息交换等问题。我国的《医疗保障基金使用监督管理条例》也对医疗保险部门、定点医药机构、参保人员等利益相关方的权责做出了明确规定。强调政府责任是国家意志的体现，是国家制定、通过、认可的规范体系，并且通过国家的强制力保障执行。政府在医疗保险基金监管法律法规体系的形成与发展中有责任和义务制定规则并协调利益，也只有政府有能力和权威协调各利益相关方统一行动。

3. 呈多层级、多层次的法律结构

医疗保险基金监管法律法规的制定和实施必须有基本法为基础，制定规范性法律文件的主体从中央到地方，制定规范性法律文件的层级由一般法律框架到细节的法律规章呈多层级、多层次的宝塔式的设置。如在英国，《国民保险法》和《国民健康服务法》等高层次的法律仅仅规定一般的法律框架，更多的具体规范则是由中央政府、地方政府和社会保障部等主体制定的法规、法令、指示等规章构成。在美国，国会通过的几大法案规定了联邦政府在医疗方面的具体拨款机制、付费方法、操作细则以及对应的法律法规条款；州政府可以依据当地情况给本州的医院制定不同的要求和标准，并具有监管医疗保险公司的权力。我国医疗保险基金监督管理的法律法规体系包括由全国人民代表大会常务委员会立法的法律层级，如《中华人民共和国劳动法》和《中华人民共和国社会保险法》；由国务院制定的行政法规，如《医疗保障基金使用监督管理条例》；由地方立法机关制定或认可的，只能在地方区域内发生法律效力的地方性法规，如《上海市基本医疗保险监督管理办法》《济南市医疗保障基金使用监督管理暂行办法》等；以及由国务院各部在本部门的权限范围内制定的部门规章，如《社会保险费申报缴纳管理暂行办法》等。

4. 依照发展，不断修订

随着社会经济与科学技术的全面发展，医疗保险基金监管所面临的问题与技术环境都在不停的变化之中，同时监管的理念也在不断的发展更新，这决定了医疗保险基金监管规范相关法律法规体系也需要不断调整。因而，各国均会根据实际情况对现有的医疗保险基金监管法律法规做出相应修订，如英国于1946年通过了《国民保险法》，初步形成了一个内容广泛统一的社会保障制度，1965年对其进行重大补充和修改，1975年再次对社会保障金的缴纳体制进行了重大改革，从而形成了现在英国社会保障的基本结构；美国社会保险基金监管相关的《社会保障法》制定于1935年，其间历经几十次修订至今仍然有效；我国现行的《中华人民共和国劳动法》自1994年通过时起历经2009年、2018年两次修正。

（二）主体的权利与责任界定

1. 监管方的权利与责任界定

法律关系主体，也即法律关系的参加者，是指在法律关系中享受权利、承担义务的人。随着监管理念的发展，医疗保险基金监管主体不断扩展，从只强调政府责任，到将经办机构、医药机构、社会团体、参保者等相继纳入，医疗保险基金监管的法律法规体系对这些主体的权利与责任做出了相应界定。不同国家结合本国政体、经济文化等多方面因素，结合监管主体设计不同的监管模式。共同点是各国医疗保险基金经办机构都与行政主管部门严格分开、独立经营，行政主管部门仅接受政策指导和行政监督。行政主管部门的指导和监督行为以简洁的手续高效行政，注重提高办事效率。

但总体来说处于主导地位的还是行政部门，例如，美国的医疗保险基金监管依据目前美国施行的现收现付制政策，分为管理、运营、归属三个方向进行监督管理，进而形成了联邦保险总署、基金委员会、资产管理公司三足鼎立的局面。其中筹资由税务部门来负责；投资决策以及后期的收支管理由联邦社会保障基金信托投资委员会来负责；关于发放等事务由社会保障署等政府机构负责。同时，美国还十分注重社会监督的力量，在作出任何一项决定之前，都必须听取由企业代表和公民代表推选产生的咨询委员会的建议。

德国的医疗保险基金监管同美国类似却有差异，分为政府监管和社会监管。政府监管同美国类似，设立联邦和地方两个层次。联邦卫生部负责立法来规范保险机构的行为，同时联邦政府劳动和社会秩序部下设第五司负责监督卫生、医疗保险的法律执行情况，审批其年度预算。各州同样下设类似机构负责具体执行业务并对上级负责。社会监管主要依靠的是行业协会或工会，从其机构设置上来说，各机构实行自我监督，由缴费者共同参与机构决策。同时还成立了成员共同体，共同体成员涵盖各类医疗保险关系人，并对其管理人及受托人等进行监管。

我国相关法律法规规定，国务院医疗保障行政部门主管全国的医疗保障基金使用监督管理工作，国务院其他有关部门在各自职责范围内负责有关的医疗保障基金使用监督管理工作，县级以上地方人民政府医疗保障行政部门负责本行政区域的医疗保障基金使用监督管理工作，县级以上地方人民政府其他有关部门在各自职责范围内负责有关的医疗保障基金使用监督管理工作。同时，我国鼓励和支持新闻媒体开展医疗保障法律、法规和医疗保障知识的公益宣传，并对医疗保障基金使用行为进行舆论监督。

2. 被监管方的权利与责任界定

监管方和被监管方并不是固定不变的，很多主体在大多数情况下既是监督者，又是被监督者，在不同的法律关系中被赋予不同的权利与责任。对于医疗保险基金监管而言，不同等级的行政部门、经办机构、医疗机构、行业协会、参保人员等医疗保险监管活动利益相关方都兼具监管方与被监管方的双重属性。当他们作为被监管方存在时，往往需要自觉依法接受各部门的监督与指导，向监管方提供相关信息，配合监管活动。例如，英国在政府监管的同时，其外部监管方面，国家审计署每年就全部政府部门以及下设的分支机构进行账目审计，审计总长及工作人员均非公务员。通过为民众设立专门的非政府部门，并鼓励民众将其对基金全过程的建议积极反馈给监管者。

我国的《医疗保障基金使用监督管理条例》规定，医疗保险经办机构及其工作人员对于定点医药机构违反服务协议的，医疗保障经办机构可以督促其履行服务协议，按照服务协议约定暂停或者不予拨付费用，追回违规费用，中止相关责任人员或者所在部门涉及医疗保障基金使用的医药服务，直至解除服务协议。定点医药机构及其工作人员有权进行陈述、申辩。参保人员有权要求定点医药机构如实出具费用单据和相关资料。

（三）必要性与意义

随着经济社会发展，医疗保险基金无论是覆盖范围还是基金规模都在不断扩大，其服务社会、服务百姓的能力也在不断加强。医疗保险基金由于其特殊性和日益显著的重要性，在整个社会保障基金中的地位越加凸显。医疗保险基金监管法治化建设是保障医疗保险基金安全的一道重要防线。建立一个健全的医疗保险基金监管法律制度体系，实现社会稳定、减少社会矛盾及促进经济发展是世界各国面临的一个迫切的命题。

一方面，建立健全医疗保险基金监管的法律法规体系是源于现实的迫切需要。由于医疗保险基金监管的特殊性，医疗保险基金监管行为的严肃性，医疗保险基金安全的重要性，医疗保险基金监管在我国以及世界其他国家或地区均存在较大的困难，比如，第三方付费机制作用下医患双方对基金使用呈现出弱自律性与强扩张性特征；医疗保险涉及市场主体多、业务环节多，参保单位、参保人、医药机构、医务人员、行业主管部门、监管机构等利益相关者之间存在多方博弈，在规则不明、不合理的情况下会产生增加内耗与发生成本转嫁等系列问题。因而，必须强调建立健全相关法律法规体系，使医疗保险基金监管有法可依，有法必依，依法行政，执法必严。

另一方面，法律法规体系建设是做好医疗保险基金监管的根本保障。通过建立健全医疗保障基金监管法律法规和配套标准，构建从国家到地方多层次的医疗保障基金监管制度体系，实现基金监管由经验型监管向法治化监管的转变。健全完善的法律体系使医疗保险基金监管有章可循，法律所提供的制度依据保证了医疗保险基金征收、运作、支付、监管的严肃性，维护了医疗保障体系的可持续运行。同时，随着经济发展的不同阶段，社会出现不同的发展情况，医疗保险法律政策也会随着其变化而变化。伴随着法律政策的不断修改，医疗保险基金监管在具体理论上和操作上更具有法律性，医疗保险制度也更加完善。

二、以政府为主导的医疗保险基金监管体系

（一）结构及特点

1. 以政府为主导的医疗保险基金监管体系结构

政府主导型医疗保险基金监管体系主要依托政府的直线——职能式组织架构，并以政府的行政权力为保障运行，在结构上以纵向的层级管理为基础展开横向的职能分工。自上而下的监管是其主要特点，一般包括三个层次，最高一层是国家级行政部门，主要负责制定医疗保险基金监管法律，限定医疗机构以及基金监管实体的管理和裁决权力范畴。第二层由地方政府以及相关职能部门组织构成，负责监督医疗保险基金的筹集，基于现有政策对医疗机构或基金运营主体的决策行使裁决权。最后一层则是由受监管方，如医疗机构、基金运营组织的医生、雇员、雇主所组成，它们接受上层监管，也可以在一定范围内影响基金政策。除了纵向的监督以外，同层级的职能部门之间也存在着一定的监管合作关系，比如医疗保险、财政、审计等多部门常常会进行联合监管行动。

2. 以政府为主导的医疗保险基金监管体系特点

（1）强调政府责任与垂直分工。政府主导型医疗保险基金监管体系的监管活动多是由行政部门推动，强调逐级负责，自上而下进行监管，横向沟通协作机制主要集中于政府职能部门之间。

（2）侧重以行政力量推动监管活动。政府主导型基金监管体系的最主要监管手段是行政命令、行政引导等，强调在上下级之间进行纵向传达，横向约束较少。

（二）优势与不足

1. 以政府为主导的医疗保险基金监管体系优势

（1）行政活动具有强制性。在政府主导的医疗保险基金监管机制中，政府专职部门负责控制医疗机构以及医生的准入资格审批，单位及个人违法违规行为的惩罚执行力度有所保障，在监督、控制、惩罚医疗保险基金滥用行为上具有强制性。

（2）医疗保险基金监管具有立法、行政优势。政府对医疗保险基金监管的制度拥有立法权，医疗保险关系着公民的健康和生命安全，政府主导更容易矫正因市场调节机制失灵带来的医疗保险基金浪费和低效益问题，有利于实现医疗保险基金使用的公平和效率的有机统一。

（3）专职部门落实监管责任。政府主导下的专职部门负责监管责任落实，具有专业性强，监管效率高，人力、物力、财力支持充足的优势。

（4）普及宣传能力强。政府主导的医疗保险基金监管相关法律法规由政府专职监管部门向社会进行宣传普及具有权威性，实现医疗保险基金稳定、安全、长期的发展。

2. 以政府为主导的医疗保险基金监管体系不足

（1）监管主体单一。各级行政部门是这一模式下医疗保险基金监管的主要监管方与利益表达者，其他利益相关方在监管体系中多处于下层位置，是被监管的角色。这种二元角色的对立，很容易促使医疗机构和参保人将政府作为对立方，并联合套取医疗保险基金。

（2）激励机制不完善。政府主导型监管模式的手段偏向于传统的行政处罚，忽视了医疗机构和参保人参与监督管理及自我约束的积极性，对医疗保险基金的高效利用行为缺乏奖励，易出现医疗资源浪费、医疗保险基金流失现象，整体医疗效率难以提高。

（3）政府寻租行为。各级政府主导下的医疗保险基金收支分配中，由于缺乏市场竞争机制，易出现挪用政府公权力侵占医疗保险基金的现象，可能造成政府监督职能失灵。

三、多元共治的医疗保险基金监管体系

（一）结构与特点

1. 多元共治的医疗保险基金监管体系结构

多元共治的医疗保险基金监管体系是在政府为主导的监管体制下引入第三方机构、行业协会、公众等非政府组织参与医疗保险基金的监管活动。多元共治体系以保障参保者权益为出发点，政府担任法律制定者和宏观调控者的角色，通过对医疗保险基金使用全过程的有效监管来促进医疗服务质量及医疗保险基金的运转效率的提高。

2. 多元共治的医疗保险基金监管体系特点

（1）多主体联合监管。各监管主体依照自身属性不同，发挥自身特长对医疗保险基金进行监管，多样化的监管手段形成医疗保险基金多元共治体系。

（2）组织框架呈扁平状网络结构。多元共治的监管体系区别于传统的层级制度，使得各监管主体有权利表达自己的意见，为实现医疗保险基金真正"用之于民"，利用各节点相互连结的关系，对医疗保险基金进行有效监管。

（二）优势与不足

1. 多元共治的医疗保险基金监管体系优势

（1）增进监管活动的协调性。在多元共治的模式下，医疗保险行政部门不再是单方利益表达者，医疗机构、医生、药企、参保者的利益诉求都能够得到充分的表达，发挥各方优势，形成职能互补，增进监管效力，促进医疗保险基金使用环境向好发展。

（2）监管手段与监管视角综合多样。通过达成共识的各医疗保险监管责任主体能够综合利用行政、经济、社会、技术、机制创新等手段，结合自身经历与视角，有效应对基金运行过程中存在的风险点，优化监管态势，发现隐蔽问题，切实保障医疗保险基金安全。

（3）有利于监管机制创新。多元共治的监管体系除了关注垂直分工责任机制，还强调通过建立授权机制、协商谈判机制、合作机制等众多横向与网络化的管理机制来促进监管事业的科学发展。

2. 多元共治的医疗保险基金监管体系不足

（1）对责任主体的要求较高。多元共治对政府及其他责任监管责任主体的要求均比较高，一方面政府需要学会从管理者变为服务者，协调多方利益，共同行动；另一方面医疗机构、药企、行业协会、参保者等责任主体也需要转变被动接受监督的观念，具有主动发现和识别相关基金使用问题的能力。

（2）责任主体弱化。多元共治下各监管主体拥有一定自主权，可能会导致权力滥用现象的出现，使得拥有自主权的监管方成为利益既得者，但医疗保险基金监管最终组织者和责任人仍应是政府，易造成责任主体的缺失。

（3）多元化监管主体监管标准不统一。在多元化的监督体系中，各监督主体采用了不同的现代化监管工具，系统之间具体评判策略不统一，独立性强，缺乏规范化、标准化的监管工具，最终可能会出现市场机制混乱的后果。

四、政府主导与多元共治医疗保险基金监管体系的联系与区别

（一）两者的联系

1. 政府主导与多元共治均是组织医疗保险基金监管活动的重要模式

政府主导型医疗保险基金监管体系是最先发展起来的监管模式，这由医疗保障制度本身的性质决定。医疗保障作为社会保障的重要组成部分，是国家为全体国民通过立法而建立的经济保障，以避免国民因患病而陷入贫困。其在本质上是一种通过立法制定的国民收入二次分配制度，难以由自由市场经济自发产生和完善，需要政府的设计与干预，尤其在制度建立的初期与发展期，各利益相关群体的角色功能与技术能力发展都不完善，监管必须以行政权力为保障。同时，依托既有的行政体系框架构建监管体系相对简单、易操作、效率高，这也是很多国家一直采用这一模式的重要原因之一。但随着经济、技术、社会文化与各利益相关方的不断发展，仅仅依靠政府行政力量推动的监管活动在激励、动员、组织、协调多利益相关方共同行动方面效果差的弊端开始显现，缺少多方利益沟通与协商情况下所制定的很多规则，在实际中往往难以执行或引发更多问题。而将医疗机构、医生、社会团体等利益相关方发展为监管主体，创新监管机制开展多元共治的监管体系，能够有效弥补政府主导型监管体系的不足。两种体系各有优缺点，在实际工作中只有将两者监管方式有机结合，才能从根本上推动医疗保险事业的发展。

2. 政府主导与多元共治共同形成横纵交错的医疗保险基金监管网络

无论是政府主导型还是多元共治型，医疗保险监管体系的目的均是确保医疗保险基金的安全、高效与可持续发展。在实现这一目的的过程中，两种体系并非绝对割裂，比如，政府主导型医疗保险基金监管体系中，政府也会委托第三方专业组织展开监管活动，而在多元共治体系中，政府也依然在众多监管主体中负首要责任。随着监管实践与理念的丰富与发展，很多国家都在努力融合两种体系的特点，构建横纵交错的医疗保险基金监管网络，提高监管效能。

（二）两者的区别

1. 监管主体各有侧重

政府主导型医疗保险监管体系和多元共治型医疗保险监管体系所涉及的利益相关者是相互重叠的，他们在法律上也都被赋予了一定的监管责任与义务。但在实际的监管工作中，政府主导型的医疗保险监管活动更多的是由政府主动推展，非政府利益相关方大多是被动执行；而多元共治体系下的监管活动中，非政府监管主体的主动性与参与度均较高，政府在这一过程中往往仅扮演引导者和服务者的角色。

2. 监管手段与机制不同

政府主导型医疗保险监管体系与多元共治型医疗保险监管体系在实际的监管活动中都会运用到多种监管手段与机制，但在整体上前者更侧重于运用行政手段，通过垂直问责机制来推动监管活动，而后者更强调综合运用市场、信息技术、文化等手段，通过协商、谈判、合作等机制展开监管。

第三节　我国医疗保险基金监督管理现状

一、我国医疗保险基金监督管理的法律法规体系建设与运行现状

（一）法律法规体系构成现状

1. 法律

（1）《中华人民共和国劳动法》：1995 年实施，2018 年修正的《中华人民共和国劳动法》将社会保障基金监督上升到国家法律的层次，对基金监督工作的展开起到了开创性的作用，也为后来建立医疗保险基金监督奠定了法律基础。《中华人民共和国劳动法》明确提出："社会保险基金监督机构依照法律规定，对社会保险基金的收支、管理和运营实施监督。"这一法律规定也为医疗保险基金监管提供了法律依据。

（2）《中华人民共和国社会保险法》：于 2011 年 7 月 1 日施行，2018 年修正。其在总则里明确指出："国家对社会保险基金实行严格监管。国务院和省、自治区、直辖市人民政府建立健全社会保险基金监管制度，保障社会保险基金安全、有效运行。县级以上人民政府采取措施，鼓励和支持社会各方面参与社会保险基金的监督。"并且在第十章"社会保险监督"及其他章节中作出了专门规定。《中华人民共和国社会保险法》是继《中华人民共和国劳动法》以后，第一次从法律层面上对社会保险基金监管工作做出的具体制度性安排，也使医疗保险基金监管工作的法律依据更加明确。

2. 行政法规

（1）《社会保险费征缴暂行条例》：于 1999 年 1 月 22 日实施，2019 年修正，根据《中华人民共和国劳动法》的规定，进一步明确了社会保险基金监督检查职能。根据该条例，医疗保险行政部门和税务机关承担对医疗保险费征缴的监督检查职能，这明确了医疗保险基金监督的现实主体。《社会保险费征缴暂行条例》还规定了相关权利和职责及被检查单位的义务，对基金监管中发现问题的罚则也做了详细规定，这为医疗保险基金监管做了细则规定，有利于医疗保险基金监管工作的开展。

（2）《医疗保障基金使用监督管理条例》：为了加强医疗保障基金使用监督管理，以保障基金安全，促进基金有效使用，维护公民医疗保障合法权益，根据《中华人民共和国社会保险法》和其他有关法律规定，制定了《医疗保障基金使用监督管理条例》。该条例由国务院于 2021 年 2 月 19 日发布，2021 年 5 月 1 日起施行。作为我国首部医疗保险领域的监管条例，《医疗保障基金使用监督

管理条例》从总则、基金使用、监督管理、法律责任和附则五个方面，用 50 条具体内容作出全面部署。《医疗保障基金使用监督管理条例》是对过去几十年医疗保险改革与发展中的医疗保险基金使用监督管理诸多做法与经验的总结与集成，改变了医疗保险领域缺乏专门法律法规的现状，使医疗保险检查工作有法可依，标志着医疗保障法制建设进入一个新的时代。该条例直击我国医疗保险基金使用监管方面存在的顽疾，着力提高医疗保障使用基金监督管理工作的科学化、规范化、制度化水平，为未来的医疗保险经办和行政监管指明方向。

3. 部门规章和规范性文件

（1）部门规章：劳动保障部在 1999～2001 年，单独或会同其他部门颁布了《社会保险费申报缴纳管理暂行办法》、《社会保险费征缴监督检查办法》、《社会保险基金监督举报工作管理办法》、《社会保险基金行政监督办法》、《全国社会保障基金投资管理暂行办法》等，就包括医疗保险基金在内的社会保险基金监管的主体权限、监管形式、监管内容等作出详细规定，这些规定也是开展医疗保险基金监管工作的依据。

国家医疗保障局为积极推进《医疗保障基金使用监督管理条例》的制定工作，陆续出台《欺诈骗取医疗保障基金行为举报奖励暂行办法》、《医疗保障基金监管飞行检查规程》、《零售药店医疗保障定点管理暂行办法》、《医疗机构医疗保障定点管理暂行办法》等部门规章，丰富了基金监管规则，为实践创新提供了政策指引与制度支撑。

（2）规范性文件：在有关法律和部门规章的基础上，针对基金监管存在的一些问题，有关部门出台了一些规范性文件，如《关于当前加强医保协议管理确保基金安全有关工作的通知》（医保办发〔2018〕21 号）、《人力资源社会保障部关于印发〈社会保险领域严重失信人名单管理暂行办法〉的通知》（人社部规〔2019〕2 号）、《关于开展医保基金监管"两试点一示范"工作的通知》（医保办发〔2019〕17 号）、《国家医疗保障局关于印发全国医疗保障经办政务服务事项清单的通知》（医保发〔2020〕18 号）、《国家医疗保障局办公室 国家卫生健康委办公厅关于开展定点医疗机构专项治理"回头看"的通知》（医保办发〔2020〕58 号）等，就基金监管问题做出来相应要求。这些规范性文件也为医疗保险基金的监管提供了依据。

4. 地方性规章制度

全国各省市在国家法律法规的框架内，结合本地的实际情况，出台了一些地方性的法律、法规和规范性文件，并在本行政区域内组织实施这些地方规章制度，对社会保险基金监管做出了相应规定，也推动了医疗保险基金监管工作在各地开展。

比如，2019 年颁布的《河北省医疗保障基金监管办法》是河北省医疗保障基金监管制度建设进程中的重要一步，对于建立健全医疗保障基金监管体系，规范医疗保障基金收支行为，严厉查处违法违规行为，防范和化解基金风险，保障基金安全，维护参保人合法权益，具有十分重要的意义。2020 年颁布的《济南市医疗保障基金使用监督管理暂行办法》填补了济南市医疗保障监督制度建设的空白，对推动建立医疗保险监管长效机制，进一步管好群众的"救命钱"具有重要意义。

上海市颁布的《上海市基本医疗保险监督管理办法》、黑龙江省出台的《黑龙江省医疗保障基金监督管理暂行办法》、聊城市出台的《关于打击欺诈骗保维护医疗保障基金安全的意见》、大连市出台的《大连市打击欺诈骗取医疗保障基金专项治理工作方案》等规章制度为医疗保险监督检查提供了执法依据，有效打击了医疗保险违法违规行为，维护了医疗保险基金合理使用。同时也严格规范了医疗保险监督的程序、标准、要求以及人财物的配备，进一步提升医疗保险监管水平。

（二）主体的权利与责任界定现状

医疗保险基金监管利益相关方主要包括行政执法利益相关方和基金使用利益相关方两个方面。医疗保险基金监管的监管方和被监管方并非一成不变，在不同的情景下可以相互转化。《医疗保障基金使用监督管理条例》对各利益相关方的行为规范都作出了明确规定，保障基金的安全有效使用。

1. 医疗保障行政部门

《医疗保障基金使用监督管理条例》明确规定国务院医疗保障行政部门主管全国的医疗保障基金使用监督管理工作，国务院其他部门在各自职责范围内负责有关的医疗保障基金使用监督管理工作。县级以上地方人民政府医疗保障行政部门负责本行政区域的医疗保障基金使用监督管理工作。县级以上地方人民政府其他有关部门在各自职责范围内负责有关的医疗保障基金使用监督管理工作。作为主管医疗保险基金监管的医疗保障行政部门的权利与责任具体如下。

（1）应当加强对纳入医疗保障基金支付范围的医疗服务行为和医疗费用的监督，规范医疗保障经办业务，依法查处违法使用医疗保障基金的行为。

（2）应当加强与有关部门的信息交换和共享，创新监督管理方式，推广使用信息技术，建立全国统一、高效、兼容、便捷、安全的医疗保障信息系统，实施大数据实时动态智能监控。

（3）根据医疗保障基金风险评估、举报投诉线索、医疗保障数据监控等因素，确定检查重点，组织开展专项检查。

（4）医疗保障行政部门可以会同卫生健康、中医药、市场监督管理、财政、公安等部门开展联合检查。在联合检查的过程中，卫生健康部门负责加强医疗机构和医疗服务行业监管，规范医疗机构及其医务人员医疗服务行为；市场监管部门负责医疗卫生行业价格监督检查，药品监管部门负责执业药师管理，市场监管部门、药品监管部门按照职责分工负责药品流通监管、规范药品经营行为；审计机关负责加强医疗保险基金监管相关政策措施落实情况跟踪审计，督促相关部门履行监管职责，持续关注各类欺诈骗保问题，并及时移送相关部门查处；公安部门负责依法查处打击各类欺诈骗保等犯罪行为，对移送的涉嫌犯罪案件及时开展侦查。通过建立部门协同监管机制，实现基金监管全链条无缝衔接。

2. 医疗保险经办机构

医疗保险经办机构及其工作人员于定点医药机构违反服务协议的，医疗保障经办机构可以督促其履行服务协议，按照服务协议约定暂停或者不予拨付费用，追回违规费用，中止相关责任人员或者所在部门涉及医疗保障基金使用的医药服务，直至解除服务协议。其主要责任具体如下。

（1）应当建立健全业务、财务、安全和风险管理制度，做好服务协议管理、费用监控、基金拨付、待遇审核及支付等工作，并定期向社会公开医疗保障基金的收入、支出、结余等情况，接受社会监督。

（2）应当与定点医药机构建立集体谈判协商机制，合理确定定点医药机构的医疗保障基金预算金额和拨付时限，并根据保障公众健康需求和管理服务的需要，与定点医药机构协商签订服务协议，规范医药服务行为，明确违反服务协议的行为及其责任。

（3）应当按照服务协议的约定，及时结算和拨付医疗保障基金。

3. 定点医药机构

定点医药机构及其工作人员有权进行陈述、申辩。医疗保障经办机构违反服务协议的，定点医药机构有权要求纠正或者提请医疗保障行政部门协调处理、督促整改，也可以依法申请行政复议或者提起行政诉讼。其责任具体如下。

（1）按照规定提供医药服务，提高服务质量，合理使用医疗保障基金，维护公民健康权益。

（2）建立医疗保障基金使用内部管理制度，由专门机构或者人员负责医疗保障基金使用管理工作，建立健全考核评价体系。

（3）组织开展医疗保障基金相关制度、政策的培训，定期检查本单位医疗保障基金使用情况，及时纠正医疗保障基金使用不规范的行为，并执行实名就医和购药管理规定，核验参保人员医疗保障凭证，按照诊疗规范提供合理、必要的医药服务，确保医疗保障基金支付的费用符合规定的支付范围。

（4）不得为参保人员利用其享受医疗保障待遇的机会转卖药品，接受返还现金、实物或者获得其他非法利益提供便利。

（5）按照规定保管财务账目、会计凭证、处方、病历、治疗检查记录、费用明细、药品和医用耗材出入库记录等资料，及时通过医疗保障信息系统全面准确传送医疗保障基金使用有关数据，向医疗保障行政部门报告医疗保障基金使用监督管理所需信息，向社会公开医药费用、费用结构等信息，接受社会监督。

4. 参保人员

参保人员有权要求定点医药机构如实出具费用单据和相关资料。其责任具体如下。

（1）应当持本人医疗保障凭证就医、购药，并主动出示接受查验。

（2）按照规定享受医疗保障待遇，不得重复享受。

（3）不得利用其享受医疗保障待遇的机会转卖药品，接受返还现金、实物或者获得其他非法利益。

二、我国医疗保险基金监管体系建设与运行现状

（一）总体结构

目前，我国的医疗保障制度主要采取的是由中央、省、市、县和区等级的政府卫生部门的纵向管理与卫生、人社、财政等多政府部门的横向协同管理相交错的监管模式，并以社会协同共治为辅。

从纵向管理的角度来看，医疗保险基金的监管按照中央、省、市、县区政府卫生部门的等级，在统一的法律法规的前提下，实施分级管理。国务院医疗保障行政部门主管全国的医疗保障基金使用监督管理工作。国家政府行政管理部门负责听取和审议对医疗保险基金的收支、管理、投资运营以及监督检查情况的专项报告。县级以上地方人民政府医疗保障行政部门负责本行政区域的医疗保障基金使用监督管理工作。地方主管医疗保险基金的行政部门应当加强对单位和个人遵守社会保障法律、法规情况的监督检查。医疗保障行政部门实施监督检查时，被检查的单位和个人应当如实提交与医疗保险有关的材料，不得拒绝检查或者谎报、瞒报。

从多政府部门的横向协同监管角度来说，医疗保障、卫生健康、中医药、市场监督管理、财政、审计、公安等部门分工协作、相互配合，建立沟通协调、案件移送等机制，协同做好医疗保障基金使用监督管理工作。

虽然我国的医疗保险基金监管由政府主导，但政府行政、经办机构的力量有限，专业能力相对不足，需要社会力量的积极参与，多方协同，才能形成全方位且严密有力的基金监管新机制。将第三方服务机构纳入医疗保险监管的体系当中，形成以政府相关机构监管为主导，第三方机构广泛参与，医疗机构自我管理和社会监督为补充的多元管理体系是我国医疗保险基金监管的发展方向。我国政府及医疗保障行政部门积极畅通社会监督渠道，鼓励和支持社会各方面参与对医疗保障基金使用的监督，已初步形成社会协同为辅的医疗保险基金共治体系。

（二）地方创新性尝试

1. 监管模式创新

为应对医疗保险基金规模不断扩大、欺诈骗保案件频发、监管问题不断出现等现实问题，许多地方尝试在监管模式上创新，通过明确监管组织的权责、提升监管队伍的实力、依靠大数据等建立智能监控、提供完善的资金保障来保障医疗保险基金监管。以湖南省为例，2018 年年底，湖南省医疗保障局综合地方实践情况和专家建议，开创"大监管"模式。首先，明确医疗保险部门的首要职责是医疗保险监管，包括：全业务、全流程、全口径监管。其次，在机构建设方面，统一各级医疗保障部门机构建设标准并建立基金监管内设机构，为各地均全额预算并保障监管经费、设备和相关

设施。再次，医疗保障局科学构建了全覆盖监管格局，逐一明确了全省 2 万多家定点医药机构的监管责任单位，确保了监管资源无重叠，监管过程无盲区。此外，湖南省依靠强大的专业技术支撑，建立了一整套涵盖检查队伍建设、数据分析、检查标准与方法和检查结果应用等各环节、各要素的科学系统的飞行检查模式，构建医疗保险基金监管专业标准体系。

2. 监管手段创新

针对严峻的医疗保险监管形势，各地方医疗保险监管部门尝试采取新的监管手段，通过建章立制、加强监管队伍的培训、建立和完善医疗保险智能监控系统，开展高效率高质量监管。

以江苏省徐州市为例，2019 年 12 月，江苏省徐州市成立了医疗保障基金监督检查所，在全国地级市开创了先河。一方面，徐州市通过积极开展岗位培训，组织行政执法实务培训、案件办理规范培训等专题培训活动强化了医疗保险基金监管队伍的能力，提升了医疗保险监管力量。同时制定《徐州市医疗保障行政执法案卷管理暂行规定》等 17 项内部管理制度，规范案件办理程序，增强行政执法依据。另一方面，不断构建智慧医疗保险基金监管体系。医疗保障基金监督检查所充分利用互联网、大数据、云计算、视频影像等信息技术，实施智慧医疗保险建设，打造医疗保险智能监管平台，相继出台药品进销存管理系统、远程视频监控系统、生物识别实名就医认证系统、医疗服务数据挖掘系统、高值药品管理系统、OCR 单据管理系统等六大智能监管系统，形成了全方位的信息化监管体系，实现对药品进销存全过程的监管，对刷卡结算的数据无盲区、全天候的监控，对违规数据及时有效处理，对医院大处方、大检查等违规行为有效管控，完善了内控机制，使医疗保险基金监管职能得以充分发挥。

3. 社会协同监管机制创新

社会及公众通过批评、建议、检举、揭发、申诉、控告等方式对医疗保险基金使用的合法性与合理性进行监督，是一种被各国普遍使用的监督形式。社会协同监管体现在积极引入信息技术服务机构、会计师事务所、商业保险机构等第三方力量参与医疗保险基金监管；构建医疗保险基金监管信用体系，推行守信联合激励和失信联合惩戒；建立并落实举报奖励制度；探索医疗保险社会监督员机制；发挥媒体监督的作用，强化医疗保险基金监管的高压震慑效应。目前各地鼓励社会参与，形成多元主体参与的医疗保险基金监管体系。以张家港市为例，2016 年张家港用公开招标的形式确定医疗保险基金监管经办机构，负责全市的医疗保险基金监管工作。当地医疗保险部门负责对第三方的监管服务进行监督，并通过建立奖惩机制，对第三方的监管服务进行定期考评。为实现医疗保险稽查与第三方监管服务一体化运行，经办机构成立"第三方监管服务中心"，在提供常态化监管服务的同时，与医疗保险部门一起开展日常巡查、专项抽查、举报检查等现场监督检查，实现了医疗保险稽查与第三方监管服务一体化运行，有效拓宽了医疗保险监管的强度和广度。通过引入第三方监管力量，张家港市在实现提高监管效率的同时，加快了政府职能的转变。

三、我国医疗保险基金监督管理存在的主要问题

（一）医疗保险基金使用的风险与效率问题仍较为严重

近年来，国家医疗保险覆盖范围日益扩大，保障水平逐步提高，但受监管体系不健全和制度不完善等因素制约，导致医疗保险基金出现使用风险与效率较低的问题。一方面，在医疗保险基金的使用过程中存在支付风险，定点医疗机构、定点药店、参保人甚至医疗保险经办机构工作人员存在违法违规使用医疗保险基金的现象，例如，定点医疗机构通过伪造病例、定点药店通过串换药品等手段以骗取套取医疗保险基金；另一方面，受我国部分地区经济发展水平较低、人口老龄化进程加快、城乡人口异地迁移规模增大等因素影响，医疗保险基金的征缴与运营有压力，导致医疗保险基金使用效率不高，这些都对医疗保险基金的安全有效使用提出更高的要求。

（二）医疗保险基金监管法律法规体系亟待进一步完善

法治化建设是医疗保险基金监管的必要手段之一，由于我国医疗保险事业起步较晚，目前在国家层面上还未建立起独立、系统、可操作性强的医疗保险基金监管法律法规体系。现阶段，我国医疗保险基金监管仍主要依据《中华人民共和国社会保险法》，该项法律对基金监管相关部门的职责并未做出全面具体的划分，对医疗保险骗保等问题也未做出详细的规定，易导致司法、医疗保险行政和医疗保险经办等机构出现职能权力不清、责任边界不明，对医疗保险基金违法违规使用行为缺少具有针对性的法律依据和处罚手段等情况。此外，现有的刑法等法律与社会保险法之间存在衔接困难，许多骗保套保的案件可能无法达到立案标准，难以移交公安机关处理，在一定程度上增加了医疗保险基金监管的难度。值得期待的是，2021 年 5 月国务院颁布了《医疗保障基金使用监督管理条例》，并且国家医疗保障局在同年 7 月就《医疗保障法（征求意见稿）》向社会征求意见，《医疗保障基金使用监督管理条例》与未来即将颁布的《医疗保障法》可为我国医疗保险基金监管提供强有力的法律支撑。

（三）政府主导、社会共治的多元医疗保险基金监管体系尚未形成

尽管我国正积极推进政府主导、社会共治的医疗保险基金监管新格局的形成，但目前还未建设成完善的体系，医疗保险基金监管主要涉及医疗保障、卫生健康、财政、审计、公安、司法、药品监管等多个部门，管理链条长，从目前来看，各部门之间信息不对称，缺少统一的联动协同机制，沟通与协作不足。在实际的工作中，各部门根据其具有侧重性的监管内容进行分头监督，往往会导致行政职能多头管理，有时也会出现推诿搪塞的现象，难以形成监管合力。其次，以政府为主导的监管资源有限，我国正积极开展对购买社会监督等第三方监管服务的探索，但尚处于初期阶段，存在购买服务流程标准规范不统一、第三方进入退出标准不规范、监管服务范围和边界不明晰等问题。

（四）现代化的医疗保险基金监管技术手段有待增加

近年来，我国一直积极坚持以信息化为基础，依托互联网、大数据分析、云计算、人工智能等新型现代化技术手段构建医疗保险基金智能化监管体系，但从各地监管系统的建设和实际应用的情况来看，普遍存在以下三个问题：一是医疗保险基金统筹地区各自开发的医疗保险基金信息监控系统的质量参差不齐，一些信息化建设较为滞后的地区很难将医疗保险基金的违规使用行为给予及时发现和处理；二是信息化分类编码和数据交换接口标准不统一，存在省、市和县区域内医疗保险相关数据横向不连接、纵向不贯通，数据不能有效共享和转移接续问题，出现了由于信息覆盖面不足所导致的智能监控"不好用"现象；三是医疗保险信息系统保存着大量参保人的医疗数据，存在参保人员信息安全泄露的风险。

四、进一步加强我国医疗保险基金监管的策略

（一）完善医疗保险基金监管法律法规体系

应进一步加强并完善我国医疗保险基金监管法律法规体系建设。一方面，从国家到地方要积极建立以《医疗保障法》为统领，配套出台若干行政法规和部门规章，形成独立完备的医疗保险基金监管法律体系。国家层面上，尽快出台并实施《医疗保障法》和配套措施，明晰各监管主体的权利与义务，对监管目的、方式、内容进行明确规定。地方层面上，应根据现有的医疗保险基金监管法律、法规、条例、规章和规范性等文件，结合实际监管情况，制定相应地方性的法律、法规和规范性等文件，使医疗保险监管有法可依，执法更加规范化、标准化，行政处罚更加具有权威性和震慑性。另一方面，在现阶段要注意做好社会保险法和其他法律的衔接工作，当出现违法违规行为时，

能够相互配合，更好地为监管提供相关依据。

（二）大力推动政府主导、社会共治的多元医疗保险基金监管体系的形成

应加强构建政府主导、社会共治的医疗保险基金监管体系。首先，政府要充分发挥其主导作用，做好多部门之间的沟通协调工作，形成联动协同机制，推进各方信息共享与互联互通，协调各方利益关系，保证各个部门能各司其职，密切配合，形成监管合力。其次，在构建多元参与，引进第三方服务方面，需要对其权利和职责范围进行明确，在此基础上，建立对第三方监管服务科学规范的绩效考核机制和评价体系，持续动态评估监管效果与服务质量，以促进政府为主导、社会共治的多元医疗保险基金监管体系的形成。

（三）提升现代化信息技术手段助力医疗保险基金智能化监管

应充分重视并发挥现代化信息技术的发展优势来助力医疗保险基金智能化监管。一是应当积极构建并提高监管信息系统的质量，对医疗保险基金的使用环节进行实时动态监控，及时发现问题并处理。二是要形成统一的医疗保险相关信息化分类编码和数据交换接口，在地方层面要不断完善和修正智能监控规则、监控指标和监控数据库，增强医疗保险基金监管效果，实现医疗保险数据的互联互通，改善医疗保险审计工作人员短缺、调查取证难和现场监督多为事后监管等问题。三是要加强医疗保险定点医药机构和经办机构的信息系统的管理，提高其安全性，防止参保人的信息泄漏。四是要积极探索基于 5G 网络环境下智能监控系统的设计，将人脸识别和人脸跟踪等技术应用于定点医药机构的监控中，实现人像数据的高清快速抓取与信息匹配，及时发现异常问题。

（四）积极探索并完善医疗保险基金监管诚信体系建设

应推动落实医疗保险基金监管诚信体系建设。一是明确医疗保险诚信体系建设的依据、应用原则及适用范围，完善诚信评价相关标准、规范和指标体系。二是完善医疗保险领域"黑名单"制度，将严重的违规违法机构或个人列入"黑名单"，定期向社会公开发布，并会同公安、财政、人社等部门实施联合惩戒，实现"一处失信，处处受限"，督促其自觉提高诚信意识。三是加强对医疗保险诚信体系建设工作的考核，定期组织对相关部门医疗保险基金使用的信用信息记录、归集共享以及失信联合惩戒等专项工作开展绩效评估，通报评估结果，提升医疗保险基金监管诚信体系建设相关部门工作的积极性与主动性。

1. 请简述医疗保险基金监管的主要方式。

2. 请简述医疗保险基金监管的主要内容。

3. 请分别简述政府主导与多元共治医疗保险基金监管体系的优劣势。

4. 请简述我国医疗保险基金监管相关主体的权利与义务。

5. 请简述我国的医疗保险基金监管体系建设的总体结构与主要问题。

（单凌寒　焦明丽）

第十章拓展阅读

第十一章　医疗保险基金经济管理

　　医疗保险基金会计与财务管理是医疗保险基金管理的重要一环。医疗保险基金管理机构要严格执行医疗保险基金财务、会计制度，加强对基金收入户、支出户及财政专户的管理，按时足额将收入户基金划入财政专户，并认真做好医疗保险基金核算，确保基金管理运作的顺利畅通。本章介绍医疗保险基金财务管理的内容、原则，医疗保险基金预算的编制原则、要求、审批、执行和医疗保险基金决算，医疗保险基金会计及医疗保险基金统计的相关内容等。

第一节　医疗保险基金财务管理

一、医疗保险基金财务管理概述

（一）医疗保险基金财务管理的内容

　　医疗保险基金的财务管理是反映和监督医疗保险基金筹集和使用情况的基本手段，它可以对医疗保险基金收付及其他业务活动实行连续而全面的反映和描述，根据财务核算所取得的有关资料，监督指导医疗保险基金的收支关系，保证医疗保险基金严格按照预定计划加以运用。

　　根据财政部、劳动和社会保障部《社会保险基金财务制度》的规定，医疗保险基金财务管理的主要任务是：①贯彻执行国家法律法规和方针政策，依法筹集和使用医疗保险基金，确保医疗保险基金应收尽收，医疗保险待遇按时足额给付；②合理编制医疗保险基金预算，强化收支预算执行，严格编制医疗保险基金决算，真实准确反映基金预算执行情况；③健全财务管理制度，加强医疗保险基金核算分析，如实反映医疗保险基金收支状况；④加强医疗保险基金财务监督和内部控制，确保基金运行安全、完整、可持续。

　　医疗保险基金财务管理与企业财务管理所包含的内容有很大不同。为实现利润与相关者利益最大化，企业财务管理包括筹资管理、投资管理、利润分配、成本管理等内容。医疗保险基金财务管理主要包括医疗保险基金预算、医疗保险基金决算、收支两条线管理、财政专户管理，以及财务公开与监督等内容。

1. 医疗保险基金预算管理

　　基金预算是指根据国家预算管理和社会保险相关法律法规编制，经法定程序审批，具有法律效力的年度基金财务收支计划。基金预算由基金收入预算和基金支出预算组成。社会保险基金预算应当做到收支平衡。医疗保险基金预算执行关系到各项医疗保险政策的落实，涉及广大人民群众切身利益，对于提高医疗保险基金预算管理水平至关重要。预算编制机构要在认真分析本年度预算执行情况、科学测算下年度基金收支情况的基础上，编制医疗保险基金年度收入和支出预算，确保基金收入按时足额筹集，基金支出符合有关要求。预算经批复后，应严格按照批复的预算和程序执行。医疗保险基金预算不得随意调整，执行中因特殊情况需要增加支出或减少收入，应当编制医疗保险基金调整预算，提高预算编制的准确性，增强预算的严肃性和约束力。编制预算后，应当定期填报医疗保险基金预算执行报表，撰写预算执行分析报告。

2. 医疗保险基金决算管理

基金决算是指年度终了后，经办机构根据财政部门规定的表式、时间和要求编制年度基金财务报告，包括资产负债表、收支表、有关附表以及财务情况说明书在内的财务报告经劳动保障部门审核并汇总，报同级财政部门审核后，由同级人民政府批准，批准后的年度基金财务报告为基金决算。编制年度基金财务报告必须做到数字真实、计算准确、手续完备、内容完整、报送及时。

3. 医疗保险基金收支两条线管理

医疗保险基金要在国有商业银行开设收入户、支出户和财政专户三个银行账户，收入户只收不支、支出户只支不收，实现基金收支两条线管理。实行税务机关征收医疗保险费的地区，税务机关和医疗保险经办机构均不得设立收入户或待解户等过渡性账户，征收的医疗保险费要按规定及时缴入财政专户。

收入户的主要用途是：暂存由经办机构征收的医疗保险费收入；暂存下级经办机构上缴或上级经办机构下拨的基金收入；暂存该账户的利息收入以及其他收入等。收入户基金按期全部划转医疗保险基金财政专户，月末无余额。基本医疗保险基金收入按规定分别计入基本医疗保险统筹基金和基本医疗保险个人账户基金。

支出户的主要用途是：接收财政专户拨入的基金；暂存医疗保险支付费用及该账户的利息收入；支付基金划出款项；划拨该账户资金利息收入到财政专户；上缴上级经办机构基金或下拨下级经办机构基金。在基本医疗保险基金支出中，基本医疗保险待遇支出项目按规定分别形成社会统筹医疗保险待遇支出和个人账户医疗保险待遇支出。

4. 医疗保险基金财政专户管理

国务院《国务院关于建立城镇职工基本医疗保险基金制度的决定》明确规定："基本医疗保险基金纳入财政专户管理，专款专用，不得挤占挪用。"财政专户由财政部门在国有商业银行开设。该账户的主要用途是：接受医疗保险经办机构收入户划入的基金；接受国家债券到期的本息及该账户资金形成的利息收入；划拨购买国家债券的资金；根据医疗保险经办机构的用款计划向医疗保险经办机构支出账户拨付基金。

将基本医疗保险基金纳入财政专户管理，是现阶段基金管理和监督的必然选择。城镇职工基本医疗保险是政府为保障职工基本医疗而实行的一项社会保障制度，基本医疗保险基金是以政府信誉强制征收的、用于职工基本医疗保险的专项基金，国家必须有较为完善的基金管理和监督体制。而财政作为政府的理财部门和宏观经济管理部门，应该对城镇职工基本医疗保险基金实行严格的管理和有效地监督。

5. 医疗保险基金财务公开与监督

财务管理是医疗保险基金征收和支出管理的最后一个环节，是医疗保险基金内部控制的一部分。这种监督控制包括收支程序、凭证、审批等是否符合财务制度，是否符合医疗保险财务管理的要求，是否按照医疗保险基金支出范围和标准进行支付等。

医疗保险经办机构要建立健全内部管理制度，定期或不定期向社会公告基金收支和结余情况，接受社会监督。劳动社会保障、财政和审计部门等要定期或不定期地对收入户、支出户和财政专户内的基金收支和结余情况进行监督检查，发现问题及时纠正，并向政府和基金监督组织报告。

（二）医疗保险基金财务管理的原则

《社会保险费征缴暂行条例》（国务院第 259 号令）是我国首次发布的关于社会保险费的规范性国家法规，其中规定了社会保险费纳入单独的社会保障基金财政专户，实行"收支两条线"管理。《社会保险基金财务制度》第六条明确规定：基金纳入单独的社会保障基金财政专户，实行收支两条线管理，专款专用，任何地区、部门、单位和个人均不得挤占、挪用，也不得用于平衡财政预算。

这也是社会保险基金财务管理的基本原则。

医疗保险基金统一由医疗保险基金经办机构依法管理，按照医疗保险种类分户建账、分账核算、自求平衡，不得相互挤占和调剂。医疗保险基金财务管理应结合医疗保险事业的特点，严格按照国家的财务制度、审计制度及其他管理制度执行，充分发挥财政、审计、银行和经办机构内部财务监督、内部审计的财务管理职能。

二、医疗保险基金预算

（一）医疗保险基金预算编制的原则

医疗保险基金预算是医疗保险经办机构为实施医疗保险计划和任务编制的，对预算期内医疗保险基金的收入和支出活动所作出的，经过法定程序审批，得到法律认可的财务计划。预算计划反映了医疗保险事业发展计划的规模和方向，是预算期医疗保险基金财务工作的基本依据，是财政预算的重要组成部分。只有编制科学、合理的医疗保险基金预算，经办机构才能在开展医疗保险基金财务活动时有明确的目标，做到收支合理、管理有序。预算是医疗保险基金活动有计划、有步骤地进行的基础，是医疗保险事业顺利开展的重要保证。

医疗保险基金预算在基金财务管理中具有重要的作用，其编制遵循的原则如下。

1. 政策性原则

医疗保险是一项重要的国家政策，其基金收支管理也有很强的政策性，因此，编制基金预算要正确体现和贯彻国家有关医疗保险制度的方针、政策和规章制度。

2. 合理性原则

医疗保险基金的预算要具有合理性，既要满足职工基本的医疗需求，又要考虑国家、单位和职工个人的承受能力，合理安排基金的筹集和使用。在编制预算时，要依据充分、真实的资料和收支规律，考虑医疗保险费支付的刚性等因素，进行合理预算，力求各项数据的真实合理。

3. 完整性原则

在编制预算时，要全面完整地反映各项医疗保险基金的收支情况，填列所有财政预算要求的收支数据。在预算编制过程中，要尽可能全面地考虑可能影响预算执行的因素，使预算不仅形式完整，内容也要完整，真正具有依据性。

（二）医疗保险基金预算编制的要求

1. 医疗保险基金预算编制的内容

医疗保险基金预算编制的内容主要有以下三项：

（1）医疗保险基金收入预算。收入预算包括财政补贴收入、单位缴纳医疗保险费收入、职工个人缴纳医疗保险费收入、基金利息收入、转移收入、调剂金收入（上级补助收入、下级上解收入）、其他收入和上年累计结余。

（2）医疗保险基金支出预算。支出预算包括各项医疗保险待遇支出、转移支出、调剂金支出（补助下级支出、上解上级支出）和其他支出。

（3）医疗保险基金预算编制说明。编制说明包括编制预算草案的政策依据，各项数字计算依据，本期预算与上期预算、决算相比较增减变化的主要原因说明等。

2. 医疗保险基金预算的编制程序和要求

（1）编制程序。医疗保险基金预算的编制程序如下：首先，编制预算的医疗保险经办机构要对本年度预算执行情况进行全面分析，在此基础上，根据预算期医疗保险事业的发展变化和任务指标、定额标准等因素，扣除本期预算中一次性因素，真实地确定预算期情况。

其次，在分析本年度预算执行情况之后，要对医疗保险的各项数据进行核实和预测，包括核实本年度的执行数据和预测预算期的参保单位、人员、收支情况，以及可能出现的大额支出等数据。在比较预算期和本年度实际执行的基础上，编制真实、可靠的医疗保险基金预算。经办机构要注意保持预算报表的一致性，必须按照财政部门统一制定的预算科目和报表格式计算填列，不能随意填写，以保证预算的可比性和统一性。

（2）编制要求。医疗保险经办机构应按照财政部门制定的表格要求和规定时间，根据医疗保险基金预算编制原则和内容，依据本年度预算执行情况和下年度收支预测，编制医疗保险基金预算草案。在编制预算草案的过程中，应该实事求是，对医疗保险基金收支和结余坚持合理确定的原则，认真撰写编制说明，说明基金预算编制原则、政策依据，说明各项数据的来源、预测及计算依据，通过分析对比说明编制的预算草案与上年度基金增减变化及其主要原因。

（三）医疗保险基金预算的审批和执行

1. 医疗保险基金预算的审批

医疗保险经办机构在基金预算草案编制完成后，要报经劳动和社会保障部门审核。劳动和社会保障部门收到医疗保险经办机构上报的基金预算草案后，要按照国家的有关政策规定及时进行审核，检查基金预算草案中的收入、支出是否符合国家政策法律法规的规定。劳动和社会保障部门审核无误后，进行汇总与经办机构的预算草案一起报同级财政部门审核。财政部门收到上报材料后，根据医疗保险事业发展计划及财政收支状况和单位负担能力对医疗保险基金预算草案进行审核，并报同级人民政府批准。经过同级人民政府批准的医疗保险基金预算草案作为基金预算的依据，报上级财政部门与劳动和社会保障部门备案，财政部门以正式文件的形式，将预算批复下达给医疗保险经办机构，由医疗保险经办机构具体执行预算。

2. 医疗保险基金预算的执行

医疗保险基金预算编制反映了实现计划目标的客观可能性，具体实施由医疗保险经办机构来执行。医疗保险基金预算的执行贯穿于整个预算年度的始终，经办机构要充分调动各方面的积极性，相互配合，严格按照批复的预算筹集和使用医疗保险基金。在预算的执行中，要做好以下几项工作：①医疗保险经办机构要定期对预算的执行情况进行分析、检查，要定期地向劳动和社会保障部门与财政部门报告基金预算的执行情况；②财政部门与劳动和社会保障部门也要逐级上报预算的执行情况；③财政部门与劳动和社会保障部门要对基金收支执行情况进行监督检查，以保证基金的收支平衡及安全完整；④当预算执行过程中，遇有特殊情况时，需要及时地调整原批复的预算，逐级上报批复后执行，调整后的预算仍应保持收支平衡。

三、医疗保险基金决算

（一）医疗保险基金财务情况说明书

医疗保险基金决算是医疗保险基金财务管理的主要内容，是经办机构预算执行工作的重要基础资料以及编制下年度基金预算的依据。根据决算编制工作要求，在年度终了前核实医疗保险基金各项收支情况，清理往来款项，同开户银行、财政专户对账并进行年终结账。而当年基金运行结果和财务状况最终都要通过财务报告反映出来，财务报告是反映基金财务收支状况和结余情况的总结性书面文件，主要包括财务情况说明书、会计报表、报表注释、补充报表、其他报表等。

财务情况说明书是指对医疗保险基金在一定会计期间内的财务收支运行情况进行全面分析和总结的书面文字报告。各级经办机构报送财务报表时必须附带财务情况说明书，通过财务情况说明书来了解和考察医疗保险基金的运营情况。其主要包括以下内容。

1. 分析基金运行情况

通过分析基金运行情况，我们可以及时发现基金再筹资、待遇发放等环节中存在的问题，以便提出科学合理的改进意见，采取切实有效的措施加强基金的运营管理。

2. 分析基金结余情况

通过对基金结余情况的分析，与上年同期的指标进行对比，可以找到存在的差异，分析产生的原因，提出改进意见。同时，通过对基金结余结构的分析，总结基金使用情况，提高基金使用效率。

3. 分析影响基金增减变动的重要事项

重要事项是指那些会对基金收支、结余产生重大影响，对本期或下期基金财务活动造成不同预期的事项。通过分析这些重要事项，可以为做好基金预算，准确把握基金未来，科学决策，改进基金管理工作提供可靠的依据。

4. 分析暂收款项

通过对暂收款项的分析，可以及时了解基金的负债情况及偿债能力，确保及时偿还短期债务，并做好长期债务偿还的资金安排。

（二）财务报表

医疗保险基金财务报表是反映基金财务状况、收支结余等情况的书面文件。主要包括基金的资产负债表、基金的收支表和有关附表。编制基金财务报表不仅可以加强基金财务管理，也可以满足不同信息使用者的需要。

根据报表编制时间，报表可以分为月度报表、季度报表和年度报表。根据报表编制主体，报表可以分为基层财务报表和汇总财务报表。

1. 资产负债表

基金的资产负债表是反映某一时点基金财务状况及运行成果的报表。编表依据是"资产=负债+基金"。资产负债表除了为决策者提供相关信息外，还主要为信息的使用者提供以下几种信息：①基金资产的结构、分布情况，基金资产的流动性、变现能力。②基金的负债结构、债务水平，基金的偿债能力。③基金的保障水平、覆盖范围、支付能力。④通过各期资产负债表的对比，总结基金资产负债的发展变化趋势。

2. 收支表

收支表是反映某一期间基金收入来源、支出去向及结余情况的报表。通过收支表可以考核基金预算执行情况，可以掌握基金覆盖范围内的缴费情况和医疗保险待遇的领取情况。

（三）财务报告的审批

医疗保险经办机构编制的年度基金财务报告要在规定期限内经劳动和保障部门审核并汇总，报同级财政部门审核后，由同级人民政府批准，批准后的年度基金财务报告即为基金决算。

财政部门要逐级上报审核汇总本级决算和下一级决算。医疗保险经办机构的年度基金财务报告不符合法律、法规规定的，应予以纠正。

四、医疗保险基金财务分析

医疗保险基金的财务分析是指采用各种财务分析方法并结合基金运行的实际情况，将本年度财务报表的数据进行进一步加工整理，并与上年度的指标进行比较和分析，从而客观、正确地评价基金的财务状况及运营成果。

医疗保险政策调整频繁、运营数据信息庞大、数据来源渠道众多、指标体系不完善、指标口径不规范、报表格式多变、会计和统计核算基础不一致，使得医疗保险基金的财务分析工作变得相当复杂。所以要建立健全财务分析制度，通过制定科学、合理的医疗保险财务分析指标，可以改善医疗保险基金中存在的风险，再加上实施合理的措施，可以较好地确保医疗保险基金平稳运行。

医疗保险基金财务分析的主要对象是医疗保险基金的收支与运用情况。对基金的收支进行分析主要是分析基金的收支与参保人数是否匹配；基金的收入是否能够保证基金维持一定的偿债能力；待遇水平是否合适，能不能保障参保对象的基本医疗需求，并分析基金的各项来源是否符合政策规定。对基金的使用情况进行分析主要是分析基金的利用率和结余率的高低；分析基金使用过程中存在的薄弱环节。主要的财务分析指标如下所述。

1. 基金结余率

基金结余率是一个综合反映基金筹集、支付、结余情况的财务指标。通过与筹资计划的对比，反映基金结余在基金筹资额中的比重。

$$基金结余率＝\frac{基金结余额}{基金筹资额}×100\%　　　　　　　（11-1）$$

其中：基金筹资额（包括社会统筹账户和个人账户筹资额）是指本期间内的实际筹资额，而不是计划筹资额。基金结余额＝基金收入－基金支出。

2. 基金实际收缴率

基金实际收缴率是反映基金实际收缴情况的财务指标。通过该指标可以反映基金筹资完成情况及基金支付能力。

$$基金实际收缴率＝\frac{基金实际筹资额}{基金计划筹资额}×100\%　　　　　　　（11-2）$$

随着医疗保险改革的不断深化和医疗保险制度的逐步完善，医疗保险工作面临的艰巨任务和压力并存，形式仍不能乐观，任重而道远。所以我们要进一步理清思路，并深入研究，要转换视角，树立全新的观念，努力提高医疗保险基金财务管理工作质量。

第二节　医疗保险基金会计

一、医疗保险基金会计概述

（一）会计的涵义

会计是以货币作为主要计量单位，反映和监督一个单位经济活动的一种经济管理工作。会计是一个以提供财务信息为主的经济信息管理系统。医疗保险基金会计是核算和监督医疗保险基金收入、支出、结余及运营情况的专业会计。

（二）会计的分类

会计可以分为企业会计与预算会计。企业会计是反映和监督企业经济活动的一种经济管理工作，也称营利性会计。预算会计是反映和监督政府与非营利性组织经济活动的一种经济管理工作，也称为政府与非营利组织会计。医疗保险基金会计属于预算会计体系。

（三）会计前提

会计活动是在一定的外部环境约束下进行的，医疗保险基金会计活动也不例外，也是建立在一定的基本前提之上的。医疗保险基金会计的前提分为会计主体、持续经营、会计分期和货币计量四项。

1. 会计主体

会计主体是指会计工作为之服务的特定单位，是会计确认、计量和报告的空间范围。为了向财务报告使用者反映各单位财务状况、经营成果和现金流量，提供与其决策有用的信息，会计核算和财务报告的编制应当集中于反映特定对象的活动，并将其与其他经济实体区别开来，才能实现财务报告的目标。明确界定会计主体是开展会计确认、计量和报告工作的重要前提。一般来说，法人（或称法律主体）可作为会计主体，但会计主体不一定是法人。

2. 持续经营

持续经营是指会计主体在可以预见的未来不会面临清算、破产，各单位的生产经营活动将持续不断地经营下去。在持续经营前提下，会计确认、计量和报告应当以单位持续、正常的生产经营活动为前提，选择会计确认、计量和报告的原则与方法，客观地反映单位的财务状况、经营成果和现金流量，使会计信息使用者作出正确的经济决策。

3. 会计分期

会计分期，是指将一个单位持续经营的生产经营活动划分为一个个连续的、长短相同的期间。会计分期的目的，在于通过会计期间的划分，将持续经营的生产经营活动划分成连续、相等的期间，据以计算盈亏或结余，按期编制财务报告，从而及时向财务报告使用者提供有关单位财务状况、经营成果和现金流量的信息。在会计分期假设下，单位应当划分会计期间，会计期间通常分为年度和中期。中期，是指短于一个完整的会计年度的报告期间，一般分为月度、季度和半年。

4. 货币计量

货币计量是指各单位在会计核算中要以货币为主要计量单位，记录和反映单位生产经营过程和经营成果。货币计量有两层含义：一是会计核算要以货币作为主要的计量尺度。《中华人民共和国会计法》规定会计核算以人民币为记账本位币，业务收支以人民币以外的货币为主的单位，可以选定其中一种货币作为记账本位币，但是编报对外报送的财务会计报表应当折算为人民币。二是假定币值稳定。因为只有在币值稳定或相对稳定的情况下，不同时点上资产的价值才具有可比性，不同期间的收入和费用才能进行比较，并正确计算确定其经营成果，会计核算提供的会计信息才能真实反映会计主体的经济活动情况。

（四）会计要素

会计要素是指按照交易或事项的经济特征所作的基本分类，也是指对会计对象按经济性质所作的基本分类，是会计核算和监督的具体对象和内容，是构成会计对象具体内容的主要因素。会计要素分为两类：反映财务状况的会计要素和反映经营成果的会计要素。

二、医疗保险基金会计特点

（一）会计主体为医疗保险基金

企业会计核算的主体是各类企业，包括母公司、子公司、企业集团等；行政事业单位会计核算的主体是各类行政事业单位；医疗保险基金会计以医疗保险基金本身作为会计主体，而非医疗保险基金经办机构。具体而言，养老保险基金、失业保险基金、医疗保险基金、工伤保险基金、生育保险基金等都可以作为会计主体。

（二）会计核算基础采用收付实现制

收付实现制是以实际收到或付出款项的日期确认收入或支出的制度。而权责发生制是指凡是当期已经实现的收入和已经发生或应当负担的费用，不论款项是否收付，都应当作为当期的收入和费用；凡是不属于当期的收入和费用，即使款项已在当期收付，也不应当作为当期的收入和费用。现行《社会保险基金会计制度》规定，医疗保险基金会计核算实行收付实现制。

（三）会计要素分为五大要素

企业会计核算包括六大会计要素：资产、负债、所有者权益、收入、费用、利润；行政事业单位会计核算包括八大会计要素：资产、负债、净资产、收入、费用、预算收入、预算支出和预算结余。医疗保险基金会计核算包括资产、负债、净资产、收入、支出五大会计要素。

（四）资金账户设置较特殊

在医疗保险基金会计中，设置四个存款类账户：收入户存款、支出户存款、财政专户存款和国库存款。原因在于医疗保险基金收入形成的资金首先应按规定全部划入财政专户，医疗保险基金支出所需资金由财政专户划入支出户，或直接通过财政专户划拨。这与其他企事业单位收支核算存在显著不同。

（五）医疗保险基金的会计核算应当遵循以下基本原则

1. 客观性
医疗保险基金的会计核算应当以实际发生的业务为依据，如实反映医疗保险基金的财务状况和收支情况等信息，保证会计信息真实可靠、内容完整。

2. 可比性
医疗保险基金的会计核算应当采用规定的会计政策，确保会计信息口径一致、相互可比。

3. 及时性
医疗保险基金的会计核算应当及时进行，不得提前或者延后。

三、医疗保险基金会计科目及财务报表

（一）医疗保险基金会计科目使用及财务报表编制要求

1. 会计科目使用要求
（1）经办机构应当按照《社会保险基金会计制度》的规定设置和使用会计科目、填制会计凭证、登记会计账簿。
（2）经办机构应当执行本制度统一规定的会计科目编号，以便于填制会计凭证、登记账簿、查阅账目。
（3）在填制会计凭证、登记账簿时，经办机构应当填列会计科目的名称，或者同时填列会计科目的名称和编号，不得只填列科目编号而不填列科目名称。
（4）在不违反本制度的前提下，经办机构可以根据核算和管理工作需要对明细科目的设置作必要的补充。

2. 财务报表编制要求
（1）经办机构应当按照《社会保险基金会计制度》的规定区分基金险种分别编制医疗保险基金财务报表。
（2）医疗保险基金财务报表包括资产负债表、收支表及附注。
（3）医疗保险基金财务报表应当按照月度和年度编制。
（4）医疗保险基金财务报表应当根据登记完整、核对无误的账簿记录和其他有关资料编制，做到数字真实、计算准确、内容完整、编报及时。

（二）医疗保险基金会计科目及使用说明

1. 医疗保险基金会计科目表

医疗保险基金会计包括五大类共计 26 个会计科目，如表 11-1 所示。

表 11-1　医疗保险基金会计科目表

序号	会计科目名称	编号	序号	会计科目名称	编号
	（一）资产类			（四）收入类	
1	库存现金	1001	12	社会保险费收入	4001
2	收入户存款	1002	13	财政补贴收入	4101
3	财政专户存款	1003	14	利息收入	4201
4	支出户存款	1004	15	转移收入	4301
5	国库存款	1005	16	上级补助收入	4401
6	暂付款	1101	17	下级上解收入	4402
7	债券投资	1201	18	其他收入	4501
			19	待转社会保险费收入	4601
			20	待转利息收入	4602
	（二）负债类			（五）支出类	
8	暂收款	2001	21	社会保险费待遇支出	5001
9	借入款项	2101	22	大病保险支出	5101
			23	转移支出	5201
			24	上解上级支出	5301
	（三）净资产类		25	补助下级支出	5302
10	一般基金结余	3001	26	其他支出	5401
11	风险基金结余	3101			

2. 医疗保险基金会计科目使用说明

（1）库存现金。本科目核算医疗保险基金的库存现金。经办机构应当严格按照国家有关现金管理的规定以及医疗保险基金相关管理和财务制度规定收支现金。库存现金的主要账务处理如下：提取现金，按照实际提取的金额，借记本科目，贷记"支出户存款"等科目。支出现金，按照实际支出的金额，借记"社会保险待遇支出"等科目，贷记本科目。本科目应当设置"库存现金日记账"，由出纳人员根据收付款凭证，逐笔顺序登记。每日终了，应当计算当日的现金收入合计数、现金支出合计数和结余数，并将结余数与实际库存数进行核对，做到账款相符。本科目期末借方余额，反映医疗保险基金的库存现金余额。

（2）收入户存款。本科目核算医疗保险基金按规定存入收入户的款项。经办机构应当严格按照医疗保险基金相关管理和财务制度规定设置基金收入户并办理收入户相关业务。收入户存款的主要账务处理如下：按规定接收经办机构征收的医疗保险费收入、接收上级经办机构下拨或下级经办机构上解的基金收入、接收收入户利息收入、接收医疗保险基金转移收入以及其他收入等时，按照实际收到的金额，借记本科目，贷记相关科目。按规定从收入户向财政专户划转基金、向上级基金缴拨基金等时，按照实际划转或缴拨金额，借记相关科目，贷记本科目；原渠道退回医疗保险费收入、转移收入时，按照实际退回金额，借记相关科目，贷记本科目。本科目应当按照开户银行设置"收入户存款日记账"，由出纳人员根据收付款凭证，逐笔顺序登记。每日终了，应当结出余额。"收入户存款日记账"应当定期与"银行对账单"核对，至少每月核对一次。月度终了，收入户存款账面余额与银行对账单余额之间如有差额，应当逐笔查明原因进行处理，并按月编制"银行收入户存款余额调节表"，调节相符。收入户存款应当按规定定期划转财政专户。划转后，本科目期末一般应无余额。

（3）财政专户存款。本科目核算医疗保险基金按规定存入财政专户的款项。经办机构应当严格按照医疗保险基金相关管理和财务制度规定办理财政专户相关业务。本科目可以根据实际情况按照开户银行、活期定期存款、存储期限等进行明细核算。财政专户存款的主要账务处理如下：按规定财政专户接收税务机关或经办机构缴入的医疗保险费收入、接收税务机关、收入户及支出户缴入的利息收入、接收财政补贴收入、接收转移收入、接收上级财政专户划拨或下级财政专户上解基金、接收跨省异地就医资金等时，按照实际收到金额，借记本科目，贷记相关科目。按规定从财政专户向上级或下级财政专户上缴或划拨基金、根据经办机构用款计划和预算向支出户拨付基金、支付跨省异地就医资金等时，按照实际上缴、划拨或支付金额，借记相关科目，贷记本科目。本科目应当按照开户银行设置"财政专户存款日记账"，由出纳人员根据收付款凭证，逐笔顺序登记。每日终了，应当结出余额。"财政专户存款日记账"应当定期与财政部门核对，至少每月核对一次。月度终了，财政专户存款账面余额与财政部门提供的对账凭证余额之间如有差额，应当逐笔查明原因进行处理，并按月编制"财政专户存款余额调节表"，调节相符。本科目期末借方余额，反映医疗保险基金财政专户存款余额。

（4）支出户存款。本科目核算社会保险基金按规定存入支出户的款项。经办机构应当严格按照医疗保险基金相关管理和财务制度规定设置基金支出户并办理支出户相关业务。支出户存款的主要账务处理如下：按规定支出户接收财政专户拨入基金、接收上级经办机构拨付基金、接收支出户利息收入等时，按照实际收到的金额，借记本科目，贷记相关科目。接收原渠道退回支付资金时，按照实际收到的金额，借记本科目，贷记相关科目。按规定从支出户支付基金支出款项、向财政专户缴入该账户利息收入、上解上级经办机构基金或下拨下级经办机构基金等时，按照实际支付金额，借记相关科目，贷记本科目。本科目应当按照开户银行设置"支出户存款日记账"，由出纳人员根据收付款凭证，逐笔顺序登记。每日终了，应当结出余额。"支出户存款日记账"应当定期与"银行对账单"核对，至少每月核对一次。月度终了，支出户存款账面余额与银行对账单余额之间如有差额，应当逐笔查明原因进行处理，并按月编制"银行支出户存款余额调节表"，调节相符。本科目期末借方余额，反映医疗保险基金支出户存款余额。

（5）国库存款。本科目核算税务机关征收的存入国库、尚未转入财政专户的医疗保险费款项。国库存款的主要账务处理如下：税务机关将征收的医疗保险费存入国库，经办机构根据取得的相关凭证，借记本科目，贷记"社会保险费收入"科目。按规定将国库存款转入财政专户，经办机构根据实际转入的金额，借记"财政专户存款"科目，贷记本科目。收到国库存款利息，按照实际收到的金额，借记本科目，贷记"利息收入"科目。国库存款应当按规定定期划转财政专户。划转后，本科目期末一般应无余额。

（6）暂付款。本科目核算医疗保险基金业务活动中形成的各类暂付、应收款项，包括各类预付、预拨、先行支付、垫付款项等。企业职工、城乡居民基本医疗保险基金跨省异地就医的预付资金，通过本科目核算。新型农村合作医疗基金在风险基金实行省级统一管理的统筹地区，缴存省级财政专户的风险基金，通过本科目核算。基本医疗保险基金按规定先行支付的医疗保险待遇支出通过本科目核算。本科目应当按照暂付款种类和对方单位或个人进行明细核算。对于职工、城乡居民基本医疗保险基金跨省异地就医的预付资金，应当在本科目下设置"异地就医预付金"明细科目，并在该明细科目下按照预付对方地区进行明细核算，核算参保地区向就医地区划拨的跨省异地就医预付资金。新型农村合作医疗基金在风险基金实行省级统一管理的统筹地区，应当在本科目下设置"缴存风险基金"明细科目。暂付款的主要账务处理如下：职工、城乡居民基本医疗保险基金参保省非省级经办机构向上级经办机构上解本级跨省异地就医预付金,按照实际上解的金额,借记本科目(异地就医预付金),贷记"财政专户存款"等科目。参保省省级经办机构向就医省省级经办机构拨付省本级的异地就医预付金,按照实际拨付的金额,借记本科目(异地就医预付金),贷记"财政专户存款"等科目。参保省各级经办机构收到退回的归属本级基金的跨省异地就医预付金,按照实际收到的金额,借记"财政专户存款"等科目,贷记本科目(异地就医预付金)。新型农村合作医疗基金在风险基金实行省级统一管理的统筹地区,按规定将风险基金缴存省级财政专户,按照实际缴存的金额,借记本科目(缴存风险基金),贷记"财政专户存款"科目。风险基金由省级财政专户拨回,按照实际收到的金额,借记"财政专户存款"科目,贷记本科目(缴存风险基金)。支付其他各类预付、预拨、先行支付、垫付等款项,按照实际支付的金额,借记本科目,贷记"支出户存款"、"财政专户存款"科目。收回、结算各类预付、预拨、先行支付、垫付等款项,按照实际收回或结算的金额,借记"收入户存款"、"财政专户存款"、"支出户存款"、"社会保险待遇支出"等科目,贷记本科目。因债务人等特殊原因确实无法收回的暂付款,按照报经批准后列作其他支出的金额,借记"其他支出"科目,贷记本科目。本科目期末借方余额,反映医疗保险基金尚未结清的暂付款项。

（7）债券投资。本科目核算医疗保险基金按规定购入国家债券的成本。本科目应当按照国家债券的种类设置明细账,进行明细核算。债券投资的主要账务处理如下：按规定购买国家债券,按照实际支付的金额（包括购买价款以及税金、手续费等相关税费）,借记本科目,贷记"财政专户存款"科目。到期收回国家债券本息或按规定转让国家债券,按照实际收回或收到的金额,借记"财政专户存款"科目,按照债券账面余额,贷记本科目,按照其差额,贷记"利息收入"科目。本科目期末借方余额,反映医疗保险基金持有的国家债券购入成本。

（8）暂收款。本科目核算医疗保险基金业务活动中形成的各类暂收款项。企业职工、城乡居民基本医疗保险基金跨省异地就医的预收和清算资金,通过本科目核算。新型农村合作医疗基金在风险基金实行省级统一管理的统筹地区,省级财政专户收到的风险基金,通过本科目核算。本科目应当按照暂收款的种类和对方单位或个人进行明细核算。对于职工、城乡居民基本医疗保险基金跨省异地就医的预付和清算资金,应当在本科目下设置"异地就医预付金"、"异地就医清算资金"和"异地就医资金"明细科目。其中,"异地就医预付金"、"异地就医清算资金"明细科目分别用于核算参保地区上级经办机构收到下级经办机构归集的异地就医预付金、清算资金;"异地就医资金"明细科目用于核算就医地区接收参保地区划拨的异地就医预付金和清算资金。新型农村合作医疗基金在风险基金实行省级统一管理的统筹地区,应当在本科目下设置"缴存风险基金"明细科目。暂收款的主要账务处理如下：企业职工、城乡居民基本医疗保险基金参保省非省级经办机构收到下级经办机构归集的跨省异地就医预付金,按照实际收到的金额,借记"财政专户存款"等科目,贷记本科目(异地就医预付金)。非省级经办机构向上级经办机构上解收到的下级经办机构归集的预付金,按照实际上解的金额,借记本科目(异地就医预付金),贷记"财政专户存款"等科目。参保省省级经办机构收到下级经办机构归集的跨省异地就医预付金,按照实际收到的金额,借记"财政专户存款"等科目,贷记本科目(异地就医预付金)。省级经办机构向就医省省级经办机构拨付收到的下级经办机构归集的跨省异地就医预付金,按照实际拨付的金额,借记本科目(异地就医预付金),贷记"财政专户存款"等科目。参保省省级经办机构收到就医省省级经办机构退回的跨省异地就医预付金,按照属于下级基金的跨省异地就医预付金金额,借记"财政专户存款"等科目,贷记本科目(异地就医预付金)。参保省省级经办机构向下级经办机构拨付退回的属于下级基金的跨省异地就医预付金,按照实际拨付的金额,借记本科目(异地就医预付金),贷记"财政专户存款"等科目。参保省非省级经办机构收到上级经办机构退回的跨省异地就医预付金,按照属于下级基金的跨省异地就医预付金金额，借记"财政专户存款"等科目，贷记本科目（异地就医预付金）。非省级经办机构向下级经办机构拨付退回的属于下级基金的跨省异地就医预付金，按照实际拨付的金额，借记本科目（异地就医预付金），贷记"财政专户存款"等科目。参保省非省级经办机构收到下级经办机构归集的跨省异地就医清算资金，按照实际收到的金额，借记"财政专户存款"等科目，贷记本科目（异地就医清算资金）。非省级经办机构向上级经办机构上解收到的下级经办机构归集的跨省异地就医清算资金，按照实际上解的金额，借记本科目（异地就医清算资金），贷记"财政专户存款"等科目。参保省省级经办机构收到下级经办机构归集的跨省异地就医清算资金，按照实际收到的金额，借记"财政专户存款"等科目，贷记本科目（异地就医清算资金）。参保省省级经办机构向就医省省级经办机构拨付收到的下级经办机构归集的跨省异地就医清算资金，按照实际拨付的金额，借记本科目（异地就医清算资金），贷记"财政专户存款"等科目。职工、城乡居民基本医疗保险基金就医省省级经办机构收到参保省省级经办机构划拨的跨省异地就医预付金和清算资金，按照实际收到的金额，借记"财政专户存款"等科目，贷记本科目（异地就医资金）。就医省省级经办机构向参保省省级经办机构退回的跨省异地就医预付金，按照实际退回的金额，借记本科目（异地就医资金），贷记"财政专户存款"等科目。就医省上级经办机构向下级经办机构划拨预付金，用于向定点医疗机构结算跨省异地就医人员医疗费用时，按照实际划拨的金额，借记本科目（异地就医资金），贷记"财政专户存款"等科目。

就医省下级经办机构收到上级经办机构划拨的预付金，按照实际收到的金额，借记"财政专户存款"等科目，贷记本科目（异地就医资金）。就医省经办机构向定点医疗机构结算跨省异地就医人员发生的医疗费用，按照实际结算的金额，借记本科目（异地就医资金），贷记"财政专户存款"等科目。新型农村合作医疗基金省级基金收到下级基金按规定缴入省级财政专户的风险基金，按照实际缴存的金额，借记"财政专户存款"科目，贷记本科目（缴存风险基金）。取得其他暂收款项，按照实际收到的金额，借记"财政专户存款"等科目，贷记本科目。偿付或结清暂收款项，按照实际偿付或结清的金额，借记本科目，贷记"支出户存款"、"财政专户存款"等科目。因债权人等特殊原因确实无法偿付的暂收款项，按照报经批准后确认为其他收入的金额，借记本科目，贷记"其他收入"科目。本科目期末贷方余额，反映医疗保险基金尚未偿付或结清的暂收款项。

（9）借入款项。本科目核算医疗保险基金运行过程中形成的借入款项。本科目应当按照借入款项对方单位或个人进行明细核算。借入款项的主要账务处理如下：借入款项时，按照实际收到的金额，借记"财政专户存款"科目，贷记本科目。归还借款本息时，按照实际支付的本金金额，借记本科目，按照实际支付的利息金额，借记"其他支出"科目，按照实际支付的本息合计金额，贷记"财政专户存款"科目。借入款项由财政代为偿还时，按照实际偿还金额，借记本科目，贷记"财政补贴收入"科目。因债权人等特殊原因确实无法偿付的，按照报经批准后确认为其他收入的金额，借记本科目，贷记"其他收入"科目。本科目期末贷方余额，反映医疗保险基金尚未偿付的借入款项。

（10）一般基金结余。本科目核算医疗保险基金历年累积的基金收支相抵后的除风险基金等特定用途基金外的基金结余。对于职工基本医疗保险基金，应当在本科目下设置"统筹基金"、"个人账户基金"明细科目。一般基金结余的主要账务处理如下：期末，将各收入类科目本期发生额转入本科目，借记各收入类科目，贷记本科目。对于职工基本医疗保险基金，应当将"财政补贴收入"科目本期发生额以及"社会保险费收入"、"利息收入"、"上级补助收入"、"下级上解收入"、"其他收入"科目所属"统筹基金"明细科目的本期发生额转入本科目（统筹基金），借记"财政补贴收入"、"社会保险费收入——统筹基金"、"利息收入——统筹基金"、"上级补助收入——统筹基金"、"下级上解收入——统筹基金"、"其他收入——统筹基金"科目，贷记本科目（统筹基金）；将"转移收入"科目本期发生额以及"社会保险费收入"、"利息收入"、"上级补助收入"、"下级上解收入"、"其他收入"科目所属"个人账户基金"明细科目的本期发生额转入本科目（个人账户基金），借记"转移收入"、"社会保险费收入——个人账户基金"、"利息收入——个人账户基金"、"上级补助收入——个人账户基金"、"下级上解收入——个人账户基金"、"其他收入——个人账户基金"科目，贷记本科目（个人账户基金）。期末，将各支出类科目本期发生额转入本科目，借记本科目，贷记各支出类科目。对于职工基本医疗保险基金，应当将"社会保险待遇支出"、"上解上级支出"、"补助下级支出"、"其他支出"科目所属"统筹基金"明细科目的本期发生额转入本科目（统筹基金），借记本科目（统筹基金），贷记"社会保险待遇支出——统筹基金"、"上解上级支出——统筹基金"、"补助下级支出——统筹基金"、"其他支出——统筹基金"科目；将"转移支出"科目本期发生额以及"社会保险待遇支出"、"上解上级支出"、"补助下级支出"、"其他支出"科目所属"个人账户基金"明细科目的本期发生额转入本科目（个人账户基金），借记本科目（个人账户基金），贷记"转移支出"、"社会保险待遇支出——个人账户基金"、"上解上级支出——个人账户基金"、"补助下级支出——个人账户基金"、"其他支出——个人账户基金"科目。新型农村合作医疗基金统筹地区提取风险基金，按照提取的金额，借记本科目，贷记"风险基金结余"科目。风险基金转入一般基金结余时，按照实际划转金额，借记"风险基金结余"科目，贷记本科目。本科目期末贷方余额，反映期末除风险基金等特定用途基金外的基金结余。

（11）风险基金结余。本科目核算新型农村合作医疗基金按规定提取的风险基金。风险基金结余的主要账务处理如下：提取风险基金，按照提取的金额，借记"一般基金结余"科目，贷记本科目。风险基金转入一般基金结余时，按照实际划转金额，借记本科目，贷记"一般基金结余"科目。本科目期末贷方余额，反映新型农村合作医疗基金提取的风险基金累计结余。

（12）社会保险费收入。本科目核算用人单位和个人按规定缴纳的医疗保险基金的保险费收入，以及其他资金（含财政资金）代参保对象缴纳的医疗保险费收入。本科目可以按照当期、预缴、清欠、补缴等不同性质的缴费收入进行明细核算。对于职工基本医疗保险基金，应当在本科目下设置"统筹基金"、"个人账户基金"明细科目，分别核算计入职工基本医疗保险基金统筹基金和个人账户基金的社会保险费收入，并可在"统筹基金"、"个人账户基金"明细科目下按照当期、预缴、清欠、补缴等进行明细核算。社会保险费收入的主要账务处理如下：收到用人单位和个人缴纳的保险费，按照实际收到的金额，借记"收入户存款"、"国库存款"、"财政专户存款"科目，贷记本科目。退回本年社会保险费收入，按照退回的金额，借记本科目，贷记"收入户存款"、"支出户存款"等科目。期末，将本科目本期发生额转入"一般基金结余"科目，借记本科目，贷记"一般基金结余"科目。对于职工基本医疗保险基金，应当将本科目"统筹基金"、"个人账户基金"明细科目本期发生额分别转入"一般基金结余"科目下"统筹基金"、"个人账户基金"明细科目，借记本科目（统筹基金、个人账户基金），贷记"一般基金结余——统筹基金、个人账户基金"科目。期末结账后，本科目应无余额。

（13）财政补贴收入。本科目核算财政给予医疗保险基金的补助、对参保人员的缴费补贴、对参保对象的待遇支出补助等。本科目应当按照医疗保险基金相关管理和财务制度的规定设置明细科目。财政补贴收入的主要账务处理如下：收到财政补贴时，按照实际收到的金额，借记"财政专户存款"科目，贷记本科目。期末，将本科目本期发生额转入"一般基金结余"科目，借记本科目，贷记"一般基金结余"科目。对于职工基本医疗保险基金，应当将本科目本期发生额转入"一般基金结余"科目下"统筹基金"明细科目，借记本科目，贷记"一般基金结余——统筹基金"科目。期末结账后，本科目应无余额。

（14）利息收入。本科目核算医疗保险基金的收入户、财政专户、支出户、国库存款和医疗保险基金购买国家债券取得的利息收入。本科目应当按照利息种类设置"存款利息"、"债券利息"

明细科目。对于职工基本医疗保险基金，应当在本科目下设置"统筹基金"、"个人账户基金"明细科目，分别核算计入职工基本医疗保险基金统筹基金和个人账户基金的利息收入，并在"统筹基金"、"个人账户基金"明细科目下设置"存款利息"、"债券利息"明细科目。利息收入的主要账务处理如下：收到收入户、支出户、财政专户、国库存款利息，按照实际收到的利息金额，借记"收入户存款"、"支出户存款"、"财政专户存款"、"国库存款"科目，贷记本科目。收到购买的国家债券的利息，按照实际收到的利息金额，借记"财政专户存款"科目，贷记本科目。

到期收回国家债券本息或按规定转让，按照实际收回或收到的金额，借记"财政专户存款"科目，按照债券账面余额，贷记"债券投资"科目，按照其差额，贷记本科目。期末，将本科目本期发生额转入"一般基金结余"科目，借记本科目，贷记"一般基金结余"科目。对于职工基本医疗保险基金，应当将本科目"统筹基金"、"个人账户基金"明细科目本期发生额分别转入"一般基金结余"科目下"统筹基金"、"个人账户基金"明细科目，借记本科目（统筹基金、个人账户基金），贷记"一般基金结余——统筹基金、个人账户基金"科目。期末结账后，本科目应无余额。

（15）转移收入。本科目核算因参保对象跨统筹地区或跨制度流动而划入的基金收入。转移收入的主要账务处理如下：因参保对象跨统筹地区或跨制度流动而划入的基金，按照实际转入的金额，借记"收入户存款"等科目，贷记本科目。退回转移收入时，按照实际退回的金额，借记本科目，贷记"收入户存款"等科目。期末，将本科目本期发生额转入"一般基金结余"科目，借记本科目，贷记"一般基金结余"科目。对于职工基本医疗保险基金，应当将本科目本期发生额转入"一般基金结余"科目下"个人账户基金"明细科目，借记本科目，贷记"一般基金结余——个人账户基金"科目。期末结账后，本科目应无余额。

（16）上级补助收入。本科目核算下级基金接收上级基金拨付的补助收入。对于职工基本医疗保险基金，应当在本科目下设置"统筹基金"、"个人账户基金"明细科目，分别核算计入职工基本医疗保险基金统筹基金、个人账户基金的上级补助收入。上级补助收入的主要账务处理如下：收到上级基金拨付的补助资金，按照实际收到的金额，借记"收入户存款"、"支出户存款"、"财政专户存款"等科目，贷记本科目。期末，将本科目本期发生额转入"一般基金结余"科目，借记本科目，贷记"一般基金结余"科目。对于职工基本医疗保险基金，应当将本科目"统筹基金"、"个人账户基金"明细科目本期发生额分别转入"一般基金结余"科目下"统筹基金"、"个人账户基金"明细科目，借记本科目（统筹基金、个人账户基金），贷记"一般基金结余——统筹基金、个人账户基金"科目。期末结账后，本科目应无余额。

（17）下级上解收入。本科目核算上级基金接收下级基金上解的基金收入。对于职工基本医疗保险基金，应当在本科目下设置"统筹基金"、"个人账户基金"明细科目，分别核算计入职工基本医疗保险基金统筹基金、个人账户基金的下级上解收入。下级上解收入的主要账务处理如下：收到下级上解的基金收入，按照实际收到的金额，借记"收入户存款"、"财政专户存款"科目，贷记本科目。期末，将本科目本期发生额转入"一般基金结余"科目，借记本科目，贷记"一般基金结余"科目。对于职工基本医疗保险基金，应当将本科目"统筹基金"、"个人账户基金"明细科目本期发生额分别转入"一般基金结余"科目下"统筹基金"、"个人账户基金"明细科目，借记本科目（统筹基金、个人账户基金），贷记"一般基金结余——统筹基金、个人账户基金"科目。期末结账后，本科目应无余额。

（18）其他收入。本科目核算除社会保险费收入、财政补贴收入、集体补助收入、利息收入、委托投资收益、转移收入、上级补助收入、下级上解收入外的收入，如医疗保险基金取得的滞纳金、违约金、跨年度退回或追回的医疗保险待遇、公益慈善等社会经济组织和个人捐助，以及其他经统筹地区财政部门核准的收入等。对于职工基本医疗保险基金，应当在本科目下设置"统筹基金"、"个人账户基金"明细科目，分别核算计入职工基本医疗保险基金统筹基金、个人账户基金的其他收入。其他收入的主要账务处理如下：取得滞纳金、违约金、跨年度退回或追回的社会保险待遇、公益慈善等社会经济组织和个人捐助等时，按照实际收到的金额，借记"收入户存款"、"财政专户存款"等科目，贷记本科目。因债权人等特殊原因确实无法偿付的暂收款项、借入款项，按照报经批准后确认为其他收入的金额，借记"暂收款"、"借入款项"科目，贷记本科目。期末，将本科目本期发生额转入"一般基金结余"科目，借记本科目，贷记"一般基金结余"科目。对于职工基本医疗保险基金，应当将本科目"统筹基金"、"个人账户基金"明细科目本期发生额分别转入"一般基金结余"科目下"统筹基金"、"个人账户基金"明细科目，借记本科目（统筹基金、个人账户基金），贷记"一般基金结余——统筹基金、个人账户基金"科目。期末结账后，本科目应无余额。

（19）待转社会保险费收入。本科目核算职工基本医疗保险基金收到的尚未确定归属于统筹基金或个人账户基金的社会保险费收入。待转社会保险费收入的主要账务处理如下：收到社会保险费收入时尚未确定归属于统筹基金或个人账户基金，按照实际收到的金额，借记"收入户存款"、"国库存款"等科目，贷记本科目。确定待转社会保险费收入归属后，按照确定归属的总金额，借记本科目，按照应计入统筹基金的金额，贷记"社会保险费收入——统筹基金"科目，按照应计入个人账户基金的金额，贷记"社会保险费收入——个人账户基金"科目。年末，对于未确定归属的社会保险费收入，按规定将本科目余额按经验比例划分于统筹基金和个人账户基金，按照本科目余额，借记本科目，按照划入统筹基金的金额，贷记"社会保险费收入——统筹基金"科目，按照划入个人账户基金的金额，贷记"社会保险费收入——个人账户基金"科目。上年年末按经验比例划分于统筹基金和个人账户基金的待转社会保险费收入在本年确定其划分比例时，应当按照确定的应计入"社会保险费收入——统筹基金"科目的金额大于或小于上年年末按经验比例已计入"社会保险费收入——统筹基金"科目的金额的差额，借记或贷记"一般基金结余——个人账户基金"科目，贷记或借记"一般基金结余——统筹基金"科目。本科目月末贷方余额，反映自年初至本月末尚未确定归属于职工基本医疗保险基金统筹基金和个人账户基金的社会保险费收入。年度终了结账后，本科目应无余额。

（20）待转利息收入。本科目核算职工基本医疗保险基金收到的尚未确定归属于统筹基金或个人账户基金的利息收入。待转利息收入的主要账务处理如下：收到利息收入时尚未确定归属于统筹基金或个人账户基金，按照实际收到的金额，借记"收入户存款"、"财政专户存款"、"支出户存款"、"国库存款"科目，贷记本科目。确定待转利息收入归属后，按照确定归属的总金额，借记本科目，按照应计入统筹基金的金额，贷记"利息收入——统筹基金"科目，按照应计入个人账户基金的金额，贷记"利息收入——个人账户基金"科目。年末，对于未确定归属的利息收入，按规定将本科目余额按经验比例划分于统筹基金和个人账户基金，按照本科目余额，借记本科目，按照划入统筹基金的金额，贷记"利息收入——统筹基金"科目，按照划入个人账户基金的金额，贷记"利息收入——个人账户基金"科目。上年年末按经验比例划分于统筹基金和个人账户基金的待转利息收入在本年确定其划分比例时，应当按照确定的应计入"利息收入——统筹基金"科目的金额大于或小于上年年末按经验比例已计入"利息收入——统筹基金"科目的金额的差额，借记或贷记"一般基金结余——个人账户基金"科目，贷记或借记"一般基金结余——统筹基金"科目。本科目月末贷方余额，反映自年初至本月末尚未确定归属于职工基本医疗保险基金统筹基金和个人账户基金的利息收入。年度终了结账后，本科目应无余额。

（21）社会保险待遇支出。本科目核算按规定支付给医疗保险对象的待遇支出，包括为特定人群缴纳医疗保险费形成的支出。本科目应当按照医疗保险基金相关管理和财务制度规定设置明细科目。对于职工基本医疗保险基金，应当在本科目下设置"统筹基金"、"个人账户基金"明细科目。在"统筹基金"明细科目下设置"住院费用支出"、"门诊大病费用支出"、"门诊统筹费用支出"

等明细科目；生育保险与职工基本医疗保险合并实施的统筹地区，还应当在"统筹基金"明细科目下设置"生育医疗费用支出"、"生育津贴支出"等明细科目。在"个人账户基金"明细科目下设置"住院费用支出"、"门诊费用支出"、"药店医药费用支出"等明细科目。对于城乡居民基本医疗保险基金，应当在本科目下设置"住院费用支出"、"门诊费用支出"、"其他费用支出"等明细科目。社会保险待遇支出的主要账务处理如下：按规定支付医疗保险待遇时，按照实际支付的金额，借记本科目，贷记"支出户存款"科目。对于职工、城乡居民基本医疗保险基金，经办机构收到归属本级的跨省异地就医清算通知时，按照实际支付的清算金额，借记本科目，贷记"支出户存款"等科目。退回或追回本年医疗保险待遇支出，按照实际收回的金额，借记"支出户存款"等科目，贷记本科目。期末，将本科目本期发生额转入"一般基金结余"科目，借记"一般基金结余"科目，贷记本科目。对于职工基本医疗保险基金，应当将本科目"统筹基金"、"个人账户基金"明细科目本期发生额分别转入"一般基金结余"科目下"统筹基金"、"个人账户基金"明细科目，借记"一般基金结余——统筹基金、个人账户基金"科目，贷记本科目（统筹基金、个人账户基金）。期末结账后，本科目应无余额。

（22）大病保险支出。本科目核算按规定从城乡居民基本医疗保险基金中划转资金用于城乡居民大病保险的支出。建立职工基本医疗保险大病保险制度的地区，从职工基本医疗保险基金划转资金用于职工大病保险的支出，参照城乡居民基本医疗保险基金，通过本科目进行核算。大病保险支出的主要账务处理如下：从城乡居民基本医疗保险基金中划转资金用于大病保险时，按照实际支付的金额，借记本科目，贷记"支出户存款"、"财政专户存款"等科目。城乡居民基本医疗保险基金根据合同约定，因商业保险机构承办大病保险出现超过合同约定盈余而收到商业保险机构的盈余返还时，按照实际收到的金额，借记"收入户存款"、"财政专户存款"等科目，贷记本科目。城乡居民基本医疗保险基金根据合同约定，因基本医疗保险政策调整等政策性原因使商业保险机构承办大病保险发生亏损而向商业保险机构进行补偿时，按照实际支付的金额，借记本科目，贷记"支出户存款"、"财政专户存款"等科目。期末，将本科目本期发生额转入"一般基金结余"科目，借记"一般基金结余"科目，贷记本科目。期末结账后，本科目应无余额。

（23）转移支出。本科目核算因参保对象跨统筹地区或跨制度流动而划出的基金。转移支出的主要账务处理如下：因参保对象跨统筹地区或跨制度流动而划出的基金，按照实际转出的金额，借记本科目，贷记"支出户存款"等科目。收到退回的转移支出时，按照实际收到的金额，借记"收入户存款"、"财政专户存款"等科目，贷记本科目。期末，将本科目本期发生额转入"一般基金结余"科目，借记"一般基金结余"科目，贷记本科目。对于职工基本医疗保险基金，应当将本科目本期发生额转入"一般基金结余"科目下"个人账户基金"明细科目，借记"一般基金结余——个人账户基金"科目，贷记本科目。期末结账后，本科目应无余额。

（24）上解上级支出。本科目核算下级基金上解上级基金的基金支出。对于职工基本医疗保险基金，应当在本科目下设置"统筹基金"、"个人账户基金"明细科目，分别核算计入职工基本医疗保险基金统筹基金、个人账户基金的上解上级支出。上解上级支出的主要账务处理如下：向上级上解基金的支出，按照实际支付的金额，借记本科目，贷记"收入户存款"、"支出户存款"、"财政专户存款"科目。期末，将本科目本期发生额转入"一般基金结余"科目，借记"一般基金结余"科目，贷记本科目。对于职工基本医疗保险基金，应当将本科目"统筹基金"、"个人账户基金"明细科目本期发生额分别转入"一般基金结余"科目下"统筹基金"、"个人账户基金"明细科目，借记"一般基金结余——统筹基金、个人账户基金"科目，贷记本科目（统筹基金、个人账户基金）。期末结账后，本科目应无余额。

（25）补助下级支出。本科目核算上级基金拨付给下级基金的基金支出。对于职工基本医疗保险基金，应当在本科目下设置"统筹基金"、"个人账户基金"明细科目，分别核算计入职工基本医疗保险基金统筹基金、个人账户基金的补助下级支出。补助下级支出的主要账务处理如下：向下级拨付补助支出，按照实际支付的金额，借记本科目，贷记"支出户存款"、"财政专户存款"科目。期末，将本科目本期发生额转入"一般基金结余"科目，借记"一般基金结余"科目，贷记本科目。对于职工基本医疗保险基金，应当将本科目"统筹基金"、"个人账户基金"明细科目本期发生额分别转入"一般基金结余"科目下"统筹基金"、"个人账户基金"明细科目，借记"一般基金结余——统筹基金、个人账户基金"科目，贷记本科目（统筹基金、个人账户基金）。期末结账后，本科目应无余额。

（26）其他支出。本科目核算除社会保险待遇支出、大病保险支出、转移支出、上解上级支出、补助下级支出外经国务院批准或国务院授权省级人民政府批准开支的其他非社会保险待遇性质的支出。对于职工基本医疗保险基金，应当在本科目下设置"统筹基金"、"个人账户基金"明细科目，分别核算计入职工基本医疗保险基金统筹基金、个人账户基金的其他支出。其他支出的主要账务处理如下：发生其他支出，按照报经批准后列作其他支出的金额，借记本科目，贷记相关科目。退回以前年度医疗保险费收入，按照实际支出的金额，借记本科目，贷记"支出户存款"科目。期末，将本科目本期发生额转入"一般基金结余"科目，借记"一般基金结余"科目，贷记本科目。对于职工基本医疗保险基金，应当将本科目"统筹基金"、"个人账户基金"明细科目本期发生额分别转入"一般基金结余"科目下"统筹基金"、"个人账户基金"明细科目，借记"一般基金结余——统筹基金、个人账户基金"科目，贷记本科目（统筹基金、个人账户基金）。期末结账后，本科目应无余额。

（三）医疗保险基金财务报表及编制说明

1. 医疗保险基金资产负债表及编制说明

医疗保险基金资产负债表见表 11-2。

表 11-2 资产负债表

险种和制度：   会社保 01 表

编制单位：   年 月 日   单位：元

资产	年初余额	期末余额	负债及净资产	年初余额	期末余额
一、资产：			二、负债：		
库存现金			暂收款		
收入户存款			其中：异地就医资金		
财政专户存款			借入款项		
支出户存款			负债合计		
国库存款			三、净资产：		
暂付款			一般基金结余		
其中:异地就医预付金			（一）统筹基金		
债券投资			（二）个人账户基金		
			（三）待转基金		
			风险基金结余		
			净资产合计		
资产总计			负债与净资产总计		

资产负债表编制说明：

（1）本表反映某一会计期末（月末、年末）医疗保险基金全部资产、负债及净资产的构成情况。

（2）本表"年初余额"栏各项目，应当根据上年年末资产负债表"期末余额"栏各相应项目数字填列。

（3）本表"期末余额"栏各项目，其内容和填列方法如下：

"库存现金"项目，反映医疗保险基金期末库存现金余额。本项目应当根据"库存现金"科目期末借方余额填列。

"收入户存款"项目，反映医疗保险基金期末收入户存款余额。本项目应当根据"收入户存款"科目期末借方余额填列。

"财政专户存款"项目，反映医疗保险基金期末财政专户存款余额。本项目应当根据"财政专户存款"科目期末借方余额填列。

"支出户存款"项目，反映医疗保险基金期末支出户存款余额。本项目应当根据"支出户存款"科目期末借方余额填列。

"国库存款"项目，反映医疗保险基金期末税务机关征收的存入国库、尚未转入财政专户的社会保险费余额。本项目应当根据"国库存款"科目期末借方余额填列。

"暂付款"项目，反映医疗保险基金期末尚未结清的暂付、应收款项。本项目应当根据"暂付款"科目期末借方余额填列。本项目下"异地就医预付金"项目反映期末职工、城乡居民基本医疗保险基金预付就医省的预付金余额，应当根据"暂付款——异地就医预付金"明细科目借方余额填列。

"债券投资"项目，反映医疗保险基金期末持有的国家债券的账面余额。本项目应当根据"债券投资"科目期末借方余额填列。

"资产总计"项目，反映医疗保险基金期末资产的合计数。本项目应当根据本表中"库存现金"、"收入户存款"、"财政专户存款"、"支出户存款"、"国库存款"、"暂付款"、"债券投资"项目金额的合计数填列。

"暂收款"项目，反映医疗保险基金期末尚未偿付或结清的暂收款项。本项目应当根据"暂收款"科目期末贷方余额填列。本项目下"异地就医资金"项目反映期末职工、城乡居民基本医疗保险基金就医地区收到的跨省异地就医预付金和清算资金余额，应当根据"暂收款——异地就医资金"明细科目贷方余额填列。

"借入款项"项目，反映医疗保险基金期末尚未偿付的借入款项。本项目应当根据"借入款项"科目期末贷方余额填列。

"负债合计"项目，反映医疗保险基金期末负债的合计数。本项目应当根据本表中"暂收款"、"借入款项"项目金额的合计数填列。

"一般基金结余"项目，反映医疗保险基金期末历年累积的基金收支相抵后的除风险基金等特定用途基金外的基金结余。本项目应当根据"一般基金结余"科目期末贷方余额填列。本项目下"统筹基金"项目，反映期末职工基本医疗保险基金的统筹基金结余。本项目应当根据"一般基金结余——统筹基金"科目期末贷方余额填列。本项目下"个人账户基金"项目，反映期末职工基本医疗保险基金个人账户基金结余。本项目应当根据"一般基金结余——个人账户基金"科目期末贷方余额填列。本项目下"待转基金"项目，反映自年初起至本会计期末职工基本医疗保险基金取得的尚未确定归属于统筹基金或个人账户基金的社会保险费收入和利息收入总额。本项目应当根据"待转社会保险费收入"、"待转利息收入"科目期末贷方余额合计填列。本项目在年度资产负债表中不予列示。

"风险基金结余"项目，反映期末新型农村合作医疗基金统筹地区已提取的风险基金余额。本项目应当根据"风险基金结余"科目期末贷方余额填列。

"净资产合计"项目，反映医疗保险基金期末净资产的合计数。本项目应当根据本表中"一般基金结余"、"风险基金结余"项目金额的合计数填列。

"负债与净资产总计"项目，反映医疗保险基金期末负债和净资产的合计数。本项目应当根据本表中"负债合计"、"净资产合计"项目金额的合计数填列。

2. 医疗保险基金收支表及编制说明

医疗保险基金收支表见表 11-3、表 11-4。

表 11-3　收支表（1）

险种和制度：职工基本医疗保险基金　　　　　　　　　　　　　　　　　　会社保 02 表

编制单位：　　　　　　　　　　　　　年　月　日　　　　　　　　　　　单位：元

项目	本月数	本年累计数	项目	本月数	本年累计数
一、统筹基金收			（四）生育医疗费用		
社会保险费收入			（五）生育津贴		
财政补贴收入			大病保险支出		
利息收入			上解上级支出		
上级补助收入			补助下级支出		
下级上解收入			其他支出		
其他收入			四、个人账户基金支出		
二、个人账户基金收入			社会保险待遇支出		
社会保险费收入			（一）住院费用		
利息收入			（二）门诊费用		
转移收入			（三）药店医药费用		
上级补助收入			转移支出		
下级上解收入			上解上级支出		
其他收入			补助下级支出		
三、统筹基金支出			其他支出		
社会保险待遇支出			五、本期基金结余		
（一）住院费用			统筹基金结余		
（二）门诊大病费用			个人账户基金结余		
（三）门诊统筹费用			待转基金		

表 11-4　收支表（2）

险种和制度：城乡居民基本医疗保险基金　　　　　　　　　　　　　　　会社保 02 表

编制单位：　　　　　　　　　　　　　年　月　日　　　　　　　　　　　单位：元

项目	本月数	本年累计数	项目	本月数	本年累计数
一、基金收入			（一）住院费用		
社会保险费收入			（二）门诊费用		
财政补贴收入			（三）其他费用		
利息收入			大病保险支出		
上级补助收入			上解上级支出		
下级上解收入			补助下级支出		
其他收入			其他支出		
二、基金支出			三、本期基金结余		
社会保险待遇支出					

收支表编制说明：表 11-3、表 11-4 反映某一会计期间（月度、年度）医疗保险基金所有收入、支出以及本期收入、支出相抵后的基金结余情况。其中"本月数"栏反映各项目的本月发生数，其内容和填列方法如下所述。

（1）对于职工基本医疗保险基金，各项目的内容和填列方法如下所述。

1）"统筹基金收入"项目，反映本月职工基本医疗保险基金统筹基金的收入总额。本项目应当根据表中"社会保险费收入"、"财政补贴收入"、"利息收入"、"上级补助收入"、"下级上解收入"、"其他收入"项目金额加总计算填列。

"社会保险费收入"项目，反映本月职工基本医疗保险基金计入统筹基金的社会保险费收入总额。本项目应当根据"社会保险费收入——统筹基金"科目本月贷方发生额减去借方发生额后的净额填列。

"财政补贴收入"项目，反映本月职工基本医疗保险基金取得的财政补贴收入总额。本项目应当根据"财政补贴收入"科目本月贷方发生额填列。

"利息收入"项目，反映本月职工基本医疗保险基金计入统筹基金的利息收入总额。本项目应当根据"利息收入——统筹基金"科目本月贷方发生额填列。

"上级补助收入"项目，反映本月职工基本医疗保险基金计入统筹基金的上级补助收入总额。本项目应当根据"上级补助收入——统筹基金"科目本月贷方发生额填列。

"下级上解收入"项目，反映本月职工基本医疗保险基金计入统筹基金的下级上解收入总额。本项目应当根据"下级上解收入——统筹基金"科目本月贷方发生额填列。

"其他收入"项目，反映本月职工基本医疗保险基金计入统筹基金的其他收入总额。本项目应当根据"其他收入——统筹基金"科目本月贷方发生额填列。

2）"个人账户基金收入"项目，反映本月职工基本医疗保险基金个人账户基金的收入总额。本项目应当根据表中"社会保险费收入"、"利息收入"、"转移收入"、"上级补助收入"、"下级上解收入"、"其他收入"项目金额加总计算填列。

"社会保险费收入"项目，反映本月职工基本医疗保险基金计入个人账户基金的社会保险费收入总额。本项目应当根据"社会保险费收入——个人账户基金"科目本月贷方发生额减去借方发生额后的净额填列。

"利息收入"项目，反映本月职工基本医疗保险基金计入个人账户基金的利息收入总额。本项目应当根据"利息收入——个人账户基金"科目本月贷方发生额填列。

"转移收入"项目，反映本月职工基本医疗保险基金的转移收入总额。本项目应当根据"转移收入"科目本月贷方发生额减去借方发生额后的净额填列。

"上级补助收入"项目，反映本月职工基本医疗保险基金计入个人账户基金的上级补助收入总额。本项目应当根据"上级补助收入——个人账户基金"科目本月贷方发生额填列。

"下级上解收入"项目，反映本月职工基本医疗保险基金计入个人账户基金的下级上解收入总额。本项目应当根据"下级上解收入——个人账户基金"科目本月贷方发生额填列。

"其他收入"项目，反映本月职工基本医疗保险基金计入个人账户基金的其他收入总额。本项目应当根据"其他收入——个人账户基金"科目本月贷方发生额填列。

3）"统筹基金支出"项目，反映本月职工基本医疗保险基金统筹基金的支出总额。本项目应当根据表中"社会保险待遇支出"、"大病保险支出"、"上解上级支出"、"补助下级支出"、"其他支出"项目金额加总计算填列。

"社会保险待遇支出"项目，反映本月职工基本医疗保险基金计入统筹基金的社会保险待遇支出总额。本项目应当根据"社会保险待遇支出——统筹基金"科目本月借方发生额减去贷方发生额后的净额填列。"社会保险待遇支出"项目下的"住院费用"、"门诊大病费用"、"门诊统筹费用"项目应当分别根据"社会保险待遇支出——统筹基金"科目下对应明细科目的本月借方发生额减去贷方发生额后的净额填列。"社会保险待遇支出"项目下的"生育医疗费用"、"生育津贴"项目为生育保险与职工基本医疗保险合并实施的地区专用项目,应当分别根据"社会保险待遇支出——统筹基金"科目下对应明细科目的本月借方发生额减去贷方发生额后的净额填列。

"大病保险支出"项目,反映为建立职工基本医疗保险大病保险制度的地区专用项目,应当根据"大病保险支出"科目的本月借方发生额填列。

"上解上级支出"项目,反映本月职工基本医疗保险基金计入统筹基金的上解上级支出总额。本项目应当根据"上解上级支出——统筹基金"科目本月借方发生额填列。

"补助下级支出"项目,反映本月职工基本医疗保险基金计入统筹基金的补助下级支出总额。本项目应当根据"补助下级支出——统筹基金"科目本月借方发生额填列。

"其他支出"项目,反映本月职工基本医疗保险基金计入统筹基金的其他支出总额。本项目应当根据"其他支出——统筹基金"科目本月借方发生额填列。

4)"个人账户基金支出"项目,反映本月职工基本医疗保险基金个人账户基金的支出总额。本项目应当根据表中"社会保险待遇支出"、"转移支出"、"上解上级支出"、"补助下级支出"、"其他支出"项目金额加总计算填列。

"社会保险待遇支出"项目,反映本月职工基本医疗保险基金计入个人账户基金的社会保险待遇支出总额。本项目应当根据"社会保险待遇支出——个人账户基金"科目本月借方发生额减去贷方发生额后的净额填列。"社会保险待遇支出"项目下的"住院费用"、"门诊费用"、"药店医药费用"项目应当分别根据"社会保险待遇支出——个人账户基金"科目下对应明细科目的本月借方发生额减去贷方发生额后的净额填列。

"转移支出"项目,反映本月职工基本医疗保险基金发生的转移支出总额。本项目应当根据"转移支出"科目本月借方发生额减去贷方发生额后的净额填列。

"上解上级支出"项目,反映本月职工基本医疗保险基金计入个人账户基金的上解上级支出总额。本项目应当根据"上解上级支出——个人账户基金"科目本月借方发生额填列。

"补助下级支出"项目,反映本月职工基本医疗保险基金计入个人账户基金的补助下级支出总额。本项目应当根据"补助下级支出——个人账户基金"科目本月借方发生额填列。

"其他支出"项目,反映本月职工基本医疗保险基金计入个人账户基金的其他支出总额。本项目应当根据"其他支出——个人账户基金"科目本月借方发生额填列。

5)"本期基金结余"项目,反映本月职工基本医疗保险基金结余总额。本项目应当根据表中"统筹基金结余"、"个人账户基金结余"、"待转基金"项目金额加总计算填列。

"统筹基金结余"项目,反映本月职工基本医疗保险基金统筹基金收入扣除统筹基金支出的基金结余。本项目应当根据表中"统筹基金收入"项目金额减去"统筹基金支出"项目金额后的差额填列。

"个人账户基金结余"项目,反映本月职工基本医疗保险基金个人账户基金收入扣除个人账户基金支出的基金结余。本项目应当根据表中"个人账户基金收入"项目金额减去"个人账户基金支出"项目金额后的差额填列。

"待转基金"项目,反映期末(指 1~11 月份)尚未确定归属于职工基本医疗保险统筹基金或个人账户基金的待转医疗保险费收入和尚未分配计入职工基本医疗保险统筹基金和个人账户基金的利息收入,本项目应根据"待转保险费收入"、"待转利息收入"科目期末余额合计填列。本项目在年度收支表中不予列示。

(2)对于城乡居民基本医疗保险基金,各项目的内容和填列方法如下所述。

1)"基金收入"项目,反映本月城乡居民基本医疗保险基金基金收入总额。本项目应当根据表中"社会保险费收入"、"财政补贴收入"、"利息收入"、"上级补助收入"、"下级上解收入"、"其他收入"等项目金额加总计算填列。

"社会保险费收入"项目，反映本月城乡居民基本医疗保险基金社会保险费收入总额。本项目应当根据"社会保险费收入"科目本月贷方发生额减去借方发生额后的净额填列。

"财政补贴收入"项目，反映本月城乡居民基本医疗保险基金收到的财政补贴收入总额。本项目应当根据"财政补贴收入"科目本月贷方发生额填列。

"利息收入"项目，反映本月城乡居民基本医疗保险基金取得的收入户、财政专户、支出户存款和国库存款的利息收入，以及购买国家债券取得的利息收入。本项目应当根据"利息收入"科目本月贷方发生额填列。

"上级补助收入"项目，反映本月城乡居民基本医疗保险基金收到的上级补助收入总额。本项目应当根据"上级补助收入"科目本月贷方发生额填列。

"下级上解收入"项目，反映本月城乡居民基本医疗保险基金收到的下级上解收入总额。本项目应当根据"下级上解收入"科目本月贷方发生额填列。

"其他收入"项目，反映本月城乡居民基本医疗保险基金取得的其他收入总额。本项目应当根据"其他收入"科目本月贷方发生额填列。

2）"基金支出"项目，反映本月城乡居民基本医疗保险基金基金支出总额。本项目应当根据表中"社会保险待遇支出"、"大病保险支出"、"上解上级支出"、"补助下级支出"、"其他支出"等项目金额加总计算填列。

"社会保险待遇支出"项目，反映本月城乡居民基本医疗保险基金按规定支付的社会保险待遇支出总额。本项目应当根据"社会保险待遇支出"科目本月借方发生额减去贷方发生额后的净额填列。本项目下各明细项目应当根据"社会保险待遇支出"科目下对应明细科目的本月借方发生额减去贷方发生额后的净额填列。

"大病保险支出"项目，反映本月城乡居民基本医疗保险基金划转资金用于大病保险的支出总额。本项目应当根据"大病保险支出"科目本月借方发生额填列。

"上解上级支出"项目，反映本月城乡居民基本医疗保险基金上解上级的支出总额。本项目应当根据"上解上级支出"科目本月借方发生额填列。

"补助下级支出"项目，反映本月城乡居民基本医疗保险基金拨付给下级的补助支出总额。本项目应当根据"补助下级支出"科目本月借方发生额填列。

"其他支出"项目，反映本月城乡居民基本医疗保险基金发生其他支出总额。本项目应当根据"其他支出"科目本月借方发生额填列。

3）"本期基金结余"项目，反映本月城乡居民基本医疗保险基金基金收入扣除基金支出的基金结余。本项目应当根据表中"基金收入"项目金额减去"基金支出"项目金额后的差额填列。

四、医疗保险基金会计实务

以基本医疗保险基金为例，进行会计核算业务。假设某医疗保险基金管理中心月初余额为：支出户存款 20 万元，财政专户存款 210 万元，债券投资 270 万元，基本医疗保险统筹基金 500 万元。当月发生如下经济业务，会计分录逐笔如下。

（1）收到基本医疗保险费统筹收入 30 万元，存入收入户。

借：收入户存款　　　　　　　　　　　　　　　　　　300 000
　　贷：社会保险费收入——统筹基金　　　　　　　　　　300 000

（2）收到下级经办机构上解的基本医疗保险调剂金 5 万元，存入收入户。

借：收入户存款　　　　　　　　　　　　　　　　　　50 000
　　贷：下级上解收入　　　　　　　　　　　　　　　　　50 000

（3）收到某单位因欠费缴纳的滞纳金1万元。

借：收入户存款 10 000

　　贷：其他收入 10 000

（4）收到财政专户拨付的资金40万元。

借：支出户存款 400 000

　　贷：财政专户存款 400 000

（5）支付应由基本医疗保险统筹基金支出的医疗保险费支出43万元。

借：社会保险待遇支出——统筹基金 430 000

　　贷：支出户存款 430 000

（6）补助下级经办机构3万元。

借：补助下级支出 30 000

　　贷：支出户存款 30 000

（7）保险对象离开统筹地区转出基本医疗保险费2万元。

借：转移支出 20 000

　　贷：支出户存款 20 000

（8）购买国家债券50万元。

借：债券投资 500 000

　　贷：财政专户存款 500 000

（9）收到同级财政拨付的基本医疗保险费补贴20万元。

借：财政专户存款 200 000

　　贷：财政补贴收入 200 000

（10）向银行借入临时借款10万元。

借：财政专户存款 100 000

　　贷：借入款项 100 000

（11）银行通知结算收入户存款利息1万元，支出户存款利息1.5万元，财政专户存款利息2.5万元。

借：收入户存款 10 000

　　支出户存款 15 000

　　财政专户存款 25 000

　　贷：待转利息收入 50 000

（12）面值100万元国家债券到期，收回本息130万元。

借：财政专户存款 1 300 000

　　贷：债券投资 1 000 000

　　　　待转利息收入 300 000

（13）月底，将收入户存款转至财政专户存款，金额总计37万元。（第1、2、3、11项合计）

借：财政专户存款 370 000

　　贷：收入户存款 370 000

（14）月底，将本月各项收入结转至一般基金结余。

借：社会保险费收入——统筹基金 300 000

　　下级上解收入 50 000

　　其他收入 10 000

　　财政补贴收入 200 000

　　贷：一般基金结余 560 000

（15）月底，将本月所有支出结转至一般基金结余。

借：一般基金结余——统筹基金　　　　　　　　　　460 000

　　贷：社会保险待遇支出——统筹基金　　　　　　　430 000

　　　　补助下级支出　　　　　　　　　　　　　　　30 000

借：一般基金结余——个人账户基金　　　　　　　　20 000

　　贷：转移支出　　　　　　　　　　　　　　　　　20 000

第三节　医疗保险基金统计

一、医疗保险基金统计的内涵

医疗保险统计属于部门统计，是国民经济统计的组成部分。它运用社会统计和经济统计的基本原理和方法，以医疗保险基金为核心，以医疗保险参保单位、参保人数为依据，对统计数据资料进行去粗取精、去伪存真、由表及里、由此及彼的整理和分析，从数量上反映医疗保险基金运行过程基本情况，揭示其内在规律。

医疗保险统计有三种不同的含义，即医疗保险统计工作、医疗保险统计资料和医疗保险统计学。医疗保险统计工作是指医疗保险统计实践活动，是搜集、分析整理关于医疗保险活动中数字资料工作的总称；医疗保险统计资料是指通过医疗保险统计工作所取得的各项数字资料以及与之相联系的其他实际资料的总称；医疗保险统计学是指研究关于认识医疗保险统计活动中客观现象总体数量特征和数量关系的科学。

二、医疗保险基金统计的特点与功能

（一）医疗保险基金统计的特点

1. 数量性

数字是统计的语言，数据资料是统计的原料。医疗保险基金统计具有数量性特点，具体说来，就是通过各种统计指标和指标体系来反映医疗保险基金总体的规模、水平、速度、比例和趋势等。

2. 总体性

单个、零散的数据不进行统计，难以反映出医疗保险基金的总体面貌。医疗保险基金通过数据统计来描述和揭示总体的数量规律。

3. 具体性

每一个统计数据都不是空洞无意义的，而是对应于一个具体的医疗保障事项，反映该医疗保障事项的某个方面的性质或特征。

4. 工具性

统计具有工具性的特点，数据能提供有用的信息，因此获得统计数据本身不是目的，获得统计数据后不应当束之高阁，而是要充分利用统计数据，为医疗保障管理服务。

（二）医疗保险基金统计的功能

1. 描述功能

描述功能是医疗保险基金统计最基本的功能。即可以通过指标、图表等对医疗保险基金运行过程加以定量的描述，使人们对医疗保险的发展状态有一种条理化、精确化的认识。

2. 解释功能

解释功能即通过医疗保险统计，可以分析医疗保险发展各个侧面的基本状态及相互关系，也可以分析各地区、各单位之间医疗保险发展的协调状况，解释医疗保险运行过程中各种问题产生的原因，为各级政府或主管部门制定或调整有关医疗保险政策提供客观的依据。

3. 评估功能

评估功能即通过科学、系统的医疗保险统计指标体系可以对医疗保险发展计划、政策产生的效果和影响乃至医疗保险发展对社会与经济发展所产生的影响进行评估，分析其利弊得失。同时，也可以对各地区之间、国际之间的医疗保险发展水平进行比较与分析，为检查和评价医疗保险工作提供量化的尺度。

4. 监督功能

监督功能即医疗保险统计可通过统计指标的动态变化对医疗保险运行过程是否合理、实施措施或手段是否有效率、医疗保险覆盖面及水平变化情况等进行监督，对出现的问题与矛盾进行及时的揭示，提醒人们尽快采取对策。

5. 预测功能

预测功能即医疗保险统计可以运用一系列的预测方法与指标对医疗保险运行过程中是否发生财务危机、是否与社会及经济的发展不协调或不配套等进行预测，以便国家能够及时采取有效的预防措施，避免危机或问题的发生并由此造成问题成堆的影响。

三、医疗保险基金统计的步骤

（一）数据搜集

统计数据搜集可以分为原始数据调查与次级资料收集两类。原始数据是第一手数据，可以采用抽样调查、普查和统计报表方式获得。次级资料收集主要是从已有的文献资料中去获得，是其他人或机构获得并完成对原始数据调查后公开发表的数据。

（二）数据处理

获得数据资料后，如果不对数据进行处理，这些零散的、无序的数据还不具有描述功能，必须要对数据进行处理，数据才能反映总体情况，具有实际意义。数据的处理包括筛选、分类、汇总、存储等步骤，每一步骤又可以采用一些具体的统计方法。

（三）数据分析

医疗保险基金统计数据分析可以运用到多种统计方法，最简单的比如计算各种平均数。除了平均数，还有中位数、众数等非常有用的数据分析；此外对数据还可以进行对比分析、分组分析、比率分析等，从而了解其发展变化趋势。

四、医疗保险基金统计指标体系

（一）医疗保险基金统计指标体系设计的基本原则

1. 科学性

医疗保险统计指标体系的整体设计一定要符合当前我国医疗保险经济活动的性质和特点，这就是科学性原则。无论是设计指标名称、指标口径、计量单位，还是核算指标数值、计算方法等都要充分考虑科学性的原则。

2. 目的性

设置医疗保险统计指标体系要从研究目的出发，建立健全医疗保险统计指标体系的目的就是为了尽快建立一个较为完善的适应社会经济发展实际情况的医疗保险体系，充分发挥医疗保险体系对社会发展的促进作用。指标体系的设计不但要考虑当前的需要，还要适应未来医疗保险体系改革发展的方向。设计的指标要能进行横向、纵向比较，具有地区间的可比性和历史可比性。

3. 可行性

建立医疗保险指标体系必须符合实际情况，切实可行，即设计的指标要易于取得实际精确数值，便于操作，对指标变量的选择和设计能满足经济分析的需要。要求每一指标都能定义明确，分类科学，具有可操作性和可行性。

4. 全局性

即从全局出发统一设计医疗保险指标体系。体系内各类指标的口径、计算方法必须协调一致，否则就会造成指标混乱，无法研究指标间的内在联系。打破各种不同身份居民的界限，建立统一政策、统一制度、统一管理体制下完整的医疗保险统计指标体系，以期能够反映医疗保险体系总体发展过程及其规律性。

（二）医疗保险基金统计指标体系

1. 参保扩面、基金征缴指标

参保扩面、基金征缴指标汇集参保单位、群体、人员等基本数据，包括：

（1）参保单位及人员数、参保人员结构比（性别、年龄）、人员结构变动等指标，通过上述指标可分析出参保扩面的方向。

（2）当期缴费基数、人均缴费基数、缴费金额、征缴率、欠费构成等指标，通过分析原因，催缴清欠，保证足额基金供给。

2. 基金支付指标

基金支付指标反映医疗保险基金支出状态、使用效能。对医疗服务需求方，基金支付指标要反映出：个人账户支出、统筹基金账户支出等；对医疗服务提供方，要反映出不同等级定点医疗机构和定点零售药店的医疗服务量情况、各种费用结算方式的结算构成等；对医疗服务第三方，即医疗保险经办服务方，要反映出各险种基金支出总数、各项基金支出数、各项基金支出占总支出构成比、支出增长比等，通过上述指标可分析基金支出趋势，反映基金支撑能力，掌握基金支出监管重点。

3. 医疗费用支出指标

医疗费用支出指标反映医疗费用构成、医疗费用补偿情况，包括：

（1）住院率、人均住院费用、床日费用、药占比、住院人员分布等，通过对各定点医疗机构上述指标的分析，发现异动，加强对定点医疗机构的监管。

（2）就诊补偿率、个人负担比、目录范围内自负构成比等指标，并通过指标变动反映政策调控效果。

（3）零售药店费用构成、不同人群医疗费用比、不同医疗机构病种费用比等指标，可通过上述指标的分析，引导参保人员合理就医用药，为提高基金使用效率服务，同时规范定点医疗机构和定点零售药店医疗服务行为。

4. 基金结存指标

通过对基金当期结余数、累计结余数、结余构成比、备付期（率）、一次剥离费用所占比例，以及与医院费用结付率等指标的分析，反映统筹基金结余和构成情况。与预警机制相对应，根据统筹基金余量能否维持 6～9 个月统筹支出，若超过 9 个月为过多状态，不够 6 个月为不足状态，调节基金结余，提高基金效率。既保证参保人员基本医疗服务需求，又保证基金结余适度，实现基金收支基本平衡，进而实现基金保值增值。

5. 基金稽核指标

通过参保单位申报的参保人数、工资基数和征缴基金等稽核指标，稽核与实际应申报人数、基数的差距，保证基金征缴及时、足额，维护参保人员的医疗保障权益。在了解医疗机构基本医疗服务运行情况的基础上，对目录内药品必备率和使用率、医院规模与收治人数、病种与住院周期、患者重复就诊次数、大型诊断设备阳性率等进行统计分析，为规范医疗机构服务行为、维护参保人员切身利益服务。

6. 管理服务指标

统计分析参保人员健康体检结论建档率、疾病检出率等指标，按病种分类，实施有效的健康宣传、健康指导、健康服务；统计慢性患者在社区就诊量，评估提高社区就诊报销比例对引导患者就医的影响程度；统计筛选出符合设立家庭病床条件的参保患者，引导参保人员在基层医疗卫生服务机构就近就医、康复，获取质优价廉的医疗服务。

（三）医疗保险基金统计指标分析方法

医疗保险基金的统计分析，是指系统地搜集、整理、提供大量的以数量描述为基本特征的医疗保险基金相关信息资源，运用科学方法进行综合分析，对医疗保险基金的运行状态进行定量检查、监测，揭示医疗保险基金运行中出现的偏差，提出矫正意见，预警可能出现的问题，为科学决策和管理提供咨询建议。

统计分析的方法主要有如下几种。

1. 对比分析法

对比分析法就是根据社会保险活动现象之间的联系，把有关的指标进行对比，以分析指标之间的数量对比关系及其形成的原因，对比分析法是统计分析中一种最基本的方法。根据比较标准选择的不同，对比分析法分为：当前指标与历史指标的比较、实际指标与预算指标的比较、国内不同区域或国家间同一指标的比较。当前指标与历史指标的比较又称为趋势分析法，该方法又可以分为会计报表之间的比较和相关指标之间的比较，在比较中可以采用定基比和环比的方法。实际指标与预算指标的比较是医疗保险基金财务分析中举足轻重的一项分析内容，这是因为医疗保险基金预算具有法律性，医疗保险基金预算编制严格依据国家法律法规的内容和标准进行，要严格按照法定程序上报审批，批准后才能生效，与企业预算相比具有更大的权威性。区域之间和国家之间的比较分析能够找出基金管理和运营中的差距，明确自身存在的不足，并加以改革和完善。

2. 分析分组法

统计分组是根据统计分析研究的任务和医疗保险活动的特点，按照一定的标志，把所研究的医疗保险现象的总体划分为性质不同的部分或组。利用类型分组法分析说明医疗保险现象各种类型的特征和规律性；利用结构分组法，分析说明医疗保险现象总体内部的结构及其变化；利用分析分组法分析说明医疗保险现象之间的依存关系。

3. 平均分析法

平均分析法就是利用平均数来分析研究医疗保险现象的一般平均数及其变化，分析医疗保险现象之间关系的方法。其中的平均数是反映医疗保险现象在一定时间、地点和条件下，所达到的一般水平。运用平均分析法应注意，计算平均数只能在同类的现象中，即在同一性质的总体中进行。

4. 比率分析法

比率分析法是利用两个指标的某种关联关系，通过计算比率来考察、计量和评价财务活动状况的一种分析方法。比率分析法其实也是比较分析法中的一种特殊形式，但又与比较分析法有不同之处，它不是简单地对某一指标进行不同时期或不同区域的比较，而是通过相关联的不同项目、指标之间比率来解释和评价由此反映的情况。采用比率分析法，要根据所分析的内容和要求，设计出相关的比率，然后进行比较分析。由于医疗保险基金财务分析的分析对象和分析目的与企业报表财务分析不同，因此，需要设计出一套医疗保险基金财务分析指标体系。

1. 医疗保险基金财务管理的内容是什么？
2. 简述医疗保险基金会计特点。
3. 医疗保险基金预算编制的原则是什么？
4. 简述医疗保险基金决算内容。
5. 医疗保险基金统计指标有哪些？

（闻　岚）

第十一章拓展阅读

第十二章　医疗保险基金精算

在社会医疗保险中，需要对医疗保险相关指标和医疗保险基金的收支状况进行分析，以此作为医疗保障部门决策的依据。本章主要介绍医疗保险基金精算的特点、意义和基本思想，医药补偿比、保险因子、增加系数等社会医疗保险基金指标以及社会医疗保险基金的精算方法。

第一节　医疗保险基金精算概述

一、医疗保险基金精算的理论基础

（一）马克思主义利息理论

该理论是从对生息资本的考察入手的，马克思指出："生息资本的形成，它和产业资本的分离，是产业资本本身的发展、资本主义生产方式本身的发展的必然产物。"马克思认为利息是与借贷资本相联系的一个范畴，借贷资本是生息资本在资本主义生产方式下的一种具体形态。在资本主义生产方式下，随着商品经济的发展产生了货币资本的闲置和对闲置的货币资本的需求。在闲置的货币资本分属于不同的所有者的情况下，必然出现借贷行为。利息就是借用货币资本的代价。

由于"货币……在资本主义生产的基础上能转化为资本，并通过这种转化，由一个一定的价值变成一个自行增殖、自行增加的价值。它会产生利润，也就是说，使资本家能够从工人那里榨出一定量的无酬劳动，剩余产品和剩余价值，并把它据为己有。这样，货币除了作为货币具有的使用价值外，又取得了一种追加的使用价值，即作为资本来执行职能的使用价值。在这里，它的使用价值正在于它转化为资本而生产的利润。"货币资本家将货币作为资本让渡，职能资本家要取得货币资本的所有权和使用权相分离。当借贷资本家将其手中的货币资本贷方给职能资本家时，只是在一定条件下在一定时期内让渡了货币资本的使用权，所有权仍然属于借贷资本家，此时货币资本的所有权和使用权分离，利息产生。因此，货币资本的所有权和使用权相分离是利息产生的基础。

（二）西方利息理论

西方经济学说史上关于利息理论的研究大致可以分为三个阶段：早期的利息理论，近现代利息理论和当代利息理论的发展。其中，早期的利息理论主要包括古典学派之前有关利息的经济思想和古典学派的利息理论，近现代的利息理论包括 19 世纪 30 年代开始到 20 世纪 70 年代之间西方利息理论研究的主要内容，当代利息理论则是指 20 世纪 70 年代之后西方利息理论的发展。总的来说，这三个阶段利息理论的研究各有其特点，但由于每一阶段利息理论的研究都是在前一阶段或是前人研究的基础上通过不断地批判、修正、补充发展起来的，它们之间又存在着必然的联系。因此，西方的利息理论从整体上来说已经形成了一套完整的利息理论体系。

二、医疗保险基金精算的特征与意义

医疗保险是以人的身体为保险标的，保证被保险人在疾病或者意外事故所致伤害时的医疗费用或者经济损失能得到补偿的一种保险。人们通过对疾病风险的研究后发现利用概率论和数理统计的工具，可以测算出一定时期内健康损失风险发生的概率和损失额，据此即可确定补偿损失所需的风险成本，即医疗保险参保人必须缴纳的保险费，这就是对健康（或疾病风险）进行估测并据此确定保险费的过程，也是医疗保险精算的主要内容。

医疗保险精算是指利用保险精算学的基本原理和方法，对社会医疗保险方案和商业医疗保险产品的保险费进行科学的测算。除了保险费的测算外，医疗保险经营管理中涉及的责任准备金计算、偿付能力评估和盈亏分析，以及政府监管部门进行医疗保险费率审核和经营监管所需的各类精算监管方法与标准等，也是医疗保险精算的重要内容。社会医疗保险精算主要是研究各种社会医疗保险方案中保险费的测算问题。在全国的社会保险制度中，社会医疗保险都是一项非常重要的内容。因此，研究医疗保险的精算具有非常重要的现实意义。

医疗保险的经营对象是疾病和意外伤害发生的风险，而这些风险又与一定的医疗费用相联系。为确保社会医疗保险制度的正常运行，必须对疾病和意外伤害导致的医疗服务发生的概率及预期的医疗服务费用进行准确的估计，并在此基础上科学地测定保险费成本，即确定合理的保险费率。

医疗保险虽然在分类上归属于人身保险，但其保费测算过程则具有较多的非寿险精算的特征。具体表现在：①医疗保险是用发病率（确切地讲是医疗服务利用率）来测算保险成本，而不是寿险精算中的死亡率。②每次索赔平均赔付额的估计在医疗保险中更加困难，所以保险机构必须用疾病发生的有关数据预测赔付的频率和每一次赔付的预期数额，为了预算某一医疗保险计划的纯保险费必须做两个假设，一是赔付的频率，二是平均赔付额。③由于大多数医疗保险的保险期限比较短，对投资收益和利息的考虑不如寿险精算中重要，但对保险费测算结果的检测和调整则非常重要。

三、医疗保险基金精算的基本思想与内容

（一）医疗保险基金精算的基本思想

医疗保险的对象是人的疾病，衡量疾病发生风险的指标是发病率，它是一定时期内某一群体疾病发生数占人群总数的百分比。显然，发病率越高，医疗保险赔付的就越多。疾病的发生具有极大的不确定性和非均匀性，使得医疗保险精算中对风险的测定不像寿险那样借助一套标准的计算方法来实现。寿险精算基于利息理论和生存分析，风险大小的度量基于生命表，死亡率与利息率在寿险精算中居于基础地位。但在医疗保险精算中，由于发病率受许多因素的影响，在地区分布上也存在差别，所以很难像死亡率指标那样在保险精算中扮演重要角色。

医疗保险精算有着完全不同于寿险精算的思想，产生这种不同主要基于以下原因：第一，医疗保险不可能以一个指标来客观地衡量风险大小，就像寿险精算中以死亡率来衡量风险那样。第二，医疗保险赔付不可能像寿险那样能事先确定。寿险精算中的给付至少可以借助时间变量表示为一系列统一的随机变量，至于具体赔付的发生取决于实际死亡的发生，而医疗保险赔付，具体表现为医疗费用的支付，不可能用某一随机变量表示出来。这可能是因为发病率不像死亡率那样具有均匀性。第三，索赔调查费用在医疗费用支付中占一定比例。因为疾病的发生并不像死亡那样确切，同时，医疗保险中包含更大的道德风险。第四，由于不可能找到一个像寿险精算中死亡率那样的衡量风险大小的指标，同时赔付量也不表现为统一的随机变量，使医疗保险精算中没有一套很完整、很方便的精算符号。

（二）医疗保险基金精算的主要内容

1. 医疗保险基本指标测算

医药补偿比、保险因子和增加系数是衡量医疗保险费用收支状况与评价社会医疗保险制度运行状况的基本指标。

2. 医疗保险基金收支状况测算

医疗保险基金收支平衡是保证医疗保险制度平稳运行的基本条件，要实现医疗保险基金收支平衡就需要对医疗保险基金的收支状况进行定量分析。

四、医疗保险基金的征收与支出

（一）医疗保险基金的征收

医疗保险基金可以通过税或费的方式征收，也可以通过财政的方式。通过税或费的方式征收，通常由雇主和雇员按工资总额和个人工资收入的一定比例缴纳，由独立的第三方承担保险责任。通过财政的方式，则由国家财政直接通过财政税收手段筹集的医疗保险，以国家预算拨款的方式直接补贴或支付医疗费用，个人只需支付较少部分医疗费用。这种方式使个人得到较高程度的医疗保障，但国家财政不得不面对高额医疗成本的负担，特别是当医疗成本增长高于财政收入增长时，将面临财政赤字，进而很难保证制度的可持续性。我国现行的行政事业单位公费医疗制度，其资金来源于财政预算，但采取差额预算制的方法，国家负责预付差额的部分。为了控制费用水平，在费用分担上，通常由保险方和被保险方各自承担一定数额或一定比例的医疗费用，这种方式在保险上称为共保。共保方式的目的在于强化被保险人的费用意识，防止对医疗卫生资源的过度利用，减少社会医疗保险基金的支出，实践中，有以下几种方式。

1. 最低限额方式

最低限额方式规定保险机构对被保险人支付费用的最低费用额，医疗费用低于最低费用额的部分由被保险人自付，超过部分由医疗保险机构支付。起付线可以分为两种类型：一是年度累计费用起付线，二是单次就诊费用起付线。起付线的难点在于对起付线的合理确定，起付线的高低直接影响医疗服务的利用效率和被保险人的就医行为。

2. 最高限额方式

最高限额方式规定由保险方式支付的医疗费用最高值，超过此值的部分由被保险人自付。封顶线的确定需要综合考虑被保险人的收入水平、医疗保险基金的风险分担能力、医疗救助情况等因素，需要通过建立各种形式的补充医疗保险对超出封顶线以上的疾病给予保障。

3. 比例分担方式

比例分担方式规定被保险人自付医疗费用的比例，对于发生的医疗费用，保险方与被保险方按各自承担的比例分担医疗费用。考虑到不同年龄的疾病风险和医疗费用的分布以及人们的支付能力，一般对不同年龄段规定不同的分担比例，对不同等级的医疗费用规定不同的分担比例。医疗费用的分担比例需要综合考虑各方的支付能力，过低的比例可能会减少对被保险人的制约，过高则会超出被保险人的承受能力、抑制正常的医疗需求。

上述三种费用分担方式往往结合起来使用。例如，在最低限额的基础上按一定比例分摊，或者在最高限额下按一定比例分摊。

在实践中，为了控制对医疗服务的过度利用，导致卫生资源的浪费和医疗费用的上涨，很多国家都引入了费用分担机制。例如，德国规定了部分药品的最高报销限额；法国门诊费用的40%、绝大部分药品费用的35%，住院费用的20%需要自付。我国现行的城镇职工基本医疗保险制度，规定了最低限额和最高限额以及在最高和最低之间的比例分担。这种方法有效地减少了医疗保险费用的支出成本，但同时也使医疗保险的保障范围和保障程度降低，降低了社会医疗保障的作用，也会进一步抑制医疗保障制度的发展。因此，应该根据实际情况的变化，适时地调整费用分担比例，切实使参保人得到医疗保障。

（二）医疗保险基金的支出

1. 医疗补偿费

医疗补偿费相当于商业医疗保险中的纯保费概念，它是医疗保险中最基本、最重要的部分，是指用于补偿在医疗保险补偿范围内发生的医疗服务的直接费用。医疗补偿费取决于参加保险的人数及该时间内人均医药补偿费两大因素。由于一定时期参加医疗保险的人数是固定的，因此我们通常关心的主要是人均医药补偿费的测算。

2. 风险储备金

风险储备金类似于商业医疗保险中的风险储备金，用于应付暴发性疾病流行等超常风险和弥补医疗保险基金赤字，以及对"超常风险"进行赔偿或给付。风险储备金通常按医药费用的一定比例计算，其数额取决于覆盖面的大小和风险程度。保险的覆盖面越大，风险就越分散，突发性风险发生的可能性相对较小，风险储备金的提取比例就相对较低。测算风险储备金时，可以采用均方差的方法，也可以根据各年度保险基金赤字的情况来确定。

3. 管理费

管理费是指保险机构开展保险业务活动所发生的各种费用，主要包括初期的保险计划开发费用和日常管理费用。一般而言，保险的覆盖面越广，管理费越高，通常实行门诊和住院医疗保险的管理费率明显高于实行单一住院保险的管理费率。与商业医疗保险类似，管理费通常按医药补偿费的一定比例计算。一般认为管理费率应控制在总费率的 5%～8%。我国城镇职工基本医疗保险的管理费按规定由财政预算解决，不从医疗保险基金中支出。

第二节　医疗保险基本指标的测算方法

一、医药补偿比的测算方法

（一）医药补偿比的基本测算方法

医药补偿比，又称医药赔付率，是社会医疗保险机构对被保险人发生的保险范围内的医疗费用的补偿比例，即医药补偿费与医疗费用之比。社会医疗保险必须确定合理的补偿比，如果补偿比太低，无法起到医疗保险的保障作用；如果补偿比太高，则会导致医疗保险费用的过度支出。因此，如何科学测算出合理的医药补偿比，对保持社会医疗保险系统正常运转尤为重要。依据医药补偿比的定义可知：

$$R = \frac{R_f}{f_m} \times 100\% \tag{12-1}$$

其中，R——医药补偿比；R_f——医药补偿费用；f_m——医药总费用。

在医疗保险收支平衡的前提下，补偿比可以依据式（12-2）进行测算：

$$\frac{f_m \cdot R \cdot P \cdot F(R)}{PQ_m \cdot L_m} = 1 + t_1 + t_2 - t_3 \tag{12-2}$$

其中，P——增加系数；$F(R)$——保险因子；PQ_m——人均年保费；L_m——参保人数；t_1——风险储备金率；t_2——管理费率；t_3——平衡系数。

通常，当平衡系数 $t_3 < 0.01$ 时，医疗保险基金收支平衡；$0.01 \leqslant t_3 < 0.05$ 时，医疗保险基金收支基本平衡；$0.05 \leqslant t_3 < 0.1$ 时，医疗保险基金收支稍有结余；$t_3 > 0.1$ 时，医疗保险基金收支结余较多。

具体测算步骤：

（1）确定医药费用、增长系数、保险因子、风险储备金率、管理费率。

（2）根据筹资的可能性确定年人均保费（可折算成工资总额的一定比例）、参保人数的可能性范围，同时也要考虑欠缴的比例。

（3）根据可筹集到的医疗保险基金范围，综合平衡系数、增加系数，确定补偿比。可筹集资金较少时，要降低补偿比；可筹集资金较多时，则可以适当提高补偿比。另外，不同的医疗保险支付方式，其医药补偿比的算法也有不同，如设立起付线、封顶线、分级支付（不同级别的医院设立不同的补偿比）等，这时需要对起付线上下人群的医药费用分布、封顶线上下的医药费用分布、不同级别医院的医药费用分布的情况做出测算，然后对补偿比进行调整。

（二）不同赔付方式下的平均医药补偿比测算

1. 门诊费用和住院费用采取不同补偿标准的补偿比测算

如果医疗保险机构对门诊费用和住院费用以不同的补偿比进行赔付，那么平均补偿比 $\overline{R}$ 为：

$$\overline{R} = \frac{(R_1 \cdot f_{m1} + R_2 \cdot f_{m2}) \cdot L_m}{f_m} \times 100\% \tag{12-3}$$

其中，R_1——门诊补偿比；R_2——住院补偿比；f_{m1}——人均门诊医药费用；f_{m2}——人均住院医药费用。

【例 12-1】某城市 2020 年医疗保险参保人数为 200 万人，医药费用总额为 50 亿元。其中，人均门诊医药费用为 600 元，门诊补偿比为 50%，人均住院医药费用为 1800 元，住院补偿比为 70%。计算 2020 年该城市医疗保险的平均补偿比。

解：根据式（12-3）计算：

$$\overline{R} = \frac{(0.5 \times 600 + 0.7 \times 1800) \times 2000000}{5000000000} \times 100\% = 62.4\%$$

因此，该城市 2020 年医疗保险的平均补偿比为 62.4%。

2. 不同年龄组按比例共付保险的平均补偿比测算

如果医疗保险机构采取不同年龄组按比例共付保险的方式，假设全部参保者按年龄分为 n 组，那么平均补偿比 $\overline{R}$ 为：

$$\overline{R} = \frac{\sum_{i=1}^{n} pR_{f,i} \cdot L_i}{f_m} \times 100\% \tag{12-4}$$

其中，$pR_{f,i}$——第 i 年龄组的人均医药补偿费用；L_i——第 i 年龄组的人口总数。

【例 12-2】某城市 2020 年医疗保险参保人数为 200 万人，医疗费用总额为 50 亿元，参保人按照年龄分成三组，每组的人口总数以及人均医药补偿费用见表 12-1。计算 2020 年该城市医疗保险的平均补偿比。

表 12-1 2020 年某城市医疗保险统计情况表（一）

年龄组/岁	人口总数/万	人均医药补偿费用/元
20～40	60	650
40～60	80	1400
60 以上	60	2200

解：根据式（12-4）计算：

$$\overline{R} = \frac{650 \times 600000 + 1400 \times 800000 + 2200 \times 600000}{5000000000} \times 100\% = 56.6\%$$

因此，该城市 2020 年医疗保险的平均补偿比为 56.6%。

3. 综合赔付方法的补偿比测算

综合赔付方法是指区分门诊费用和住院费用，按不同年龄组分别划分不同的医药补偿费用，此种情况下平均补偿比 $\overline{R}$ 为：

$$\overline{R} = \frac{\sum_{i=1}^{n}(pR_{f1,i} + pR_{f2,i}) \cdot L_i}{f_m} \times 100\% \tag{12-5}$$

其中，$pR_{f1,i}$——第 i 年龄组的人均门诊补偿费用；$pR_{f2,i}$——第 i 年龄组的人均住院补偿费用。

【例 12-3】某城市 2020 年医疗保险参保人数为 100 万人，医疗费用总额为 20 亿元，参保人按照年龄分成三组，每组的人口总数、人均门诊补偿费用和人均住院补偿费用见表 12-2。计算 2020 年该城市医疗保险的平均补偿比。

表 12-2 2020 年某城市医疗保险统计情况表（二）

年龄组/岁	人口总数/万	人均门诊补偿费用/元	人均住院补偿费用/元
20～40	30	200	600
40～60	50	400	800
60 以上	20	600	1400

解：根据式（12-5）计算：

$$\overline{R} = \frac{(200+600) \times 300000 + (400+800) \times 500000 + (600+1400) \times 200000}{2000000000} \times 100\% = 62\%$$

因此，该城市 2020 年医疗保险平均补偿比为 62%。

二、保险因子的测算方法

（一）保险因子的含义

保险因子是用来衡量医疗保险制度的实施对医疗费用支出的影响，反映医疗费用支出随医药费用补偿比变化的指标。保险因子 $R(R)$ 的计算公式可以表示为：

$$R(R) = 1 + \varepsilon \cdot R \tag{12-6}$$

其中，ε——待定系数；R——医药补偿比。

由于医疗保险制度的实施，参保者在就医时与其未参加医疗保险时相比，所直接支付的医疗费用减少，这就相当于他的收入相对提高，这种收入效应的存在会增强他的医疗支付能力，从而导致医疗费用和医疗保险补偿费的增加。测算由于医疗保险制度存在而导致参保者增加的医疗需求量首先需要测算保险因子。

（二）保险因子的测算

保险因子的传统定义是将 0 补偿比作为对比点，但实践中，一般认为医药补偿比低于一定水平时，医疗保险对医药费用支出基本没有刺激作用。因此，保险因子的定义可以修正为：保险因子表示补偿比为 R 时发生的医药费用是某一对比的补偿点（R_0）时的 $F(R)$ 倍。根据这一定义，将保险因子的计算公式修正为：

$$F(R) = 1 + \varepsilon \cdot (R - R_0) \tag{12-7}$$

确定保险因子就是确定式（12-7）的待定系数 ε 的过程。下面举例说明 ε 的计算方法：首先获得表 12-3 中各种情况下的补偿比、年人均医药费用。

表 12-3　年人均医药费用与补偿比及保险因子的关系

编号 i	2	3	4	5	6	7	8
补偿比 R_i	20%	30%	40%	50%	60%	70%	80%
年人均医药费用/元	y_2	y_3	y_4	y_5	y_6	y_7	y_8
保险因子 $F(R)$	f_2	f_3	f_4	f_5	f_6	f_7	f_8

将表 12-3 中第 3 行数据（即年人均医药费用）分别除以 y_2，就得到第 4 行数据（即保险因子）；利用表 12-3 的第 2、4 行数据（即补偿比、保险因子），利用最小二乘法的测算思路，可获得过定点（R_0，1）的直线回归方程 $F(R) = 1 + \varepsilon \cdot (R - R_0)$，其中 ε 可表示为：

$$\varepsilon = \frac{\sum_{i=2}^{8}(R_i - R_0) \cdot (f_i - 1)}{\sum_{i=2}^{8}(R_i - R_0)^2} \tag{12-8}$$

在具体实践中，一般通过简单估算法获取年人均医药费。简单估算法是完全随机的设计方法，关键是扣除补偿比以外的其他因素对医疗消费支出的影响。获取保险因子，首先要确定一定变化范围的补偿比，实际中一般以 20%～80% 为计算区间。例如，在一个新实施医疗保险制度的地区，选择具有一定代表性且其人口学特征等各种条件都基本相同的 7 个社区,随机地按补偿比分别为 20%、30%、40%、50%、60%、70%、80%的 7 种情况实施医疗保险制度。经过一年后，计算出各个社区的人均医药费，就得到表 12-3 的第 3 行数据。然后，利用式（12-8）计算待定系数 ε，最后求得保险因子 $F(R)$。这时，表 12-3 中的人均医药费与补偿比的关系可以近似地看成已扣除了其他因素的影响，即它是下列假定条件下的近似结果：①各个社区的人口学特征、医疗机构的情况及管理方法基本相同；②因时间较短，可以认为人们对卫生服务的需求未变，医药价格相差较小。

一般来讲，应该按照住院费用和门诊费用分别计算保险因子，如果不同等级的医院实行不同的医药补偿比，还应该按医院等级分别计算保险因子。

实际案例中，某农村健康保险研究中心对保险因子进行了实验性研究，将不同的医药补偿比方案提供给不同的人群，观察其引起的医药费变化，表 12-4 为该研究中心保险因子的研究资料。

表 12-4　不同医药补偿比方案下的门诊保险因子与住院保险因子

医药补偿比	20%	30%	40%	50%	60%	70%	80%
门诊保险因子	1.33	1.52	1.72	1.92	2.12	2.33	2.54
住院保险因子	1.11	1.16	1.23	1.30	1.37	1.45	1.53

资料来源：吴明.医疗保障原理与政策.北京:北京大学医学出版社.2003:103

根据该研究，他们提出了保险因子和补偿比之间的函数关系：

$$F(R_1) = 1 + 0.9 \times R_1 \tag{12-9}$$

$$F(R_2) = 1 + 1.2 \times R_2 \tag{12-10}$$

其中，$F(R_1)$——门诊保险因子；R_1——门诊补偿比；$F(R_2)$——住院保险因子；R_2——住院补偿比。

（三）相关注意问题

保险因子测算是医疗保险测算中有一定操作难度的内容，同时也是许多地区在测算医疗费用时经常忽视的内容。在测算保险因子时，应注意以下问题。

（1）保险因子的作用通常在新实施医疗保险制度的地区较为明显，所以在新开展医疗保险制度的地区需测算保险因子。

（2）不同级别和不同类型的医疗服务下的补偿比所产生的刺激效果不同，因此保险因子应分级别、分服务类型测算。

（3）保险因子的作用比较稳定，因此在补偿比方案不变的情况下，保险因子不变。

（4）由于不同地区人群的健康需求和保险意识不同，医疗保险制度对医疗消费支出的刺激作用也不同，因此保险因子也同样存在地区性差异。

三、增加系数的测算方法

（一）处方重复划价法

例如，在某医疗机构随机抽取 2019 年 6 月处方 100 张，计算每张处方票据费用，再分别按照 2020 年 6 月的价格重新划价，计算每张处方的平均费用，2019 年为 42 元，2020 年为 50 元，则 2020 年比 2019 年增加系数为 $50 \div 42 = 1.190\,48$。

这种办法的优点是简便易行，缺点是只反映医药价格的上涨，难于选择一个全年有代表性的抽样时间范围，也很难兼顾用药品种和数量改变引起的医药费用变化。因此，采用此种方法应尽可能多取几个时间段面进行抽样。

（二）连续两年的人均费用的比值

例如，开展医疗保险前某市所有医疗机构连续两年的门诊年人均费用依次为 56.3 元和 69.2 元，则增加系数为 $69.2 \div 56.3 = 1.229\,13$，这种计算方法的优点是不仅反映了医药价格的增长，而且反映了人们对卫生服务需求的增长，比较全面合理，缺点是数据不容易获得。

（三）利用常规登记数据的移动平均法

移动平均法是统计学里常用的消除或减少偶然波动的统计方法。

设 X_1，X_2，X_3，…，X_{12} 是测算年 $1 \sim 12$ 月的医药费用平均数，用 Y_t 表示三项移动平均数，则：

$$Y_t = \frac{X_t + X_{t+1} + X_{t+2}}{3} \quad (t=1,2,\cdots,10) \tag{12-11}$$

进而，可求得三项二次移动平均数：

$$Y_t' = \frac{Y_t + Y_{t+1} + Y_{t+2}}{3} \quad (t=1,2,\cdots,10) \tag{12-12}$$

然后，根据 Y_1'，Y_2'，$\cdots$，Y_8'，可以求得环比增长率，继续求得其算术平均值，即为医药费用的月增长率 g_f，最后通过 $[(1+g_f)^{12}-1] \times 100\%$ 来计算求得医药费用的年增长率，该增长率加 1 后即为增加系数。

此外，增加系数还可通过连续两年的次均医疗费用的比值求得。这种方法的优点是资料收集比较容易，但缺点是没有兼顾到由于就医人数增加而导致的医疗服务需求的增加。

第三节　医疗保险基金收支的精算方法

一、医疗保险基金收支的粗估法

（一）医疗保险基金收入的测算

从社会医疗保险基金筹集的角度来看，我国的社会医疗保险基金收入来自国家、集体、个人三个方面。因此，社会医疗保险基金收入可表示为：

$$MI = C_{m1} + C_{m2} + G + I_r \tag{12-13}$$

其中，MI——社会医疗保险基金收入；C_{m1}——企事业单位缴费；C_{m2}——个人缴费；G——国家财政补贴；I_r——利息收入。

企事业单位缴费由职工工资总额乘以统筹费率得出。国务院《国务院关于建立城镇职工基本医疗保险制度的决定》确立了全国医疗保险水平的宏观控制标准：用人单位缴费率控制在工资总额的 6% 左右。个人缴费由个人工资乘以个人缴费率得出。个人缴费率以职工工资的 2% 为起点，根据实际需要可适当进行调整。财政补贴是指中央和地方政府为了保证社会医疗保险改革正常运转，通过政府财政收入对社会医疗保险基金给予的补贴。利息收入是指社会医疗保险基金投资收入，目前我国社会医疗保险基金的增值能力有限，所以在社会医疗保险精算中一般以银行活期利率计算利息收入。

（二）医疗保险基金支出的测算

从社会医疗保险基金支出的角度来看，我国的社会医疗保险基金主要包括医药补偿费、管理费、风险储备金三个方面。因此，社会医疗保险基金支出可表示为：

$$ME = R_f + M + S \tag{12-14}$$

其中，ME——社会医疗保险基金支出；R_f——医药补偿费用；M——管理费用；S——风险储备金。

1. 医药补偿费用

医药补偿费用是社会医疗保险机构对社会医疗保险覆盖范围之内的正常社会医疗风险进行偿付的费用，一般占整个社会医疗保险基金支出的 80%～90%。医药补偿费用的大小由特定时期内的参保人数和人均医药补偿费两部分组成。由于特定时期内的参保人数是一个较易取得的数值，因此测定医药补偿费用的关键是测定人均医药补偿费用。人均医药补偿费用的大小受到人均医药费用、医药补偿比、保险因子和增加系数四个因素的影响：

$$pR_f = pf_m \cdot F(R) \cdot R \cdot P \tag{12-15}$$

其中，pR_f——人均医药补偿费用；pf_m——人均医药费用；$F(R)$——保险因子；R——医药补偿比；P——增加系数。

人均医药费用是上一年或上几年所发生的在社会医疗保险覆盖范围之内的人均医药服务费用。人均医药费用按其来源可分为门诊费用和住院费用两大部分。

2. 管理费用

管理费用是指社会医疗保险机构提供医疗保险服务及在相关管理活动中发生的一系列费用。目前，我国的社会医疗保险管理机构的业务费用按规定均由同级财政支出，不能从收缴的医疗保险基金中提取。

对于已经开展医疗保险的地区，其管理机构可以根据往年的管理费用预测未来一年的管理费用的大小：

$$pro(M) = M_1 \cdot g \qquad (12\text{-}16)$$

其中，$pro(M)$——测算年的医疗保险管理费用；M_1——上年实际发生的管理费用；g——增长指数。

对于新开展医疗保险的地区，其管理机构可以根据自身规模、地区经济发展水平适度估计管理费用。

3. 风险储备金

风险储备金是为了应对突发的医疗保险风险而预留的资金，体现了社会医疗保险基金的"稳健"原则。其预测方法大体上有两种：

（1）均方差测定法。从统计学角度来看，利用前文所述方法计算出的人均医药补偿费用为预测值，必然与实际值之间存在一定的差异，而差异的大小反映了医疗保险基金支出风险的大小，因此，通常用均方差来表示人均医药补偿费用实际值与预测值之间的偏离程度。依据统计学原理，实际人均医药补偿费用在 $[M-\sigma, M+\sigma]$ 之间的概率为 68.27%，实际人均医药补偿费用在 $[M-2\sigma, M+2\sigma]$ 之间的概率为 95.45%，实际人均医药补偿费用在 $[M-3\sigma, M+3\sigma]$ 之间的概率为 99.73%。

根据使用均方差方法对实际人均补偿费用的分布估计，可以看出只要在净保费上增加三倍的均方差，就能充分保证医疗保险机构的财务稳定性。在实际中，对于风险程度很高且易于遭受巨额损失的商业保险，风险储备金有必要提高到三个均方差；对于一般的商业保险，风险储备金应提高到两个均方差；由于强制性社会医疗保险的广泛性和连续性，风险储备金为一个均方差即可。

（2）根据各年度保险基金赤字情况决定储备金。对于已经开展医疗保险的地区，可以根据历年出现医疗风险的情况进行预测：

$$pro(PS) = \frac{\sum_{i=1}^{n} f_i}{L_n} \cdot g \qquad (12\text{-}17)$$

其中，$pro(PS)$——人均风险储备金；f_i——第 i 年的费用赤字；L_n——第 n 年的参保人数；g——增长指数。

二、医疗保险基金收支的现值法

（一）社会医疗保险收入的测算

社会医疗保险统筹基金收入等于参保者个体在就业期内缴纳工资、缴费率和年龄别生存率三项乘积的按年加总额。在考虑缴费工资逐年增长的情况下，年缴费工资等于基年参保者缴费工资与缴费工资增长系数的乘积。在进一步考虑资金的时间价值的情况下，社会医疗保险统筹基金收入等于年缴费额折现并加总，即：

$$PVI = \sum_{s=0}^{b-1-x} C_r \left[\prod_{j=0}^{s}(1-q_{x+j})\overline{W_0}(1+g_y)^s \frac{1}{(1+i)^s} \right] \qquad (12\text{-}18)$$

其中，PVI——社会医疗保险统筹基金收入现值；C_r——缴费率；q_{x+j}——$x+j$ 岁的人在未来 1 年内的死亡率；$\overline{W_0}$——基年参保人的平均工资；g_y——预测期内的参保人年工资增长率；i——预测期内的年利率；b——参保人的退休年龄。

（二）社会医疗保险支出的测算

社会医疗保险统筹基金支出等于参保者个体在其开始缴费后直至死亡的期间内，每年的起付线以上住院费用支出、统筹基金支付比率和生存概率三项乘积的按年加总额。在考虑住院费用、住院率、社会平均工资逐年增长的情况下，住院费用、住院率、社会平均工资等于基年水平与增长系数的乘积。在进一步考虑资金的时间价值的情况下，社会医疗保险统筹基金支出等于年支付额折现加总，即：

$$PVE = \sum_{s=0}^{w-x} \left[\varepsilon \prod_{j=0}^{s}(1-q_{x+j}) \left[f_{m,x+s}(1+g_f)^s HO_{x+s}(1+g_{HO})^s - LR \cdot \overline{W_0}(1+g_y)^s \right] \frac{1}{(1+i)^s} \right] \qquad (12\text{-}19)$$

其中，PVE——社会医疗保险统筹基金支出现值；$f_{m,x+s}$——$x+s$ 岁参保人的次均住院费用；g_f——预测期内次均住院费用的年增长率；w——生存极限年龄；HO_{x+s}——$x+s$ 岁参保人的年住院率；g_{HO}——预测期年住院率的年增长率；ε——统筹基金支付比例；LR——起付线占当年参保人平均工资的比率。

三、粗估法和现值法的比较

分析两种方法，可以看出社会医疗保险收支的粗估法、现值法都是从基金收入、基金支出这两个方面分别进行精算，并考虑了经济增长因素对医疗保险收支的影响作用。

粗估法是从医疗保险基金收支的项目构成角度进行计算。粗估法的优点包括：①测算涉及项目明确，计算方法简单，易于理解；②考虑了由于参保而引起的道德风险问题，并通过保险因子对道德风险而引起的医疗保险基金支出变化量进行了测定；③精算内容包括对风险储备金的测算。但是粗估法也存在以下缺点：①其预测前提是人口规模不变，即不考虑人口变动因素的存在；②没有考虑到资金的时间价值，在不考虑资金时间价值的前提下研究医疗保险基金收支平衡，必然会在一定程度上存在差异。

现值法是从医疗保险基金收支影响因素的角度来进行计算。现值法的优点是：①引入了人口学的方法，考虑了死亡率；②引入资金的时间价值，利用折现系数将医疗保险基金收入、支出都折现至基金积累期，进而进行基金平衡分析。但是现值法也存在以下缺点：①现值法没有考虑参保后引发的道德风险的存在，忽略了对医疗保险中存在的特有的由道德风险引起的保险支出的增加。②现值法在测算医疗保险基金支出时，仅仅测算了医疗补偿费支出，忽略了对管理费、风险储备金的测算。因此，在实际应用中，应该根据具体情况选择合适的方法。

1. 医疗保险基金精算的基本思想和意义是什么？
2. 医疗保险基金收支的粗估法与现值法的区别是什么？
3. 由于不同年龄组人群的医疗需求不同，因此保险因子也存在差异，请参考简单估算法测算保险因子的思路，测算不同年龄人群的保险因子。

4. 试讨论在考虑人口年龄分布结构、资金的时间价值等因素的条件下，如何对社会医疗保险基金收支粗估法模型进行改进。

（刘锦林）

第十三章 医疗保险基金管理信息系统

我国医疗保险基金管理信息系统已具有社会保障信息系统的管理基础，并逐渐形成了统一高效、互联互通和安全稳定的系统管理原则。在新的时期，医疗保险基金管理信息系统应面向医疗保险治理的现实问题发展改革，进一步发挥经办管理、基金监管和公共服务职能。在这一过程中，应吸收借鉴国际、国内医疗保险基金管理信息系统建设经验，总结上海、成都等信息系统建设模式，为全国统一的医疗保险基金管理信息系统建设奠定基础。同时，重视系统建设仍存在的各项问题和面临的挑战，发掘信息技术与医疗保险基金管理新的结合点，进一步发挥信息化对医疗保险基金管理的效能。

第一节 医疗保险基金管理信息系统概述

一、医疗保险基金管理信息系统内涵

广义的医疗保险基金管理信息系统是为实现对医疗保险基金经办、运营管理，由政府主导，技术部门或企业承建，供各级医疗保险经办、医疗保险基金运营机构完成管理工作的信息系统。广义的医疗保险基金管理信息系统种类多样，在不同时期，各地区管理机构为履行医疗保险基金管理的各项职能，建设并运营了一系列管理信息系统，对强化医疗保险基金管理起到一定作用，不同系统职能互补，同时存在交叉重叠。

狭义的医疗保险基金管理信息系统是由医疗保险管理机构主导建设并在全国统一运营的正式的医疗保险基金管理信息系统。此前，是由中华人民共和国人力资源和社会保障部主导建设的"金保工程"一期、二期工程中关于医疗保险基金的系统模块，包括医疗保险业务管理子系统和医疗保险基金监管子系统。以及国家医疗保障局成立后，逐步建设的全国统一的医疗保险管理信息平台。

二、医疗保险基金管理信息化发展历程

（一）建设期：系统初步建成，覆盖范围扩大

信息化管理是完善社会保障管理的重要手段，医疗保险信息化建设是社会保障管理信息化的重要组成部分。2002年，我国将电子政务建设工作重点规划为"两网一站四库十二金"，"十二金"指的是要重点推进的办公业务资源系统等12个子系统，其中就包括社会保障业务系统，我国首个统一社会保障管理平台"金保工程"由此诞生。2003年8月国务院批准金保工程一期建设项目建议书，标志着金保工程在国家正式立项。2003年12月，中华人民共和国劳动和社会保障部发布《关于全面实施金保工程，统一建设劳动保障信息系统的意见》，明确要建立中央、省、市三级劳动保障数据中心，集中管理业务和决策信息；搭建中央、省、市三级安全高效的网络系统；建立标准统一的应用系统，包括业务管理子系统、公共服务子系统、基金监管子系统和宏观决策子系统；重构和优化业务处理模式，实现对经办业务全过程的信息化管理，为宏观决策、基金监管和社会化服务

提供全方位技术支持。

在"金保工程"一期重点任务规划中,"医疗保险管理服务监测"和"社会保障基金监管"被列为两项系统建设的重点目标。具体为:建立标准统一的医疗保险管理服务监测数据库,建立医疗保险药品目录、诊疗项目、服务设施标准和病种分类等参数数据库,使用医疗保险管理服务监测软件,通过网络实现对医疗保险基金收支及部分城市定点医疗服务机构业务运行情况的监测、分析和评估。按照资金的性质和管理方式的不同,分类建立标准统一的社会保障基金监管数据库,使用社会保障基金监管软件,通过网络实现社会保障基金的上级和同级非现场监督,有效实施对各项社会保障基金管理和运行状况的监控、分析和评估。

(二)发展期:互联互通加强,职能逐渐扩展

在"十二五"期间,医疗保险作为五大社会保险之一,已经成为金保工程的重要模块。《社会保障"十二五"规划纲要》提出:加快社会保障规范化、信息化、专业化建设,提高管理服务水平,明确医疗保险信息系统在社会保障业务档案管理、经办服务与监管活动中应得到广泛应用。"十二五"是人力资源和社会保障信息化建设的推广和完善期,各级数据中心、网络、平台覆盖和使用率大幅提升,部、省、市三级网络进一步贯通,基本实现了社会保险经办机构全覆盖,并逐步将业务范围向街道、社区等延伸,社会保障信息网络初步形成。

但随着社会保险覆盖面的扩大、保障水平的提高、服务便利性的提升,一些违规操作套取社会保险基金的行为成为扰乱社会保险基金管理的重要问题,而这一现象在医疗保险领域尤为突出。医疗保险信息管理业务从社会保障信息管理中不断分化。与医疗机构、医务人员的衔接和互动,是本阶段医疗保险基金管理信息系统发展的重要趋势。新医改相关文件提出要"加强医疗保险对医疗服务行为的监管,完善监控管理机制,逐步建立医疗保险对医疗服务的实时监控系统,逐步将医疗保险对医疗机构医疗服务的监管延伸到对医务人员医疗服务行为的监管"。

2018年国家医疗保障局成立,医疗保险基金同医疗保险制度管理职能一并转移至医疗保障局。医疗保险独立于其他社会保障业务管理体制,正是基于其不同于其他保险业务,而金保工程难以和医药、医疗信息系统整合,不利于医疗保险综合运用三医大数据进行科学管理。因此,新的管理体制下,医疗保险基金管理系统如何高起点规划、高质量发展成为医疗保障局组建后面临的基础问题之一。

2020年3月《中共中央 国务院关于深化医疗保障制度改革的意见》提出,提高信息化服务水平,推进医疗保险治理创新,为人民群众提供便捷高效的医疗保障服务。要求统一医疗保障业务标准和技术标准,建立全国统一、高效、兼容、便捷、安全的医疗保障信息系统,实现全国医疗保障信息互联互通,加强数据有序共享。规范数据管理和应用权限,依法保护参保人员基本信息和数据安全。加强大数据开发,突出应用导向,强化服务支撑功能,推进医疗保障公共服务均等可及。建设全国统一的医疗保障信息平台成为推进医疗保障治理体系和治理能力现代化的重要抓手。2021年4月20日,国家医疗保障信息平台在青海省全面上线运行,致力于提供更加智能、便捷、高效的医疗保障服务。青海省成为全国首个医疗保障信息平台业务功能全层级完整上线,并实现全省全覆盖的省份。

三、医疗保险基金管理信息系统的基本原则

(一)统一高效

建设和管理医疗保险基金管理信息系统,要进行统筹规划和顶层设计。统一管理系统的软硬件标准,制定并完善全国统一的信息技术标准,规范医疗保险基金信息管理。由中央集成管理平台,

更新并发布全国医疗保险基金管理信息系统发展架构。在系统建设架构中，以统一编码知识库的形式，不断嵌入新的医疗保险、医疗管理标准，完善更新电子病历、药品、诊疗标准编码，并统一实施，奠定医疗保险基金管理系统的基础规则，提升医疗保险基金信息管理效能。对于当前尚不成熟、无法嵌入系统的功能模块，应当充分保留发展空间，预留相关接口等，避免未来形成碎片化管理。

（二）互联互通

随着社会征信体系不断完善，个人信息的维度扩展，参保人信息在网络中的储备增加；同时，管理的连续性增强，基于机构、参保人的唯一识别码，对信息的连续管理变成现实。而医疗保险基金管理信息系统与机构、参保人直接相关，所涉及的各项信息分散在各职能部门。因此，医疗保险基金信息系统建设首先应和民政、公安数据等数据相联，以避免信息重复收集，提高管理效率，同时保证信息更新的及时性。其次，医疗保险基金管理信息系统内部要联通，以费用结算为例，要统一系统、完善终端，实现医疗机构费用结算时上报、审核、结算、稽查业务顺畅开展，降低沟通和维护成本。此外，医疗保险基金管理信息系统要和医疗机构内部管理信息系统相联，实时上传、标准化医疗机构费用数据，充分反映医疗行为动态信息，医疗保险管理机构不仅要掌握医疗费用信息，还应全面掌握与医疗费用密切相关的临床医疗、处方等信息。

（三）安全稳定

系统建设过程中，要充分保护参保人、机构、医疗保险部门等信息资源安全，保障信息资源保密、完整，实现信息系统可控，是医疗保险基金管理信息系统管理的基本原则。保密性是指在信息收集和取用过程中，不发生信息泄露，第一是在信息查询和业务办理界面，不透露业务内容以外的信息，第二是对信息保存、传输进行加密，在系统面临外部的入侵、侦收风险时，能够有效自卫。完整性是指不发生信息损失，包括存储设备的物理安全性和面临攻击时有效保护信息不丢失的特性，此外，还包括系统稳定、不发生重大故障的功能完整性。可控性是指在与外部进行系统对接时，信息传输的规格、量度、范围等均能够实现事前控制，保障系统安全。

第二节　医疗保险基金管理信息系统功能

一、经办管理

（一）基础知识库

基础知识是医疗保险基金管理信息系统发挥职能的基石，也是决定信息系统功能多样性、拓展性的重要因素之一。建设与维护医疗保险基础知识库，夯实医疗保险基金管理信息系统基础模块，对提高医疗保险信息治理能力具有基础作用。基础知识库建构，既包括参保人群、药品、诊疗项目及价格等具体包含的内容，还包括这一系列知识库所执行的建构标准和使用法则。医疗保险基金管理信息系统基础知识库建设实践应满足医疗保险管理和服务流程，同时包含医疗、医药等供给方知识库，参保人等需求知识库，医疗保险政策等标准知识库。以各基础知识库构建医疗保险基金管理信息系统基础层，通过各类知识库的整合与连接，建立应用层，完成上层管理业务。

随着医改工作深入推进，医疗保险制度体系不断完善，需要进行信息化、标准化的知识种类不断更新、内容持续扩展，对医疗保险基础知识库的建设和维护需做好顶层设计。因此，全国统一医疗保险基金管理信息系统的基础知识库，需从国家层面开展，制定一系列基础知识库建设、维护标准和交互规则，以保障统筹层次不断提升的过程中，不同地区医疗保险信息互联互通的渠道畅通。

（二）基金征缴

与部分国家"医疗保险税"制度不同，目前，我国医疗保险基金仍由经办机构以"医疗保险费"的方式征收。提高医疗保险基金征缴的信息化水平，是提升电子政务、改进医疗保险经办管理机构服务水平的重要工作。具体地，基金征缴功能涉及的主要业务包括：医疗保险基金建账、冲销和查询，我国医疗保险制度经历了城乡居民医疗保险合并、取消个人账户等重大变革，相应地医疗保险基金管理信息系统需要同步调整，以满足新制度的要求；缴费基数统计和审核，医疗保险个人缴费基数的统计是一项难点工作，因此，与税务机关联合开展医疗保险基金征缴是医疗保险改革的一项议题，医疗保险基金管理信息系统与税务系统联通，有利于加强缴费审核使基金征缴能力提升；缴费比例计算与匹配，在参保人档案管理和政策知识库基础上，计算不同类别参保人缴费比例、金额等；建立、冲销台账，包括建立个人应收账目，及时生成、核算并保存缴费信息；征缴信息查询，涉及与银行对接，及时推送参保人缴费信息。

医疗保险基金管理信息系统相较于传统的人工台账管理，优势不仅在于规模化、标准化管理带来的成本节约，还能够在产生参保缴费在不同区域间转移接续时，系统间准确、及时地实现转移交互，保证参保管理的连续性，不妨碍参保人享受医疗保险待遇。

（三）费用结算

当参保人员发生医疗费用时，首先核定参保人资格和保险类型。其次，根据接受的诊疗服务项目、药品种类等，参照政策知识库，划定合规医疗费用额度，再根据规则进行结算。医疗保险基金管理系统费用结算功能需与两定机构等形成联动，其费用额度、结构等结算依据均依赖于两定机构数据上报。因此，功能实现的程度和效率，需以规范机构诊疗和登记行为为前提。

随着人口流动性增强和医疗保险管理水平不断提升，信息化对医疗保险费用结算愈发重要。首先，信息系统是实现医疗保险异地结算、一站式结算等的基础。在我国医疗保险属地管理原则下，随着人口流动加强，不同地区间医疗保险业务交互不可避免，异地就医报销是完善医疗保险管理的重要内容，新医改也将其列为一项重点工作。不同地区由于缴费水平、管理政策差异，异地就医报销的公平性长期受到质疑，但随着制度不断完善，区域交互管理工作成为发展必然。未来，基于统一架构和交互标准的医疗保险基金管理系统，是实现地区交互的基础。此外，医疗保险政策体系不断完善，合规医疗费用报销管理逐步精细化，强大的医疗保险基金管理信息系统，能够在医疗费用结算时进行筛选审核，辅助结算管理。

二、基　金　监　管

（一）精准打击欺诈骗保

医疗保险基金支出中欺诈骗保对医疗保险基金安全造成威胁，加强医疗保险基金监管是新医改的重要内容，而信息化是在医疗保险规模不断扩大、用途不断增加的条件下实现有效监管的重要工具。早在 2012 年，中华人民共和国人力资源和社会保障部就医疗保险领域日益严重的违规套取、骗取医疗保险基金的行为，对医疗保险管理信息系统开展专项建设，于 2012 年 9 月在"金保工程"原人社部专网和省级、市级数据中心的基础上，建设基本医疗保险服务监控系统，将医疗保险管理系统职能延伸至定点医疗机构和定点药店，建立医疗保险信息化反欺诈机制，维护医疗保险基金安全。

但欺诈骗取医疗保险基金的行为仍时有发生，改进医疗保险基金管理信息系统，强化医疗保险监管各项机制一直是新医改的重要工作。2020年12月国务院常务会议通过《医疗保障基金使用监督管理条例》，要求加强医疗保障基金监管和社会监督、严禁各种形式骗取医疗保障基金。在医疗保险治理中，加强信息系统建设，对长期保持打击欺诈骗保的高压态势，保障基金安全具有重要作用。信息技术与医疗保险治理的结合方式不断扩展，更有利于医疗保险基金管理信息系统发挥监管职能，例如，利用人脸、指纹识别，"互联网＋视频监控技术"对办理虚假登记的参保人员、定点医疗机构和定点药店依法查处，对欺诈骗保开展流程追溯，建立欺诈骗保防范机制，从源头对医疗保险违规行为进行治理。

（二）合理管制保险滥用

医疗保险滥用包括不符合常规或不经济的诊疗行为，如过度医疗等行为。医疗服务体系中过度存在医疗现象，原因复杂。第一，由于医疗领域医患信息不对称，部分医生的创收动机是导致过度医疗的原因之一；第二，过度医疗亦可能是一种"防御性"医疗，即在个人发展、医患矛盾等多方压力下，医生在不能准确判断患者病情时，一种"宁多勿缺"的诊疗行为。

当医疗保险部门行政手段难以实现有效监管的情况下，通过开发医疗保险基金管理信息系统职能，可以实现对医疗服务机构医疗保险费用报销的智能审核与监控。例如，依托诊疗数据，对诊疗信息进行筛选、分析、异常报告和预警，首先，用预设模型对诊疗行为进行对比分析，识别违规行为；诊疗信息与医生信息匹配，从医生视角分析诊疗行为，对具有严重过度医疗倾向的医生、科室进行追责。使用医疗保险基金管理信息系统对过度医疗进行监管，可避免人为监管存在的因不同机构监管尺度不同导致监管严格程度不同的问题，有利于提升医疗行为监管的公平性，建立规范的医疗秩序。

（三）强化医疗保险预算管理

加强医疗保险基金预算管理和风险预警，是2020年《中共中央 国务院关于深化医疗保障制度改革的意见》中对完善医疗保险基金筹资运行的重要指示。当前，多地实行总额预算与定额结算相结合的医疗保险基金预算管理模式，对提升医疗保险基金可持续性，保障基金平稳运行起到重要作用。但同时，由于区域间社会经济发展水平差异、区域内不同层级机构差异等，医疗保险基金预算标准不符合当地医疗服务实践的情况时有发生。不合理的预算标准降低了医疗保险基金使用效率，还可能限制基层医疗卫生机构的发展。

基于此，运用医疗保险基金管理信息系统对基金使用状况实行监控，通过收集地区医疗保险基金运行数据，深度分析不同层级医疗机构医疗保险基金使用规律与变化趋势，通过纳入社会经济发展因子、缴费因子、机构等级因子等，科学合理制定区域医疗保险基金预算管理标准；持续收集基金运行的各项数据，防范基金运行风险，同时对预算管理标准进行动态调整。

三、公 共 服 务

医疗保障基金管理信息系统提供参保人员医疗保障查询服务。医疗保险基金管理信息系统设立端口，满足参保人员通过人力资源和社会保障专用终端设备，查询个人权益相关信息，进行社会保险卡卡内数据更新。同时，相关系统网站要向社会发布公报、讯息等，扩大医疗保险政策知晓率，同时满足社会监督等需求，近年来，部分地市建立医疗保险基金信息查询窗口，对医疗保险待遇覆盖的病种、诊疗项目和基金报销比例通过自助查询的方式进行披露。

第三节　医疗保险基金管理信息系统国内外经验

一、医疗保险基金管理信息系统建设国际经验

（一）市场主导模式——以美国为例

美国的医疗保险基金监管信息系统是依托市场化下的基金监管诚信体系的。先进的信用信息系统、完善的信用法律体系、规范的信用评估机制等一系列连环机制组成了美国高度发达的社会信用信息系统。由于社会信用信息系统的完善度较高，美国公民十分重视信用评价，一旦在统一的信息系统中背上失信记录，个人的日常生活将会受到严重影响，医疗保险基金监管信息系统也正是由于嵌入了这一体系才得以成功建立。这样的社会信用体系氛围极大限制了医疗保险的道德风险隐患，控制了医疗保险基金的滥用。

同时，美国在统一的医疗信息系统上也有较为成熟的合同机制和信用体系，商保占主导的美国医疗保险市场在道德风控上借用这一体系已经将信息化做到了很高水平。此外，美国还将 DRGs 应用于医疗保险支付，每一个 DRG 都有明确的付费标准，通过对医疗保险基金实现标准化管理，更进一步减少了医疗保险基金的滥用。

（二）政府主导模式——以德国为例

德国是世界上拥有最完备的社会信用信息系统的国家之一。以德国通用信贷安保集团为代表的私营征信机构与德国中央银行建立的"信贷等级中心"相辅相成，这些拥有强大信用信息收集、分析、评价和预测能力的第三方征信机构对于德国医疗保险信用信息系统的构建提供了有力支撑。不仅如此，德国还拥有着完善的个人信用档案体系，这个体系已经全国信息化，任何一个信用污点在该系统上都会联通呈现，会给个人带来难以挽回的影响。这样的社会体系可以极大约束医药机构、医师和参保人等个体的不良行医或就医行为，从而奠定维护医疗保险基金安全的信用基石。

德国的社会保障制度还拥有十分健全的法律体系和费用控制机制。德国对医疗服务供给方有着非常严格的准入管理。为解决医疗保险支付过程中的信用问题，德国研发了 G-DRGs（German-DRGs）付费信息系统，将 DRGs 作为住院医疗费用的支付方式，从而抑制了医疗保险支付过程中可能发生的道德风险。

（三）经验启示

综合来看，医疗保险基金管理信息化是维护基金安全的重要手段。相比中国，美国和德国不仅在医疗保险基金的管理方面出台了明确的法律法规，也都拥有着健全的社会信用体系和发达的信息网络。个人信用意识淡薄、信用档案使用率低且缺乏法律保障是我国目前亟待解决的问题，从这个角度去思考医疗保险基金管理信息化建设，挂靠全社会信用系统是这两个国家医疗保险基金管理信息系统建设的重要经验，值得学习借鉴。

此外，美国和德国将 DRGs 应用于医疗保险支付，把疾病治疗过程看成一个计量单位，每一个服务单位均有明确价格标码，而对于每一个服务单位均有明确的医疗保险基金分配使用标准。对医疗保险基金实现标准化管理非常重要，这是医疗保险基金管理信息系统良好运行的必要条件，这一点对于中国医疗保险支付方式改革也具有极大借鉴意义。

二、我国典型医疗保险基金管理信息系统探索

（一）上海——全国医疗保险信息系统建设的标杆之作

上海市医疗保险信息系统于 2000 年进行一期工程建设，实现了全市参保人员在全市定点医疗机构自由持卡就医，医疗费用网上实时结算。历经二十年的多期工程建设，特别是"十一五"期间的三期工程建设，使上海市建成了一套集医疗保险实时交易、业务处理、监督审核、决策支持等功能于一体的医保信息系统，为上海医疗保险决策、管理和服务提供了有力的支持，为医疗保险制度建设做出了突出的科技支撑贡献。如今，"十四五"建设已开启，已成为全国医疗保险信息系统建设标杆的上海模式正在迅速发展完善，跻身世界舞台中央。

1. 六大特点诠释建设标杆

（1）规模较大，覆盖面广。上海医疗保险信息系统是一个集中式管理的、综合性的医疗保险计算机信息系统，是信息技术在医疗保险领域的大规模应用。实现了网上实时费用结算和业务经办，为上海所有参保人员提供自由就医、医疗费用实时结算、医疗保险业务办理和信息查询等服务。

（2）高适应性，高可用性。上海医疗保险信息系统能够适应复杂、异构的医院环境和各种医疗保险制度与参保人群的需要，并有实时就医结算不中断的高可用性。特别是通过"十一五"的三期工程建设，建成了应用级灾备和应急系统，形成了独创性的由主用系统、应急系统和应用级灾备系统组成的三重保障平台。在应对各种软件、硬件或灾难性故障时都能够实现快速的业务接管，保证系统对外提供服务的连续性和高可用性。

（3）便捷高效，一卡皆通。上海医疗保险信息系统实现了社会保障卡的全面应用，参保人持卡可在遍布全市的定点医药机构自由就医、购药，可持卡在区县医疗保险经办机构办理相关医疗保险业务，及时得到相关信息服务，真正在上海医疗保险领域实现了"一卡"处处皆通。

（4）功能完善，支撑力强。一是医疗保险信息系统建立了医疗保险监督和结算审核系统。能够提供对参保人员就医监管和定点医药机构监管两大类业务的支撑，具有结算审核、日常监管和违规处理等审核监督功能，为减少浪费和保证医疗保险基金的合理使用提供了科学依据及技术支撑。二是初步建成决策支持系统。能够提供统计报表及终端展示、在线分析、重点审核监督筛选、基金支付预警、结算办法辅助测评、定点医疗机构布点支持等功能，通过对历史业务数据的统计和分析为科学决策提供支持。

（5）以人为本，个性服务。上海医疗保险信息系统建立了以电话中心、网站和触摸屏为手段的医疗保险服务系统，为参保人员提供政策咨询和账户查询等服务，使参保人能方便地通过多种渠道查询到个人账户、就医及本人需要的相关医疗保险政策等个性化需求信息。

（6）信息辅助，助力决策。借助信息化建立医疗保险决策支持系统，提高了医疗保险决策和管理水平，在医疗保险制度实施和政策出台时，进行政策测算和评估，对基金风险进行了分析和预警，发挥了降低基金风险、保障基金平衡的重要作用。

2. 标准化建设先行

（1）统筹布局规范建设。在规范建设方面，上海市医疗保险信息中心相继发布了《医疗保险费用结算审核计算机系统中心系统与医院系统接口规范》、《医疗保险费用结算审核计算机系统中心系统与内设医疗机构系统接口规范》、《医疗保险费用结算审核计算机系统中心系统与药店系统接口规范》，进一步规范了医疗保险信息采集标准。同时，根据医疗保险管理和业务发展的需求，先后对"接口规范"进行了十几次修订。在不断完善医疗保险信息采集规范的基础上，又进一步规范定点医药机构上传的信息，拓展采集信息的内容，从以采集费用信息为主，发展到"费用信息实时采集，费用明细批量上传"。

（2）项目库建设持续推进。在医疗保险信息标准建设方面，全面开展了医疗保险项目库的建设工作，已经完成了医疗服务分类库、基本服务设施库、基本药品目录库、疾病分类库（ICD-10）及手术代码库、医疗机构科室代码库的建设，并已经正式公布，在全市范围内的定点医药机构全面实施。为加强医疗保险审核监督，执业医师库的建设也已完成并全面实施。在全面开展医疗保险项目库建设的同时，上海医疗保险信息中心还建起了医疗保险结算网站，建立了医疗保险各项目库动态更新及维护的长效机制，以保证信息标准的有效性。医疗保险项目库的建设，使医疗保险数据和信息更为标准、规范和统一。从而为医疗保险信息的分析和利用，以及医疗保险管理和决策的支持，提供了坚实可靠的信息基础。

3. 制度建设筑牢基础

（1）对标国际和国家标准，加强信息安全管理。在制度建设和信息安全管理方面，上海市医疗保险信息中心根据 ISO27001 国际标准，结合中心管理要求，建立了信息安全管理体系。

（2）建立"三级网络、四级管理"体系。针对上海医疗保险信息网络覆盖面大、联网网点多的特点，建立了"三级网络、四级管理"的信息安全管理体系，制定了《上海市医保信息系统安全管理规范》（医疗保险办/事务中心分册）、《上海市医保信息系统安全管理规范》（医疗保险定点医药机构分册）和《上海市医保信息系统安全管理规范》（医疗保险事务服务点分册）。这几个"分册"的制定，将信息系统安全管理延伸到医院医疗保险办、定点药店和社区的医疗保险事务服务点。

（3）制定应急预案，定期组织演练。针对上海医疗保险信息系统的重要性和业务不可中断性的特点，制定了《上海市医疗保险信息系统应急预案》，从组织体系、预防预警、应急处置、后期处置、应急保障、监督管理等方面，强化应对突发事件能力，并每年组织二到三次应急演练。

（4）实行等级保护，实施专业安全测评。按照国家信息系统等级保护要求，对上海医疗保险信息系统进行定级和保护工作。由上海市信息安全测评中心对上海医疗保险信息系统进行全面安全测评，并按照等级保护三级的要求，对部分系统进行完善和改造。

4. 信息化创新成果丰富

上海医疗保险信息系统的研究成果已申请多项发明专利和软件著作权，其相关技术成果已在全国多个城市推广使用。多项技术处于国家先进水平。主要创新技术如下所述。

（1）高可用性的示范。作为特大城市高可用性实时系统的保障平台，不仅从技术上提供了保障业务连续性的整体解决方案，还为类似大型联机实时交易系统如何保障高可用性提供了示范。

（2）提出了面向复杂异构环境的医疗保险费用实时结算级联式架构。实现了各医疗机构异构平台与医疗保险中心的平滑连接，保证了高峰时段对大批量交易业务处理的实时响应时间在 1 秒之内的达到 99.99% 以上。

（3）创造性地建立起历史关联性交易的软件类故障应急处置系统，有效地解决了软件类故障问题，实现了系统的快速切换。提出的多层次模块化容灾解决方案，创造性地建立了一个多层次结构化的容灾系统。

（4）形成了独创的由主用系统、应急系统、灾备系统组成的高可用保障平台，在应对各种软件、硬件或灾难性故障时都能够实现快速的业务接管。

（5）首次提出基于真实数据回放的高仿真模拟测试技术，能够真实重现生产系统运行轨迹，破解了测试中模拟真实环境的难题。

（6）融合动态分区和集群技术的动态集群资源优化组合技术，在确保系统可靠性和性能不下降的同时，还能够最大化地利用资源。

（二）成都——医疗保险信息化立体监管网络

成都市作为全国统筹城乡综合配套改革试验区，在实行基本医疗保险制度以来，一直以信息化建设为抓手，扎实有效地推进全市医疗保险智能监管工作。已逐步建立起了一套涵盖审核、监控、辅助决策、廉政风险防控等多项功能的多元化立体医疗保险基金管理体系。

1. 智能监管的全新诠释

成都市医疗保障局以构建监控对象全覆盖（参保人员的就医行为、医生的医疗行为、经办人员的经办行为、参保单位的参保行为）、监控过程全覆盖（事前对医疗机构违规行为进行预防、事中对医务人员医疗服务行为适时干预、事后对结算数据进行计算机审核扣款，对可疑数据进行挖掘分析）的智能监管信息系统为目标，全面推进医疗保险智能监管信息化建设工作，发挥了信息系统在提升医疗保险服务、管理、决策能力水平中的基础性作用。要实现医疗保险智能监管，首先需要创新构思、科学设计。

成都市按照"医疗保险经办服务、制度运行分析与监督、决策分析三位一体"的理念，以"8124"构架为蓝本，对医疗保险基金管理系统及功能进行了全新的诠释和设计。所谓"8124"构架，就是以药品目录库、诊疗项目库、医用材料库、医用设备库、医疗保险服务医师库、疾病诊断代码库、定点机构基础信息库、审核与监控规则库8个基础数据库为基础，由1个在线监控数据中心，通过宏观和微观2个分析监控层面，实现对"两定"机构、医疗保险服务医师、参保人和医疗保险经办机构4个监控对象的智能监管，运用大数据分析结果，为医疗保险经办机构审核稽核提供疑点和倾向性问题，为制度运行作出预警，为完善政策制度提供决策支撑。保障医疗保险基金管理系统有效运行的主要内容包括：

（1）借助信息化手段，推进基础目录库内容建设。按照统一标准、统一流程，对全市定点医疗机构科室设置情况，设备、床位、医务人员配置情况，以及所开展的诊疗、疾病、使用的药品、耗材等基础信息进行采集和核准，为各定点医疗机构建立了独立的药品、诊疗、耗材、设备、医务人员、基础信息目录库，并结合定点医疗机构实际，实时更新，动态调整。

（2）实现对全市医疗保险有关报销政策和支付标准的智能化、数字化规则配置。根据医疗保险政策、物价收费标准、《中华人民共和国药典》、卫生部门相关规定和临床诊疗规范及常规，结合医疗保险药品、诊疗、材料及疾病诊断等基础数据库，构建了26大类审核规则，12万条审核条目和6万条医疗保险目录；在广泛征求定点医疗机构意见、组织第三方医疗卫生专家组评审确定的基础上，实现对全市医疗保险有关报销政策和支付标准的智能化、数字化规则配置。

（3）建立医疗服务信息采集标准和规范，形成了支持实时在线监控的489项基础数据指标体系。以此，成都市以人力资源和社会保障部部颁医疗保险监控规则为基础，结合自身实际，依托基础数据指标体系，设计形成41项监控规则和19项分析规则，对医疗保险运行情况进行监控和分析。

2. 信息系统持续完善优化

成都市按照"政策统一、标准统一、流程统一"原则，在广泛征求各定点医疗机构、各级经办机构以及行政主管部门意见的基础上，拟定医疗保险基础目录库、智能审核、第三方评审、实时监控、现场稽核等项目的日常管理规程，保证基金监管信息系统运行有据可依、工作处理有章可循。

（1）将智能辅助审核"引擎"无缝嵌入到医疗保险信息系统。实行了初审、复审、第三方评审全过程的信息化管理，并运用大数据运算模型，对海量医疗保险报销单据及明细数据进行全面、详尽、规范、精准的审核。

（2）建立审核争议调处机制和沟通互动平台。为提升智能辅助审核的系统性、规范性、公正性和权威性，成都市建立了第三方专家评审机制，定点医疗机构对复审结果有异议的，可提请第三方专家组评审，同时，配套构建了一套医疗保险争议处理平台，通过该平台，定点医疗机构提起申诉并上传举证材料，医疗保险经办机构进行网上复核，实现医疗保险、医院双方的实时在线沟通。

（3）建立实时在线监控信息平台。包括规则管理、实时监控预警、核查任务管理、监控分析、移动终端、诚信管理等6个方面，涵盖规则设置和运行计划管理、疑点筛查与分析、核查任务流程管理、经办单元和医疗机构运行指标预警分析、基金收支监控与预测、稽核过程追踪、统计报表等58个功能模块。

（4）信息化数据支撑辅助决策管理。通过对医疗保险大数据的挖掘和分析，查找离群数据，发现医疗保险经办和医疗服务过程中存在的突出矛盾和倾向性问题，为经办服务和管理提供技术支撑，为制度运行分析与监控提供数据支撑，为制定政策提供决策支持。

3. 全程实时精确管理控制

成都市医疗保险基金管理信息系统的"上线"，实现了医疗服务行为的全程、实时、智能、精确监控，取得显著成效。

（1）工作效率显著提高。据测算，智能辅助审核系统完成全部住院医疗费用审核所需时间仅为过去人工抽审时间的 1/4。实时在线监控系统发现疑点数据的时效明显增强，稽核监督的针对性和有效性显著提高。依托智能医疗保险基金信息系统，辅助医疗费用数据全面、详尽、规范、精准的审核，实现了医疗费用审核全覆盖和阳光审核。依托实时在线监控系统，实时监控中发现的倾向性问题，下达核查任务，开展专项检查。

（2）医疗服务行为更加规范。智能辅助审核协同平台能将医疗保险政策、违规情况等及时、全面、准确、直观地推送给医疗机构和医疗保险服务医师，帮助其及时发现问题，促使其自觉规范医疗服务行为；实时在线监控系统能及时发现医疗保险制度运行中医疗服务存在的突出矛盾和倾向性问题，促使医疗保险经办机构履职尽责，强化管理。在此监督下，违规、过度医疗等不规范的医疗保险服务行为得到有效遏制，医疗费用支出不合理增长得到有效控制。

（3）医疗保险治理能力有效提升。目前，智能医疗保险基金管理系统的审核规则由医院、医疗专家、医疗保险经办机构和医疗保险行政管理部门共同制定和修正；审核争议沟通平台实时公布审核规则和审核结果，供定点医疗机构及医疗保险服务医师参阅和对照整改；审核争议第三方专家评审机制保证审核的科学、公平、公正。监控规则能自动发现疑点、生成核查任务清单并下达医疗保险经办机构，监督其进行靶向核查。这促进了医疗保险由单向管理向共同治理的转变，"两定"机构发生了由被动接受到主动对接、由消极应付到积极整改的转变，实现了医疗保险患三方共赢。

（4）精确管理理念得以实现。智能辅助审核系统和实时在线监控系统从政策到管理，从服务到监控，从制度运行分析到风险预警，再到决策辅助支持，细化到每一项制度，精确到每一个经办单元、每一个"两定"机构以及每一个参保人的每一种风险、状态和趋势，精确管理理念得以实现。

（5）内部风险得到有效防控。两个系统上线运行，实现了对医疗保险经办工作的全方位、全时段、无缝隙立体监管和可追溯，压缩了医疗保险经办机构和工作人员的自由裁量权，堵塞了滋生腐败的漏洞，有效防范了岗位廉政风险和医疗保险基金运行风险。

第四节　我国医疗保险管理信息系统发展趋势

一、医疗保险基金管理信息化面临的挑战

（一）医疗保险基金管理信息系统碎片化

当前，医疗保险基金管理信息系统建设仍处于分散探索阶段，各地医疗保险基金管理信息系统建设承办主体、目标功能各异，因此，各地目前所使用的医疗保险基金管理系统水平不一，城镇职工医疗保险信息系统、居民医疗保险信息系统类别多样，信息功能完备性、可交互性等存在差异。

（二）医疗保险基金管理信息系统安全威胁增加

网络安全是我国国家安全体系的基本内容之一，医疗保险基金管理信息系统安全事关重大。随着医疗保险信息系统所需承担的在线业务不断增加，信息系统需要与其他系统链接的端口也随之增多，信息系统安全风险增大。医疗保险基金管理信息系统安全，不仅事关基金运营管理安全，还涉及参保人个人、企业法人机关等数据安全。随着基础设施建设和维护、经办管理等各项业务数字化程度越来越高，当医疗保险基金管理信息系统遭遇风险时，危险程度更大。因此，在医疗保险基金管理系统建设过程中，如何利用现代技术同步加强、不断升级系统安全性，是信息化建设的重要课题。

（三）医疗保险基金管理信息系统各功能模块风险排查

医疗保险基金管理信息系统各功能模块都面临相应系统风险挑战，做好各功能模块风险排查，才能确保信息系统长期有效为医疗保险基金管理服务。经办管理功能中，基础知识库录入要精确无误，同时设计好灵活拓展模块，前者录入失误会造成信息系统整体性错误，后者则为系统优化升级留出余地；基金征缴环节，则要注意与税务信息系统、财政信息系统、各医院医疗服务信息系统联通，单独计算缴费审核可能造成基金征缴费用脱离实际的风险；费用结算环节，欺诈骗取医疗保险基金的行为仍时有发生，从信息系统层面，应利用人脸、指纹识别，"互联网＋视频监控技术"对办理虚假登记的参保人员、定点医疗机构和定点药店的欺诈骗保开展流程追溯，确保费用合规使用。预算管理环节，运用医疗保险基金管理信息系统对基金使用状况实行监控，必须注重区域医疗保险基金预算管理标准制定的合理性和科学性；从前馈控制防范基金运营风险。公共查询服务中，应及时更新最新政策讯息，覆盖旧讯息，确保查询时能获得最新资讯，避免公众误导风险。

二、医疗保险基金管理信息化展望

（一）"云平台"助力医疗保险互联互通

在制度设计方面，医疗保险统筹层次不断提高，需建立地域医疗保险基金管理的统一信息系统；在经办服务层面，随着人口流动性不断增强，医疗保险存在愈发频繁的参保人员转移、异地结算等各项业务。因此，医疗保险基金管理系统信息交互需求增强，而统一的信息平台，是实现信息交互管理的基础。首先，应从顶层设计层面，建立医疗保险信息系统管理技术标准，提升市际、省际数据的可交互性。在此基础上，利用云技术强化管理各地医疗保险信息，探索建立全国统一的医疗保险信息交互标准，实现省、市、县三个层级之间的横向、纵向交流。

（二）"数据中心"实现医疗保险智能监管

医疗保险信息系统建设过程中，应将智能监管嵌入医疗保险基金管理流程中，从医院、医疗保险、参保人各环节建立智能监管节点。利用系统中的诊疗项目、药品、政策等元知识库及其生成的数据集（如疾病诊断相关分组）匹配患者就诊信息，抓住医疗保险监管关键指标进行重点监控，筛查疑似违规数据。并对监控数据进行分析，引入精算、概率等科学方法，制定多重数据过滤、统计、分析模型，通过监控规则对历史数据进行分析研判，筛查医疗服务信息，通过占比、趋势、排名等分析手段，排查疑似违规行为，对各种数据指标进行分析预警，开展实时监控。

（三）医药卫生体制改革举措嵌入信息管理流程

当前，信息化是推动医疗保险治理能力提升的重要工具。医疗保险基金全国统一管理信息系统的建设是实现医疗保险信息化管理流程再造的重要契机，在新的系统建设过程中，将公立医院改革、分级诊疗、药品改革、医疗服务质量提升等医药卫生体制改革的多项任务嵌入到医疗保险基金信息管理过程中，通过在各节点形成信息集成和分散视图，对医改工作各主体进行考核，提高管理水平；分析短板、漏洞和弱项，积极探索医改工作方向；整合各类指标现状和变动趋势，辅助管理决策。

（四）信息系统助力医疗保险信息治理能力综合提升

信息系统建设是提升医疗保险信息治理能力的抓手。在现阶段医疗保险制度完善发展的各项举措中，信息化是重要手段。此前，医药卫生体制改革涉及医疗保险基金管理信息化时，对系统的渐进式修改或设置外部功能模块的做法，使我国医疗保险基金管理信息系统功能碎片化，且对不同功能模块整合造成阻碍。目前，国家医疗保障局正着手建立统一的医疗保障信息平台，对整合基金管理职能，发挥信息系统整体效能具有重要意义。

（五）加强医疗保险基金管理信息系统风险防范

医疗保险信息系统存储着参保人员的基本信息、缴费信息、医疗费用等重要信息，信息系统安全问题事关社会稳定大局，不容忽视。如果系统遭到病毒、黑客攻击破坏，医疗保险基金被非法窃取，以及遭受火灾、水灾、地震等突发性灾难事故，导致信息系统瘫痪，都将直接影响到参保人员的切身利益。因此，医疗保险管理中心要充分认识到医疗保险信息系统安全工作的重要性，切实增强安全工作的责任感和紧迫感，建立信息网络安全管理相关组织，明确职责任务，建立健全信息安全管理制度及信息网络安全事件报告制度，加强信息队伍建设，将风险防范纳入重要的议事日程，常抓不懈，确保信息系统万无一失。

1. 医疗保险基金管理信息系统的功能有哪些？
2. 医疗保险基金信息系统的管理原则有哪些？
3. 医疗保险基金管理信息系统发展面临哪些风险和挑战？

（毛　瑛）

第十三章案例及拓展阅读

第十四章　医疗保险基金管理国际经验

　　一个国家实行何种医疗保险基金管理模式，主要取决于该国的社会经济制度、经济文化发展水平，以及卫生组织和卫生服务的历史传统等因素。在百余年的发展与演变过程中，尽管国家制度不同，各国政府都十分重视医疗保险制度的建立和完善，也探索出各有特色、与本国经济发展和卫生事业相适应的医疗保险基金管理模式，这些实践和经验对我国的医疗保险基金管理发展提供了宝贵的、重要的借鉴。

第一节　典型国家医疗保险基金管理模式介绍

一、英国——国家卫生服务管理模式

（一）英国医疗保险基金管理模式概况

　　国家卫生服务管理模式又被称为全民医疗保险模式，是由政府直接举办社会医疗保险和医疗事业，通过税收的方式筹集社会医疗保险基金，由政府依照预算向公立医疗机构进行拨款，向居民提供免费或价格低廉的医疗服务。

　　英国是世界上最早实行全民医疗保险制度的国家。英国经受了 20 世纪 30 年代的世界经济危机以及第二次世界大战的影响，国民经济发展受到重创，迫切需要快速恢复国内经济增长。与此同时，第二次世界大战后英国政府职能得以扩张，政府在社会保障领域的干预作用得以增强。1946 年，英国政府在《贝弗里奇报告》的影响下正式颁布了《国家健康服务法》，在全国范围内实行覆盖全体国民的免费医疗制度，建立国际卫生服务体系。

　　英国国家卫生服务体系分为基本医疗卫生保健、二级医院服务和三级专科医院服务，在英国卫生领域占据着主导地位。私营医疗服务是公立医疗服务的补充，主要是服务于那些有较高收入、对医疗服务有较高需求的人群。在英国，社区诊所提供全天最基本的保健服务，如果有必要，医生将把患者转移到上一级医院。也就是说，患者最先接触的是社区全科医生，只有当患者患有比较严重的疾病或难以诊断的疾病时，全科医生才将患者转诊到专科医生那里去治疗。如果不经其转诊，非急诊患者一般无法接触到上一级医疗服务。据统计，社区卫生服务系统提供90%以上的初级医疗服务，只将不到10%的服务转到医院。这种体系发挥了重要作用，一度被英国人标榜为"西方最完善的医疗服务体系"。

（二）英国医疗保险基金的筹集方式

　　英国采用的是以税收为基础的、现收现付的医疗保险基金筹集模式。这种模式的显著特点是政府直接建立医疗保险事业，通过税收等方式筹集医疗保险基金，并将税收的一部分调拨给公立医院，由医院直接向全民提供免费或收费服务。这种模式的基金流向为：公民税收—资金的二次分配—医疗服务机构—为居民提供服务。英国医疗保险基金的筹资方式主要是征税，保险运行资金主要来自于国家征收的税收，包括专用的一般税和一些其他公共收益；国民保险税是英国最主要的税种，其

征税对象为在职的雇员和雇主。财政部把所有的资金再以国家预算拨款形式分配给医疗保险机构。英国医疗保险制度中渗透着"福利国家"的理念，强调所有公民都能平等享受国家医疗服务。英国在基本医疗卫生保健方面投入比例主要是国家财政预算，占卫生经费的90%以上，而剩余部分是由国民保险基金、本人负担支付以及其他一些公共收益所得。从整体上看，英国医疗保险资金的来源中，公共资金占比较大，但在近年的资金来源上，国民保险税及患者自付比例的比重有所上升。这与英国医疗保险制度改革有关，主要目的是加强国民对自身健康的重视，合理利用医疗资源。

（三）英国医疗保险基金的支付方式

英国医疗保险项目由社会保障主管部门将所发生的医疗费用直接拨付给医疗服务提供者的医院、全科医生和药品供应者。即政府在财政预算中安排国民健康保险支付，医疗机构属于国家所有，国家按统一标准支付医生及有关人员的工资。患者与医院之间不发生直接的财务关系，这种免费医疗服务方式通常是由政府机关、企业或医疗保险主管机关，医生与医院或药品供应商分别签订合约，按照服务项目、类别、治疗人数等项目，规定相应的报酬或发给固定薪金，对于医药费用则按规定进行实报实销。英国的医疗费用支付主要采用三种：按人头付费、按服务项目付费及总额预算制。其中，按人头付费针对社区医生而设计，具体的计算方法由卫生部门制定；按服务项目付费由医疗保险经办机构根据协议约定的医院和医生提供的医疗服务记录，按照规定给予医疗服务提供者报销；总额预算制是由政府收集医疗机构往年的门诊人数和医疗费用情况给予相应医疗费用的做法，其预算多少由政府、社区代表和医生工会集体谈判确定。完成预算拨款后，政府按区域人口等因素为医疗机构拨款。这种总额预算的方式使医疗费用上涨问题有所控制，但仍然无法摆脱医疗费用水平较高、政府财政压力过大的困境。

2014年英国开展了新一轮医改，引导并推动了配套的医疗保险基金支付方式改革。重点探索多样化精细化的支付方式（组合）作为新兴诊疗模式的辅助工具；同时更加重视对基层和全科医生的支付改革。改革计划主要包括：初级诊疗按人头付费；急诊急救全额支付；护理及专门服务采用项目给付方式；心理健康服务按人头支付。为支持此轮支付方式改革，英国国家卫生服务体系还将完善信息的收集利用，开发一套基于支付单位的全面支付方案，将医疗服务过程和患者的健康结果建立数据连接，为支付方式改革的落实提供数据支持。

（四）英国医疗保险基金的管理模式

英国在医疗保险基金管理上实行政府直接管理模式，即在政府直接管理的体制下，政府不仅要负责制定社会医疗保险的政策和法令，对医疗保险实施的范围和对象、享受保险的基本条件、资金来源、待遇支付标准与支付方式、各方的责权利等做出具体规定外，还要负责医疗保险的具体管理，一般是由国家医疗保险主管部门和财政部承担管理基金的职责，卫生部门直接参与医疗保健服务的计划、管理与提供。英国政府直接管理医疗保险事业，政府卫生部门直接参与医疗服务的计划、管理、分配与提供，医疗机构的建设与日常运行费用往往通过财政预算下拨给主办的医疗机构，或者政府通过合同的方式购买民办医疗机构或私人医生提供的服务。医疗保险基金纳入国家预算，由中央财政集权管理，由国家财政提供经费兴办公立医院并向居民提供免费或低价的医疗服务。同时，审计委员会和国家审计办公室主要负责英国医疗服务机构的财务审计职责，即对政府每年提供给公共医疗机构预算进行核准，对有违反相关财务政策和欺诈医疗资金的行为进行惩罚，对国家卫生服务体系的资金使用效率进行检查和监督。而英国的私人医院和私人医疗保险机构所占比重不大，主要是为满足人们不同层次的医疗服务需要，商业医疗保险在英国的医疗保险体系中只起到补充作用。

尽管全民福利性的医疗保险制度可以使全体国民低成本享受国家医疗服务，但长期以来英国的医疗保险基金运行出现了三个难以解决的问题，即医院运行效率低下、医疗费用上涨、政府财政负担沉重。因此，越来越多的人们对这种医疗保障制度提出了尖锐的批评，迫切需要改革国民保健制度。从 20 世纪 90 年代开始，英国开始了持续不断的医疗保险体制改革，其首要目标就是控制医疗费用，并在医疗卫生服务体系中引入了市场机制，医院作为独立核算的公营企业机构运行，医院的收入不再来自于预算，而是根据医院提供的服务来支付。医院在服务的内容、人事、设备投资、资金筹集等方面的权限相应地被扩大；鼓励私人资本和私营医疗机构进入国民医疗服务领域，允许国外制药公司进入国内市场竞争，以期探索出一条新路。

二、德国——社会医疗保险模式

（一）德国医疗保险基金管理模式概况

社会医疗保险模式是指由国家立法，强制性规定企业和个人参加社会医疗保险，同时国家给予一定的补贴，国家、企业和个人共同筹资建立社会医疗保险基金，为参保者提供医疗费用补偿的社会保险模式。

德国是世界上第一个以社会立法形式实施社会保障制度的国家，分别在 1883 年、1884 年和 1889 年颁布了《疾病保险法》、《意外伤害保险法》和《伤残老年保险法》三项法令。德国的医疗保险分为法定医疗保险和自愿医疗保险两种。其中，法定医疗保险基于团结互助和现收现付的原则，除收入在一定水平之上的公民可以选择不加入社会保险外，德国其他从业者必须参加社会医疗保险，子女随父母享受相应的社会保险，弱势群体可以减免保险费加入社会保险，并享受相同的保险待遇。2003 年，德国的法定医疗保险覆盖了全国 88%的人口，另外有 10%的人口参加了自愿性的商业医疗保险。

为提高医疗保险基金的使用效率，德国为多病种慢性病患者设计了"疾病规范管理项目"（disease management program，DMP），为慢性病患者提供连续性一体化的综合服务。德国医疗服务体系的特点是门诊、住院和长期照护服务相互独立，因为基金池、支付方式和考核指标各不相同，供方之间历来缺乏协调与合作。为此医疗保险基金基于临床证据和患者需求设计了类似于慢性病临床路径的 DMP 服务规范，更强调不同医疗服务提供方之间的信息沟通和服务协调。自 DMP 推行以来，2012 年，德国已有 10 385 项 DMP，覆盖了 716.4 万居民。

（二）德国医疗保险基金的筹集方式

德国实行的是以保费为基础的医疗保险筹集模式。德国的保险费采用多渠道筹资方式，国家通过立法形式强制实施，筹集来源于个人和企业共同缴纳的医疗保险费，由雇主和雇员按单位工资总额和个人收入的一定比例缴纳保险费，建立社会保险基金。这部分保险基金来源于个人、集体等多方筹集，由社会统筹，实行互助共济，国家原则上不拨款给保险资金，只在必要时酌情给予补贴。这种模式的基金流向为：定期缴纳医疗保险费—医疗保险机构—医疗服务机构—为居民提供医疗服务。与全民医疗保险模式类似，社会医疗保险模式属于现收现付的筹资模式。其基金管理的基本原则是：力求当年收支基本平衡，因而一般没有积累。2009 年德国建立了国家层面的健康基金，法定医疗保险基金的筹集和分配均由政府部门通过健康基金操作。健康基金成立后取代了各疾病基金会原有的保费征缴、费率厘定等部分职能，医疗保险基金集中汇入健康基金后依据各疾病基金的参保人数，综合考虑参保者年龄、性别、患病率等风险因素后再统一分配给各疾病基金会。除法定医疗保险外，德国还有私人医疗保险可供公民选择。公民就业后，可视其经济情况决定是否参加私人保险所提供的补充保险。从目前保险市场的占有情况看，德国全国人口的 90%参加了法定医疗保险，分别参保了 400 家左右法定医疗保险基金会组织，而参加私人医疗保险的比例为 9%。

（三）德国医疗保险基金的支付方式

德国的医疗费用支付分为住院支付制度和门诊支付制度两个独立的体系，实行总额预算制。住院支付制度依据"总额预算、超支分担、结余奖励"的原则按照平均床日费用支付、按部分项目付费及病种付费制度；门诊支付制度以总额预算、按项目付费，按照协议将人头费交给医师协会，医师协会再根据医生劳动量支付劳务费。在医疗服务体制方面，德国门诊和住院是严格分开的，门诊服务由个体医生负责，医院一般不开展门诊业务，仅提供住院治疗，住院服务必须要有门诊医生的转诊手续，否则医疗保险不给报销。这样做的好处是保证了转诊渠道畅通，医院滞留患者获取利益的情况被杜绝。同时，德国没有实行医疗定点制度，任何人可以选择任何医院、任何药店看病买药。德国严格实行医药分开，医生开处方，患者去药店买药，医生的处方权和药店的售药权严格分离，医生不能建议或者暗示患者到某特定医院买药。在德国药品是不能自由交易的商品，药店要有患者的处方才能卖特定的药。这种政府干预与市场调节相结合的模式使得第三方付费方式中的制约措施缺乏，致使医疗保险中的道德风险凸显，医疗费用因此上涨较快。据相关报道，1970～2004 年间，德国 GDP 增幅为 527%，医疗费用支出的增幅为 975%，国家财政对医疗保险的补贴压力巨大。

（四）德国医疗保险基金的管理模式

在基金管理方式上，德国实行政府与社会公共组织共同管理模式。在政府与社会公共组织共同管理的体制下，医疗保险基金的管理组织往往是政府所属的事业机构或由政府委托或批准的民间组织机构，作为政府授权的非营利性机构，独立行使医疗保险基金的筹集、运营、给付等管理工作，其性质区别于医疗保障行政管理部门，也区别于以营利性为目的商业组织。如德国的医疗保险基金会，其财政收支独立于国家预算，政府不干涉基金会的任何运作。政府的主要职责是设计相关的制度和法律，担当中介及仲裁角色。在德国，所有医疗保险机构不隶属于政府的某一部门，而是实行自我管理的社会自治机构，政府卫生部门不参与医疗保险的具体操作。医疗保险基金管理的具体工作主要依靠行业和地区的疾病基金会，这些非营利性、非政府性的实体机构负责将基金通过医师协会支付给医疗服务提供者。

2003 年，德国政府推出了全面的医疗保险改革方案。新的医疗保险体系规定：整个保险体系由两部分组成——法定医疗保险和私人医疗保险。法定医疗保险费提高，个人和企业分别需缴纳工资7%的保费，来增加医疗保险基金的收入；同时取消不应由医疗保险基金支出的项目，如丧葬费、安装义齿费等；建立以家庭医生为中心的护理模式，将门诊与住院服务有机地结合起来；引入市场竞争机制在一定程度上增强医疗服务的透明度，提高医疗服务的效率和质量。

三、美国——以商业医疗保险为主的多元化医疗保险体系

（一）美国医疗保险基金管理模式概况

商业医疗保险模式又被称为市场主导型医疗保险模式，是指国家将医疗保险作为一种商品并根据市场规则进行自由经营管理的保险模式。在该模式下，国家通过市场机制筹集医疗保险基金，并对医疗保险机构、医疗服务机构和医疗服务进行市场调节。

美国作为世界上医疗保险最发达的国家之一，2016 年美国医疗费用支出占 GDP 比重为 17.9%，91.1%的美国人拥有不同形式的医疗保险。美国是发达国家中唯一没有形成全民医疗保障体系的国家。1935 年以前，受经济发展水平和社会组织完善程度所限，政府奉行不干涉政策，美国医疗保险发展相当有限。1935 年罗斯福总统实行新政，颁布《社会保障法》，标志美国政府开始介入社会福

利事务。但当时在美国医学会的干预下，《社会保障法》中没有涉及医疗保障的具体内容。同时，以私人非营利性质的美国蓝十字蓝盾医疗保险协会为代表的第三方支付制度开始对高风险人群支付医疗费用补贴，以此保障弱势群体的利益。在美国国会的财政支持下，雇主为雇员支付保险费用，作为非工资形式的卫生保健福利。1965 年，美国国会通过医疗照顾计划（Medicare）和医疗救助计划（Medicaid），建立了由政府举办的针对老年弱势人群和贫困人口的医疗照顾制度和医疗救助制度，提高了卫生保健的覆盖面，为美国弱势民众提供了平等就医的机会。20 世纪 80 年代，在财政赤字的压力下，美国医疗保险制度全面收缩，里根政府通过"新联邦主义"下放权责到地方政府，并引入预期支付制度。90 年代，克林顿政府的全民医疗保险法案由于牵涉利益集团以及缺少民众的支持而未能施行，但通过补充和完善法律条文加强对保险公司的限制并扩大了保障范围。2010 年，奥巴马政府的医改法案得以通过，政府加大财政投入并进一步扩大社会医疗保险的覆盖范围，但同时增加了州政府和联邦政府财政赤字，因此在特朗普任总统后，新颁布的《美国医疗法案》的核心内容之一就是终止医疗救治计划的覆盖人数，削减医疗救助项目预算。因此，美国现行的医疗保险制度是一个多元化的医疗保险体系，主要由社会医疗保险和私营医疗保险以及管理式医疗构成。

社会医疗保险于 1966 年正式实施，由美国卫生与公众服务部卫生服务经费管理局（HCFA）直接管理，包括 Medicare 和 Medicaid。Medicare 即医疗照顾计划，包括医院保险（HI）、补充医疗保险（SMI）两部分。该计划对 65 岁以上以及 65 岁以下因残疾、慢性肾炎而接受社会救济金的人提供医疗保险。保障的范围包括大部分的门诊及住院医疗费，受益人群约占美国人口的 17%；对低收入人群、失业人群、残疾人群，联邦政府和州政府也有各种特别医疗项目资助，Medicaid 是最大、最具代表性的一个项目。Medicaid 项目在很大程度上带有财政转移支付的功能，与 Medicare 相比，Medicaid 是为贫困者而设，Medicare 是为老年人而设，两者之间没有直接联系。Medicaid 服务项目包括门诊、住院、家庭保健等，全国每年约有 3000 万人受益。此外，现役军人、退伍军人及家属和少数民族可享受免费医疗服务，费用全部由联邦政府支付。

私营医疗保险（商业医疗保险模式）是相对于社会医疗保险模式而言，属于自愿保险性质，是一种依据市场规律以营利为目的的保险制度。在美国的整个医疗保障体系中，社会医疗保险计划覆盖人群有限，并不占重要地位。真正在美国医疗保险中承担重要角色的是私营医疗保险，美国约 50% 的医疗费用来自私营医疗保险计划。其中开展医疗保险的商业保险公司有 1000 多家，目前在美国 80% 以上的国家公务员和 74% 的私营企业雇员通过购买商业医疗保险为自己及家人转移疾病风险。美国私营医疗保险的一大特点是雇主为雇员支付保险金（employer-provided insurance），这种情况约占 90%。而规模较小、实力较弱的小型企业雇员则没有雇主为其提供的医疗保险。美国是商业医疗保险最盛行的国家。除美国外，很多国家包括社会医疗保险的国家，也存在不同规模的商业性医疗保险。

管理式医疗保险与传统的医疗保险在目的和运作方式上有明显的差别。管理式医疗保险的目标是全面负责管理患者所需要的各种医疗服务，并将这些服务有机地结合起来。其目的是通过合理有效地利用医疗服务来降低医疗费用，其中最有代表性的是健康维持组织（HMO），优先服务提供者组织（PPO）和点服务计划（POS）。经过多年的实践，有确切证据表明：管理式医疗保险制度明显降低了美国医疗保险的开支水平。管理式医疗保险由于其在节省医疗费用和提高医疗质量方面的成效，已成为美国占重要地位的医疗保险形式。尽管这类保险组织的直接覆盖人群尚为数不多，但其他的私人保险、政府保险计划中都已大量采用其管理方式。管理式医疗保险与传统医疗保险相比，一般可降低保险费的 10%～20%。近几年来，美国的医疗费用上涨能够被控制在 GDP 的 14% 左右，是与管理式医疗的作用分不开的（表 14-1）。

表 14-1　管理式医疗保险的关键因素

关键因素	特点
筹资与提供服务相结合	保险业与医疗保健业结合为一个单独的产品
保险原则	项目和获益资格根据保险原则来设立
全套服务	保险范围包括很全面的医疗保健服务：预防和治疗、住院和门诊
医疗服务提供者网络	各种服务通过预先选定的医疗服务提供者网络来提供，如与保险主办者签有合同的医生
包干制支付方式	保险计划通常会按照预定的、按月的保险金提供所有必要的服务
监督机制	患者如果要接受医疗服务就要遵循某些规定，如要求专家门诊就必须要得到初级医疗服务提供者的推荐
主动医疗管理	保险计划对成员所接受的医疗服务进行监督，对控制成本和利用情况采取对策，如通过竞标以最低的价格采购药品或进行住院前资格审查以确保所有住院治疗都是必要的
风险分担	如果被保险人要求进一步的医疗服务，医疗服务提供者可能会面临财政负担，承担经济上的风险

（二）美国医疗保险基金的筹集方式

在社会医疗保险基金筹集方面，Medicare 中的医院保险资金来源于社会保障工资税的一部分，补充医疗保险的 25% 来自申请人的投保金，余下的 75% 由政府收入解决；Medicaid 中的资金由联邦政府支付 55%、州政府支付 45%，共同对低收入居民实行部分免费医疗。

在私营医疗保险中，大约 2/3 的美国公民依据同雇主签订的劳动合同协议参加了私人医疗保险，实行的是以自费为基础的医疗保险筹集模式。这种模式的主要特点是参保自由，灵活多样，适合多种需求。在基金来源方面是通过社会公民自愿的方式参加保险，共同分担经济风险和损失。保险人与被保险人之间签订合同，建立契约关系，双方履行权利和义务。其基金流向为：被保险人缴纳医疗保险费—医疗保险机构—医疗服务机构—为被保险人提供医疗服务。有劳动合同的人，或在更换雇主或失业期间大多没有医疗保险的保护。2010 年美国的医疗卫生体制改革要求全体公民都必须购买商业健康保险，不购买则要支付一笔惩罚性的税收。同时，政府为低收入者提供补贴。

（三）美国医疗保险基金的支付方式

在医疗保险基金支付方面，1983 年以前，美国的医疗保险都是采用按项目支付的付费方式，即保险机构不管医院提供的服务项目是否合理都向医院支付医疗费用，随之而来的医疗保险开支不断攀升、医疗资源浪费、对投保人存在歧视、社会公平差的现状也暴露无遗。2001 年，美国有 146 万家庭申请破产，其中大约 50% 是由于高昂的医药费用，很多原来是中产阶级家庭。高昂的医疗费用也屡屡成为总统选举中的热点话题。美国医疗科技的发达和医疗费用的昂贵都是众所周知的，在过去的 10 年里，美国医疗方面的支出占 GDP 的比例一直保持上升趋势。预计到 2027 年，美国医疗方面的支出将达到 6 万亿美元，约占 GDP 的 20%。这个数字是惊人的，在世界各发达国家中也是绝无仅有的。

随着这种支付方式弊端的出现，开始出现支付方式的改革。1983 年以后，美国 Medicare 中首先引入了按病种付费的预付费方式。在 20 世纪 90 年代初期，在美国的保健提供组织中开始盛行"管理式医疗保险"的概念，试图控制不断高涨的医疗费用。管理式医疗保险下，医疗保险机构同医疗服务的供给方通过签约等形式，形成一个相对密切合作的服务网络。保险机构向医疗服务提供方支付相对固定的医疗费用，医疗服务提供方在预定的费用中向参保人群提供一套包括预防保健到临床治疗的医疗服务。2010 年，美国国会通过了新医改方案，其总体的改革思路是将费用的支付与治疗的质量挂钩，而不是单纯的支付费用购买医疗服务。目前美国的医疗保险支付体系是以按疾病诊断相关分组定额付费为主要方式，辅以按人头付费、总额预付等支付方式的综合性支付制度。其中，按疾病诊断种类定额支付是将国际上疾病诊断分类标准中所列的疾病诊断名称分为 467 组，按照医院费用相关资料算出每组疾病的标准费用，将此标准费用预先支付给医院，标准费用随着物价指数、医疗技术进步等因素每年调整。预付制方式主要是为了避免按项目支付下医生过度医疗导致卫生费用不合理上涨的现象。

四、新加坡——强制储蓄医疗保险模式

（一）新加坡医疗保险基金管理模式概述

新加坡是世界上第一个将医疗个人账户引入强制医疗保险制度的国家，在建立这种医疗保险制度前，新加坡实行的是英国的国家医疗保险模式，但由于医疗服务效率低下以及医疗费用急剧上涨，新加坡政府进行医疗保险制度改革，从 20 世纪 80 年代开始逐步建立起储蓄医疗保险制度。新加坡医疗保障体系主要由医疗储蓄计划（Medisave）、健保双全计划（Medishield）及保健储蓄计划（Medifund）三部分组成。

医疗储蓄计划实施于 1984 年，是新加坡最基本的医疗保险形式。该计划强制每个职工按法律规定参加医疗储蓄，用于职工本人和家庭成员的住院医疗费用和一些昂贵的门诊费用。该储蓄医疗保险是建立在公积金制度基础上的，每个有工作的劳动者都被强制参加医疗储蓄计划。

为弥补医疗个人账户抵御大病风险能力的不足，新加坡于 1990 年开始实施健保双全计划，作为医疗储蓄计划的补充。该计划是一项非强制性的、具有社会统筹性质的大病医疗保险。由于参加该保险的人同时也是医疗个人账户的储户，故称其为健保双全计划。健保双全计划规定，除非参保者主动选择退出，否则年满 16 周岁的新加坡人或永久居民在首次缴纳公积金时便自动投保该计划。2007 年起，新加坡所有新生儿自动投保健保双全计划，保费从参保者的保健储蓄账户中提取，根据年龄实行差别费率。截至 2012 年，大约有 339 万人加入健保双全计划。

新加坡政府于 1993 年设立了救济性质的医疗基金计划，政府从财政盈余中拨款建立相应账户，用以支付符合相关条件人员的全部或部分医药费用。这是专门用于帮助贫困者支付医疗费用的一笔捐助基金，主要为无力支付医疗费用的人提供医疗保障。其中，保健储蓄计划属于一项全国性、强制性的储蓄计划，在医疗保障体系中起到主导作用，而健保双全计划和医疗储蓄计划起辅助作用。

（二）新加坡医疗保险基金的筹集方式

在筹集方式上，新加坡采用的是储蓄账户式的医疗保险基金筹集模式，主要是公积金制度。该模式依据法律规定，强制性的以家庭为单位储蓄医疗基金，通过纵向逐步积累，来解决公民患病就医所需的医疗保险基金。这种模式的特点是以强制储蓄为基础，采用了纵向积累的办法，既不强制性纳税，也不强制性缴保险费或自愿购买医疗保险，而是根据法律规定，强制性储蓄医疗保险基金。其基金流向为：一定比例的工资储蓄—医疗保险基金—医疗服务机构—为居民提供医疗服务。与现收现付的横向积累不同，这一模式的基金筹资属于纵向积累式。每一代人的医疗保健费用问题都由本代人来解决，避免了上一代人的医疗费用转移到下一代人身上的问题。新加坡的医疗保险基金强调以个人责任为基础，政府通过立法对劳动者的医疗保险设立单独的个人医疗储蓄账户进行强制储蓄。政府强制雇主和雇员向公积金管理机构缴费，建立一个以个人或家庭为单位的医疗储蓄账户，用以支付家庭成员医疗费用的医疗保险形式。根据不同年龄组按工资的 6%～9% 比例缴纳，雇主和雇员平均分摊，存入个人公积金账户中的医疗储蓄分户。新加坡公民传统的家庭观念较重，比较容易接受"家庭共济"的医疗储蓄观念。而政府对缴纳的医疗储蓄给予免交个人所得税的政策优惠，同时重视对医生和医院的管理，以满足人们合理的医疗需求和医疗服务的选择。政府对于医疗保险基金提供了较多的资金支持。新加坡政府规定，患者在国立诊所接受门诊服务，只需支付 50% 的诊

疗费用，65岁及以上者和18岁以下者及所有的在校学生，均可享受75%的诊疗费用减免，其余部分由政府补贴拨付给医院。

（三）新加坡医疗保险基金的支付方式

在费用支付方面，保健储蓄用于支付本人及家庭成员住院的基本费用，原则上不支付门诊费用，但部分昂贵的门诊检查及治疗费用可例外。作为保健储蓄计划的补充，重病住院的医疗费用，先按保健储蓄计划规定支付一定数额后，剩余部分再按健保双全计划，从统筹基金中支付80%，另外20%自付。另外，政府也规定了医疗储蓄账户的累积金额上限及住院支付费用的补偿限额。新加坡的医疗费用支付按照患者使用病床等级的情况予以不同的财政补贴，1999年，部分医院开始执行按诊断分类的定额付费方式。在新加坡的每个公民都要个人承担医疗费用，每个企业都要为所雇用的员工缴纳规定的医疗保险基金。而政府的作用是利用每年合理的公共财政预算，向公民提供适当的医疗补贴。政府将医疗救济基金的利息收入分赠给各公立医院，以解决贫困人群的住院费用问题。公民个人账户中的医疗保险基金既可以购买商业医疗保险，也可以直接支付医疗就诊费用，而不是由政府集中起来向医院配置，这就保证了所有不同资本的医院，都尽可能地用自己的优质服务来吸引患者就医，提高医院的服务质量和服务效率。

政府通过多种途径作用于医疗服务的供给方，对公立医院实施补贴政策等，从而有助于实现医疗服务的低成本、高质量，充分发挥医疗卫生资源的效率，保障医疗服务的普惠性。同时，新加坡有一套完善的逐级转诊网络和转诊制度，各级医疗机构的功能定位明确。患者首诊于私人诊所、综合诊所或社区医院，治疗常见病、多发病和慢性病。如遇到本级医院诊疗有困难的患者，及时转入综合医院或专科中心进行治疗，这样保证了卫生资源的合理配置与使用。

第二节　医疗保险基金管理的国际经验

一、政府责任不可或缺，但表现形式略有不同

在以上四种医疗保险基金管理中都有政府的参与，包括政策引导及法律支持。由政府牵头的医疗保险制度在分散风险和降低应缴保费方面有着绝对的优势。从世界范围看，各个国家的政府都在推进社会医疗保险制度实践中发挥着重要的作用，包括医疗保险在内的社会保险制度的建立和完善也被公认为是政府行为，维护和保障公民生命健康权益是政府的基本职责。

实行国家卫生服务制度的国家，政府责任包括制定医疗保险制度长期规划和医疗卫生服务预算；筹集与分配医疗保险基金和医疗资源；制定医疗卫生政策；监督和行政管理职能。如英国的国家医疗制度，政府的财政拨款对保证英国国民平等地拥有就医机会发挥了重要作用，同时减轻了英国国民就医的经济负担，不仅促进了国民健康，更成为英国医疗制度可持续发展的支柱。可以说，政府财政投入较大是英国国民健康服务制度的主要特征。

实行社会医疗保险制度的国家，政府责任包括立法职能；医疗保险基金筹集；监督社会医疗保险经办部门。德国从19世纪后半期就开始了由国家承担医疗卫生服务的进程，国家社会医疗保险的覆盖面逐渐由工业扩大到其他行业。德国对于法定医疗保险进行调控的权利相对较大，不仅对法定医疗保险制定了制度框架，而且在整个德国范围内签约医生的需求计划、开设诊所的数量及各州的公立医院计划也都在国家的控制范围之内。

实行商业医疗保险制度的国家，政府责任体现在监督医疗保险市场良性运行和对保险市场的监督与管理职能。商业医疗保险的优点是可以通过周到的产品设计和细致的风险划分提供科学有效的风险保障，但它始终无法解决老人、残疾人等健康高风险群体的保障需求与公司盈利及风险控制之

间的矛盾，全民的医疗保障不可能完全交给市场机制去调节。2010 年，奥巴马政府签署《患者保护与平价医疗法案》，由此推动了美国自愿私营健康保险走向强制私营。该法案要求从 2014 年开始，符合条件的每一位美国公民必须投保，否则将被处以罚款，还要求私营保险机构不得以客户的健康状况为由拒保或收取高额保费。同时建立了强制保险的其他配套措施，如设立保险交易所，方便符合要求的人、家庭购买健康保险；为贫困人群购买健康保险提供以退税、税收抵免等形式的保费补贴等。

实行储蓄医疗保险制度的国家，政府主要承担的责任有筹集和分配医疗保险基金；对资金进行投资和管理。新加坡政府高度重视医疗保障体系的建立，强调政府和个人的责任，医疗费用由个人和政府共同负担。政府在医疗保障作用的分配中必须保证全体国民都能够得到基本的医疗保障；制定公积金制度，并对医疗保险基金进行保值和增值；同时在一定程度上引入市场竞争机制，让私人机构加入医疗保障体系。

因此，政府必须参与到医疗保险基金管理中。虽然有些国家医疗保险基金的具体经营管理会有不同的操作方法，比如政府将医疗保险基金的经营管理全部交由私人部门或非营利组织代为管理，但最终的组织者和责任人还是政府。同时，大部分国家通过立法设计医疗保险制度，借助宪法和相关法律法规条文规定公民在医疗保险体系中的权利和义务，以及医疗保险基金运营过程中的标准和限制。各国普遍将立法作为医疗保险基金运行稳定的基础和前提，不仅包括政府举办的医疗保险项目，其是医疗保险立法的主要内容；还包括商业医疗保险主要通过政府的立法监管来规范供需双方的行为。

二、医疗保险基金的筹资模式不同，多渠道筹资成为共性

从筹资模式看，英国、德国、美国的医疗保险基金都属于横向筹资模式，大多以现收现付制为基础，没有过多的积累。而新加坡的医疗保险基金与其他国家的医疗保险基金横向筹资模式有所不同，它是一种以个人或家庭为单位的纵向筹资方式，强调个人或家庭的责任感。医疗储蓄账户中的保险金只能用于本家庭成员，而不允许他人使用，不具备共济性特点，缺乏社会公平性。同时，该医疗储蓄账户只限于支付住院费用和少数昂贵的门诊费用，并有严格的启动和提取限额。

从筹资渠道看，各国政府以法令的形式公布实施，多数国家的医疗保险资金由企业、个人和政府三方共同负担，各方负担的数额没有统一的规律。在筹资来源上，政府承担较大比例的是国家卫生服务模式，个人承担较大比例的是商业医疗保险模式，介于中间的是社会保险模式。目前，各国政府深受医疗保险基金财政压力的影响，多渠道筹集基金成为各国共识。例如，美国的医疗保险基金，其筹资来源于三种方式：老弱病残等特殊人群的医疗保险资金来源于国家强行征收的社会保险税；个人参加商业保险缴纳的医疗保险费；患者就医时个人自付的费用。

同时，为缓解政府医疗保险基金的支付压力，不少国家开始注重补充性医疗保险的作用。如为了鼓励国民购买商业医疗保险，降低医疗保险制度的财务压力，英国政府决定，从 1990 年起，购买商业医疗保险的 60 岁及以上的纳税人以及为老人支付医疗保险费的个人可以享受税收优惠。其至一些国家，商业医疗保险也是国家医疗保险制度的一部分，公民如果不参加公共医疗保险，则必须要参加商业医疗保险。商业医疗保险以相同保费为全部参保人提供一个标准保障，还可以有费率差别和承保选择等风险控制措施。如荷兰允许公民自愿参加公共医疗保险，但是不参加的人必须要参加商业医疗保险。

在以社会医疗保险或国民健康服务体系为主体的国家都进行着引入市场机制、提高竞争性、发展商业医疗保险的改革，而在商业医疗保险为主的国家又在实施扩大保险覆盖面积、提高医疗保险公平性的改革。可见，无论是社会医疗保险还是商业医疗保险都无法独立承担全民的医疗保障重任。走社会医疗保险和商业医疗保险相互补充的道路是今后医疗保险制度发展的合理选择。

三、基金风险控制以医疗保险消费的需方和供方为主

医疗保险基金风险是指，医疗保险机构收取一定的保险费，并承保参保人员的疾病风险后，实际赔付额度超出精算预算安全额度的不利可能性，主要表现为医疗保险保费不足以支付赔款或医疗保险基金的偿付能力不足。目前，世界不少国家的医疗保险制度都普遍遇到医疗费用居高不下的问题，特别是发达国家的医疗保健开支，一般都已达到 GDP 7%的上限，使得这些国家正面临着新一轮的财政危机，能否控制医疗费用的过快增长，已成为医疗保险制度健康发展的关键因素。而控制费用的范围已从对药品的控制扩大到对医患关系双方的种种限制，力图使得医疗费用支出的增长能够减缓。总体上，对医疗保险的风险控制方法主要是从医疗消费的需方和供方同时考虑，分为需方控制和供方控制。

需方控制广泛采用费用分担的方法来增加被保险人的费用自我承担意识，降低医疗费用。例如，制定及提高起付线标准，增加患者个人自付比例，提高药品费用的分担份额等。自 1982 年至 1990年，英国把每种药品的自付标准从 1.30 英镑（1 英镑≈8.635 0 人民币）逐渐提高到 3.05 英镑；日本从 1999 年开始，政府管理的健康保健制度中，被保险人自己负担的医疗费用比例从 10%提高到 20%；德国从 2000 年开始，在法定医疗保险范围内建立了一个医药处方管理机构，制定了一份可在保险机构报销的药物清单，凡是没有列在清单上的药物必须由患者本人支付费用。从 2004 年开始，德国患者每个季度首次门诊需交 10 欧元，住院患者每天需交 6～18 欧元，每瓶处方药个人需付费 3 欧元（1 欧元≈7.189 6 人民币），经济困难者可凭证明免除。

供方控制主要是制定对医疗机构的控制措施，如规定医院每年总支出的最高限额，即总量控制；医生开具的处方单、医疗方案及相应的医疗消费明细，如住院费用明细等，要接受专门的监督委员会的审查。如美国每年 16 亿张单据中一般有 1%～1.25%的单据作为医院提供过度医疗服务而被强制性处置。同时，改变对医疗服务供方的偿付机制。各国实践证明，如果按服务项目付费，医院及医生就会有诱导需求、提供过度医疗服务的动机。因此，实行预付制，通过制定预付标准和预付总量来约束医疗供方的行为，使其共同承担经济风险，自觉规范自身的诊疗行为。另外，许多国家都改革了医疗服务的定价方式，不再由医疗服务的供方制定价格，而是实行由政府定价或由保险机构与医疗服务提供者协商定价的方式来引导医疗行为的规范化和资源利用的标准化。如德国从 1989年开始，通过立法对部分药品实行法定价格，超过这个价格的医疗费用，保险公司可以不予报销。

医疗市场不同于一般商品市场，医疗服务信息不对称、专业垄断性导致医疗服务提供者在交易中充当主导者，具有很强的诱导需求能力。同时，在医疗市场中并非供需双方直接交易，而是由第三方医疗保险经办机构代理交易，造成需方对医疗费用的敏感度降低，对供方不能形成有效的约束机制，这种双向作用共同导致医疗费用的快速上涨。多数学者认为，控制供方比控制需方更能有效地控制医疗费用的上涨，这也是国际管理的主要趋势。随着经济发展水平的提高、人类预期寿命的延长及全球人口老龄化浪潮的到来，各国仍然在不断探索新的、有效的医疗保险风险控制方式。

四、支付方式出现从后付制向预付制、从单一支付
方式向混合支付方式的转变

纵观国外发达国家的医疗保险支付方式改革，均表现出相似的趋势：从后付制转变为预付制。通过预付制，医疗机构可以得到一笔相对稳定且合理的周转资金，经费的管理权限下放到医疗机构，使其在保证质量的前提下合理使用医疗资源。预付制已成为各国医疗保险改革的方向。其中最常见的两种预付制支付方式是按病种付费和总额预付制。各国的实践也证明，总额预付制能增强对医疗费用总量的控制，按病种付费可以有效降低并控制过度医疗行为，达到节约医疗费用、提高医疗效

率的目的。而合理确定总额预付标准是实施总额预付的难点。标准过高，不利于医疗费用的节约；标准过低，严重打击医院积极性，参保人的医疗质量也得不到保障。德国医院与疾病基金会协会签订质量保证协议书，实行"总额预算、超支分担、结余奖励"制度下的按床日付费和按病种付费。法定的医疗保险基金对年度内的医药费用预算设定一个限额，如果实际的医疗费用超出了预算则由相关责任人承担，如果实际的医疗费用低于预算，医院将可以得到差额的 40%奖励金以鼓励医院主动降低成本。按照加拿大对总额预付的经验，把总额预付的标准和医院服务人口的构成及其需求等因素相挂钩，引入诊断组、病历组等测算模型，科学地测算总额指标。同时，总额预付的标准应充分与医院协商、谈判，确保最后的结果具有公正性和科学性。同时，世界上已有 40 多个国家引进开发了各自的按疾病病种诊断分组的方法，并且取得了很大的效果：患者住院时间缩短，医院成本降低，促进不同医院之间费用的平衡，医疗费用的增速有所降低，医疗机构的服务质量有所提高，医疗服务的各项信息都更加标准化和透明化。以德国为例，2003 年，德国选择 750 家医院进行按病种付费试点，医院充当了社会保险经办机构控制医疗费用的代理人，在一定程度上抑制了诱导需求。据统计，在试点当年，750 家医院的平均住院时间降低了 30%，医疗费用的增长速度也有所减缓。但我们也看到，虽然美国的按病种支付方法非常完善，中国不能完全照搬，其相应的配套如医院具有完善的信息管理、成本核算系统，具有专业的疾病分类人员进行病种编码，医生能够准确地诊断疾病、完整书写病历等我国还不具备。

同时，医疗行为的复杂性、医疗服务的多样性决定了单一的支付方式无法满足不同利益相关者的利益均衡，支付方式也出现了从单一向混合的方向转变，支付方式的混合化程度加深是医疗服务各参与主体利益博弈过程的必然结果。目前，大多数国家都不是采用单一的结算方法，而是多种结算办法的组合，以期在合理补偿医疗服务成本的基础上使医疗机构服务积极性得到鼓励，同时合理控制费用。

五、控制道德风险成为控制医疗支付费用不断上涨的重要途径

道德风险问题是信息经济学中一个主要问题，是由于信息不对称造成的。非对称信息指市场上交易双方所掌握的信息是不对称的，在大多数商品和生产要素市场上，卖者掌握的信息多于买者，但在保险市场与信用市场买方所掌握的信息多于卖方。医疗保险购买者显然比保险公司更了解自己的健康状况。由于医疗保险制度的存在，医疗保险覆盖下的参保人在医疗服务消费上缺乏成本意识，患者过度消费医疗服务的现象普遍存在，加之医生自身利益的驱动、医生与消费者即患者之间严重的信息不对称或合谋，使医疗费用的过快增长难以有效控制。由于医疗保险降低了消费者支付医疗服务的价格，消费者过度利用医疗服务造成的费用增加就成为道德风险的福利损失。也就是说，道德风险是医疗服务费用不断增长的重要因素之一。

同时，道德风险的大小与医疗保险制度的设计和具体安排有很大关系。因此，道德风险的主要影响在于，医疗保险中的投保人一旦获得了健康保险保障，相当于降低了投保人的医疗护理费用。因此，"理性经济人"的个人将增加这方面的消费量，相应地增加了医疗保险支付的数量，即增加社会医疗成本的数额。个人保险赔付的增加意味着社会医疗支出费用的增加。在这种状态下，医疗服务将会出现低效率。

国外学者从经济学的角度探讨了医疗保险道德风险的形成机制，对医疗服务过程控制提出了病例管理、医疗服务利用审查、第二外科医生手术意见等监测手段和按人头、按病种或疾病诊断相关组的医疗服务费用预付制，商业保险最为发达的美国还建立起将医疗服务与保险服务结合起来的医疗保险模式——管理式医疗，这些研究与实践使得医疗保险的道德风险得以逐步控制。一般来说，医疗保险体系由医疗服务提供方、医疗服务需求方和保险机构、政府部门组成，这种体系构成一种特殊的四方三角关系，分别表现为医疗服务需求方与医疗服务提供方的关系、医疗服务需求方与保

险机构的关系、保险机构与医疗服务提供方的关系、政府与保险体系中三方的关系。在医疗保险体系中，政府是以经济、法律、行政等手段干预到医疗保险体系中的，政府实际上是处在医疗保险其他三方关系之上的领导地位，形成了一种特殊的、立体的四方三角关系。关系审查成为美国抵制医疗欺诈和滥用的比较普遍的方式，因为医疗领域涉及多个主体，关系非常复杂。追踪和分析这些医疗关系对于最大限度地减少医疗欺诈和滥用至关重要。关系审查指的是以医疗财务数据、患者转诊记录、社交媒体等资料为依据，对医疗系统的各主体进行分析，包括医疗机构、受益方、药企、付费方等，调查他们之间如何相互作用以及是否存在欺诈和滥用行为。

控制医疗费用上涨更直接和更彻底的改革措施是社会保险机构自己兴办医院。据阿根廷的一位经济学家调查，阿根廷全国年医疗费用开支在 55 亿美元（1 美元≈6.350 7 人民币）左右，其中 15 亿美元由私人医生花费，12 亿美元由医院花费，16 亿美元由私人药商花费。全部开支的 78% 没有发挥应有的效益，医疗服务机构实际承担的医疗服务量只相当于全国医疗服务量的 30%。为此，南美一些国家的社会保险机构开始设立自己的医院，为被保险人服务，创立了新的"南美模式"。这种医疗保险机构不仅负责筹集和管理资金，而且直接组织提供医疗服务的方法，在拉丁美洲各国比较盛行，它的好处首先是能直接控制医疗保险费用，其次是能确保医疗服务质量，还可在本系统内通过调整医疗资源来满足消费者不断变化的需求。

六、医疗保险基金管理在不同国家的实践取决于本国具体国情

任何一种医疗保险基金管理模式的采用都是与具体的国家、经济条件、社会文化背景、人文心理素质、公民价值观等各种背景密切相关的。世界上没有通用的医疗保险基金管理模式，正如当代著名经济学家马丁·费尔德斯坦所言："现在世界上没有一个国家的医疗保险体制是完美的和可以直接作为榜样效仿的。"适合于一国的医疗保险基金管理模式能为本国带来较高的医疗保险水平和医疗保险基金管理效率，但并不意味着就一定也适合于他国。如果不考虑具体环境的差异强行照搬别国的医疗保险基金管理模式，将会导致适得其反的结果。例如，美国的自由主义模式，其基本价值观是个体的自由，医疗保险主要是通过自由竞争的市场提供，政府只是承担"补缺"角色，即在人们的医疗保险需求难以通过市场得到满足时才会介入。在这种背景下，美国的医疗保险基金采用自愿性质的私营商业医疗保险。德国的法团主义模式，以社会团结为基本价值取向，强调利益分化基础上的合作，政府在其中扮演类似授权者和监管者的角色，基于职业或其他社会身份特征的因素进行社会医疗保险的具体运作，商业保险扮演辅助角色。在这种背景下，德国的医疗保险基金采用强制性的社会保险缴费方式，基金管理以各疾病基金会的自治管理为主。英国的普救主义模式，它主张医疗保险的受益资格是一种普遍的公民权利，进而由政府出面组织制度化的健康融资机制，以公民资格为确认受益资格的关键要素，以临床需要为给付条件和给付标准，具有显著的再分配特征，在这种背景下，英国的医疗保险基金采用国家税收式、公民基本免费享有卫生服务、政府集中管理的模式。有资料显示，1988 年，英国公众认为医疗保健和养老保障应该是国家责任者的比例分别为86% 和 79%，德国公众认为医疗保健和养老保障应该是国家责任者的比例分别是 64% 和 56%，而美国公众认为医疗保健和养老保障应该是国家责任者的比例为 36% 和 43%。因此，一国社会保障制度受多种因素影响，医疗保险基金管理模式不能完全照搬国外模式，一定要与本国的具体国情、民情相结合。

第三节　国际医疗保险基金管理对我国的借鉴

一、建立健全医疗保险基金管理的相关法律法规刻不容缓

建立健全医疗保险基金管理的相关法律法规，使社会医疗保险基金管理实践有法可依、有法必

依。立法先行是各国社会保障制度发展的通行做法。医疗保险立法首先阐明医疗保险制度的基本原则和目的。如加拿大的《加拿大卫生法》，阐述了其全民性、公开性、综合性、费用合理性、通用性的原则。继医疗保险制度的原则和目的之后，医疗保险立法对医疗保险法律关系主体的范围和主体权利、义务所涉及的内容做出具体规定。如医疗保险法律制度的对象，医疗保险法律的适用范围，医疗保险基金的筹集范围、筹集比例及筹集方法，医疗待遇的制度项目、支付方法和支付比例，医疗保险管理机构和职责，医疗保险基金的管理规范和监督原则等。这样，在医疗保险基金管理的各环节方面都有比较健全的法律法规作为保障。据统计，荷兰政府曾制定出台了近800部与健康保险相关的法律法规，对医疗保险的筹资、医疗服务、待遇支付等各个环节均规定了详细的标准和要求。英国每一项重大医疗保障制度的出台，都会颁布并实施相应的医疗保障法律法规。日本政府制定了《职员健康保险法》、《国民健康保险法》、《老人健康法案》等法律，均属强制公民、用人单位参加的健康保险相关法规，以法律来约束各主体对健康保障的责任。因此，立法很重要，这不仅让医疗保障基金管理有法可依，而且也确保医疗保障制度的科学性、公平性和持续性。只有实行立法，才能使医疗保险基金在政府的宏观指导下，健康运转，起到节约卫生资源、减轻国家及患者医疗费用负担的目的。而我国在这方面还相对薄弱，医疗保险制度、医疗保险基金管理方面的立法将刻不容缓。

二、基金的筹集要兼顾好公平与效率的关系

医疗保险为分散公民的风险而设计，其本质是一种福利制度，更多地体现了公平原则及互济原则。各国的社会医疗保险大都是收入越多缴费越多，在缴费上限以下高收入人群对低收入人群有互济，健康人群对患病人群有互济，在职人员为退休人员分担缴费义务，单身和无子女的人员为有家庭成员者分担缴费义务；同时，雇主和雇员共同承担缴费义务，强调雇主对雇员的责任。

但不能过分强调公平而失去了效率，如我国以前的公费医疗制度及英国的免费医疗。英国多年来一直承受沉重的财政负担。一方面，医院属于国家所有，政府要负担医院运营及医护人员工资的成本；另一方面，基本免费的医疗服务，容易诱使公众对医疗服务的过度需求，进而促使医疗卫生资源的极大浪费和医疗费用持续增长，加重了政府的财政压力。尤其在经济低增长期，政府预算有限，就会出现筹集困难的问题。同时，医疗服务效率低下，患者得不到及时的医疗服务。据英国皇家医学会调查，需要住院的慢性患者中有65%的患者至少要等一个月的时间才能入院接受治疗，30%的患者需要等待半年，5%的患者需要等一年半以上。

同样也不能过分强调效率而忽视公平。如美国早期的社会医疗保障，以市场效率为目标，主要采取私人保险方式。但到了20世纪60年代，美国政府不得不实行针对社会弱势群体的医疗照顾和医疗困难补助、少数民族免费医疗，并为此每年付出数万亿美元的费用，但仍有15%的人口不能享受医疗保险。同时，社会医疗保险受法律的约束，具有强制性，必须无条件接受任何投保人，而私人保险公司可以根据投保人的健康风险选择投保人。因此，许多健康风险较高的人不能进入私人保险，如患有慢性疾病、年老或体弱的人群可能会得不到医疗保险公司的受理，而这又间接使得医疗补助方案和医疗照顾方案的支出急剧上升。再如新加坡的医疗保险储蓄账户，过分强调效率，忽视了公平，对低收入者或没有收入的人来说，往往得不到有效的医疗保障或保障水平很低，基金也不能实现社会成员之间的横向互济互助，医疗保健储蓄计划以家庭为社会经济单位，只能解决家庭成员的疾病风险，其他人不能使用，不具有全社会的统筹互济性。因此，以市场为主导的医疗保险体系，能促进资源的有效配置，降低医疗成本，但以市场主导一切时，激烈的市场竞争会存在严重的逆选择，将支付能力过低的人口排除在外，贫富差距扩大的问题就无法解决。

政府通过提供补贴或强行推行参保，更容易实现医疗保险的普惠化。如德国的社会医疗保险比较注重公平，一百多年来，"法定健康保险系统"是国家健康保险系统的主体，它为近90%的德国

人提供医疗保险，而近 9% 的高收入人群购买了私人商业保险，无任何保险的人口不超过 0.5%。从 1883 年至今，无论政权更迭还是社会动荡，法定医疗保险金一直是由雇主和雇员各承担一半。这是德国"高覆盖、高保障"的医疗保险制度得以实现和延续的基本前提。因此，我国现行的医疗保险制度改革是解决如何从福利制度迈向市场机制的问题，通过引入市场机制使医疗保险基金的筹集与支付达到公平且效率的目标。

三、医疗保险基金的支付方式要与时俱进

支付方式在各国各有不同，不同的支付办法决定了不同的支付规模，在医疗服务提供方、医疗服务需求方和医疗保险经办机构之间形成不同的政策导向，使医疗保险基金产生不同的流向和不同的使用效率。可以说，一个适合的费用支付方式既可以提高医疗服务机构的诊疗效率，又能将医疗保险基金支出控制在一个合理的范围内。社会医疗保险对医疗机构的费用支付一般通过合同或协议的方式确定，支付办法有很多种，包括按项目、按服务人数、按总额预付和按病种等支付方式。结算一般由医疗保险机构向医疗机构直接结算，也有部分国家采用报销制，但这种办法由于缺乏对医疗机构的费用控制，同时不方便患者就医，逐渐在社会医疗保险制度中被摒弃。可以说，目前尚没有一种完美的医疗保险支付方式涵盖不同的人群和不同的地区，且大多数国家的支付方式都不是唯一的，多元支付体系的发展趋势明显。

因此，我们要建立复合式、多层次的支付方式来应对可能出现的各种风险和弊端。欧洲国家的医疗服务体制多实行门诊服务和住院服务分开的体制，门诊服务由开业医生承担，医院一般不承担门诊服务。医疗保险费用的结算主要包括对医生、医院和药品的结算。再如德国的法定医疗保险机构与医生的费用结算采用以州预算与医生工作量为基础的服务项目付费办法，医生的最终费用支付以其服务点数乘货币换算值确定；与医院的费用结算采用年度预算制，即根据下年度预期的病床占有率和每天的住院医疗费用计算出下年度的总预算，在总预算下，根据实际住院天数和平均住院费用向医院支付费用，超出部门由医院全部承担。对药品费用的支付主要是通过控制可支付费用的药品范围和药品价格，如超出用药范围的药品不支付，超出药品参考价格以上的部分由患者支付等。这对我国的医疗费用支付方式改革具有很好的借鉴意义。有专家预测，未来我国的支付方式将是门诊服务以按项目付费为主，住院服务以按病种付费为主，其他多种支付方式为辅的多元支付体系。

而改革医疗保险基金的支付方式也要注意引入量化的质量指标考核机制，同时必须建立相应的谈判机制和风险分担机制为实施保障。其中，谈判机制主要在医疗保险经办机构、医疗机构及其相关的医用物资、器械等药品供应商等主体之间进行，谈判的内容主要围绕基金预算分配、支付方式、支付标准等内容展开；风险分担机制是指当实际医疗费用支付超过标准时，医疗保险机构与医疗服务机构共担超额费用，当实际医疗费用支付低于标准时，医疗保险机构与医疗服务机构分享节余费用。同时，支付方式的改革是一个逐渐推进的过程，不能急于求成。

四、引入市场竞争，强化各方监管手段

自 20 世纪七八十年代以来，各发达国家纷纷遇到不断增长的财政负担及管理困境，使得它们开始进行新型的医疗保险改革，并几乎一致地选择在医疗保险制度中加入了市场机制。医疗保险市场并不是真正意义的市场，社会医疗保险和其中的医疗服务提供被称为准公共物品。因此，医疗保险需求和消费与其他保险市场及一般市场需求及消费有着诸多不同，研究这些特殊性对医疗保险体系中的保险人维持医疗保险经营和政府管理方的政策制定与监管来说都有着重要的意义。由于医疗服务的特殊性，导致医疗保险制度的设计和管理的复杂，其根本原因在于很难找到既维护公平又保持效率的平衡点。

大多数实行社会医疗保险的国家，其筹资和管理机构是依法设立的公共管理机构，不以营利为

目的，这样的机构主要有三种：一是由政府举办的公共事业机构，经办机构的业务经费、人员工资均由财政负责，如日本的国民健康保险经办机构。二是民办法定社团机构。其通过参保人群选举产生管理委员会，下设经办组织，管理费用从医疗保险经费中按国家规定比例提取。例如，德国的各类社会医疗保险疾病基金会，实行自主经营、自我管理和自负盈亏，政府不给予任何补贴，但会履行相应的监管职责。三是行业和企业举办的社团协会。对员工达到一定规模的企业和行业，法律允许在行业内组建医疗保险经办机构，比如日本的由大企业管理的雇员健康保险。各国的监管方式都离不开本国国情的背景。以德国为例，2004 年德国开始实行新的医疗保险制度，在全国强制实施统一的按病种分类偿付与计价系统。德国政府只负责相关法规的制定和监督检查，不完全介入具体操作，具体管理事务由半官方、非营利性医疗保险基金会操作，私人医疗保险公司则完全按照市场规则操作。这种自治管理贴合欧洲的自由主义和民主参与的传统，鼓励贴近基层的相关参与者管理自身事务，国家只是设立法律框架和进行监督。可以说，德国医疗保险的自治管理是平衡各方权利的特殊形式，是国家集权与分权性质的公众组织之间的平衡。

还有一些国家加强了医疗保险机构的市场竞争，医疗保险机构不再长期与某些医院定点挂钩，而是签订一般为一年期的合同。如果医院的医疗项目或费用合理，患者对医院的服务质量和服务效率感到满意，则续签合同，否则中断医疗保险机构与医院的合同。这样就使得医院有了外部压力，医院之间由于竞争而提高医疗服务质量和效率。同时，医疗保险机构可能会受到参保人因医疗服务成本降低而过度使用医疗服务的风险，以及医院或医生由于逐利动机设法以最小的成本投入产生最大的利润收益等风险。因此，在设计医疗保险制度时，要充分考虑医疗机构、保险机构、参保人三方互相监督机制的建立，保险机构应参与部分医疗服务管理或成立医疗服务机构，尽可能地避免医疗机构与参保人的利益均沾，控制医疗费用的总体上涨。例如，美国有同行服务审核组织，地方政府将医生公会和非医疗人员结成组织，经常到医院对医生进行抽样审核，检查医生的医疗行为，如用药治疗是否过度、处方是否得当等，以此来监督医生减少医疗资源的浪费。美国还采用设备需求证的办法来控制医院因过多购置设备从而引起医疗服务费用的上涨。日本早几年前就开始实行医疗计划发展措施，分清轻重缓急，计划引进和发展，一定程度上抑制了医疗服务的成本费用。德国实行医药分离的医疗服务体系，医疗保险对各类医疗护理服务机构的补偿支付都不包含药品费用。患者可以根据医师处方到任何一家药店取药，所有药品费用，都由保险机构与药店直接结算。

因此，我国应逐步引进市场竞争，加快医疗保险基金监管模式的创新，促进医疗服务市场有条不紊的开放。2012 年，在政府主导下，中国人民健康保险股份有限公司湛江中心支公司以"管理＋经营"的理念全面参与了湛江市城乡居民社会医疗保障体系建设，逐步形成了具有特色的"湛江模式"，成为医疗保险基金管理方式上一次很好的创新尝试。

五、提升全科医生"社区健康守门人"的责任和能力

一个完善的医疗服务市场应该是多层次的。其中，初级医疗服务是医疗卫生服务体系中的金字塔底部，中间一层是二级医疗服务，处于金字塔塔尖的是三级医疗卫生服务。初级卫生服务针对的是常见的健康问题，占人群健康需求的绝大部分。而初级卫生服务的提供者，主要是受过一般医学训练且不分科的基层医生，他们主要在社区独立行医，称为全科医生。

从英、美、德等国的经验看，初级医疗保健由社区卫生服务机构承担，其社区医疗水平处于世界领先水平，"小病在社区、大病在医院"在国外已经很普遍。如英国的医疗服务过程中严格遵守社区首诊、分级医疗和双向转诊制度，实现了全科医生、综合医院和专科医院的分工协作，充分利用了医疗卫生资源。在荷兰，每个人都有一位全科医生。2000 年，荷兰每位全科医生平均登记患者人数是 2300 名。他们负责向患者提供初级医疗服务。所有荷兰公民看病时必须首先通过全科医生，全科医生负责对其病情进行基本的诊断和治疗，并决定是否转诊给医院的专科医生。再如美国，要

求参保人必须在定点医师网络内选择一个全科医生注册。全科医生致力于为所注册的患者和家庭提供连续的、完整的健康管理服务。若需要转诊，全科医生会开具转诊单，把患者推荐给相应的专科医生。若没有全科医生的同意而自行转诊的，就医费用将全部由患者自己承担。

卫生资源高度集中于大城市，过分重视高层次医疗服务而忽视初级卫生保健服务，这往往是发展中国家卫生体制中的一个通病。我国基本医疗服务体系尽管划分了三级医疗服务，但在实践中并没有得到很好的贯彻，大医院拥挤、小医院冷清的现象以及医疗资源利用不均的局面依然存在。国务院颁布的《国务院关于建立全科医生制度的指导意见》明确要求到 2012 年每个城市社区卫生服务机构和乡镇卫生院都有合格的全科医生，2016 年颁布的《国务院办公厅关于推进分级诊疗制度建设的指导意见》中指出了全科医生制度在我国分级诊疗制度中承担的制度角色，"多渠道培养全科医生，提升全科医生整体素质水平，充分发挥全科医生的居民健康'守门人'作用，加快建立完善全科医生激励制度，加强全科医生队伍专业技能多样化建设，引入康复治疗及护理人员等，满足人民群众的日益多样化的卫生健康服务需求。"2018 年相继出台了《国务院办公厅关于改革完善全科医生培养与使用激励机制的意见》及《关于做好 2018 年家庭医生签约服务工作的通知》等政策文件，分别就全科医生培训、激励等配套性的政策措施进行了具体性的发展要求。为真正发挥全科医生居民健康"守门人"的作用，国家卫生健康委员会发布了普及全科医生签约服务指导意见，提出："有重点有针对性的提供个性化的签约服务，完善全科医生激励政策，合理确定居民签约服务费用，严格规范对签约服务的管理考核。"因此，下一步应重点完善我国全科医生的培养、培训机制，仿效国外全科医生培养的优秀经验，形成一个学校教育与终身教育相结合的教育链。如英国 1 名合格的全科医生要接受 5 年的医学院校学习、1 年的临床实习、毕业之后 2 年的各科轮转实习、1 年的全科医生诊所培训后，参加英国皇家全科医生学院的专业培训并考核通过后才能获得相应的全科医生资格，且每年进行全科医生资格的审查考核。同时，鼓励全科医生开办私人诊所，积极推进保险机构签约全科医生的服务模式，完善全科医生的激励约束机制，逐步建立全科医生与参保人的服务关系。由全科医生依托社区卫生服务中心负责基层常见病、多发病的防治、保健、康复、健康教育等综合服务，将是我国未来医疗保险事业发展的趋势。

六、逐步探索医疗保险基金的保值增值

医疗保险基金的保值增值是指医疗保险管理机构为维护和提高医疗保险基金的支付能力，确保医疗保险基金安全和医疗保险制度持续健康运行，利用基金支付的时间差、数量差和空间差，将一部分基金进行安全有效的投资并获得收益。医疗保险基金保值与增值是保险经营中的一个重要组成部分。它不仅是保证基金偿付能力的重要手段，也是维护保险参保人利益的重要措施。近年来，在医疗保险基金风险逐渐加大的同时，越来越多的国家和政府更加关注医疗保险基金的健康运转。从世界银行到许多国家成立的社会保险研究机构，专门对基金管理、经济影响及若干配套政策进行全面系统的研究，欧盟组织近几年在基金管理的理论和政策方面取得了重大的进展，为包括医疗保险基金在内的社会保险基金监管提供了重要的理论和政策参考，并将在基金监管方面迈出重要的实质性步伐。以美国为例，根据美国《社会保障法》，财政部成立了"社会保险和医疗统筹基金信托董事会"，对其医疗统筹信托基金进行管理运营，并用信托基金的介入进行市场化运营以保证基金的保值增值，缓解基金收支压力。

《2020 年医疗保障事业发展统计快报》显示，2020 年我国全年基本医疗保险基金（含生育保险）总收入、总支出分别为 24 638.61 亿元、20 949.26 亿元，年末基本医疗保险（含生育保险）累计结存 31 373.38 亿元。职工基本医疗保险基金（含生育保险）收入 15 624.61 亿元，同比下降 1.4%；其中征缴收入（含生育保险）14 796.47 亿元。基金支出 12 833.99 亿元，同比增长 1.3%。职工基本医疗保险基金（含生育保险）年末累计结存 25 323.51 亿元，其中统筹基金累计结存 15 396.56 亿元，

个人账户累计结存 9926.95 亿元。2020 年城乡居民基本医疗保险基金收入 9014.01 亿元，同比增长 5.1%；支出 8115.27 亿元，同比下降 0.9%；年末累计结存 6049.88 亿元。长期以来，人们对社会医疗保险的基金运营持消极态度，认为医疗保险基金不同于养老保险基金，其支付不具有可预测性，结果在很大程度上制约着社会医疗保险基金的保值增值运营。我国现行的医疗保险制度规定：医疗保险基金只能存入银行财政专户或购买国家债券，不能进行其他任何性质的商业运营。这固然保证了医疗保险基金的安全性，但基金因通货膨胀的影响而损失或贬值的风险较大。人口结构的变化、平均寿命的延长、疾病谱的变化、医疗保险水平的提高、物价变动等因素都会不同程度地影响医疗保险基金的偿付能力或实际支付能力。因此，我国应该开始重视医疗保险基金的管理技术，重视医疗保险基金的保值增值运营，并把促进医疗保险基金的保值增值作为医疗保险基金管理中的重要任务之一。

1. 试对典型国家的医疗保险基金管理模式作比较分析。

2. 国外医疗保险基金管理实践对我国的医疗保险基金管理有何借鉴之处？

3. 你认为医疗保险基金管理的发展趋势是什么？

（吴涛　丛亮　董毅）

第十五章 我国医疗保险基金管理改革与发展

内容提要

我国深化医疗保障制度改革进程不断加深，医疗保险基金管理经历了多次改革与发展。2016年1月《国务院关于整合城乡居民基本医疗保险制度的意见》（国发〔2016〕3号）发布。《国务院关于整合城乡居民基本医疗保险制度的意见》指出整合城镇居民基本医疗保险和新型农村合作医疗两项制度，建立统一的城乡居民基本医疗保险制度。我国社会医疗保险体系整合为城乡居民基本医疗保险制度和城镇职工基本医疗保险制度。通过本章的学习，要求了解我国医疗保险基金管理的历史和改革后的发展进程，当前医疗保险基金管理中存在的问题，针对存在的问题应该采取的改革措施以及我国医疗保险基金管理今后可能的走向。

第一节 我国医疗保险基金管理发展概述

一、计划经济时期医疗保障资金管理

（一）公费医疗资金管理

1952年6月27日，政务院颁布了《政务院关于全国各级人民政府、党派、团体及所属事业单位的国家工作人员实行公费医疗预防的指示》，1952年8月30日，卫生部发布《国家工作人员公费医疗预防实施办法》，这两个行政法规将公费医疗的实施范围扩大到全国各级人民政府、党派、工青妇等团体、各种工作队以及文化、教育、卫生科研、经济建设等事业单位的国家工作人员和革命残疾军人，由此确立了我国的公费医疗制度；1953年卫生部颁布《卫生部关于公费医疗的几项规定》，将公费医疗的实施范围扩大到高等学校的在校学生及乡干部；1956年6月29日，国务院在给卫生部的批复中同意国家机关工作人员退休后仍享受公费医疗待遇。

公费医疗由各级人民政府财政预算拨款，职工本人不缴纳保险费，每年由各级政府部门根据医疗需要和财政可能核定公费医疗经费预算定额，拨给同级医疗管理机构管理使用，实际超支部分由地方财政补贴。全国的管理由卫生部下设的公费医疗管理事务中心负责，各省、自治区、直辖市、各地区、县均设公费医疗管理委员会办公室负责管理。公费医疗经费统一拨给各级卫生主管部门统筹统支。门诊、住院所需的诊疗费、手术费、住院费，门诊或住院中经医师处方的药费，均由医药费拨付。各地卫生行政机关对公费医疗预防费用收支情况，除按财政预算制度向财政部门报核外，并应层报中央卫生部备查。

（二）"劳保医疗"资金管理

1951年，中央人民政府政务院颁布了《中华人民共和国劳动保险条例》，明确规定了劳动保险金的筹集、管理和发放。劳动保险金的筹集全部由企业承担，企业按企业工资总额的3%上缴所有保险费用，职工个人不缴纳任何保险费用；保险费的一部分上缴中华全国总工会，作为劳动保险调剂金；剩余由企业工会使用。保险监督由中央人民政府劳动部施行。1953年，我国劳动部对《中华人民共和国劳动保险条例》进行了修改，并在此基础上颁布了《中华人民共和国劳动保险条例实施

细则修正草案》，扩大了《中华人民共和国劳动保险条例》所规定的实施范围，详细规定了劳动保险金的征集、管理和监督等，并细化了医疗待遇标准。

该时期劳动保险资金管理的主要规定如下：企业行政方面或资方须按照上月份工资总额计算，于每月1日至10日限期内，一次向中华全国总工会指定代收劳动保险金的国家银行，按月缴纳相当于该企业全部工人与职员工资总额3%的劳动保险金（1957年调整为4.5%～5.5%），不得在工人与职员工资内扣除。每月缴纳的劳动保险金，30%存于中华全国总工会户内，作为劳动保险总基金；70%存于该企业工会基层委员会户内，作为劳动保险基金。

劳动保险基金的保管由中华全国总工会委托中国人民银行代理。

劳动保险基金由工会基层委员会用作支付因工残疾抚恤费、救济费、疾病和非工负伤救济费、退休费、退职生活费、丧葬补助费等项待遇。企业留用的保险金，每月结算一次，其余额全部转入省、市工会组织或产业工会全国委员会户内，作为劳动保险调剂金，不足开支时向上级工会申请调剂。具体医疗保险待遇的给付方式为：①工人与职员因工负伤，其全部诊疗费、药费、住院费、住院时的膳费与就医路费，均由企业行政方面或资方担负。同时按照不同情况，由劳动保险基金项下按月付给因工残废抚恤费或因工残废补助费。②工人与职员疾病或非因工负伤，其所需诊疗费、手术费、住院费及普通药费均由企业行政方面或资方负担；贵重药费、住院的膳费及就医路费由本人负担，如本人经济状况确有困难，得由劳动保险基金项下酌予补助。同时规定，工人与职员供养的直系亲属患病时，手术费及普通药费，由企业行政方面或资方负担二分之一，其余费用自理。③工人、职员及其直系亲属因伤病死亡时，须由企业或劳动保险基金项下付给丧葬、抚恤等费用。

中央人民政府劳动部为全国劳动保险业务的最高监督机关，贯彻劳动保险条例的实施，检查全国劳动保险业务的执行。

1969年2月，财政部颁布了《关于国营企业财务工作中几项制度的改革意见（草案）》，其中规定："国营企业一律停止提取劳动保险金，企业的退休职工、长期病号工资和其他劳保开支在营业外列支。"由此，我国国营企业的劳动保险实质上由社会保险倒退为企业保险，社会保险的统筹调剂职能丧失，社会保险基金停止积累，由企业实报实销，加重了企业的负担。

总之，公费医疗和劳保医疗都属于传统的城镇医疗保险制度。到20世纪70年代末，公费、劳保医疗覆盖了全国75%以上的城镇职工、离退休人员和家属。其中，公费医疗主要面向机关事业单位，劳保医疗主要面向企业职工，两者在资金来源和管理方面都不相同。随着制度覆盖人群的增大，再加上基本实行免费医疗，对制度的压力逐渐加大。

（三）农村合作医疗

农村合作医疗制度最早出现在山西省高平县米山乡。1955年5月1日，全国第一个卫生保健站——米山联合保健站正式挂牌成立。保健站由农业生产合作社、农民群众和医生共同集资兴建，保健站的最高权力机构是由各村行政代表和卫生福利部门代表组成的"联合保健委员会"，其日常经费由农民交纳的"保健费"、从农业社提取的15%～20%的公益金和医疗收入（主要是药费）三方保障。在自愿的原则下，每个农民每年缴纳5角钱的"保健费"（其中从社员工分中代扣3角、集体另补助2角），即可享受预防保健服务，患病就诊时免收门诊费、出诊费、挂号费、手术费。保健站根据每个医生家庭劳动力的强弱，以保证家庭生活稳定为前提，由站内依实际情况给以劳动记工，秋后分粮。这样，联合保健站由社员群众出"保健费"，生产合作社出公益金补助，与医疗业务收入相结合的办法，建立起了集体医疗保健制度。

之后，米山乡的经验得到推广，在山西、河南、河北、湖南、贵州、山东、上海等地农村出现了一批由农业合作社举办的保健站和医疗站。1960年，中共中央转发了卫生部《关于农村卫生工作山西稷山现场会议的报告》称这一制度为集体医疗保健制度。从此，合作医疗便成为我国农村医疗保障制度的基本制度。自 1966 年 12 月，广大农村掀起了大办合作医疗的高潮。1976 年，全国实行合作医疗制度的行政村（生产大队）的比重从 1968 年的 20% 上升到 90%，由合作医疗作保障的医疗保健服务覆盖了全国 85% 的农村人口。合作医疗还被写进了 1978 年 3 月 5 日全国人民代表大会五届一次会议通过的《中华人民共和国宪法》，以国家根本大法的形式确立了其重要地位。

与公费医疗保障以国家财政为后盾不同，农村合作医疗保障主要依赖农村集体经济组织自身的经济积累和农民的集资，经费来源稳定性差。基金管理也不像公费医疗那样由财政统一安排、单位依法使用管理，而是由合作社举办的保健站负责管理。同时，合作医疗还被赋予了一定的政治责任，比如全国人民代表大会一届三次会议 1956 年通过的《高级农业生产合作社示范章程》第 51 条规定：合作社对于因公负伤或者因公致病的社员要负责医治，并且酌量给以劳动日作为补助；对于因公死亡的社员家属要给以抚恤。

1978 年 12 月，中共十一届三中全会决定实行改革开放政策，农村家庭联产承包责任制迅速推广。到 1983 年初，全国农村实行包产到户、包干到户的生产队达到 93%。到 1984 年年底，全国各地基本完成了政社分设，建立了 9.1 万个乡（镇）政府，92.6 万个村民委员会。家庭联产承包责任制的实行，人民公社的解体，使以集体经济为基础的农村合作医疗制度失去了赖以存在和发展的经济基础，曾盛极一时的农村合作医疗制度开始大面积萎缩。到 1985 年，全国继续坚持合作医疗的行政村由鼎盛时的 90% 猛降至 5%。存在了 30 年之久的农村合作医疗制度面临着"网破、线断、人散"的几近瓦解的局面。

二、改革开放后医疗保险基金管理的建立

在计划经济时期，我国大部分城镇居民和农村居民都有医疗保障。但是，随着市场化改革的推进，大量的公有制企业开始亏损甚至破产，与计划体制相嵌合的劳保医疗和公费医疗无法持续下去；与此同时，农村合作医疗制度也几近瓦解，导致超过半数的城镇居民和大部分农村居民失去了医疗保障。为解决这一问题，我国政府尝试用新的制度来取代劳保、公费医疗及农村合作医疗体制，逐步形成了当前覆盖城乡的基本医疗保险体系。

（一）城镇职工医疗保险

从 1984 年起，开始引入个人分担医疗保险费用的机制，全国普遍实行公费、劳保医疗费用和个人挂钩的办法，就医时个人适当负担部分医疗费用，即实行医疗费定额包干的办法。同时，引入社会统筹机制，部分省市开展了离退休人员医疗费用社会统筹和职工大病医疗费用社会统筹的试点。

从 1994 年 3 月起，国家在江苏省镇江市、江西省九江市进行试点，首次将社会统筹与个人账户相结合的模式引入医疗保险制度，对劳保医疗和公费医疗同步进行改革，形成了医疗费用制约机制、医疗经费筹措机制、个人积累机制。1996 年，试点工作扩展到 400 多个城市。

1998 年 12 月，《国务院关于建立城镇职工基本医疗保险制度的决定》出台，明确提出：建立由用人单位和职工共同缴费的机制。用人单位缴费率一般为职工工资总额的 6% 左右，职工缴费率一般为本人工资收入的 2%，随着经济发展，缴费率可作相应调整。基本医疗保险基金由统筹基金和个人账户基金构成，职工个人缴纳的基本医疗保险费，全部记入个人账户，用人单位缴纳的基本医疗保险费分为两部分，一部分用于建立统筹基金，一部分划入个人账户，划入个人账户的比例一般为用人单位缴费的 30% 左右，具体比例由统筹地区根据个人账户的支付范围和职工年龄等因素确定。统筹基金和个人账户要划定各自的支付范围，分别核算，不得互相挤占。确定统筹基金的起付标准和最高支付限额，起付标准原则上控制在当地职工年平均工资的 10% 左右，最高支付限额原则上控制在当地职工年平均工资的 4 倍左右。起付标准以下的医疗费用，从个人账户中支付或由个人

自付。起付标准以上、最高支付限额以下的医疗费用，主要从统筹基金中支付，个人也要负担一定比例。超过最高支付限额的医疗费用，可以通过商业医疗保险等途径解决。基本医疗保险基金原则上以地级以上行政区（包括地、市、州、盟）为统筹单位，也可以县（市）为统筹单位，所有用人单位及其职工都要按照属地管理原则参加所在统筹地区的基本医疗保险，执行统一政策，实行基本医疗保险基金的统一筹集、使用和管理。基本医疗保险基金纳入财政专户管理，专款专用，不得挤占挪用。社会保险经办机构负责基本医疗保险基金的筹集、管理和支付，并要建立健全预决算制度、财务会计制度和内部审计制度。社会保险经办机构的事业经费不得从基金中提取，由各级财政预算解决。基本医疗保险基金的银行计息办法：当年筹集的部分，按活期存款利率计息；上年结转的基金本息，按3个月期整存整取银行存款利率计息；存入社会保障财政专户的沉淀资金，比照3年期零存整取储蓄存款利率计息，并不低于该档次利率水平。个人账户的本金和利息归个人所有，可以结转使用和继承。加强对基本医疗保险基金的监督管理，审计部门要定期对社会保险经办机构的基金收支情况和管理情况进行审计，统筹地区设立由政府有关部门代表、用人单位代表、医疗机构代表、工会代表和有关专家参加的医疗保险基金监督组织，加强对基本医疗保险基金的社会监督。

经过十余年的发展，城镇职工基本医疗保险制度在全国普遍建立，基本完成了公费、劳保医疗制度向基本医疗保险制度的转轨。医疗保险的覆盖范围已经从国有集体单位扩大到了非公经济组织，从正规就业人员扩大到了灵活就业人员。参保人数从2002年的9401万人增加到2017年的30 323万人。同时，在保障水平上也有较大提高，统筹基金对住院医疗费用的最高支付限额（封顶线）已从最初是当地职工年平均工资的4倍提高至6倍（表15-1）。

表15-1　2010～2017年城镇职工基本医疗保险基金收支状况　　　　（单位：亿元）

年份	参保人数/万人	基金收入		基金支出		累计结余	
		统筹基金	个人账户	统筹基金	个人账户	统筹基金	个人账户
2010	23 735	2376	1579	2033	1239	3007	1734
2011	25 227	3015	1930	2509	1509	3518	2165
2012	26 486	3721	2341	3061	1808	4187	2697
2013	27 443	4285	2777	3669	2161	4806	3323
2014	28 296	5190	2848	4681	2016	5537	3913
2015	28 893	5982	3102	5563	1969	6568	4429
2016	29 532	6967	3307	6971	1316	9765	5200
2017	30 323	7644	4634	5762	3704	9699	6152

资料来源：2010～2017年《中国社会保险发展年度报告》、《中国人力资源和社会保障年鉴》

（二）新型农村合作医疗

2003年1月，国务院办公厅转发了卫生部等部门关于建立新型农村合作医疗制度的《中共中央国务院关于进一步加强农村卫生工作的决定》（中发〔2002〕13号），我国正式全面开始建立新型农村合作医疗制度。

在组织管理上，新型农村合作医疗制度采取以县（市）为单位进行统筹，条件不具备的地方，在起步阶段也可以采取以乡（镇）为单位进行统筹，逐步向县（市）统筹过渡。省、地级人民政府成立农村合作医疗协调小组，各级卫生行政部门内部设立专门的农村合作医疗管理机构，县级人民政府成立由有关部门和参加合作医疗的农民代表组成的农村合作医疗管理委员会。农村合作医疗经办机构要定期向社会公布农村合作医疗基金的具体收支、使用情况，保证参加合作医疗农民的参与、知情和监督的权利。成立农村合作医疗监督委员会，定期检查、监督农村合作医疗基金使用和管理情况。农村合作医疗管理委员会定期向监督委员会和同级人民代表大会汇报工作，主动接受监督。审计部门要定期对农村合作医疗基金收支和管理情况进行审计。

在筹资方面，新型农村合作医疗制度实行个人缴费、集体扶持和政府资助相结合的筹资机制，农民个人每年的缴费标准不应低于 10 元，经济条件好的地区可相应提高缴费标准。有条件的乡村集体经济组织应对本地新型农村合作医疗制度给予适当扶持，鼓励社会团体和个人资助新型农村合作医疗制度。地方财政每年对参加新型农村合作医疗农民的资助不低于人均 10 元。中央财政通过专项转移支付对中西部地区除市区以外的参加新型农村合作医疗的农民安排补助资金。

在基金使用管理方面，农村合作医疗基金是由农民自愿缴纳、集体扶持、政府资助的民办公助社会性资金，要按照以收定支、收支平衡和公开、公平、公正的原则进行管理，必须专款专用，专户储存，不得挤占、挪用。新型农村合作医疗基金主要补助参加新型农村合作医疗农民的大额医疗费用或住院医疗费用。有条件的地方，可实行大额医疗费用补助与小额医疗费用补助结合的办法。各省、各县（市）要科学合理地确定农村合作医疗基金的支付范围、支付标准和额度，防止农村合作医疗基金超支或过多结余。

为贯彻落实《"十二五"期间深化医药卫生体制改革规划暨实施方案》（国发〔2012〕11 号）和《深化医药卫生体制改革 2013 年主要工作安排》（国办发〔2013〕80 号）有关要求，国家卫生和计划生育委员会、财政部下发了《关于做好 2013 年新型农村合作医疗工作的通知》（国卫基层发〔2013〕17 号），规定：2013 年起，各级财政对新农合的补助标准从每人每年 240 元提高到每人每年 280 元，参合农民个人缴费水平原则上相应提高到每人每年 70 元。将政策范围内住院费用报销比例提高到 75%左右，进一步提高统筹基金最高支付限额和门诊医药费用报销比例。以省（区、市）为单位全面推开儿童白血病、先天性心脏病等 20 个病种的重大疾病保障试点工作。完善委托商保机构经办服务的准入、退出机制和激励约束机制，充分发挥市场机制作用，提高新农合经办服务水平；全面推开利用新农合基金购买城乡居民大病保险的试点，制定大病保险的基本政策要求，完善招标、协议、监管、保障、基金结余管理等方面的政策措施，确保大病保险试点工作顺利起步。进一步加强新农合基金监管，规范基金使用。继续严格控制新农合基金结余，确保基金结余率在 2012 年的水平上有明显下降，实现统筹基金累计结余不超过当年筹资总额的 25%，当年结余不超过当年筹资总额的 15%。2012 年当期基金收支出现赤字及 2013 年存在基金超支风险的部分地区，也要通过精细测算、控制不合理费用增长等方式，确保基金不出现净超支现象。加强管理能力，提高经办服务水平。深入推进新农合支付方式改革，结合门诊统筹推行按人头付费，结合门诊大病和住院统筹推行按病种付费等多种形式的支付方式改革；积极推动建立新农合经办机构与医疗机构、药品供应商的谈判机制和购买服务的付费机制；以统一补偿方案、统一信息平台、统一即时结报为重点，加快提高新农合统筹层次，推动实现地市统筹，有条件的地区可以实施省级统筹；全面推进新农合信息化建设，具备条件的省级新农合信息平台要加快与国家新农合信息平台的联通工作，力争 2013 年年底在部分省份开展参合农民跨省异地就医和报销的试点。

从 2003 年试点至今，新型农村合作医疗已经取得了很大的成果。一是筹资水平显著上升。2003 年新农合人均筹资 30 元，其中政府补贴 20 元；到 2013 年，参加新农合的农民人均筹资达到 370 元，其中政府补助 280 元，农民自己负担 90 元；2015 年政府补助提高至 380 元，农民个人负担 120 元。二是保障水平大大提高。统筹基金最高支付限额由 2003 年当地农民人均纯收入的 4 倍提高到 6 倍；2013 年政策范围内住院费用报销比例已经达到 75%；国家还出台政策，从新农合中拿出大概 5%的钱，为农民购买商业保险，通过二次报销，提高农民的大病保障水平；另外，从 2014 年开始，新农合大病专项基金给予大病保障的病种达到 22 种，将城乡居民大病保险工作推广到 50%以上的新农合统筹地区。三是参合率大幅提高。参加新农合人数为 8.02 亿人，参合率达到 99%。总的来说，政府补助逐渐上涨，个人筹资占比逐年下降，体现出我国医疗保险基金的福利性质。

（三）城镇居民基本医疗保险

为解决城镇非从业居民的医疗保障问题，2007 年 7 月，国务院发布《国务院关于开展城镇居民基本医疗保险试点的指导意见》（国发〔2007〕20 号），在全国 79 个城市开展居民医疗保险试点，2008 年试点城市扩大到 317 个，2009 年推广至全国所有城市。根据《国务院关于开展城镇居民基本医疗保险试点的指导意见》，城镇居民医疗保险制度的覆盖人群为不属于城镇职工基本医疗保险制度覆盖范围的中小学阶段的学生（包括职业高中、中专、技校学生）、少年儿童和其他非从业城镇居民。

对城镇居民基本医疗保险，没有规定全国统一的筹资标准。以家庭缴费为主，政府给予适当补助，由各地根据低水平起步的原则和本地经济发展水平，并考虑居民家庭和财政负担的能力合理确定。从许多地区实践和测算的平均数值看，要保证基金支付比例在 50% 以上，筹资水平大体在城镇居民家庭人均可支配收入的 2% 左右。由于未成年人和成年人医疗消费需求的差异很大，因而筹资水平也不同。各地基本上都确定了多个缴费标准，如成年人、未成年人、老年人、残疾人、大学生等不同的缴费水平。《人力资源社会保障部 财政部关于做好 2015 年城镇居民基本医疗保险工作的通知》规定，2015 年各级财政对居民医疗保险的补助标准在 2014 年的基础上提高 60 元，达到人均 380 元，居民个人缴费在 2014 年人均不低于 90 元的基础上提高 30 元，达到人均不低于 120 元。

城镇居民基本医疗保险基金重点用于参保居民的住院和门诊大病医疗支出，基金的使用坚持以收定支、收支平衡、略有结余的原则；各地根据自身实际制定城镇居民基本医疗保险基金的起付标准、支付比例和最高支付限额。基金支付比例原则上低于城镇职工医疗保险而高于新农合，一般可以在 50%~60%。有条件的地方，也可以探索门诊普通疾病医疗费用统筹的保障办法，即划出部分资金，专项用于支付一般门诊费用。

城镇居民基本医疗保险只建统筹基金，不设个人账户；将城镇居民基本医疗保险基金纳入社会保障基金财政专户统一管理，单独列账；按照社会保险基金管理等有关规定，严格执行财务制度，加强对基本医疗保险基金的管理和监督，确保基金安全。

人力资源和社会保障部于 2014 年 6 月发布的《2013 年全国社会保险情况》显示：截至 2013 年年底，全国参加城镇居民（含城乡统筹）基本医疗保险人数为 29 629 万人。2013 年全国居民基本医疗保险基金收入 1187 亿元，基金支出 971 亿元，年末基金累计结存 987 亿元，享受医疗服务总人次达 3.3 亿人次，二级及以下医疗机构政策范围内住院医疗费用基金支付比例为 71.3%。

（四）其他医疗保险

1. 大病医疗保险

大病医疗保险是对城乡居民因患大病发生的高额医疗费用给予报销，目的是解决群众反映强烈的"因病致贫、因病返贫"问题，使绝大部分人不会再因为疾病陷入经济困境。2012 年 8 月 30 日，国家发展和改革委、卫生部、财政部、人力资源和社会保障部、民政部、保险监督管理委员会等六部委《关于开展城乡居民大病保险工作的指导意见》发布，明确针对城镇居民医疗保险、新农合参保（合）人大病负担重的情况，引入市场机制，建立大病保险制度，减轻城乡居民的大病负担，大病医疗保险报销比例不低于 50%。按医疗费用高低分段制定支付比例，原则上医疗费用越高支付比例越高。随着筹资、管理和保障水平的不断提高，逐步提高大病报销比例，最大限度地减轻个人医疗费用负担。与基本医疗保险由政府主导的运作模式不同，城乡居民大病保险由政府以招投标方式，向商业性保险机构购买，保险机构作为第三方负责具体运作。截至 2014 年 5 月底，农村居民大病保险试点工作已经覆盖了全国 50% 以上的县市区。所有省份在 2014 年 6 月底前启动大病保险的试点工作。总体看，大病保险试点工作已取得初步成效。

2. 补充医疗保险

与基本医疗保险不同，补充医疗保险不是通过国家立法强制实施，而是由用人单位和个人自愿参加，是在单位和职工参加统一的基本医疗保险后，由单位或个人根据需求和可能原则，适当增加医疗保险项目，来提高保险保障水平的一种补充性保险。

财政部、劳动保障部下发的《财政部劳动保障部关于企业补充医疗保险有关问题的通知》（财社〔2002〕18号），规定企业可在参加当地基本医疗保险基础上，建立补充医疗保险。企业补充医疗保险费在工资总额4%以内的部分，可从应付福利费中税前列支。企业补充医疗保险资金由企业或行业集中使用和管理，单独建账，单独管理，用于本企业个人负担较重的职工和退休人员的医疗费补助，不得划入基本医疗保险个人账户，也不得另行建立个人账户或变相用于职工其他方面的开支。财政部门和劳动保障部门要加强对企业补充医疗保险资金管理的监督和财务监管，防止挪用资金等违规行为。

三、新时期医疗保险基金管理

2018年5月，国务院组建国家医疗保障局，将人力资源和社会保障部管理城乡居民基本医疗保险、城镇职工基本医疗保险的职责，国家发展和改革委员会管理药品和医疗服务价格的职责以及民政部管理医疗救助的职责整合在一起，理顺了多层次医疗保障体系制度内基本医疗保险、大病保险和医疗救助的管理机制，实现了全国医疗保障事务统一监管的目标。我国医疗保障管理体制从此由多部门分割走向一部门集中统一管理。2020年2月，中共中央、国务院发布《中共中央 国务院关于深化医疗保障制度改革的意见》，为中国特色医疗保障制度从长期试验性改革状态走向基本成熟提供了行动指南。我国医疗保障改革与制度建设步入新时期。

（一）城镇职工基本医疗保险

城镇职工基本医疗保险自推出以来，覆盖人数不断增加，2020年达34 423万人。近年来，城镇职工医疗保险个人账户累计结存快速增长，国家医疗保障局公布的《2020年医疗保障事业发展统计快报》显示，全年职工基本医疗保险基金（含生育保险）收入15 624.61亿元，同比下降1.4%。职工基本医疗保险基金（含生育保险）年末累计结存25 323.51亿元，其中统筹基金累计结存15 396.56亿元，个人账户累计结存9926.95亿元。统账结合制度实行以来，在保障参保人员的利益、控制医疗费用方面发挥了重要作用，但也逐渐暴露出一些问题。从我国城镇职工医疗保险基金的结余状况来看，出现了结构性失衡和配置不合理，解决医疗即期风险的社会统筹基金不够，而个人账户积累过多，个人账户庞大的沉淀基金难以有效发挥医疗保险的风险互济保障功能。

2020年8月26日，国家医疗保障局发布《关于建立健全职工基本医疗保险门诊共济保障机制的指导意见（征求意见稿）》，就医疗保险个人账户改革内容向全社会征求意见。这是"统账结合"的职工医疗保险制度建立20多年来第一次对个人账户进行重大改革。在向社会公开征求意见半年之后，包括个人账户改革在内的职工医疗保险门诊共济保障改革方案进入了国务院的议事日程。国务院要求，各省级政府可设置三年左右过渡期，逐步有序实现改革目标。个人账户四项改革措施包括逐步将部分健康损害大、费用负担重的门诊慢特病和多发病、常见病普通门诊费用纳入统筹基金支付；改进个人账户计入办法；拓宽个人账户使用范围；加强医疗保险基金监督管理。在职职工个人缴费仍计入本人个人账户，单位缴费全部计入统筹基金；退休人员个人账户由统筹基金按定额划入，划入额度逐步调整到统筹地区实施此项改革当年基本养老金平均水平的2%左右。与改革之前相比，个人缴纳的2%仍将划入个人账户，但单位缴纳的30%不再划入个人账户，也就是说，改革后个人账户的规模缩小了。与此配套的改革相应提高了门诊报销的待遇，减少划入个人账户的资金用于门诊共济保障，扩大职工医疗保险门诊慢病的范围，将费用负担重的门诊疾病纳入到支付范围。

通过改革个人账户，推动解决我国目前医疗保险基金结构性失衡和配置不合理问题，有效发挥我国医疗保险基金的风险互济保障功能。

（二）城乡居民基本医疗保险

党的十八大和十八届三中全会都明确提出整合城乡居民基本医疗保险制度，该制度的整合是建立更加公平可持续的全民医疗保险制度的必然要求和基础条件，是我国医疗保险制度发展与完善的必经之路。截止到 2015 年 3 月底，在区域内全部实现整合的有重庆、天津、青海、广东、宁夏、山东、浙江、新疆建设兵团等 8 个省级行政区和其他省份的 38 个地级市，另有 45 个地市的 91 个县（区）开展整合工作。

为推进医药卫生体制改革、实现城乡居民公平享有基本医疗保险权益、促进社会公平正义、增进人民福祉，2016 年 1 月 12 日国务院发布《关于整合城乡居民基本医疗保险制度的意见》（国发〔2016〕3 号），整合城镇居民基本医疗保险和新型农村合作医疗两项制度，逐步在全国范围内建立起统一的城乡居民医疗保险制度，推动保障更加公平、管理服务更加规范、医疗资源利用更加有效，促进全民医疗保险体系持续健康发展。城乡居民医疗保险制度覆盖范围包括现有城镇居民医疗保险和新农合所有应参保（合）人员，即覆盖除职工基本医疗保险应参保人员以外的其他所有城乡居民。农民工和灵活就业人员依法参加职工基本医疗保险，有困难的可按照当地规定参加城乡居民医疗保险。

截至目前我国 28 个省、直辖市和自治区出台了相应的整合办法。各省市城乡居民医疗保险覆盖范围不断扩大。各省确定的筹资标准可分为四种类型：①全省统一缴费标准。②地市统一缴费标准。③明确统一缴费标准但并未明确全省还是各市统一标准。④未明确是否统一缴费标准。在统一缴费标准的地区，又有一档缴费标准与多档缴费标准的。即使是在全省统一一档缴费标准的地区（如上海），实际上仍对不同人群设定了不同的缴费标准。河南省则是全省统一个人最低缴费标准，各地不低于此标准（表 15-2）。

表 15-2　各省城乡居民医疗保险制度缴费标准

缴费标准统一层级	缴费档次	省份
全省统一	一档	上海（不同人群缴费标准不同）、青海、湖北、江西、广西、云南（全省相对统一）、河南（全省统一的个人最低缴费标准，各地不低于此标准）、山西、海南
各统筹地市统一	多档	重庆、天津、宁夏
	一档	山东、河北、广东、贵州
	多档，逐步一档	内蒙古、浙江、吉林、四川（逐步全省统一）、江苏
城乡统一的个人缴费标准（未明确省级或市级统一）		安徽、新疆、甘肃
未明确城乡个人缴费标准是否统一，省设定个人最低缴费标准		湖南

资料来源：各省制度整合文件

当前我国已在全国范围内建立起统一的城乡居民医疗保险制度，总的来说：

（1）在组织管理方面，城乡居民医疗保险制度原则上实行市（地）级统筹，各地围绕统一待遇政策、基金管理、信息系统和就医结算等重点，稳步推进市（地）级统筹。根据统筹地区内各县（市、区）的经济发展和医疗服务水平，加强基金的分级管理，充分调动县级政府、经办管理机构基金管理的积极性和主动性。鼓励有条件的地区实行省级统筹。推进按人头付费、按病种付费、按床日付费、总额预付等多种付费方式相结合的复合支付方式改革，建立健全医疗保险经办机构与医疗机构及药品供应商的谈判协商机制和风险分担机制,推动形成合理的医疗保险支付标准,引导定点医疗机构规范服务行为,控制医疗费用不合理增长。

(2)在筹资方面,城乡居民基本医疗保险继续实行个人缴费与政府补助相结合为主的多渠道筹资方式,鼓励集体、单位或其他社会经济组织给予扶持或资助。各地统筹考虑城乡居民医疗保险与大病保险保障需求,按照基金收支平衡的原则,因地制宜确定城乡统一的筹资标准。现有城镇居民医疗保险和新农合个人缴费标准差距较大的地区,采取差别缴费的办法,利用 2~3 年时间逐步过渡,确保整合后的实际人均筹资和个人缴费不低于现有水平。在精算平衡的基础上,逐步建立与经济社会发展水平、各方承受能力相适应的稳定筹资机制,逐步建立个人缴费标准与城乡居民人均可支配收入相衔接的机制,合理划分政府与个人的筹资责任,在提高政府补助标准的同时,适当提高个人缴费比重。

(3)在基金使用管理方面,城乡居民医疗保险实行国家统一的基金财务制度、会计制度和基金预决算管理制度。城乡居民医疗保险基金纳入财政专户,实行"收支两条线"管理。基金独立核算、专户管理。基金使用遵循以收定支、收支平衡、略有结余的原则,应支付费用及时足额拨付,合理控制基金当年结余率和累计结余率。同时坚持基金收支运行情况信息公开和参保人员就医结算信息公示制度,加强社会监督、民主监督和舆论监督。城乡居民医疗保险基金主要用于支付参保人员发生的住院和门诊医药费用,稳定住院保障水平。政策范围内住院费用支付比例保持在75%左右。城乡居民医疗保险基金进一步完善了门诊统筹,提高门诊保障水平,缩小政策范围内支付比例与实际支付比例间的差距。

(三)商业健康保险

与基本医疗保险不同,商业健康保险是指由保险公司经营的,营利性的医疗保障。消费者依一定数额交纳保险金,遇到重大疾病时,可以从保险公司获得一定数额的医疗费用,单位和个人自愿参加。国家鼓励用人单位和个人参加商业医疗保险,商业保险机构对因健康原因和医疗行为导致的损失给付保险金,主要包括医疗保险、疾病保险、失能收入损失保险、护理保险以及相关的医疗意外保险、医疗责任保险等。

2009 年中共中央、国务院出台的《中共中央 国务院关于深化医药卫生体制改革的意见》(中发〔2009〕6 号)中提出,要"在确保基金安全和有效监管的前提下,积极提倡以政府购买医疗保障服务的方式,探索委托具有资质的商业保险机构经办各类医疗保障管理服务"。2012 年发布的《社会保障"十二五"规划纲要》(国发〔2012〕17 号)提出要"鼓励以政府购买服务的方式,委托具有资质的商业保险机构经办各类医疗保障管理服务"。国家发展和改革委员会、卫生部、财政部、人力资源和社会保障部、民政部、保险监督管理委员会等六部门于 2012 年 8 月 30 日联合公布《关于开展城乡居民大病保险工作的指导意见》(发改社会〔2012〕2605 号)。《关于开展城乡居民大病保险工作的指导意见》指出利用商业保险机构的专业优势,支持商业保险机构承办大病保险,发挥市场机制作用,以此来提高大病保险的运行效率、服务水平和质量。开展城乡居民大病保险工作,在基本医疗保障的基础上,对大病患者发生的高额医疗费用给予进一步保障,对减轻人民群众大病医疗费用负担,解决因病致贫、因病返贫问题,建立健全多层次医疗保障体系以及提高基本医疗保障水平和质量发挥重大作用,进一步体现互助共济,促进社会公平正义。商业健康保险参与大病保险管理既促进了医疗保险基金的安全性、可持续性,也使得城乡居民的大病补充医疗保险报销比例有了进一步提升的空间。

党的十八大以来,中央和有关部门多次发文,不断推动和完善商业保险参与社会医疗保险经办业务的步伐。2014 年 10 月 27 日国务院办公厅《国务院办公厅关于加快发展商业健康保险的若干意见》(国办发〔2014〕50 号),提出加快发展商业健康保险,与基本医疗保险衔接互补、形成合力,夯实多层次医疗保障体系，满足人民群众多样化的健康保障需求，提升医疗保障服务效率和质量。2016 年《人力资源和社会保障事业发展"十三五"规划纲要》（人社部发〔2016〕63 号）提出要"鼓励商业保险机构参与医疗保险经办"，《"健康中国 2030"规划纲要》（中发〔2016〕23 号）也明确指出要"逐步引入社会力量参与医疗保险经办"。在这两个规划纲要的指导下，国务院于 2016 年年底印发了《"十三五"深化医药卫生体制改革规划》（国发〔2016〕78 号），在确保基金安全和有效监管的前提下，以政府购买服务方式委托具有资质的商业保险机构等社会力量参与基本医疗保险的经办服务，承办城乡居民大病保险。按照政府采购的有关规定，选择商业保险机构等社会力量参与医疗保险经办。与之前单纯鼓励政府购买商业保险机构提供医疗保险经办服务不同，2016 年中央深入推进商业保险机构等社会力量参与医疗保险经办做出了比之前更为具体的规划指导。国务院发布的《"十三五"推进基本公共服务均等化规划》（国发〔2017〕9 号），明确提出"多元供给机制"的概念，指出要积极引导社会力量参与，推进政府购买服务，推广政府和社会资本合作（PPP）模式。截至 2019 年 8 月底，在全国 31 个省（区、市）开展大病保险业务的保险公司总计 16 家，覆盖城乡居民（包含部分城镇职工）11.29 亿人，保费收入 368 亿元，已赔付人数超过 2874 万，大病保险患者实际报销比例在基本医疗保险的基础上平均提升了 10～15 个百分点，助力减轻人民群众就医负担。

2020 年新冠疫情暴发以来，以商业健康保险为主要承办方的"惠民保"发展迅速。所谓"惠民保"，是指在社会医疗保险的基础上推出的一种由"政府主导或指导、商保承办、自愿参保"的重特大疾病补充医疗保险。其赔付范围主要集中在两个方面：一是由基本医疗保险和大病保险报销后的个人自付部分，即在医疗保险住院报销和大病报销的基础之上再做报销的产品；二是保障一些重特大疾病的特效药费用。在各地政府及医疗保障局的推动下，平均每 3 天落地一座城市，高峰时 4 个地方同日上线"惠民保"。截至 2020 年，全国已有 19 个省 54 个地区 119 座城市落地，共推出了 67 款"惠民保"，参保人数超过 2000 万人，累收保费超 10 亿元。商业健康保险参与各类医疗保险经办服务一方面能落地国家关于深化医疗保障体制改革的创新尝试；另一方面，可以缓解医疗保险保基本、广覆盖责任之外的问题，以商业化的手段实现医疗保障升级，减轻医疗保险基金压力。发挥商业健康保险费率调节机制对医疗费用和风险管控的正向激励作用，有效降低不合理的医疗费用支出。将加快发展商业健康保险纳入深化医药卫生体制改革和促进健康服务业发展的总体部署，有助于提升我国医疗卫生治理能力现代化水平，亦有利于稳增长、促改革、调结构、惠民生。

第二节　我国医疗保险基金管理主要问题

医疗保险基金是我国医疗保险运行的物质基础，医疗保险基金的科学管理和高效使用，不仅涉及我国医疗保险资源配置有效性问题，而且直接影响到广大人民群众接受基本医疗服务的数量和质量，事关基本医疗保险制度的运行。不断增强基本医疗保险基金共济和保障能力，完善基本医疗保险基金管理体制，提高基本医疗保险基金的使用效率，是我国基本医疗保险制度可持续发展的必然要求。然而，我国经济与社会的快速变迁、人口老龄化的日趋严重、通货膨胀加剧等压力使得医疗保险基金风险加大。而且，与其他社会保险基金管理相比，医疗保险基金不稳定性因素更多，支付压力和动态变化也更大，管理难度更大，这使得当前我国基本医疗保险运行面临的问题更加突出。

一、医疗保险基金潜藏危机

目前，随着医疗保险制度改革的不断深入、全民医疗保险制度的建立，医疗保险基金整体规模显著扩大，使得医疗保险基金面临的问题日益显现。目前我国医疗保险基金支出的增速已经快于医疗保险基金筹资的增速。据人力资源和社会保障部资料，2013 年，全国有 225 个统筹地区的职工医疗保险资金出现收不抵支，占全国城镇职工统筹地区的 32%，其中 22 个统筹地区将历年累计结余全部花完。在居民医疗保险方面，全国有 108 个统筹地区出现收不抵支，各项医疗保险基金支出增长率均超过了收入增长率，医疗保险资金已经不堪重负。由于新冠疫情的影响，为减轻企业负担，支持复工复产，阶段性减半征收职工医疗保险单位缴费，2020 年 2~7 月份为 975 万家参保单位累计减征 1649 亿元，其中为企业减征超 1500 亿元。为全力做好疫情防控工作，各地医疗保险部门向新冠患者定点收治机构预拨专项资金 194 亿元，全年累计结算新冠患者医疗费用 28.4 亿元，其中，医疗保险基金支付 16.3 亿元。2020 年城镇职工基本医疗保险基金（含生育保险）收入 15 624.61 亿元，同比下降 1.4%，医疗保险基金未来面临着很大的支出风险。其主要风险因素如下所述。

（一）人口老龄化

据统计，到 2025 年，老年人口总数将超过 3 亿，2033 年超过 4 亿。而老年群体的医疗保险费用支出系数要明显高于青壮年群体医疗保险费用支出系数，60 岁及以上老人的平均医疗费用是 30 岁以下青年人的 3 倍以上，且老年群体各种慢性病的疾病叠加速度也在不断加快，这一切都会带来我国医疗保险费用的继续增长。并且随着人口的结构变化以及经济的发展，我国人口的医疗消费类型由原来的单纯治疗向保健预防型转变，再加上受错误医疗消费观念的影响，很多人盲目相信高价药、进口药、大检查等，这一切都会增加医疗保险基金的支出数额。另外，大部分社会医疗保险都规定 60 岁以上老人不需要缴纳医疗保险，而心血管疾病、慢性病等老年群体患病率却显著增高，使得基金收缴与基金支付的缺口进一步加大，这更进一步加剧了老龄化社会医疗保险基金支付的压力。

（二）医疗保险基金筹资不到位

一是用人单位和个人逃避缴费现象仍然存在。企业和个人作为医疗保险费用缴纳主体，由于追求自身短期的经济利益而少缴纳或者不缴纳医疗保险费用，都会导致医疗保险基金筹资不到位。比如，用人单位从自身利益出发，按照最低工资标准或者少报职工实际工资的方式，压低缴费基数，从而减少医疗保险基金缴纳；一些职工本人因为短视，要通过不缴纳医疗保险费用增加个人每月工资所得等。二是筹资责任失衡问题。参保人责任分担意识相对薄弱。长久以来形成的基本医疗保险权责不清问题着重对于政府以及用人单位的责任纠偏，对于参保人自身的责任分担意识强调的还不够。健康问题首先应该是个人问题，而后才是社会与国家应当解决的社会问题。在城乡居民基本医疗保险中，政府补贴持续增高，个人缴费比例不断缩小，这种责任失衡的筹资结构背离了制度设计的初衷，导致泛福利化，严重影响制度的可持续性。公众更多的不是关注政府补贴福利的提高，而是个人缴费的有限提高，这种意识与筹资责任失衡有关。

（三）骗取、套取医疗保险基金现象频发

近些年来，骗取、套取医疗保险费的现象频繁发生，造成了医疗保险基金的大量流失。一些定点医疗机构仅从追逐经济效益的角度出发，在具体操作中采取不正当手段来骗取医疗保险基金。比如，医院和患者合谋，通过为患者办理假住院手续、挂床住院等形式骗取、套取医疗保险基金；故意延长患者住院时间，故意进行重复检查和治疗；部分医务人员为使患者骗取、套取医疗药品更加方便，将"目录外"的药品改成了"目录内"的药品。骗取、套取医疗保险基金行为对于我国医疗保障制度体系建设影响巨大，急需加强监督管理，加大打击力度，坚持多策合力补齐监管短板，维护人民健康权益，推动医药卫生体制改革发展。

（四）医疗保险基金保值增值困难

当前我国基本医疗保险制度快速发展的同时，其基金结余规模也在逐年增大。一方面，2020年全年基本医疗保险基金总收入 24 638.61 亿元，总支出 20 949.26 亿元，结余 3689.35 亿元，结余率为 14.96%，高于发达国家 10% 以下的水平；另一方面以 2016 年到 2020 年我国城镇基本医疗保险基金结余状况为例，根据人力资源和社会保障部 2016 年到 2020 年统计公报数据显示，2016 年我国基本医疗保险基金结余总额为 14 965 亿元，2020 年为 25 323.51 亿元，基本医疗保险基金结余规模持续扩大。自 1999 年至今，除 2010 年外，我国城镇基本医疗保险基金结余率都在 20% 以上。而在大部分发达国家，医疗保险基金的结余比例一般控制在 10% 以下的水平，如德、法等国医疗保险基金一般只需要相当于 3 个月支出的储备规模。按照《国务院关于建立城镇职工基本医疗保险制度的决定》（国发〔1998〕44 号），基本医疗保险基金的银行计息办法为：当年筹集的部分，按活期存款利率计息；上年结转的基金本息，按 3 个月期整存整取银行存款利率计息；存入社会保障财政专户的沉淀资金，比照 3 年期零存整取储蓄存款利率计息，并不低于该档次利率水平。通货膨胀率远远大于医疗保险基金的存款利率，医疗保险基金增值有限，沉淀资金能做到保值已属不易。因此，一般而言，社会医疗保险基金用于银行存款投资难以保值增值。

二、医疗保险基金管理和监督机制不健全

（一）医疗保险基金管理制度分割

与医疗保险政策已实现全民覆盖形成巨大反差的是，我国医疗保险基金管理制度仍存在分割问题。这与我国历史文化因素有关，由于从计划经济时期形成的城乡分割、群体分割，尽管近年来统筹层次不断提高，迄今仍存在群体分割与区域分割现象，尚未实现全国统一，制度分割仍阻碍我国医疗保险基金发展。目前我国城镇职工基本医疗保险和城乡居民基本医疗保险制度仍存在分割问题，制度的分割化导致管理办法差异化，增加了制度运行成本，这种局面不利于医疗保险制度的完整性，也不利于医疗保险基金的保障功能有效发挥。

（二）统筹层次抗风险能力低

当前我国大多数地区的医疗保险停留在市级统筹层次，尚未实现全国统筹，统筹层次抗风险能力低。这不仅极大弱化了医疗保险制度在区域之间的互助共济，也导致地方医疗保险基金政策叠床架屋，损害了医疗保险制度的统一性与公平性，导致了不同地区之间医疗保险基金余缺两极分化，难以发挥"大数法则"和"共济"原则作用。保险是对可能发生的风险带来的财物损失进行共同分担的制度，它是建立在大数法则的数理基础之上的，即参加保险的人越多，保险基金的规模越大，其保障共济程度就越高，抵御风险的能力就越强。当前我国医疗保险统筹层次抗风险能力不足，不利于发挥医疗保险基金调剂能力。

（三）法制化程度较低

我国的医疗保障作为重要的社会保障制度，迄今尚未纳入到法制化轨道，法制化程度低。目前国家医疗保障局正在对于《医疗保障法（征求意见稿）》进行公开征求意见。2010 年《中华人民共和国社会保险法》中对职工基本医疗保险基金有简单规制，整个医疗保障制度的实际运行主要依靠从国务院到县级政府发布的大量政策文件，尚缺乏针对于医疗保险更加专业且具体的法律规范对医疗保险基金进行法制管理与监督。尽管国家医疗保障局等部委以及各地医疗保险机构出台了一些规章制度和管理办法，但是针对医疗保险基金领域发生违法行为后行为主体应承担的法律责任、侦办

程序、执行主体等却缺乏明确的执法依据。法制的缺失不仅使医疗保险基金管理缺乏充足依据并引发实践中一系列无法解决的问题，也影响我国医疗保障制度的规范发展。

第三节　强化我国医疗保险基金管理的主要措施

一、建立稳定长效的筹资机制

（一）加强医疗保险基金筹集的法制建设

如果没有法律作保证，医疗保险制度将难以全面贯彻实施，有些应当参保的主体在参保后也会出现少缴、欠缴、不缴或退保的情况。2010年颁布的《中华人民共和国社会保险法》的制定，在社会保险基金筹集的立法保障上迈出了重要一步，对于医疗保险基金，尤其是城镇职工基本医疗保险基金的筹集提供了统一、权威的法律保障。而当前我国城乡居民基本医疗保险制度"自愿参保"的规定，可能会导致个人筹资来源的不稳定，以及"逆向选择"的问题，因此未来也迫切需要一种强制性的制度约束来保证医疗保障制度的可持续发展。

（二）明确政府在医疗保险基金筹集中的责任

即使是美国这样强调个人责任的国家，三个资金来源（消费者或患者、私人医疗保险和政府）中，占最大比例的仍然是政府。政府要确定医疗保险制度应提供的保障水平和人群范围，以明确医疗保险的筹资总量和筹资强度，并合理界定政府、企业、个人在医疗保险制度中的责任与义务，特别是在筹资中的责任。为建立稳定的政府投入制度，应明确中央政府与地方政府在医疗保险基金筹集中的责任边界，调整财政支出结构，调整中央财政与地方财政的分配比例，完善财政转移支付制度，尽可能做到各级财政的财权与事权相统一，解决各地财力差异和医疗卫生机构的补偿机制问题。政府可以根据公共需要提供政策扶持、财政补贴、业务指导和监督干预。

（三）建立与经济增长相同步的医疗保险筹资机制

《中华人民共和国社会保险法》规定，社会保险水平应当与经济社会发展水平相适应。因此，应该建立起与经济社会发展相协调、与居民基本医疗需求相适应、与居民收入水平相挂钩的动态筹资增长机制。随着我国城乡居民收入水平的不断提高和政府财政收入的不断增加，在提高城乡居民的缴费水平，加大政府补贴力度的基础上，逐步缩小城乡居民医疗保险和职工医疗保险的筹资水平差距，消除城乡居民医疗保险与职工医疗保险的制度差异，最终实现城乡居民医疗保险与职工医疗保险制度的统一和医疗保险关系的"全国漫游"。

（四）构建权责匹配的筹资机制

政府、用人单位以及参保人是我国医疗保障中的主要责任主体，在具体的实践中，三方主体的权责失衡越来越严重，具体表现为：一是政府与用人单位在医疗保险基金筹资中的责任越来越重，个人的筹资责任伴随着医疗保险待遇的刚性增长却相对减轻；二是等额定额缴费制使得不同收入群体的缴费都按统一的标准缴费，这会使得产生逆向调节。要促进医疗保险基金的可持续发展，就必须优化医疗保险基金的筹资结构，对居民医疗保险与职工医疗保险的缴费比例与参保公式进行可持续性的动态调整。首先，无论是职工医疗保险还是居民医疗保险都可以采取渐进式的医疗保险缴费调整政策，通过"小步"调整，使得两类险种中各参保主体之间的参保比例逐渐接近；其次，顶层设计要与地方实践有机结合，中央政府制定统一的参保人员医疗保险缴费比例的框架，地方政府可结合地方实际，在缴费比例的框架内逐渐将各主体缴费比例向更合理的方向靠拢；最后，在实现均衡缴费比例后，应实行个人缴费与社会平均工资或可支配收入增长的指数化挂钩机制，实现年度动态调整。只有这样，才能使医疗保障实践中的各方权责更加清晰，责任分担更加合理与均衡，参保人的责任分担意识得到强化，避免泛福利化，医疗保险基金的可持续发展能力也才能更强。

二、提高医疗保险基金统筹层次

提高医疗保险基金统筹层次是社会保险制度的本质要求。统筹层次越高，"人数法则"效能就越充分，互助共济、抗风险的能力就越强，制度运行就越稳健、越安全。

实行医疗保险基金省级统筹也是经济社会发展的必然要求。《中华人民共和国社会保险法》第六十四条明确提出"基本养老保险基金逐步实行全国统筹，其他社会保险基金逐步实行省级统筹"。医疗保险基金实现省级统筹，政策调控及执行力将显著增强，能够使各项政策以较高的效率执行，能够较好地实现调控目标，有利于均衡省级行政区域各地区之间的医疗保险待遇差异，在省级行政区域范围内实现公平正义。同时，实现医疗保险基金省级统筹，将极大地提高社会化管理程度，方便参保人员异地就医购药和医疗保险关系转移，有利于劳动力的合理流动，提高人力资源的配置效率。全省执行统一的医疗保险政策，对全省社会保险经办机构实行统一管理监督，也有利于控制管理成本，提高管理效率和水平，实现医疗保险基金安全和保值增值。

但实行医疗保险基金省级统筹是有条件的。统筹层次的高低，要与当地的经济发展水平、经济体制和社会承受程度相适应，过低过高都不行。如果统筹层次过高，直接搞省级统筹，地区间的差异过大，管理水平又难以适应，存在较大风险。所以，应该区别情况，本着先易后难、稳步提高的原则，采取依次过渡的"渐进式"推进策略，最终实现统收统支的医疗保险基金省级统筹。

三、推进医疗保险支付方式改革

医疗保险支付是保障群众获得优质医药服务、提高基金使用效率的关键机制。早在 2011 年 6 月，人力资源和社会保障部就发布了《人力资源社会保障部关于进一步推进医疗保险付费方式改革的意见》，提出推进付费方式改革的任务目标是：结合基金收支预算管理加强总额控制，探索总额预付。2016 年《人力资源和社会保障事业发展"十三五"规划纲要》（人社部发〔2016〕63 号）进一步要求："要深化医疗保险支付方式改革，全面实行医疗保险付费总额控制，建立复合式的医疗保险付费方式。"2017 年《国务院办公厅关于进一步深化基本医疗保险支付方式改革的指导意见》（国办发〔2017〕55 号）正式颁布，对我国医疗保险支付方式改革提出了更具体的要求，其强调2017 年起，进一步加强医疗保险基金预算管理，全面推行以按病种付费为主的多元复合式医疗保险支付方式。各地选择一定数量的病种实施按病种付费，国家选择部分地区开展 DRGs 付费试点，鼓励各地完善按人头、按床日等多种付费方式。2020 年 2 月《中共中央 国务院关于深化医疗保障制度改革的意见》再次强调了医疗保险支付方式改革的重要性，并提出：要完善医疗保险目录动态调整机制，创新医疗保险协议管理，持续推进医疗保险支付方式改革，从而建立管用高效的医疗保险支付机制。目前很多城市和地区已经陆续开展了支付方式改革，总的趋势是医疗保险的支付从后付，即从传统的按效率付费，逐步走向预付，按病种、床日、人头等一系列付费方式（表 15-3）。

表 15-3　"全民医疗保险"体系的多元复合式支付方式[①]

服务类型	适应服务特点	支付方式	主要内容
住院医疗	对诊疗方案和出入院标准比较明确、诊疗技术比较成熟的疾病	单病种付费	该病种病例诊疗服务"打包"付费
	诊断、治疗方式、资源消耗相对明确的危症、急症、重症	DRGs/DIP	根据疾病病情、治疗方法和资源消耗程度归并诊断分组，作为支付单元
	需要长期住院治疗且日均费用较稳定的疾病	按床日付费	定床日支付标准，按报销比例支付
门诊医疗	门诊统筹	按人头付费	统筹地区按参保人数核定基本医疗卫生服务包的基金支付标准，并按签约或服务人数支付给医疗机构
	日间手术、符合单病种付费适应条件疾病的中西医门诊	单病种付费	对于日间手术费用、病例门诊费用按照病例次"打包"付费

四、探索医疗保险基金投资运营方式

《中华人民共和国社会保险法》规定，社会保险基金在保证安全的前提下，按照国务院规定投资运营实现保值增值。社会保险基金不得违规投资运营，不得用于平衡其他政府预算，不得用于兴建、改建办公场所和支付人员经费、运行费用、管理费用，或者违反法律、行政法规规定挪作其他用途。因此，为实现沉淀医疗保险资金的保值增值，加快医疗保险基金资本化运营就势在必行。医疗保险基金除了投资低风险低报酬的银行存款和国家债券外，可以借鉴养老保险基金的投资运营办法，探索其他的一些投资运营方式。

五、加强医疗保险基金监管，推进医疗保险制度法制化

《中华人民共和国社会保险法》规定，国家对社会保险基金实行严格监管；县级以上人民政府采取措施，鼓励和支持社会各方面参与社会保险基金的监督。2020 年 2 月，《中共中央 国务院关于深化医疗保障制度改革的意见》作为我国医疗保险领域的纲领性文件，明确提出医疗保险治理法治化、现代化目标和健全严密有力的基金监管机制的要求。2020 年 12 月我国《医疗保障基金使用监督管理条例》通过，并于 2021 年 5 月 1 日起施行。《医疗保障基金使用监督管理条例》明确了医疗保障基金使用监督管理原则，强化了基金使用相关主体的职责，强调构建系统的基金使用监督管理体制机制和加大对违法行为的惩处力度。它的颁布标志着这我国首次有了国家层面对医疗保险基金监管的法规，是我国医疗保险基金管理步入法治化轨道的重要标志。其改变了医疗保险基金监管无法可依的被动局面，为医疗保险基金使用监管提供了基本依据，明确了医疗保险领域各参与主体的行为责任及其法律后果。认真贯彻《医疗保障基金使用监督管理条例》规定，推进医疗保障制度法治化建设，加强我国医疗保险基金监管，必须做到：一是牢固树立各责任主体依规依法使用医疗保险基金的意识，让医疗保障各主体守住法律底线；二是进一步健全医疗保险行政部门主导下的多元协同监管机制，同时强化技术手段、智能监控和医疗保险领域的诚信体系建设；三是坚决打击医疗保险欺诈行为，严厉处罚违法犯罪者，引导医疗保险经办机构、定点医药机构与公众守法合规[②]。

---

① 关博. "十四五" 时期 "全民医保" 的风险挑战与改革路径.宏观经济管理，2021（3）：41-45，53.
② 司法部政府网.《郑功成：用法治保障医保基金安全》.

第四节　我国医疗保险基金管理发展趋势

一、医疗保险基金管理制度逐步优化

未来我国医疗保险基金管理制度优化的主要方向体现在以下三个方面：一是推进筹资责任均衡化和医疗保险待遇清单统一。可持续的法定医疗保险制度需要稳定的筹资来源并能够提供清晰的医疗保险待遇预期，为保持医疗保险资金平稳发展，未来用人单位负担保持稳定、财政支出平稳增长、个人缴费比例逐步提高。其中，个人缴费方式将由定额、等额缴费制转向以收入为基准的多档缴费，最终走向按收入比例缴费，确保筹资责任均衡化。二是根据《关于建立医疗保障待遇清单制度的意见》（医疗保险发〔2021〕5 号），未来将通过建立医疗保险待遇清单制度，明确医疗保险基金支付的项目和标准，确保所有参保人的医疗保险待遇公平。三是采取"渐进式"推进策略，最终实现医疗保险基金的省级统筹。

二、医疗保险基金管理信息化建设不断加强

信息化在推进医疗保险高质量发展，提升医疗保险治理体系和治理能力现代化水平的过程中起着重要引领和支撑的作用。随着信息技术的不断发展，未来我国医疗保险基金管理信息化建设将在以下方面不断加强：一是基于大数据的医疗保险智能监管系统建设。将智能监管嵌入医疗保险基金管理流程中，从医院、医疗保险、参保人各环节建立智能监管节点。建立并应用全国统一的智能预警系统，通过大数据的比对功能准确定位疑似案例，抓住医疗保险监管关键指标进行重点监控，筛查疑似违规数据，并对监控数据进行分析。二是基于"云平台"的医疗保险经办服务建设。从顶层设计层面，建立医疗保险信息系统管理技术标准，提升省际、市际数据的可交互性。在此基础上，利用云平台强化管理各地医疗保险信息，探索建立全国统一的医疗保险信息交互标准，实现省、市、县三个层级之间的横向、纵向交流；完成医疗保险业务经办系统改造工作，实现信息资源横向集约整合、纵向集中统一，为数据信息实时共享、互联互通打牢根基；大力推广医疗保险电子凭证应用，拓展医疗保险电子支付凭证功能，逐步实现医疗保险经办业务"网上办"和"掌上办"。

三、医疗保险基金管理逐渐步入法治化轨道

法治化是医疗保障制度成熟、定型的标志，更是这一制度的内在要求，因为在各项民生保障制度中，唯有医疗保障制度涉及面更广、利益关系更复杂、专业性更强，需要有清晰而具体的法律规制。医疗保障法治化是医疗保险基金管理发展的重要目标任务之一，全面加快医疗保障法制建设，并初步形成相对完整的法律制度框架，以便为医疗保障制度的发展提供相应的法律依据，并以此为依据促使医疗保险基金管理逐渐步入法治化轨道。2020 年 2 月，《中共中央　国务院关于深化医疗保障制度改革的意见》作为我国医疗保险领域的纲领性文件，明确提出医疗保险治理法治化、现代化目标和健全严密有力的基金监管机制的要求。2020 年 12 月我国《医疗保障基金使用监督管理条例》通过，并于 2021 年 5 月 1 日起施行。这标志着这我国首次有了国家层面对医疗保险基金监管的法规，是我国医疗保险基金管理步入法治化轨道的重要标志，正式开启了医疗保险基金管理的法治之门，未来发展趋势主要包括以下两方面。

一是通过制定专门的医疗保障法律，明确我国医疗保险基金管理的政府责任、筹资机制与责任分担比例、管理体制及运行机制、监督机制等。2021 年 6 月，国家医疗保障局研究起草了《医疗保障法（征求意见稿）》，向社会公开征求意见，这是形成与医疗保障改革相衔接、有利于制度定型完善的法律法规体系的重要一步。

二是在医疗保障法律的基础上，全面加快医疗保险基金管理法规与规章建设。医疗保障法律不可能为制度实践提供可操作的全面依据，需要通过相应的行政法规、部门规章将法律原则加以具体化。根据医疗保障制度的法治需要，应当制定有关基本医疗保险、医疗救助、商业健康保险、慈善医疗以及医疗保险基金监管、信息化与标准化建设、医疗保险经办等多种行政法规或部门规章，为整个医疗保险基金的正常运行与健康发展提供明确、具体的依据。

1. 简述我国医疗保险基金管理的发展历史。

2. 试述我国医疗保险基金管理面临的主要问题。

3. 试述强化我国医疗保险基金管理的主要措施。

4. 试述我国医疗保险基金管理的发展趋势。

（毛　瑛）

参 考 文 献

邓大松. 2019. 社会保障概论. 北京: 高等教育出版社

韩全意, 肖海娟, 李伟光. 2012. 医疗保险管理案例分析及常用政策法规. 北京: 当代中国出版社

何毅. 2014. 从"碎片化"到基金整合. 北京: 中国金融出版社

黑启明, 金浪. 2016. 健康保险法律制度. 北京: 科学出版社

贾洪波. 2013. 中国基本医疗保险制度改革关键问题研究. 北京: 北京大学出版社

林嘉, 曾宪义, 王利明. 2011. 劳动法和社会保障法. 2版. 北京: 中国人民大学出版社

卢祖洵. 2017. 医疗保险学. 4版. 北京: 人民卫生出版社

吕学静. 2017. 社会保障基金管理. 4版. 北京: 首都经济贸易大学出版社

毛瑛, 吴涛. 2015. 医疗保险基金管理. 北京: 科学出版社

毛泽东. 毛泽东选集(第三卷). 1991. 北京: 人民出版社

威廉姆·贝弗里奇. 2004. 贝弗里奇报告——社会保险和相关服务. 北京: 中国劳动社会保障出版社

温兴生. 2019. 中国医疗保险学. 北京: 经济科学出版社

吴群红, 高力军, 梁立波. 2018. 医疗保障制度理论、变革与发展. 北京: 人民卫生出版社

吴申元, 郑韫瑜. 1993. 中国保险史话. 北京: 经济管理出版社

姚岚, 熊先军. 2013. 医疗保障学. 北京: 人民卫生出版社

郑功成. 2008. 社会保障概论. 上海: 复旦大学出版社

郑功成. 2011. 中国社会保障改革与发展战略(医疗保障卷). 北京: 人民出版社

周绿林, 李绍华. 2016. 医疗保险学. 3版. 北京: 科学出版社

朱景文. 2012. 法理学. 2版. 北京: 中国人民大学出版社

常用英汉词汇

按服务单元支付	average expenses
按服务项目付费	fee for services
按人头付费方式	capitation
部分积累式	part funded pooling
筹资风险	funding risk
大数定律	law of large numbers
风险偏好	risk preference or risk appetite
风险评估	risk assessment
风险识别	risk identification
风险隐患	the risk of hidden dangers
风险预警	risk warning
福利刚性	welfare rigidity
给付风险	payment risk
疾病诊断相关分组	DRGs
蓝筹股	Blue-Chip Stocks
理财产品	financing product
内生风险	endogenous risk
人口老龄化	aging of population
通货紧缩	deflation
通货膨胀	inflation
投资风险	investment risk
外生风险	exogenous risk
完全积累式	funding scheme
现收现付式	pay-as-you-go
消费者物价指数	consumer price index
医疗保险基金	medical insurance fund
医疗保险基金风险	the risk of medical insurance funds
总额预付	global budgets